CONCOURS D'ENTRÉE AUX GRANDES ÉCOLES SCIENTIFIQUES
2015-2016

Le monde des passions

Racine, *Andromaque*

Hume, *Dissertation sur les passions*

Balzac, *La Cousine Bette*

Raphael Ehrsam
Agrégé de philosophie
Ancien élève de l'École normale supérieure

Ouafae El Mansouri
Agrégée de lettres modernes
Ancienne élève de l'École normale supérieure

Romain Enriquez
Agrégé de lettres modernes
Ancien élève de l'École normale supérieure

Florian Pennanech
Professeur en classes préparatoires scientifiques
Agrégé de lettres modernes

Esther Pinon
Agrégée de lettres modernes

Corinne von Kymmel-Zimmermann
Professeur en classes préparatoires scientifiques
Agrégée de lettres modernes

GF Flammarion

Les éditions auxquelles nous renvoyons dans ce volume sont les suivantes :

— Racine, *Andromaque*, édition avec dossier d'Arnaud Welfringer, GF-Flammarion, 2015.

— Hume, *Dissertation sur les passions, suivie de Des passions (Traité de la nature humaine, livre II)*, édition et traduction de Jean-Pierre Cléro, dossier de Raphaël Ehrsam, GF-Flammarion, 2015.

— Balzac, *La Cousine Bette*, édition avec dossier de Stéphanie Adjalian-Champeau et Sylvain Ledda, GF-Flammarion, 2015.

ISBN : 9782081349599

Le monde des passions

SOMMAIRE

QUATRIÈME PARTIE
LE MONDE DES PASSIONS
DANS LES ŒUVRES AU PROGRAMME
par Florian Pennanech

CINQUIÈME PARTIE
MÉTHODOLOGIE DE L'ÉCRIT AUX CONCOURS D'ENTRÉE DES GRANDES ÉCOLES SCIENTIFIQUES
par Corinne von Kymmel-Zimmermann

SIXIÈME PARTIE
CORRIGÉS DE DISSERTATIONS ET DE RÉSUMÉS
par Florian Pennanech

INTRODUCTION AU THÈME

Le monde des passions

par Romain Enriquez

Introduction

Qu'est-ce que le « monde des passions » ? Comment le délimiter ? Quelles sont les règles qui le gouvernent ? Quel rapport entretient-il avec d'éventuels autres mondes ? L'expression « monde des passions » demande de réfléchir à la fois à la *nature* des passions, aux *lois* de leur apparition et de leur développement, enfin à la *place* qu'elles occupent ou devraient occuper dans notre existence.

Les passions se caractérisent par leur extrême diversité : on compte parmi elles l'amour ou la haine aussi bien que la pitié, l'admiration, l'orgueil, la mélancolie, la colère, la crainte, l'espoir ou encore la douleur… Toutefois, si elles sont multiples et leurs objets innombrables, elles n'en constituent pas moins un monde avec sa cohérence et son unicité. Pour le comprendre, il importe d'en revenir à l'étymologie : « passion » est dérivé du terme grec *pathos*, qui a donné le latin *passio* (« souffrance », « douleur »). Le verbe qui en est dérivé, *patior*, est doublement négatif : il signifie qu'on « pâtit », c'est-à-dire qu'on souffre, et qu'on est « passif », c'est-à-dire qu'on subit. Le contraire de la passion serait donc l'action. En fait, il faut distinguer entre la passion considérée en elle-même, qui est excessivement active, et le sujet de la passion, qui est excessivement passif. La passion est avant tout une émotion, c'est-à-dire quelque chose qui « meut », qui agite ou fait vibrer l'âme, quelque chose qui l'affecte et qui semble venir d'ailleurs (voir l'encadré « Passion, sentiment, émotion, désir, affect : définitions », p. XVII).

L'homme est donc plongé dans le monde des passions. Est-ce un monde d'illusions dans lequel il serait destiné à errer comme au milieu des ombres, ou bien une terre d'exploration qu'il lui appartiendrait de conquérir ? L'ambivalence du mot « passions » est repérable dans les deux adjectifs qualificatifs qui en dérivent : un tempérament « passionnel » suggère la soumission de l'individu à ce qui lui échappe, alors qu'un esprit « passionné » renvoie à l'épanouissement de l'individu absorbé par un objet ou une action qui lui plaît. Il reste que la manière d'aborder le monde des passions est étroitement liée à un discours moral et prescriptif sur ce que devrait être l'homme, à la fois comme individu isolé et comme communauté d'individus : il y a en effet des passions propres à tel ou tel individu *et* des passions collectives.

La tradition philosophique et religieuse, empreinte de dualisme, a longtemps distingué deux dimensions de l'existence humaine : le sensible et l'intelligible, la chair et l'esprit, les passions et la raison. Cette distinction s'est souvent accompagnée d'une méfiance, voire d'une dévalorisation ou d'une condamnation morale des passions. Le monde des passions, trouble et inquiétant, s'oppose au monde de la raison dans la philosophie, au monde de la grâce dans la théologie : il menace en tout cas la liberté de l'homme. La philosophie, de l'Antiquité jusqu'à l'âge classique, a cherché à mettre un peu d'ordre dans ce monde complexe, en distinguant et classant les différentes passions dans des « taxinomies », des nomenclatures : la crainte serait l'envers de l'espoir, la joie l'envers de la tristesse, l'angoisse une espèce de douleur ; certaines passions seraient produites par le bien (l'amour, la joie), d'autres par le mal (la haine, la tristesse) ; certaines renverraient au désir (concupiscence et aversion), d'autres à la volonté (crainte et audace)... Cette approche est de nature métaphysique : elle considère les passions en soi, comme des concepts abstraits, autonomes, sans nécessairement tenir compte du sujet qui les éprouve.

La pensée moderne, à l'inverse, a adopté une approche empirique fondée sur l'observation des passions telles qu'elles se manifestent en l'homme. Cette approche dynamique cherche à créer des modèles explicatifs rationnels qui mettent en évidence la logique et les lois régissant le monde des passions, le système qu'elles forment. Elle s'inspire des modèles et méthodes des sciences expérimentales, et permet à un certain nombre de penseurs de revaloriser, voire de célébrer les passions pour leur puissance fédératrice. Certains, rompant avec le dualisme de la pensée classique, soutiennent qu'il n'existe d'autre monde pour l'homme que celui des passions, et qu'il doit jouer des unes contre les autres pour mener l'existence la plus heureuse possible.

Nous nous attacherons dans cette introduction à comprendre l'ambiguïté fondamentale des passions, qui semblent à la fois tributaires d'un monde dont nous n'avons pas une compréhension claire et distincte, et constitutives du monde dans lequel nous vivons. Cette ambiguïté peut aller jusqu'à la contradiction : les passions nous paraissent *étrangères* quant à leur origine ou à leur logique, mais nous sont *familières* par l'expérience quotidienne que nous en faisons. On ne peut donc tout à fait s'arracher au monde des passions, observer à distance et en toute objectivité un monde dans lequel nous nous trouvons déjà et qui oriente notre perception. En cela, les chefs-d'œuvre de l'art ont fourni des exemples peut-être plus compréhensifs et plus profonds que bien des discours théoriques ou des systèmes explicatifs sur le concept de passion.

PASSION, SENTIMENT, ÉMOTION, DÉSIR, AFFECT : DÉFINITIONS

De sa racine grecque *pathos*, le mot « passion » a tiré trois connotations principales : la **souffrance** (opposée à la tranquillité de l'apathie), la **durabilité** (opposée à la brièveté de l'émotion) et la **passivité**. À travers l'histoire, les différents emplois du terme ont fluctué en mettant davantage l'accent sur l'un et l'autre de ces aspects.

Dès Aristote, la passion s'oppose à l'action. Elle consiste, pour un corps, à subir une action qui lui est extérieure et qui, par le biais de la **perception**, s'imprime dans l'âme et modifie son état affectif. Elle appartient donc à un champ lexical qui recouvre les différentes **altérations involontaires et passives de l'esprit**, bref, la **vie affective** de l'homme. Cherchant à définir les passions, Descartes affirmait au XVIIe siècle : « On peut les nommer des *perceptions* [...]. On peut aussi les nommer des *sentiments* [...] ; mais on peut encore mieux les nommer des *émotions* de l'âme [...] pour ce que, de toutes les sortes de pensées qu'elle peut avoir, il n'y en a point d'autres qui l'agitent ou l'ébranlent si fort que ne font ces passions » (Descartes, *Les Passions de l'âme*, I, article 28). Kant lui reprocha cette fluctuation terminologique qui révélait, selon lui, l'imprécision de sa pensée. De fait, nous ne pourrions confondre la passion avec la perception, qui met en œuvre les données des sens et permet à l'esprit de se former une représentation.

Le **sentiment** est un état affectif assez stable et durable, composé d'éléments intellectuels, émotifs ou moraux, et qui concerne soit le « moi » (orgueil, jalousie...), soit autrui (amour, envie, haine...). Comme le montre la traduction française du titre du roman de Jane Austen, *Raison et sentiments* (*Sense and Sensibility*, 1811), le terme partage avec la passion son opposition classique à la raison.

L'**émotion** est un réflexe, une réaction involontaire brusque et passagère vécue simultanément au niveau physique (degrés de violence entraînant des modifications physiologiques plus ou moins importantes) et au niveau affectif (degrés de plaisir ou de douleur). Ce terme vient du latin *ex-movere*, qui signifie « être hors de soi » : l'idée de dépossession, de perturbation est donc à l'origine la même que dans la « passion ». Encore aujourd'hui, les hommes politiques accusés de légiférer « sous l'émotion » sont accusés de profiter d'un état passager, d'une « vague » d'indignation brève et superficielle.

On peut dire un mot de l'**affection**, un terme où l'aspect passif est encore accentué, et qui peut être synonyme de maladie : on parle d'affection nerveuse ou respiratoire.

La notion de passion, qui fut centrale dans la tradition philosophique, est entrée en défaveur avec l'essor de la psychologie au XIXe siècle. Sous son influence, la pensée moderne, soucieuse d'employer un vocabulaire plus adapté à ses prétentions de scientificité, a souhaité lui substituer un terme plus neutre, comme « désir » ou « affect ». Si le *Vocabulaire technique et critique de la philosophie* de Lalande définit aujourd'hui le désir comme une « tendance spontanée et consciente vers une fin connue ou imaginée », il entend la passion comme la « tendance d'une certaine durée assez puissante pour dominer la vie de l'esprit ». Ainsi, la passion serait **un désir capable d'éclipser tout autre désir**.

Le terme « **affect** », quant à lui, insiste moins sur la focalisation de l'esprit sur un objet, et davantage sur sa disposition, ses états d'âme. On lui reconnaît deux origines : le mot latin *affectus*, repris par Spinoza, le mot allemand *Affekt* utilisé par Freud. Le français réserve ce terme au jargon scientifique – soit philosophique, soit psychanalytique – et à un domaine circonscrit. Pour Spinoza, il y a des affects passifs *et* des affects actifs : l'affect n'a donc en soi aucun caractère de passivité. Pour Freud, l'affect s'oppose à la représentation, à l'idée. Surtout, représentation et affect sont deux éléments indissociables de la pulsion. Raison et déraison ne dépendent pas d'une plus ou moins grande présence d'affect, mais de la qualité des associations qui s'opèrent entre les pulsions. Spinoza et Freud se rejoignent en ce qu'ils accordent tous deux aux affects un pouvoir : l'**accès au savoir ou à la conscience** coïncide avec leur activation. On retrouve ainsi dans l'« affect » les connotations modernes du mot « passion ».

I. Un autre monde, obscur et inquiétant

A. Un autre monde par rapport à la raison

Les premiers philosophes de la Grèce ancienne – les présocratiques –, s'inspirant de croyances religieuses, attribuaient une origine surnaturelle aux passions : elles appartenaient littéralement à un autre monde. Empédocle décrit ainsi l'Amour et la Haine comme deux forces cosmiques, qui œuvrent respectivement à la formation et à la destruction de l'univers. C'est à partir de Socrate que la philosophie reconnaît le fondement psychologique des passions : elles quittent alors le monde des dieux et intègrent celui des hommes. Toutefois, les hommes vivent entre deux mondes : le monde intelligible, celui de l'esprit, et le monde sensible, celui du corps. Si la raison habite le premier de ces mondes, que la philosophie entend cultiver, les passions, elles, demeurent dans le second. Elles sont des forces inquiétantes, potentiellement dangereuses tant pour le sujet que pour son entourage, qu'il importe de contenir et d'orienter. Comment le monde des passions peut-il donc être maîtrisé ?

1. La raison doit exercer un contrôle sur les passions

Platon propose un modèle explicatif de l'homme qui repose sur une tripartition de l'âme. Dans le *Phèdre* (246a-b), il expose cette idée à travers le mythe de l'attelage ailé. Le cocher représente la partie rationnelle (*noûs*), localisée dans la tête. Il doit s'élever vers le monde intelligible au moyen de cet attelage ailé et doit ainsi apprendre à dominer ses deux chevaux : l'un (*epithumeia*) représente les passions, l'appétit et les désirs sensibles, localisés dans le ventre ; l'autre (*thumos*) représente le courage et la colère, localisés dans le cœur. Si l'*epithumeia* est par nature opposé à la raison, le *thumos* n'est en lui-même ni tumultueux ni raisonnable : soumis à l'influence de l'*epithumeia*, il devient irritation, soumis à celle du *noûs*, il devient énergie. Ces deux parties inférieures de l'âme où siègent les passions sont deux forces qui menacent de déposséder le sujet. Tout mouvement passionnel, à l'occasion duquel ils l'emportent sur la raison, est l'occasion d'un conflit dans l'individu.

Envisageons d'abord le cas du désir : l'individu qui convoite un bien est attiré par lui, il n'est pas maître de la passion qui le pousse vers l'objet. Certes, il peut arguer de ce que l'objet est bon en soi ; mais comment savoir si ce n'est pas parce qu'il est attiré par cet objet qu'il le déclare bon ? Prenons maintenant le cas de la colère, une passion spectaculaire souvent étudiée par les penseurs de l'Antiquité : l'individu qui est sous son emprise ne se possède plus, il est possédé ; autrement dit, la colère devient sujet actif et l'homme objet passif. Certes, le *thumos* peut être associé à des sentiments plus nobles comme le courage ou l'ardeur. Il n'en reste pas moins que c'est à la raison que revient le rôle directeur dans la conduite de l'âme humaine. Ceux qui commettent des actes violents au service d'une idée illustrent à leur insu le mécanisme de la passion : en prétendant n'être que des instruments, ils nient leur propre part active, leur rôle moteur dans le processus de décision et donc leur liberté effective d'homme. C'est pourquoi la passion se trouve souvent associée à l'opinion (*doxa*) : le préjugé est la forme qu'elle prend quand elle passe dans le monde des idées.

On voit donc que les passions débordent le domaine du corps et empiètent sur l'âme. Le problème pratique de la liberté est ainsi redoublé par le problème théorique de l'identité : l'homme est autre dans la passion.

2. La raison doit venir à bout des passions

Dans la philosophie grecque, ce sont les stoïciens qui opposent le plus radicalement la raison et les passions. Certes, les deux mondes sont en relation, puisque les passions se définissent par rapport à la raison : on ne peut pas dire d'un animal qu'il est passionné. La passion est donc le propre de l'homme. Mais la passion comme mouvement irraisonné est le résultat d'une adhésion aveugle de l'âme à une opinion fallacieuse : lorsqu'il est soumis à la passion, l'individu devient fou. C'est un dément, un homme qui a perdu l'esprit (*mens*) ; un insensé, un homme qui n'est pas sain (*sanos*) ; ou encore un aliéné, un homme qui est devenu autre (*alienus*). La passion remet en question l'identité du sujet, mais aussi sa santé mentale : la passion est un trouble, une perturbation, une maladie (le mot *pathos* a donné « pathologie »). Combattre les passions répond à un objectif thérapeutique avant même d'être une tâche morale : la philosophie stoïcienne serait une médecine de l'âme.

Bien sûr, les stoïciens reconnaissent des degrés divers dans les passions ; ils font la différence entre celles qui durent toute une vie et des mouvements impulsifs que l'on réprime aussitôt. Ils estiment néanmoins que toute passion est essentiellement mauvaise : l'homme qui a perdu un ami et se laisse aller au chagrin au lieu de refouler l'émotion est déjà sur la mauvaise pente, parce qu'il refuse l'ordre des choses que la méditation devrait lui faire accepter. Il n'y a donc pas à transiger avec les passions : le sage doit non plus les maîtriser, mais les extirper tout à fait. L'idéal que se proposent les stoïciens est l'*apatheia*, l'absence de passions : c'est un état d'indifférence à l'émotion, une absence de troubles. Le stoïcisme entend réduire les passions à une complète passivité, pour que l'homme recouvre le libre exercice de ses facultés. On retrouve cet idéal d'apathie dans les sagesses indiennes telles que le bouddhisme.

On peut juger cette conception sévère et pessimiste quant à la nature humaine : le sage stoïcien a-t-il jamais existé ? est-il encore un homme ?

peut-il aimer... ? Pourtant, cette philosophie apparaît en même temps très optimiste, car elle croit en la possibilité de supprimer tous les mauvais penchants de l'homme et d'atteindre sur cette terre une forme de félicité. Du reste, le stoïcien condamne avant tout les passions tristes : l'idéal du sage est de vivre dans la joie et d'être de bonne humeur. Le stoïcisme se rattache à l'eudémonisme, c'est-à-dire qu'il recherche le bonheur en même temps que la vertu et – contrairement aux religions de salut – croit pouvoir réaliser cet idéal en ce monde, à condition d'entendre par là un monde de raison et non un monde de passions. Mais le stoïcisme ne se heurte-t-il pas à une contradiction ? Le bonheur qu'il poursuit est-il autre chose qu'une jouissance de vivre ? La joie n'est-elle pas une passion ? La différence entre un stoïcien et un homme ordinaire – du moins dans l'idéal –, c'est que le premier a choisi une passion entre toutes, qu'il s'est donnée comme une fin.

La critique des passions a connu des prolongements dans la philosophie moderne, notamment avec Kant : pour l'auteur de l'*Anthropologie du point de vue pragmatique* (1798), la passion est l'« inclination qui interdit à la raison de la comparer, dans l'optique d'un certain choix, avec la somme de toutes les inclinations [1] ». Elle constitue un principe de détermination du sujet. Les passions sont des « gangrènes », des infirmités « incurables, parce que le malade ne veut pas être guéri et se soustrait à la domination du principe d'après lequel seulement la guérison pourrait advenir », à savoir la loi morale, qui se situe du côté de la raison. Selon Kant, pour être bonne, une action ne doit s'appuyer sur aucune passion, pas même sur celles qui sont traditionnellement conçues comme positives : amour, générosité, etc. Les passions ne sont pas des états d'âme malheureux mais des « dispositions mauvaises [2] », qui font concurrence à la raison et qu'il n'est pas en notre pouvoir de réguler.

B. Un autre monde par rapport au divin

I. Les passions et la Passion

Le christianisme, qui considère également les passions comme négatives et inquiétantes, les condamne parce qu'elles sont du côté de la chair, qu'elles appartiennent au monde terrestre : elles sont donc surdéterminées par la culpabilité de l'homme. Les théologiens placent la condition humaine ici-bas sous le signe d'une infirmité à la fois déplorable et immuable. Certaines passions, comme la colère, la luxure ou la mélancolie sont même considérées comme des péchés capitaux. S'il n'abandonne pas tout à fait l'idée de combattre les passions par la raison, le christia-

1. Kant, *Anthropologie du point de vue pragmatique*, III, 80-81.
2. *Ibid.*

nisme tient cette voie pour insuffisante. En effet, la raison elle-même est « blessée », marquée par le péché originel. Elle ne peut se suffire à elle-même, car elle risquerait de mener au doute permanent et détournerait de Dieu. Elle a donc besoin du secours de la foi. Aux passions de l'homme, le christianisme oppose la Passion du Christ. Il faut ici entendre le mot dans son sens latin originel (*patio*), celui de « souffrance », voire de « supplice » : Dieu est descendu sur terre en s'incarnant dans le Christ et a connu la souffrance et la mort pour racheter, par son sacrifice, l'humanité corrompue. Les chrétiens en rendent grâce et doivent prendre exemple sur la vie de Jésus et l'imiter dans la mesure de leurs moyens. On appelle saints ceux qui y parviennent à un degré peu commun. Le seul moyen de maîtriser les passions est donc de prier et de se livrer à une ascèse, c'est-à-dire à diverses privations et frustrations volontaires, afin d'endurcir l'âme.

La différence avec le stoïcisme est double, à la fois dans la méthode et dans l'idéal recherché. Alors que les stoïciens combattent les passions par leur contraire (la seule raison), les chrétiens entendent également les combattre par la Passion : ils traitent le mal par le mal. Toutes les passions ne sont donc pas réprouvées : puisque la vie est une vallée de larmes, et qu'il est illusoire de penser s'y soustraire en se réfugiant dans le monde de la raison, l'homme, s'il ne veut pas se disperser en vains efforts, doit se résoudre à son sort, avec l'espoir d'accéder, après sa mort et sa résurrection, à une félicité éternelle. Le stoïcien croyait pouvoir fuir toute passion pour atteindre en ce monde la joie ; le saint chrétien, lui, accepte voire s'impose – selon les courants – la souffrance, non parce qu'il la tient pour désirable, mais parce qu'elle est une épreuve inéluctable qui est susceptible de le faire grandir à mesure que grandit en lui l'amour de Dieu, seule passion que saint Augustin reconnaît comme positive.

Le christianisme a contribué à humaniser, à intérioriser les passions : il propose aux fidèles des règles de vie concrètes pour cohabiter avec elles dans cette vie. Voilà pourquoi le christianisme est défini par Balzac, dans l'« Avant-propos » à *La Comédie humaine* (1842), comme un « système complet de répression des tendances dépravées de l'homme ». Nietzsche a quant à lui violemment critiqué cette approche dans sa *Généalogie de la morale* (1887) : selon lui, le christianisme aurait cultivé les passions tristes, prêché une morale toute d'abstinence et d'expiation, et condamné l'homme au désespoir. Plus grave encore, derrière un discours officiel de résignation, le prêtre trouverait en réalité un obscur plaisir à souffrir et à faire souffrir : il obéirait encore aux passions, et même aux pires d'entre elles. Au-delà de la polémique, cela met en question la légitimité même de l'entreprise de venir à bout des passions.

2. De l'amour de Dieu à l'amour-propre

Comme dans la philosophie antique, on observe dans le christianisme un débat entre ceux qui recommandent de gouverner les passions avec mesure, et ceux qui en développent une condamnation totale. Les moralistes du XVIIe siècle, fortement influencés par le jansénisme, radicalisent la perspective chrétienne en soutenant que toutes les passions ont pour racine l'amour-propre de l'individu. Blaise Pascal, qui nie que l'homme puisse participer par sa liberté à son propre salut, affirme dans ses *Pensées* que « le moi est haïssable [1] » parce qu'il veut être au centre de tout et qu'il entend, dans sa tyrannie, asservir tous les autres. Par vanité, l'homme s'attache aux passions mesquines, celles qui lui apportent gloire et reconnaissance, au détriment des autres. Pour Pascal, l'homme, partagé entre raison et passions, est perpétuellement en conflit avec lui-même : « Guerre intestine de l'homme entre la raison et les passions. S'il n'avait que la raison sans passions... S'il n'avait que les passions sans raison... Mais ayant l'un et l'autre, il ne peut être sans guerre, ne pouvant avoir paix avec l'un qu'ayant guerre avec l'autre : ainsi il est toujours divisé, et contraire à lui-même [2]. » Selon lui, les hommes se trompent eux-mêmes ; ils ne se servent de la raison que pour cacher les ressorts méprisables qui les agitent. Il n'existe pas d'amour pur car l'amour-propre y mêle toujours l'orgueil et la concupiscence : l'amour ne peut être qu'égoïste car il renvoie au désir d'être aimé. « Toutes les passions sont menteuses : elles se déguisent autant qu'elles le peuvent aux yeux des autres ; elles se cachent à elles-mêmes », écrit encore La Bruyère en 1688 dans *Les Caractères* (V, 72). Les tragédies de Racine portent aussi la marque de la doctrine janséniste : l'amour passionnel conduit les personnages non pas à se sacrifier pour l'être aimé, mais bien plutôt à sacrifier l'être aimé qui n'a pas satisfait leur propre désir d'être aimé. Dans le roman de Mme de Lafayette *La Princesse de Clèves* (1678), œuvre également marquée par le jansénisme, l'héroïne parvient à lutter contre l'amour que lui inspire le duc de Nemours. Mais ce combat pour sauver sa « vertu » n'est pas pur : elle le mène par orgueil, et se soucie plus d'obéir aux conventions pour sauvegarder les apparences que de lutter réellement contre son amour coupable... En un sens, elle ment aux autres aussi bien qu'à elle-même.

Quoi qu'ils fassent, et quelles que soient les raisons par lesquelles ils justifient ce qu'ils font, les hommes sont en réalité gouvernés par les passions, comme l'écrit encore La Rochefoucauld dans ses *Maximes* (1664), où il traque impitoyablement les contradictions et les hypocrisies du monde (voir l'encadré « Un moraliste du Grand Siècle face aux passions : La Rochefoucauld », p. XXIII). Tous les hommes s'occupent de leur propre personne, mais aucun ne veut reconnaître en l'autre ses propres vices. Les moralistes rabaissent sans relâche l'orgueil humain en

1. Pascal, *Pensées*, fragment 455, GF-Flammarion, 1976, p. 179.
2. Fragment 412, *ibid.*, p. 160.

UN MORALISTE DU GRAND SIÈCLE FACE AUX PASSIONS : LA ROCHEFOUCAULD

La réflexion sur les passions est abondante parmi les moralistes du Grand Siècle. Elle trouve un illustre représentant en François, duc de La Rochefoucauld (1613-1680). À quarante ans, après une vie de conspirations et de révoltes contre le roi, cet homme d'armes s'est retiré de la vie politique pour fréquenter les beaux esprits du temps, à la cour et dans les salons, où il excelle aux jeux mondains de la conversation. En 1664 paraissent ses *Réflexions ou sentences et maximes morales* : désabusé, caustique, il y « expose au jour toutes les misères de l'homme » en un style laconique qui fera sa célébrité. Le livre fait scandale. On lui reproche de désespérer son lecteur. Voici quelques-unes de ses réflexions sur les passions [1] :

6. La passion fait souvent un fou du plus habile homme, et rend souvent les plus sots habiles.

7. Ces grandes et éclatantes actions qui éblouissent les yeux sont représentées par les politiques comme les effets des grands desseins, au lieu que ce sont d'ordinaire les effets de l'humeur et des passions Ainsi la guerre d'Auguste et d'Antoine, qu'on rapporte à l'ambition qu'ils avaient de se rendre maîtres du monde, n'était peut-être qu'un effet de jalousie.

8. Les passions sont les seuls orateurs qui persuadent toujours. Elles sont comme un art de la nature dont les règles sont infaillibles ; et l'homme le plus simple qui a de la passion persuade mieux que le plus éloquent qui n'en a point.

9. Les passions ont une injustice et un propre intérêt qui fait qu'il est dangereux de les suivre, et qu'on s'en doit défier lors même qu'elles paraissent les plus raisonnables.

10. Il y a dans le cœur humain une génération perpétuelle de passions, en sorte que la ruine de l'une est presque toujours l'établissement d'une autre.

11. Les passions en engendrent souvent qui leur sont contraires. L'avarice produit quelquefois la prodigalité, et la prodigalité l'avarice ; on est souvent ferme par faiblesse, et audacieux par timidité.

12. Quelque soin que l'on prenne de couvrir ses passions par des apparences de piété et d'honneur, elles paraissent toujours au travers de ces voiles.

69. S'il y a un amour pur et exempt du mélange de nos autres passions, c'est celui qui est caché au fond du cœur, et que nous ignorons nous-mêmes.

122. Si nous résistons à nos passions, c'est plus par leur faiblesse que par notre force.

188. La santé de l'âme n'est pas plus assurée que celle du corps ; et quoique l'on paraisse éloigné des passions, on n'est pas moins en danger de s'y laisser emporter que de tomber malade quand on se porte bien.

266. C'est se tromper que de croire qu'il n'y ait que les violentes passions, comme l'ambition et l'amour, qui puissent triompher des autres. La paresse, toute languissante qu'elle est, ne laisse pas d'en être souvent la maîtresse ; elle usurpe sur tous les desseins et sur toutes les actions de la vie ; elle y détruit et y consume insensiblement les passions et les vertus.

295. Il s'en faut bien que nous connaissions tout ce que nos passions nous font faire.

341. Les passions de la jeunesse ne sont guère plus opposées au salut que la tiédeur des vieilles gens.

404. Il semble que la nature ait caché dans le fond de notre esprit des talents et une habileté que nous ne connaissons pas ; les passions seules ont le droit de les mettre au jour, et de nous donner quelquefois des vues plus certaines et plus achevées que l'art ne saurait faire.

443. Les passions les plus violentes nous laissent quelquefois du relâche, mais la vanité nous agite toujours.

1. La Rochefoucauld, *Maximes*, éd. J. Truchet, GF-Flammarion, 1977.

usant souvent d'un tour restrictif : les grands sentiments *ne* sont *que* petitesses, l'amour *n*'est *que* de l'amour-propre. C'est cette dernière passion que La Rochefoucauld reconnaît pour fondamentale dans sa première maxime : « L'amour-propre est l'amour de soi-même, et de toutes choses pour soi. » Le portrait qu'il trace de l'homme est ténébreux : « On est tenté de croire que chacune de ses passions a une espèce de magie qui lui est propre. Rien n'est si intime et si fort que ses attachements, qu'il essaye de rompre inutilement à la vue des malheurs extrêmes qui le menacent. » Les passions sont ici investies d'un pouvoir presque surnaturel : elles viendraient d'un autre monde, sur lequel les hommes n'auraient aucune prise, même lorsqu'ils reconnaissent les ravages qu'elles peuvent causer. On reconnaît derrière ces redoutables analyses psychologiques la vision catholique, poussée à l'extrême, de l'humanité corrompue et incapable d'accéder par elle-même à Dieu.

À la fin du XVIIIe siècle, le moraliste Chamfort donne dans ses *Maximes et pensées* un tour matérialiste et cynique à ces analyses en réduisant l'amour à l'« échange de deux fantaisies » et au « contact de deux épidermes » (maxime 359). Non contente d'être un égarement de la raison, la passion perd toute noblesse : elle repose autant sur les sens que sur le cœur. Mais Chamfort, comme La Rochefoucauld, est fataliste : les hommes ne changeront pas, les passions les mènent contre leurs intérêts, il est illusoire de vouloir les éradiquer. La maxime est aussi brillante dans sa forme qu'impuissante dans son effet : c'est un jeu d'esprit, on ne croit guère en son pouvoir de transformation de l'âme humaine.

C. Un autre monde par rapport à la conscience

Le monde des passions correspond donc tout à la fois au monde sensible, régi par les désirs et appétits de l'homme, par opposition au monde intelligible gouverné par la raison, et au monde terrestre, habité par les hommes corrompus par le péché originel, par opposition au monde de Dieu. On peut également, avec Freud, opposer ce monde à celui de la conscience. Le médecin viennois se détourne de la tradition en abandonnant le discours moral et philosophique sur les passions. Avec la psychanalyse – qu'il appelle aussi « métapsychologie » (« au-delà de la psychologie ») –, il propose une étude des pulsions qui sont le pendant des passions dans le monde de l'inconscient, lequel gouverne selon lui, à notre insu, notre conscience. Or ces pulsions obéissent à une « logique » qui leur est propre : on la retrouve dans le rêve, qui a ses propres lois, mais aussi dans des événements de la vie diurne. Ma peur des chiens, mon dégoût de tel ou tel aliment ne sont pas irrationnels ; ils sont motivés par des événements parfois très anciens et dont je n'ai pas souvenir ; or perte de mémoire n'est pas perte de raison. Au contraire, la passion conserve *une* raison que ma raison a oubliée.

1. Pulsions et destin

Dans un chapitre de sa *Métapsychologie* (1915) intitulé « Pulsions et destins des pulsions », Freud adopte une perspective originale par rapport à la tradition : si la passion semble aveugle, versatile et étrangère, la pulsion est une force constante, orientée vers une fin et intérieure au sujet. Elle appartient à la fois au monde psychique et au monde corporel et ne peut donc être chassée de l'un ou de l'autre. De manière générale, quiconque tente de fuir ou de refouler la pulsion se condamne à la voir réapparaître sous une autre forme plus menaçante encore. Freud retrouve les accents de la tragédie puisqu'il assigne aux pulsions – et à l'individu qui en est porteur – une série de « destins » qui renvoient à une forme de fatalité. Ces destins sont au nombre de quatre :

– L'individu peut refouler ses pulsions, au risque qu'elles reviennent de façon déguisée : il a seulement gagné du temps.

– La pulsion peut se renverser en son contraire : par exemple, l'amour risque de se transformer en haine s'il n'est pas payé en retour.

– La pulsion peut se retourner de l'objet vers le sujet (ou inversement) : ainsi de l'homme qui, en ayant abattu un autre, finit par retourner l'arme contre lui.

– L'individu parvient à transformer ses pulsions en œuvre : c'est la sublimation, dont nous trouvons nombre d'exemples dans la littérature. Balzac s'est vengé d'une duchesse qui refusait de céder à ses avances en écrivant *La Duchesse de Langeais* ; quant à Dostoïevski, il a fait de la passion à laquelle il était en proie un roman, *Le Joueur* (voir l'encadré « La passion du jeu, du roman à la psychanalyse », p. XXVI).

2. Le moi sous l'emprise des pulsions

Freud adopte donc une approche pratique et systémique : chaque pulsion renferme une quantité d'énergie qui doit trouver à s'employer, mais aussi qui réagit perpétuellement par rapport aux autres. Les passions ne sont que la face émergée d'un autre monde caché où règnent les pulsions, celui de l'inconscient. Comme l'écrit Rimbaud dans la « Lettre du voyant » (1871), « Je est un autre ». Toutefois, les « destins des pulsions » ne sont pas aussi inéluctables que ceux de la tragédie : si Freud affirme que l'individu seul ne peut se libérer de ses pulsions, cette libération peut toujours s'accomplir, grâce à un processus qui demande du temps (et de l'argent !).

La psychanalyse est, en effet, essentiellement une pratique et une thérapeutique, qui s'accomplit dans la « cure ». L'objectif de cette dernière, pour le sujet, est de parvenir à connaître et à comprendre son inconscient avant de chercher à combattre les pulsions qui l'habitent, afin de leur donner un sens dans son histoire. Pour cela, il faut d'abord les énoncer librement : toute pulsion qui ne se formule pas est dévastatrice parce

LA PASSION DU JEU, DU ROMAN À LA PSYCHANALYSE

Avec *Le Joueur* (1866), roman au style enlevé écrit entre deux parties de *Crime et châtiment*, l'écrivain russe Dostoïevski entend faire la « **description d'une manière d'enfer** [1] ». Précepteur dans la famille d'un général russe, veuf et désargenté, le jeune narrateur, Alexeï Ivanovitch, s'éprend de la belle-sœur, une femme capricieuse et cruelle. Celle-ci lui confie un jour 700 florins et l'envoie gagner pour elle de l'argent au casino. La chance lui sourit tout d'abord, et Alexeï décide de rejouer. **Gagné par la folie du jeu, il ne tarde pas à s'enfermer dans sa passion et à tout perdre.** L'entourage du général attend quant à lui avec impatience le décès de la vieille tante grabataire, dont l'héritage réglerait bien des soucis d'argent. Mais celle-ci s'invite parmi eux à l'improviste et, à son tour, retrouve le goût du jeu qui la laisse bientôt sans un sou. Alexeï Ivanovitch aura beau se refaire, il sera de nouveau ruiné par la faute de son aimée et de l'entourage du général. Devenu joueur professionnel, il déclinera l'offre d'un de ses comparses qui lui proposait des fonds suffisants pour rentrer chez lui. Alexeï Ivanovitch est devenu prisonnier du casino, prisonnier de Roulettenbourg, prisonnier de sa passion. Comme le lui dit cet autre personnage : « Vous vous êtes insensibilisé [...], non seulement **vous avez rejeté la vie, vos intérêts propres et les intérêts de la communauté, vos devoirs de citoyen et d'être humain**, vos amis (et vous en aviez, pourtant), non seulement vous avez renoncé à quelque but que ce soit hormis gagner au jeu, mais vous avez renié jusqu'à vos souvenirs [2]. » Le jeu d'argent est peu à peu devenu un jeu gratuit et surtout un engrenage fatal, qui ne prend fin qu'à la mort du personnage.

Freud s'est emparé de ce récit à la première personne pour établir, dans « Dostoïevski et le parricide » (1926), **un diagnostic psychologique** de l'écrivain russe. Comme son personnage, ce dernier prétendait en effet ne pas jouer pour son propre plaisir mais pour payer ses dettes ; comme son personnage, il était devenu si dépendant du jeu qu'il ne pouvait quitter le casino avant d'être à sec ; comme son personnage, il ne savait plus très bien pourquoi il jouait, mais il ne pouvait se consacrer à l'écriture s'il n'avait pas satisfait son désir... Selon Freud, « comme il est fréquent chez les névrosés, son sentiment de culpabilité s'était constitué un substitut objectif sous la forme de dettes d'argent [3] ». **Derrière la passion se cache donc une pulsion, derrière le plaisir une angoisse, derrière le loisir une servitude.** Donner libre cours à ses passions n'est pas exercer sa liberté, c'est être asservi à ses propres fantasmes sans pouvoir jamais trouver satisfaction. Car en cherchant à répondre à une première angoisse par une sensation momentanée de plaisir, le sujet ne fait en réalité que renouveler son angoisse. L'étude de sa pathologie entre donc dans le cadre d'une « sémiotique » : il faut en interpréter les signes pour en comprendre la signification. La conception de la passion chez Freud est double : elle peut être le signe d'une pathologie, mais aussi un moyen d'accéder à la connaissance de soi et du monde, car la cure psychanalytique, en mettant des mots sur les pulsions, permet de s'en libérer en leur donnant un sens dans notre histoire, dans notre « roman » personnel.

On peut considérer qu'ici l'écriture a joué pour Dostoïevski ce rôle thérapeutique, dans la mesure où elle a permis de représenter la passion tout en la gardant à distance. L'auteur a fait de sa passion pour le jeu une œuvre d'art destinée à **éveiller une passion d'ordre intellectuel ou esthétique chez le lecteur** : « Le livre le meilleur, quel qu'il soit, et que soit son sujet, sera le livre dont la lecture pourra être qualifiée de passionnante [4]. »

1. Lettre à A. P. Milioukov, citée dans Dostoïevski, *Le Joueur*, trad. J. Roche-Parfenov, éd. M. Parfenov, GF-Flammarion, 1995, p. 11.
2. Dostoïevski, *Le Joueur*, *op. cit.*, 1995, p. 226.
3. Cité *ibid.*, p. 11.
4. Dostoïevski, cité par Vladimir Pozner, dans « Dostoïevski et le roman d'aventures », *Europe*, octobre 1971, p. 52.

qu'elle mène une existence souterraine. Au début de la tragédie *Phèdre* de Racine (1677), l'héroïne se meurt non parce qu'elle nourrit une passion incestueuse pour son fils adoptif, mais parce qu'elle doit taire cet amour. La « libre association » d'idées, d'images ou de sentiments par le langage, c'est-à-dire la libre expression, vise à comprendre et idéalement à défaire les associations qui se sont tissées arbitrairement, dans un passé lointain, entre un événement et une pulsion. La psychanalyse fait donc de la mise au jour des pulsions un moyen de connaissance et d'action. Mais est-ce suffisant pour s'approprier les passions ?

Ainsi, contrairement aux moralistes qui voyaient dans les passions l'expression du moi, Freud pense que celui-ci n'existe pas tant que le patient est l'objet inconscient de ses propres pulsions : le problème est alors de faire advenir le moi. Comment espérer combattre les passions s'il n'y a pas un moi stable pour s'y opposer ?

D. Aveuglement et aliénation : l'exemple de la passion amoureuse

De toutes les passions, l'amour est sans doute celle qui incarne le mieux les ravages que les passions sont susceptibles de causer, tant sur le plan de l'identité que sur celui de la liberté de l'individu. Un des grands mythes de la littérature est celui de la « femme fatale » : les hommes qui en tombent amoureux entrent dans un monde d'excès qui finit par les mener à la catastrophe. En témoigne le roman de l'abbé Prévost *Manon Lescaut* (1731), dont le héros, Des Grieux, est amoureux d'une femme avec qui il n'est pas marié et qu'il ne peut entretenir, faute d'argent. Pour subvenir à leurs besoins, Manon le trompe à plusieurs reprises avec des hommes plus riches qui la couvrent de présents. La passion amoureuse pousse Des Grieux à excuser la passion des plaisirs qu'il décèle en Manon. Il en souffre mais lui pardonne, puis il ferme les yeux sur ses écarts, enfin il devient même son complice afin de maîtriser autant que possible une passion inexpugnable. « Je l'aime avec une passion si violente qu'elle me rend le plus infortuné de tous les hommes [1]. »

L'image de la femme fatale repose sur une conception très ancienne de la passion amoureuse. Dans l'iconographie traditionnelle, Cupidon a les yeux bandés pour signifier que l'amoureux est aveugle, prisonnier de son monde. Il est aussi en proie à la contradiction : soit l'amant ne veut pas voir les infidélités de l'être aimé, à l'image de Des Grieux (« Il me paraissait si impossible que Manon m'eût trahi, que je craignais de lui faire injure en la soupçonnant [2] »), soit il voit des infidélités là où il n'y en a pas, redoublant ainsi la passion amoureuse par celle de la jalousie. L'aveuglement du sujet porte tout autant sur les autres que sur lui-même.

1. Abbé Prévost, *Histoire du chevalier Des Grieux et de Manon Lescaut*, éd. J. Sgard, GF-Flammarion, 1995, p. 53.
2. *Ibid.*, p. 66.

On a souvent rapproché l'attirance pour une personne de l'hypnose : c'est un état dans lequel le sujet perd la conscience et la maîtrise de soi pour se mettre à la merci de l'hypnotiseur. L'idée même d'une « attraction » entre les êtres suggère qu'une « loi de l'attraction » les rapproche, sans que la raison ne puisse intervenir. L'amoureux idéalise l'objet aimé, refuse de voir ses défauts (voir l'encadré « *De l'amour* : la passion amoureuse selon Stendhal », p. XLVI). Il interprète aussi des gestes anodins comme des marques d'intérêt envers sa personne : dans *Le Misanthrope* (1666) de Molière, Célimène est entourée de nombreux prétendants, et parvient à faire croire à chacun d'eux qu'il est celui qu'elle aime ; l'une des scènes les plus célèbres de la comédie (III, 1) confronte deux marquis qui se croient tous deux aimés, bien qu'aucun ne le soit. Dans cette même pièce, Alceste voue une haine farouche à tout le genre humain ; mais ce personnage est en proie à ses propres contradictions car il est amoureux, comme les autres, de Célimène. Le sous-titre de la pièce est « L'Atrabilaire amoureux », sorte d'oxymore, d'alliance de mots contraires : celui qui n'aime personne y est attiré par la femme qui lui correspond le moins, celle qui aime tout le monde. La passion amoureuse peut ainsi porter l'individu à un comportement qui va à l'encontre de ses opinions profondes et de son système de valeurs.

Enfin, la violence de la passion donne au sujet un tour agressif, y compris à l'égard de l'objet aimé ; l'amour peut alors s'inverser complètement et virer à la haine : « Ah ! je l'ai trop aimé pour ne le point haïr », dit Hermione à l'acte II, scène 1 d'*Andromaque* de Racine (1667). En somme, l'amour finit par se contredire lui-même : la violence du sentiment annonce souvent l'égarement de la raison. Dans les *Lettres portugaises* de Guilleragues (1669), roman épistolaire où une religieuse portugaise s'adresse, éperdue, à son amant qui l'a abandonnée, la passion initialement heureuse se renverse en une souffrance absolue et irrémédiable : « Vous m'avez consommée par vos assiduités, vous m'avez enflammée par vos transports, vous m'avez charmée par vos complaisances, vous m'avez assurée par vos serments, [...] et les suites de ces commencements si agréables et si heureux ne sont que des larmes, que des soupirs et qu'une mort funeste, sans que je puisse y porter aucun remède [1]. »

Il serait naïf de croire qu'il suffit de « suivre son cœur » pour agir en toute liberté : les mouvements du cœur sont déterminés par des conditions et des lois qui échappent au sujet. Considérons seulement trois processus qui ont intéressé penseurs et romanciers à toutes les époques :

– L'influence du tiers ou de l'obstacle : la passion ressemble à une vague qui vient battre un rocher et s'élève d'autant plus que l'écueil qu'elle rencontre est haut. Ce dernier peut être soit extérieur (la société, un rival, une impossibilité), soit intérieur (la non-réciprocité des sentiments). Dans une des premières grandes tragédies françaises, *Les Amours tragiques de Pyrame et Thisbé* (1621) de Théophile de Viau, inspirée de

1. Guilleragues, *Lettres portugaises*, GF-Flammarion, 2009, Quatrième lettre, p. 70.

Médée
interprétée par Maria Callas dans l'opéra *Médée* de Luigi Cherubini
(Dallas, 1958, mise en scène par Alexis Minotis)
© Ullstein Bild via Getty Images

Personnage mythologique, Médée est l'une des femmes criminelles les plus terrifiantes de la culture occidentale : elle a inspiré nombre de tragédies, d'Euripide (431 av. J.-C.) à Heiner Müller (2001), en passant par le stoïcien Sénèque (Ier siècle), Corneille (1635) ou encore Jean Anouilh (1953). C'est que Médée porte à son point de paroxysme les ravages d'une passion amoureuse qui vire à la haine la plus féroce. Par amour pour le héros Jason, elle se livre d'abord à une série de crimes : elle met en pièces son frère Apsyrtos, pousse les filles de Pélias à faire bouillir leur père et à le manger… Lorsque Jason la répudie au profit de Créuse, Médée, folle de rage, n'aspire plus qu'à une chose, se venger : elle consume sa rivale dans une robe empoisonnée et poignarde elle-même les deux enfants qu'elle a eus avec Jason. C'est sur cet infanticide, crime odieux entre tous, que s'achève l'opéra de Luigi Cherubini, *Médée* (1797), dont le rôle-titre fut interprété en 1958 par la cantatrice Maria Callas, qui incarnera de nouveau ce personnage dans l'adaptation cinématographique de Pier Paolo Pasolini en 1969. Amour et haine se succèdent, mais le goût du pouvoir et l'ivresse de la destruction ne quitteront jamais Médée : même après avoir quitté Jason, elle tuera son oncle et cherchera à empoisonner Thésée.

Roméo et Juliette de Shakespeare, les familles des deux amants se vouent une haine tenace, mais celle-ci ne fait que redoubler leur amour.

– Le mimétisme du désir : on tend à aimer ce que les autres aiment. Cette théorie ancienne a été reprise et développée au XXe siècle par l'anthropologue René Girard [1]. Selon lui, le désir n'a pas d'objet naturel : il est orienté, guidé, voire gouverné par le désir des autres, si bien que les passions ne prennent sens qu'une fois reconstituées leurs interactions au sein d'un groupe donné. Ces passions peuvent atteindre un haut degré de violence, comme le montre l'exemple du « bouc émissaire » étudié par Girard, qui cristallise la colère, la haine, la peur d'une minorité et la constitue en communauté passionnelle.

– La « triangulation », l'identification à l'objet aimé : c'est, selon René Girard, une des conséquences possibles du mimétisme [2]. Je peux aimer mon rival si lui-même est aimé, je peux prendre pour modèle ce que je hais. Tel est le cas, dans *L'Éducation sentimentale* (1869) de Flaubert, du héros Frédéric Moreau à l'égard de son rival M. Arnoux : « Frédéric (cela tenait sans doute à une certaine ressemblance profonde) éprouvait un certain entraînement pour sa personne. Il se reprochait cette faiblesse, trouvant qu'il aurait dû le haïr, au contraire [3]. » Ce phénomène d'identification et de conversion de la haine en amour n'est pas un cas isolé, car Deslauriers y est à son tour sujet à l'égard… de son ami Frédéric : « Des pensées haineuses l'envahirent. Puis il songea à la personne même de Frédéric. Elle avait toujours exercé sur lui un charme presque féminin ; et il arriva bientôt à l'admirer pour un succès dont il se reconnaissait incapable [4]. » Une passion apparemment « pure » comme l'admiration s'avère ainsi reposer sur une jalousie haineuse, détournée vers un amour plus ou moins conscient et sublimé. Il n'est plus possible de distinguer entre les passions : « Il y avait à la fois de la vengeance et de la sympathie, de l'imitation et de l'audace. »

À la lumière de ces éléments, on peut se demander si le monde obscur et inquiétant des passions n'est pas voué à perdre son caractère d'étrangeté, pourvu qu'il soit ramené à des *lois*, c'est-à-dire qu'il ne soit pas jugé mais simplement expliqué. Si les passions ne sont pas raisonnables, peut-être sont-elles rationalisables ?

II. « La passion est toute l'humanité »

Les passions forment peut-être un monde obscur et inquiétant, mais celui-ci est aussi notre monde. Comme l'écrit Balzac dans l'« Avant-

1. René Girard, *La Violence et le Sacré*, 1972.
2. René Girard, *Mensonge romantique et vérité romanesque*, 1961.
3. Flaubert, *L'Éducation sentimentale*, Gallimard, « Folio », 1972, p. 195.
4. *Ibid.*, p. 270-271, pour cette citation et la suivante.

propos » de *La Comédie humaine* : « La passion est toute l'humanité. Sans elle, la religion, l'histoire, le roman, l'art seraient inutiles. » De là l'idée de suspendre, au moins dans un premier temps, le jugement de valeur sur les passions, afin de chercher à comprendre le fonctionnement du monde qu'elles constituent. Individuelles ou collectives, les passions jouent un rôle dans toutes les sphères de l'activité humaine – la religion, l'histoire, l'art, mais aussi la politique ou encore l'économie. C'est pourquoi les hommes ont cherché à apprivoiser, à comprendre et à expliquer le monde des passions, en s'efforçant d'identifier leurs causes, leur logique et leur mode de fonctionnement.

A. Un monde à comprendre

1. Un monde à ordonner

Saisir les passions dans leur diversité, pour tâcher d'identifier leur nature et leurs causes : telle fut l'ambition des stoïciens, qui proposent une classification quadripartite des passions, fondée sur la distinction entre la douleur, la crainte, le désir et le plaisir. Pourquoi ces passions plutôt que les autres ? Ce choix procède de la définition stoïcienne des passions comme se formant à partir d'une opinion qui nous fait considérer leur rapport à nous comme bon ou mauvais, immédiat ou prochain. Le plaisir correspond à l'opinion qui nous présente le bien comme présent, le désir à celle qui nous le représente comme mauvais ; de même, la douleur naît lorsque je considère un mal présent, et la crainte lorsque je me représente un mal à venir. Ces passions principales donnent lieu à une multitude d'espèces. La douleur, par exemple, a pour espèces « l'apitoiement, l'envie, l'émulation, la jalousie, l'angoisse, le trouble, le chagrin, l'affliction, la confusion », chacune se situant par rapport à elle : « L'apitoiement est une douleur qui nous vient du mal d'autrui ; l'envie une douleur qui nous vient de ce que nous voyons autrui jouir de ce que nous désirons ; la jalousie, la douleur de voir autrui posséder aussi ce que nous possédons [1] ». Les classifications stoïciennes inaugurent une tradition qui influencera des penseurs comme Descartes, Spinoza ou encore Hume – ces taxinomies statiques étant toutefois progressivement délaissées au profit d'une étude des passions dans leur dynamique.

1. Diogène Laërce, *Vies, doctrines et sentences des philosophes illustres*, VII, trad. R. Genaille, GF-Flammarion, 1965, p. 87-88.

2. Une physique des passions

La pensée moderne, en cherchant à construire des systèmes explicatifs clairs, emprunte ses modèles à plusieurs disciplines, parmi lesquelles la psychologie et surtout les sciences de la nature. Qu'il s'agisse d'une physique (comme Descartes), d'une mécanique (comme Hume, qui considère que les passions « suivent une sorte de mécanisme régulier susceptible d'une investigation aussi précise que celle des lois du mouvement, de l'optique, de l'hydrostatique [1] ») ou d'une mathématique (comme Spinoza), la connaissance des passions cherche à s'approcher de la rigueur scientifique, du moins en théorie : leur décomposition en éléments, leur explication par des propriétés et des mouvements, enfin leur caractère systématique deviennent les enjeux principaux de la réflexion. De même que le monde physique a ses lois et sa logique, les passions forment-elles un système ordonné et cohérent ?

« Mon dessein n'a pas été d'expliquer les passions en orateur, ni même en philosophe moral, mais bien en physicien », écrit Descartes dans une lettre du 14 août 1647. Dans son traité *Les Passions de l'âme* (1649), il prend les passions pour objet de science. Le philosophe maintient le dualisme classique en distinguant la substance corporelle de la substance pensante. Les passions se trouvent *dans* l'âme, mais elles ne viennent pas *de* l'âme : ce sont des émotions excitées en l'âme par l'action du corps auquel elle est unie. Elles se rattachent donc au corps, c'est-à-dire à la nature, et Descartes entend les aborder en physicien : elles auraient leurs propres lois, à l'instar des corps dans le monde physique. Ces lois pourraient être d'une nature analogue à celles qui gouvernent notre monde (par exemple, la loi de gravitation) ou bien soumises à un modèle différent (comme le sont les lois de la physique quantique). Mais Descartes s'intéresse surtout aux passions pour comprendre l'union de l'âme et du corps : l'enjeu est pour lui de réconcilier les deux mondes.

Pour Descartes, les passions ne sont pas des maladies mais des outils, des instruments dont il revient à l'individu de bien user. Parce qu'elles manifestent une disposition réciproque du corps à l'âme et de l'âme au corps, elles peuvent en effet avoir une vertu mobilisatrice. Elles peuvent en effet signaler un danger : par exemple, la douleur – qui est une passion, au sens où elle est une sensation qui s'imprime dans l'esprit passif – m'alerte qu'une partie de mon corps est endommagée. Mais les passions font plus que traduire les excitations ; elles signalent la façon dont le corps réagit à celles-ci : « Le principal effet de toutes les passions dans les hommes est qu'elles incitent et disposent leur âme à vouloir des choses auxquelles elles préparent leur corps ; en sorte que le sentiment de la peur l'incite à vouloir fuir, celui de la hardiesse à vouloir combattre » (article 40). Descartes définit ainsi la passion comme une représentation

1. Hume, *Dissertation sur les passions, suivie du Traité de la nature humaine, livre II*, VI, 9, trad. J.-P. Cléro, éd. R. Ehrsam, GF-Flammarion, 2015, p. 93.

Charles Le Brun, ***Méthode pour apprendre à dessiner les passions*****, 1698**
[*De haut en bas, de gauche à droite : l'étonnement, la contemplation, la tristesse, le rire, l'effroi, la crainte, la colère, le dédain, le désespoir, l'inquiétude, l'abattement, la douleur*].

La publication posthume de la *Méthode pour apprendre à dessiner les passions* de Charles Le Brun influença considérablement l'art du XVIIIe siècle. Premier peintre de Louis XIV, auteur des décorations du château de Versailles, Le Brun souhaitait offrir aux étudiants en peinture de son temps une véritable étude de l'expression, « qui est une partie qui marque les mouvements de l'âme, ce qui rend visibles les effets de la passion ».

L'entreprise est alors nouvelle mais elle repose sur une idée classique, présente chez Aristote : « L'art de la physiognomonie est possible si l'on accorde que le corps et l'âme changent ensemble, pour toutes les propriétés qui sont naturelles » ; or « les passions et les désirs, par exemple, sont au nombre de nos mouvements naturels » (*Premiers analytiques*, II, 27, 75b). Au XIXe siècle, certains esprits prétendirent ériger ces observations en science : dans une approche déterministe, ils espéraient déduire de l'apparence physique le caractère et la psychologie des hommes. Ainsi, le pasteur suisse Johann Caspar Lavater, dans son traité *L'Art de connaître les hommes par la physionomie* (1775-1778), considérait que chaque élément du visage – du front au menton – correspondait à un élément psychologique. Par l'observation, on pouvait donc deviner les passions, les inclinations, les habitudes, les origines sociales et géographiques, enfin toute l'histoire d'une personne. Balzac sera fortement influencé par ces théories. Il écrit dans *Le Curé de village* : « Un trait de sa physionomie confirmait une assertion de Lavater sur les gens destinés au meurtre, il avait les dents de devant croisées » (Balzac, *Œuvres complètes*, t. XIII, Paris, A. Houssiaux, 1855, p. 597).

mentale accompagnée d'émotion, et l'on pourrait ajouter : accompagnée d'une signification.

3. Une morale des passions

Le bon usage des passions, pour l'auteur des *Passions de l'âme*, est le fait non de la raison (qui viserait à les dominer), mais de la volonté. Si je suis témoin d'une agression, par exemple, la peur peut me pousser à fuir, mais alors je manquerais à mon devoir de venir en aide à une personne en danger. L'originalité de Descartes est de montrer que, quelle que soit ma décision, ce n'est pas la passion qui est en cause, mais la façon dont mon jugement s'exerce face à la situation. La passion m'a révélé un fait (le danger) et a amorcé une conduite (la fuite) ; mais elle n'est pas cause de ma fuite, je peux toujours y résister. Le corps incite à vouloir quelque chose, il prédétermine, mais il est toujours possible d'inverser le processus et de le redéterminer.

L'intérêt de la pensée cartésienne est donc de ne pas opposer liberté et passions comme deux mondes inconciliables. Bien plus, elle postule qu'il est possible de lutter contre une passion mauvaise par une passion bonne : si je me décide à venir en aide à la personne agressée, je fais preuve de courage ou encore de compassion (de *cum-patior* : souffrir avec ; puisque l'autre a peur, je dois avoir peur avec lui). Les passions traduisent donc un rapport sensible et affectif au monde et aux hommes, qui diffère du rapport cognitif sans pour autant lui être tout à fait étranger. Dans certains cas, l'amour et l'admiration poussent l'individu à se dépasser. En d'autres termes, on peut faire de passion vertu, et ressentir des passions morales. Descartes est le premier à penser une morale qui repose sur les passions : c'est l'éthique de la générosité. La morale est d'abord conscience par l'individu de la libre disposition de ses volontés personnelles. La passion devient donc ce qui m'appartient en propre ; elle ne m'est pas étrangère, elle fait partie de mon monde. J'en suis maître et possesseur comme je suis maître et possesseur de la nature : cela ne signifie pas que je cherche à la « maîtriser » par la force, mais à l'orienter vers le bien. C'est à la fois une responsabilité et une chance : je puis être de plus en plus passionné tout en étant de plus en plus moral.

Descartes semble toutefois faire preuve d'un certain optimisme : dans son système, on l'a vu, l'homme est toujours apte à faire un choix entre ses passions. Or, la princesse Élisabeth, avec qui il a eu une riche correspondance, relève un cercle vicieux dans son raisonnement : « Je ne l'ai jamais su pratiquer qu'après que la passion avait joué son rôle [1]. » Pour être en état de choisir entre les passions, il faut déjà s'en être libéré, au moins en esprit. Au début du XIXe siècle, la psychiatrie française, s'inspirant de l'approche cartésienne, met en place le « traitement moral » des

1. Lettre à Descartes du 22 juin 1645, *Correspondance avec Élisabeth et autres lettres*, GF-Flammarion, 1989, p. 104.

aliénés. Les facultés mentales des fous sont altérées par la passion : l'objectif est donc de modérer leurs accès de colère ou de désespoir, notamment par l'échange verbal, pour qu'ils retrouvent l'usage de la raison. Or, les reproches adressés à cette théorie par les aliénistes de la seconde moitié du XIXe siècle sont sensiblement les mêmes que ceux de la princesse Élisabeth : comment s'appuyer sur la volonté contre les passions, si la volonté même du fou est atteinte ? On touche là aux limites de la théorie de Descartes qui tiennent à ses présupposés : il conçoit un sujet libre, pleinement conscient de soi, doté d'une volonté ferme ; il ne parle pas de celui qui n'a pas prise sur sa volonté.

Voilà qui nous amène à questionner, à la suite de Descartes, le rapport des passions à l'âme et au corps : dans la pensée de Descartes, les passions se trouvent dans l'âme mais sont rattachées au corps. Pourtant, n'impliquent-elles pas, en amont, une amorce de jugement, de réflexion ? J'ai peur de l'autre parce que j'ai déjà l'*idée* qu'il est mauvais ; mais, en réalité, j'ai moins peur de l'altérité des hommes en général que d'un individu en particulier. La passion prend donc une forme intellectuelle ou cognitive : il y a en elle du *pré*-jugé. Dans *Andromaque* de Racine, Hermione a entendu parler du roi Pyrrhus, couvert de gloire, et s'enflamme pour lui avant même de l'avoir vu : elle *pré-juge* qu'elle l'aime avant même de l'aimer. La passion n'est donc pas purement corporelle, elle est soutenue par une croyance, par une intime conviction.

On voit que chaque individu « colore » sa passion et lui donne un sens particulier, en fonction de sa propre histoire : cela amène aussi à contester l'intérêt des classifications théoriques anciennes. Jamais on ne trouve en effet une « crainte » pure, un « orgueil » pur, un « courage » pur. Les passions ne peuvent être comprises que dans leur ambivalence et leur mobilité ou, comme le dit Spinoza, dans leur fluctuation.

4. Passions actives et passions passives

Dans sa préface au livre III de l'*Éthique* (1677), Spinoza affirme que l'homme n'est pas « un empire dans un empire [1] » : le monde des hommes obéit aux mêmes lois que le monde physique, la Nature. C'est pourquoi il entreprend de traiter les passions, qu'il appelle plutôt affections ou affects, « à la manière des géomètres ». Spinoza considère que l'état naturel de l'homme est une « fluctuation de l'âme [2] » : les passions révèlent ainsi « non pas notre culpabilité mais notre faiblesse et notre passivité [3] ». Reconnaître le caractère naturel des passions implique de renoncer à une illusion, l'idéal de maîtrise de soi par la « volonté », que Spinoza regarde comme une chimère. Il propose une nouvelle distinction à trois niveaux entre les passions tristes, les passions joyeuses et les

1. Spinoza, *Éthique*, Gallimard, « Idées », 1954, p. 145.
2. *Ibid.*, p. 166 (scolie de la proposition XVII).
3. Robert Misrahi, *Spinoza et le spinozisme*, Armand Colin, 1998, p. 49.

actions joyeuses (affects). Le point de référence n'est plus une passion de nature extérieure, c'est l'homme lui-même dans le sentiment qui en résulte (joie ou tristesse), mais aussi dans le degré de puissance que lui accorde la passion : les deux premières sont passives, la troisième est active. La bonne passion est celle qui *active* en nous des possibilités, qui accroît notre puissance d'agir. Les hommes mauvais sont ceux qui cultivent les passions tristes, soit en eux, soit chez les autres, et qui entretiennent ainsi un état de servitude.

Si Descartes proposait une philosophie de l'action, Spinoza opte pour une philosophie de la connaissance. Les hommes sont « conscients de leurs actes, mais ignorants des causes qui les déterminent », écrit-il encore dans une lettre à Schuller : seule la connaissance et la réflexion des affects leur permet d'accéder à l'autonomie. Ainsi ne sont-ils pas placés devant les passions comme devant un monde extérieur : ils sont toujours déjà passionnés et ont vocation à le rester. La philosophie de Spinoza est une anthropologie, elle n'espère pas changer l'homme : « Le désir est la nature ou l'essence même de chacun [1]. » Mais ce n'est pas une pensée tragique, car l'extension de la connaissance et de la puissance doit permettre de cultiver seulement les affects actifs et joyeux. Le bonheur est au-dessus de la raison, ou plutôt il n'y a pas de raison sans bonheur : le spinozisme préconise ainsi une « authentique jouissance de l'existence [2] ».

En mettant l'accent sur la puissance de l'individu, Spinoza montre aussi que l'homme ne recherche pas un bien hypothétique mais *son* bien, d'où découlent *ses* passions. Il recherche une certaine intensité de vie que lui donne précisément la force, l'énergie attachée aux passions : l'homme se définit non par la raison mais par un effort (*conatus*) pour exister et jouir toujours plus. Nietzsche, grand lecteur de Spinoza, reconnaît en lui un philosophe de la vie, non pas enfermée dans des schémas mathématiques mais, ultimement, vécue dans l'esprit et dans la chair. Spinoza retrouve par là l'idéal de la philosophie antique : « Un esprit sain dans un corps sain ». Il défend cependant une nouvelle conception de la liberté : il ne s'agit plus de dompter les passions, mais de savoir les cultiver pour atteindre la félicité.

B. Un monde à cultiver

Le risque du modèle explicatif scientifique est de présenter le monde des passions comme un monde objectif qui se trouverait face à nous, qui disposerait de ses propres lois et auquel nous ne pourrions rien changer. Or on ne peut pas observer comme dans un laboratoire ce dont nous sommes partie prenante : tel est le point faible des nombreuses tentatives pour élaborer une science des passions. Car celles-ci, qu'elles soient indi-

1. Spinoza, *Éthique*, *op. cit.*, p. 209 (proposition LVII).
2. Robert Misrahi, *Spinoza et le spinozisme*, *op. cit.*, p. 60.

viduelles ou collectives, investissent l'ensemble des sphères de la vie en société : en ce sens, leur monde est aussi, et d'abord, le nôtre.

I. Gouverner l'empire des passions par l'action politique

Comme le dit Voltaire dans le *Traité de métaphysique* (1736) : « Ceux qui veulent lui ôter [au peuple] ses passions parce qu'elles sont dangereuses ressemblent à celui qui voudrait ôter à un homme tout son sang[1]. » Les voyages dans diverses cultures permettent d'identifier, à l'âge des Lumières, des traits universels, des tendances générales en l'homme, et de développer une anthropologie (science de l'homme) reconnaissant le rôle des passions dans l'édification de la société. Voltaire va jusqu'à dire qu'elles sont « la principale cause de l'ordre que nous voyons aujourd'hui sur la terre. L'orgueil est surtout le principal instrument avec lequel on a bâti ce bel édifice de la société. » Pour le philosophe des Lumières, l'ensemble de la société repose notamment sur une passion principale, l'orgueil. D'autres penseurs, à la même époque, vont jusqu'à expliquer la constitution même des sociétés par l'existence des passions. Pour Bernard Mandeville, auteur de *La Fable des abeilles* (1714), l'instauration des sociétés ne procède pas d'un sens inné de la justice, mais bien de la volonté de chacun de se protéger des passions égoïstes des autres : l'homme s'est constitué en société pour contenir et encadrer le débordement des passions – tâche immense dévolue au législateur[2].

Les passions ne sont pas seulement au fondement de la vie en société : elles influent sur la vie politique. Dans son *Traité politique* (1677), Spinoza nuance la théorie selon laquelle les passions seraient un ciment social, en posant certaines conditions pratiques. Certes, les passions sont à l'origine du contrat qui unit les membres d'une société ; mais Spinoza opère la même distinction au niveau collectif qu'au niveau individuel : si les « passions joyeuses » activent en nous des possibilités et renforcent notre puissance d'agir, les « passions tristes » la diminuent, nous aliènent, nous livrent à la superstition et aux tyrans. Si l'homme aux passions tristes est un esclave, celui qui exploite les passions tristes est le tyran : il utilise l'envie, la peur, l'ambition, l'égoïsme pour faire régner un ordre injuste.

L'ordre injuste, en retour, peut susciter chez le peuple des vagues d'indignation spontanée (on pense, dans l'actualité récente, au mouvement multinational des Indignés), ou encore des manifestations (notons que, dans l'Antiquité, celles-ci étaient appelées « émotions » ou « émeutes » populaires : elles étaient renvoyées à l'expression des passions

1. Voltaire, *Traité de métaphysique*, chap. VIII, dans *Mélanges*, Gallimard, « Bibliothèque de la Pléiade », p. 286-287, pour cette citation et la suivante.

2. Voir le dossier de Raphaël Ehrsam dans *Dissertation sur les passions, suivie du Traité de la nature humaine, livre II, op. cit.*, p. 356 *sq.*

collectives, par nature irrationnelles). À cette occasion, chaque citoyen peut se mettre à la place d'un autre, dont il partage la passion. Cette idée implique une mobilité, une circulation des passions entre les hommes. C'est le principe de la « sympathie » (de *sym*, « avec », et *pathos*, « souffrance ») ou compassion ; les citoyens s'assurent alors qu'ils forment une communauté. Les passions individuelles peuvent en somme se transformer en une « action » politique collective susceptible, parfois, de chasser le tyran pour instaurer un nouveau pouvoir. Un État tourné vers le bien commun ne cherche donc pas, selon Spinoza, à faire taire, à étouffer les passions, mais à en faire un moteur renouvelé de l'action des citoyens.

La finesse des analyses de Spinoza tient à ce que la passion, chez lui, peut être aussi bien solution que dissolution de l'ordre sociopolitique. Parfois c'est la solution qui s'avère désastreuse, et la dissolution qui est source de progrès. Il s'oppose ainsi à la récupération politique, à l'instrumentalisation des passions collectives au service de la seule passion individuelle du pouvoir. Une société qui camoufle la violence n'est pas pour autant pacifique : soit elle convertit une passion en une autre, soit elle porte la violence dans le domaine symbolique. L'idéal même de maîtrise implique un désir d'emprise qui peut s'avérer redoutable. À l'inverse, ce n'est pas dévaloriser une idée juste que de lui reconnaître un fondement passionnel. Puissance continue et non capricieuse, la passion possède une opiniâtreté qui ferait défaut à un combat guidé par la seule raison.

2. Les passions font l'Histoire

« Rien de grand ne fut accompli dans le monde sans passion[1] », écrit Hegel dans son introduction aux *Leçons sur la philosophie de l'histoire du monde* (1822-1830). Pour lui, l'Histoire a un sens : l'aventure qui se déroule à travers les siècles est celle de l'esprit humain, et elle est orientée vers une conquête progressive de la liberté. Or, si la raison, qui se réalise dans l'Histoire, gouverne le monde, elle le fait de manière oblique, en laissant agir à sa place les passions des hommes (au sens d'intérêt personnel, de dessein égoïste) : c'est ce que Hegel appelle la « ruse de la raison ». Les grands hommes « accomplissent leur intérêt, mais il se produit avec cela quelque chose de plus, qui [...] n'était pas dans leur conscience ou dans leur dessein[2] ». Lorsque Jules César, par exemple, s'en alla combattre la Gaule, il le fit d'abord dans l'« intérêt de conserver sa situation, son honneur et sa sécurité » à Rome, mais sa victoire fit de lui « l'unique dépositaire du pouvoir individuel de l'État » romain : « Ce qui lui valut réalisation de son objectif d'abord négatif, la domination sur Rome, fut en soi une détermination nécessaire dans l'histoire de Rome et du monde [...] L'intérêt particulier de la passion est donc inséparable de la manifes-

1. *La Raison dans l'Histoire*, trad. L. Gallois, Seuil, « Points », p. 56.
2. *Ibid.*, p. 65.

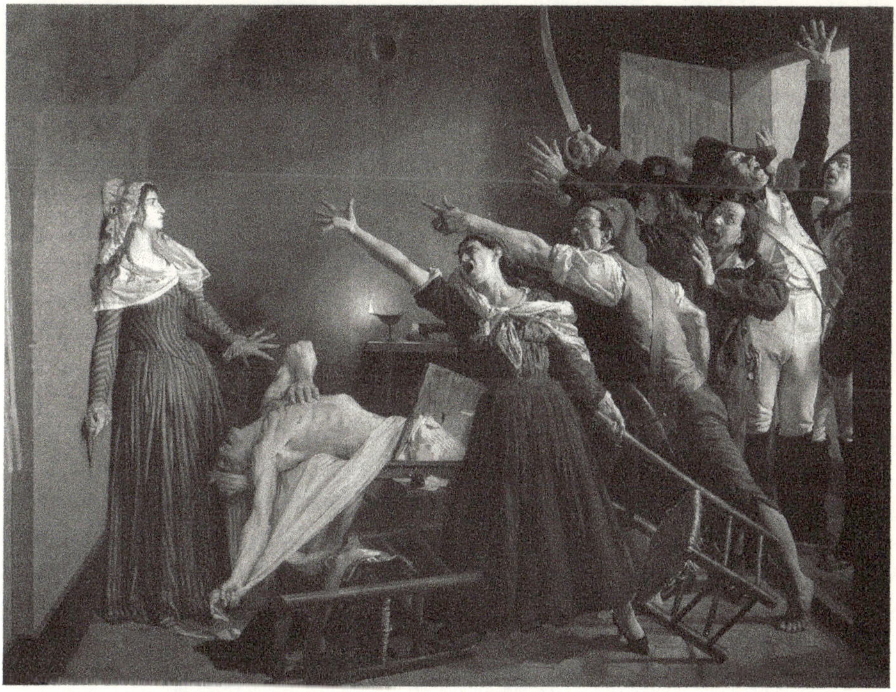

Jean-Joseph Weerts, *L'Assassinat de Marat*, 1880
© Musée La Piscine (Roubaix)/ RMN-Grand Palais/ Arnaud Loubry

Charlotte Corday, la femme qui a tué Marat pendant la Révolution française, est une des figures les plus populaires du XIXe siècle. Pendant un temps, elle représente l'héroïne qui sauva la France d'un tyran, comme une nouvelle Jeanne d'Arc, et certains mouvements d'émancipation de la femme se réclament d'elle. Mais dans la seconde moitié du siècle, le contexte politique et social a changé, et la jeune femme présente désormais aux yeux des médecins les signes de la démence criminelle : à partir de théories physiognomoniques, on croit pouvoir repérer sur son visage, sur son corps, les traces d'un dérèglement psychique et moral, lié à son caractère violent et emporté. Le tableau de Jean-Joseph Weerts (1847-1927) représente Charlotte Corday, transie, le poignard à la main, dans une pose qui l'apparente aux femmes hystériques qu'on se met à photographier à la même époque à la Salpêtrière. Mais la foule qui fait irruption sur la droite pour crier sa colère paraît tout aussi possédée : comme si elle subissait la contagion de la criminelle, elle est à son tour animée par le désir de vengeance. La passion révolutionnaire d'une femme enflamme ainsi les passions populaires dans une sorte d'engrenage. Cette peinture peut être lue comme l'envers pessimiste du fameux tableau de Delacroix, *La Liberté guidant le peuple* : Jean-Joseph Weerts peint en quelque sorte une folle passion guidant le peuple. Entre la foule et Charlotte Corday, Marat apparaît en martyr : en témoignent sa posture ainsi que la source lumineuse au-dessus de lui, qui rappelle une veilleuse du Saint-Sacrement dans l'iconographie chrétienne.

tation active de l'universel[1]. » C'est ainsi que des moyens immoraux peuvent servir une cause noble, et un but grandiose être atteint par des voies tortueuses. Les passions jouent en somme un rôle décisif dans l'histoire des hommes.

Si la philosophie moderne a contribué à revaloriser le rôle des passions, il en va de même des autres sciences humaines. Dans les années 1970, l'*Histoire des passions françaises* – cinq volumes très remarqués, signés par l'historien et sociologue britannique Theodore Zeldin – s'inscrit dans ce qu'on appelle aujourd'hui l'histoire des mentalités ou des représentations. Sa première ambition est de montrer que les passions, loin d'être figées, suivent l'évolution historique de la sensibilité. Sa seconde ambition – qui est aussi la plus grande – est de démontrer que ce sont ces passions qui font l'histoire : l'ambition, l'amour, la colère, l'anxiété contribuent, pour le meilleur et pour le pire, à orienter l'action et façonnent les acteurs historiques. On ne saurait comprendre l'affaire Dreyfus si l'on se contente de répertorier des faits et des dates. Il faut aussi prendre en compte les mentalités de l'époque, car les idéaux arborés dans les deux camps mettent en jeu des passions parfois contraires, parfois semblables, sans lesquelles le procès du capitaine Dreyfus ne se serait jamais transformé en « affaire ».

Toujours dans les années 1970, un certain nombre d'historiens luttent contre l'image caricaturale du Moyen Âge selon laquelle il s'agit d'une époque de ténèbres, de déraison et de passions violentes. Parmi eux, Jacques Le Goff[2] inaugure une histoire des passions individuelles et collectives et montre comment une société – en l'occurrence la société médiévale – repose sur une savante codification, qui permet à la fois d'exprimer et de réguler les passions dans le cadre de cérémonies ou de rituels. C'est le cas, par exemple, du carnaval, qui organise le renversement des valeurs établies et l'expression ponctuelle des passions interdites pendant le reste de l'année. Véritable rite, il contribue à renforcer la cohésion sociale tout en réaffirmant, paradoxalement, l'ordre établi qu'il ne conteste qu'un bref moment. Dans les années 2000, l'historienne américaine Barbara Rosenwein[3] s'intéresse aux « communautés émotionnelles » du Moyen Âge. Pour elle, les passions, souvent considérées au niveau de l'individu comme une source de déséquilibre, assurent en réalité la cohésion et l'unité au niveau du groupe. Chaque génération porte en elle un monde de passions qui accompagne les grands changements historiques : les passions peuvent donc être les moteurs d'une action civilisatrice.

Ces travaux nous poussent à prendre en considération le fait que le monde des passions a une histoire propre, qui s'hérite et se transmet, et qu'il importe de retracer. Il n'est pas peuplé d'individus solitaires, mais

1. *Ibid.*, p. 69.
2. Jacques Le Goff, *Pour un autre Moyen Âge*, Gallimard, « Tel », 1977.
3. Barbara Rosenwein, *Emotional Communities in the Early Modern Ages*, Ithaca/Londres, Cornell University Press, 2006.

constitue un monde éminemment social dans lequel les passions circulent d'une personne à l'autre, de génération en génération.

3. Le rôle des passions dans l'économie

Un autre domaine d'action des passions, et plus particulièrement des passions collectives, dans notre monde est celui de l'économie, comprise comme l'ensemble des activités humaines de production, de distribution et de consommation. *A priori*, tout sépare le monde des passions de la science économique : les graphiques, les chiffres, les modélisations donnent l'impression d'un monde rationalisé, où l'homme est réduit à une variable. L'approche libérale de l'économie, dominante aujourd'hui, considère l'homme comme un « agent rationnel ». Elle ressemble en cela à la philosophie stoïcienne : elle chasse de son monde les passions afin de valoriser l'activité rationnelle des individus. Pourtant, elle n'échappe pas à une série de contradictions qui mettent en évidence le rôle des passions :

– Elle prétend se fonder d'un côté sur la « rationalité » des acteurs, d'un autre sur la « confiance » des investisseurs ou des ménages. Or cette « confiance » est l'autre nom de l'« espoir », qui est une passion fondamentale.

– La « recherche du profit » a beau être rationalisée, elle n'est qu'un autre nom pour désigner la passion du gain. Il faut distinguer entre la fin et les moyens (rationnels) de l'obtenir.

– Les études de psychologie cognitive révèlent l'influence des passions mêmes et surtout dans les transactions commerciales les plus importantes : l'action économique ne peut être réduite aux seuls motifs rationnels.

L'approche purement rationalisante de l'économie refuse ainsi de voir l'homme sous toutes ses faces. L'existence humaine, qu'elle soit sociale, politique ou économique, repose sur l'interaction des passions des individus. Le philosophe lui-même n'échappe pas à la règle : la philosophie grecque a pris naissance dans la cité démocratique, dans un espace de discussion propice à l'expression mutuelle des passions. Les passions sont ainsi placées au cœur même du discours : elles rendent possible l'échange entre les hommes.

4. La rhétorique, réconciliation de la philosophie avec les passions ?

L'usage des passions dans la rhétorique est l'objet d'un débat qui remonte à l'Antiquité. Faut-il s'appuyer sur elles pour convaincre, ou ne recourir qu'à la droite raison ? Platon, très hostile aux orateurs, accable les sophistes qui faisaient de leur éloquence une arme politique et de leur art un métier. Ils ne cherchent pas, selon lui, à dire le vrai mais à convaincre qu'ils disent vrai : ils inversent donc l'ordre des choses, en développant des raisonnements qui n'ont d'autre but que d'emporter l'adhésion de leur auditoire, sans se soucier de leur pertinence réelle. Pire encore : pour ce faire, ils s'appuient sur les passions de la foule qu'ils manipulent. C'est pourquoi Platon, dans le *Gorgias*, fait de la rhétorique un art du mensonge, un art de « charmeur de serpents » (*Euthydème*, 290a). La défiance de Platon face à la puissance du langage et des images évoque aujourd'hui la critique des médias, à qui l'on reproche de privilégier le sensationnalisme et de jouer sur les ressorts affectifs de l'opinion. Ils en appellent à l'émotion plus qu'à la réflexion critique, ils exploitent désirs et peurs au lieu de chercher à informer. « Déchaîner » les passions peut alors être le meilleur moyen d'y enchaîner l'homme.

Cependant, est-il possible d'emporter l'adhésion d'un interlocuteur sans user du ressort des passions ? Aristote, dans la *Rhétorique*, adopte une position plus nuancée que Platon. Il distingue la dialectique, qui a pour but de *convaincre* – c'est-à-dire d'emporter l'adhésion par la force logique de ses arguments – de la rhétorique, qui a pour but quant à elle de *persuader* (*Rhétorique*, I, 1356a) [1]. L'une et l'autre se ressemblent puisqu'elles ont pour objet de produire des arguments, mais leurs moyens sont différents. La rhétorique en connaît trois : la structure même du discours – puisqu'il doit démontrer ou paraître démontrer un fait ou une vérité –, mais aussi « le caractère de celui qui parle » – qui, pour être éloquent, doit brûler lui-même du feu de ses convictions, et donc puiser dans ses propres passions – et « le fait de mettre l'auditeur dans telle ou telle disposition » – puisque « la manière de voir n'est pas la même selon que l'on aime ou que l'on déteste, que l'on est en colère ou que l'on est pacifiquement disposé » (II, 1, 1377b 30). Selon lui, « les passions qui conduisent à modifier ses jugements sont celles qui s'accompagnent de peine ou de plaisir, par exemple la colère, la pitié, la crainte, etc. » (II, 1, 1378a 20). Aristote n'oppose pas dialectique et rhétorique : « tout le monde, d'une certaine façon, prend part aux deux » (I, 1354a). C'est pourquoi le bon orateur doit se soucier aussi bien de la rationalité de son discours que de la maîtrise de la langue, de la connaissance de son propre caractère et des passions de son auditoire, s'il veut parvenir à ses fins. Au XVIIe siècle, Pascal, dans son *Art de persuader* (1660), convenait également que la persuasion remplit mieux son rôle que la conviction dans un débat. L'*esprit de finesse* cherche à persuader, c'est-à-dire qu'il mobilise des arguments logiques mais joue aussi sur l'émotion ; il va donc plus loin que l'*esprit de synthèse*, qui amasse laborieusement des arguments qui restent vains, faute de toucher le cœur de l'homme.

1. Aristote, *Rhétorique*, trad. P. Chiron, dans *Œuvres complètes*, dir. P. Pellegrin, Flammarion, 2014.

C. De la réhabilitation à l'exaltation des passions

À l'aune de ce qui précède, on mesure bien que les passions, loin de n'avoir sur l'homme qu'une influence néfaste, organisent et structurent son monde. À certains égards, elles semblent même être la condition de sa réalisation morale et lui offrir, seules, la possibilité de s'accomplir pleinement.

1. La valorisation de l'amour

Nous avons vu que l'amour, mieux que toute autre, incarne à bien des égards les tourments et les impasses auxquelles mène la passion. Pourtant, il apparaît dans le même temps comme la passion la plus susceptible d'inspirer aux hommes une conduite morale. L'amour courtois est un bon exemple de la façon dont les passions ont été encadrées, codifiées, apprivoisées, mais aussi dont elles trouvent à s'exprimer pleinement au Moyen Âge. L'originalité de cette conception tient à ce que la passion réputée la plus aveugle est mise au service d'une morale : profond sens de l'honneur, importance du serment, noblesse des sentiments, conduite généreuse et primauté donnée à l'amour sont ce qui caractérise l'amant courtois. Le service du chevalier envers sa dame est à la fois signe et fondement de sa valeur et de son honneur. Dans le roman de Chrétien de Troyes *Érec et Énide* (XIIe siècle), Érec se laisse aller à une vie indolente après avoir rencontré Énide. Celle-ci lui reproche sa conduite : un chevalier doit aimer sa dame, sans pour autant négliger les devoirs liés à sa charge. Ainsi, l'amour courtois apparaît comme la réunion de différentes passions en un système original de valeurs morales.

Dans un court traité attribué à tort à Pascal, le *Discours sur les passions de l'amour*, un bel esprit du XVIIe siècle se livre à un étonnant exercice : il contredit point par point le discours des moralistes de son temps sur les passions. Son principal apport est de ne pas considérer les passions comme des abstractions ou comme un monde en soi, mais de s'intéresser d'abord aux passionnés. Tandis que les moralistes se livrent à la généralisation de cas particuliers réduisant la passion à un signe de petitesse, l'auteur du *Discours* part des individus et soutient que « dans une grande âme, tout est grand [1] ». Les passions n'apparaissent plus ici comme un recoin obscur de l'esprit, mais participent à la grandeur de ce monde qu'est l'âme. L'auteur déclare sans ambages que les passions relèvent de l'esprit et non du corps : elles « remplissent sa capacité ». Parmi toutes les passions, la plus naturelle est selon lui l'amour. Un janséniste y verrait une forme dévoyée, pervertie, de l'amour du divin ; mais pour l'auteur

1. Pascal, *Discours sur les passions de l'amour*, dans *Œuvres complètes*, t. II, Gallimard, « Bibliothèque de la Pléiade », 2000, p. 200-208 pour le texte entier.

du *Discours*, même quand l'amour est un excès, loin de ravaler à la chair, il donne de l'esprit ! Les passions ouvrent une profondeur, un double fond dans notre monde bien clos. Enfin, l'amant qui nourrit une passion suscite la compassion d'autrui : une chaîne s'établit ainsi entre les individus, retirant à la passion sa dimension « égoïste ».

Ce discours anonyme sur l'amour au XVIIe siècle traduit un déchirement entre deux tendances. Certes l'amour est marqué par l'excès (« on ne songe pas que l'on aura besoin d'autre chose que ce que l'on aime »). Mais, pour l'auteur du *Discours*, « la passion ne peut pas être belle sans cet excès ». Elle est aussi nécessaire que la raison, et pourtant elle lui reste hétérogène, ces deux mondes ne se rencontrent pas : « Il y a une plénitude de passion, il ne peut pas y avoir un commencement de réflexion. »

2. L'élévation de l'individu par les passions

L'originalité de la pensée des Lumières est d'être à la fois celle de la raison et celle du plaisir. L'idéal n'est pas tant dans la conciliation que dans le mélange : plaisir d'user de sa raison, rationalisation des plaisirs en vue de leur accroissement. Cette tentative audacieuse de synthèse s'applique par excellence au monde des passions. Dans les *Pensées philosophiques* (1746), publiées dans le secret et à titre anonyme, Diderot se plaint que l'on regarde toujours les passions « par leurs mauvais côtés », en les opposant à la raison :

> On déclame sans fin contre les passions ; on leur impute toutes les peines de l'homme, et l'on oublie qu'elles sont aussi la source de tous ses plaisirs. [...] Ce qui me donne de l'humeur, c'est qu'on ne les regarde jamais que du mauvais côté. On croirait faire injure à la raison, si l'on disait un mot en faveur de ses rivales ; cependant il n'y a que les passions, et les grandes passions, qui puissent élever l'âme aux grandes choses [1].

Et d'ajouter : « C'est le comble de la folie que de se proposer la ruine des passions. » Diderot établit ensuite une classification tripartite dont le point de référence est l'homme : il reconnaît ainsi la diversité des passions et les juge d'après leurs effets sociaux ou moraux :

– Les « passions sobres » font les hommes communs : « La vie m'est-elle plus chère que ma maîtresse ? Je suis un amant comme un autre. »

– Les « passions amorties » dégradent les hommes de génie : « La contrainte anéantit la grandeur et l'énergie de la nature. »

– Les « passions fortes » enfin, ou « grandes passions » : « Sans elles, plus de sublime, soit dans les mœurs, soit dans les ouvrages ; les beaux-arts retournent en enfance, et la vertu devient minutieuse. »

1. Diderot, *Pensées philosophiques*, éd. J.-Cl. Bourdin, GF-Flammarion, 2007, p. 61-62, pour cette citation et les suivantes.

Mais Diderot se garde de les exalter en elles-mêmes : il faut que règne entre elles « une juste harmonie ». Et pour cela (comble d'horreur pour un stoïcien), il faut faire jouer les passions les unes contre les autres : « L'espérance est balancée par la crainte, le point d'honneur par l'amour de la vie, le penchant au plaisir par l'intérêt de la santé. » Dans son roman épistolaire *La Nouvelle Héloïse* (1761), Rousseau affirme : « Il n'y a que des âmes de feu qui sachent combattre et vaincre ; tous les grands efforts, toutes les actions sublimes sont leur ouvrage : la froide raison n'a jamais rien fait d'illustre, et l'on ne triomphe des passions qu'en les opposant l'une à l'autre [1]. » Rousseau distingue plus précisément les passions étrangères, néfastes – fondées sur l'amour-propre, et qui nous rendent étrangers à nous-mêmes –, des passions naturelles, dont dépend le devenir moral de l'homme : celles-ci, fondées sur l'amour de soi, nous font sortir de nous-mêmes au sens où elles nous font éprouver notre communauté avec d'autres que nous-mêmes, identifiés comme des semblables. Ainsi, selon Rousseau, non seulement il n'est pas réaliste de prétendre se mettre à l'abri des passions, mais ce n'est pas même souhaitable, car c'est d'elles que dépend aussi la possibilité de s'ouvrir à autrui et de s'accomplir à travers des actions sublimes.

3. L'exaltation des passions dans le romantisme

Avec le romantisme, la sensibilité achève de voler à la raison la place prédominante que lui attribuait la philosophie classique. Mais c'est surtout la signification de la « passion » qui évolue : la passion n'est plus considérée comme une affection aliénante, mais comme l'élan spontané de l'homme vers l'idéal. Les romanciers se donnent alors pour tâche de représenter cette nouvelle dimension de la passion. Balzac entend, dans *La Peau de chagrin* (1831), peindre « la Vie elle-même [...] aux prises avec le Désir, principe de toute Passion » (« Avant-propos » de *La Comédie humaine*). Barbey d'Aurevilly écrit dans une nouvelle de jeunesse, *Léa* (1832), que la vie et la passion ne font qu'un : « Ce n'est que quand la passion a labouré notre cœur avec son soc de fer rougi, que nous pouvons réaliser les préoccupations qui nous avaient obsédés jusque-là. » La valeur de la passion se confond avec celle de la vie, car « il y a mille chances de mort dans la passion [2] ».

Les romantiques prônent la toute-puissance du moi et du sentiment : « Je m'exprimais moi-même pour moi-même. Ce n'était pas un art, c'était un soulagement de mon propre cœur qui se berçait de ses propres sanglots [...] Ces vers étaient un gémissement ou un cri de l'âme », écrit ainsi Lamartine dans la préface de ses *Méditations poétiques* (1820). Pour eux, les passions, quelles qu'elles soient, se trouvent exaltées et revêtent

1. Rousseau, *La Nouvelle Héloïse*, IV, lettre XII.
2. Barbey d'Aurevilly, *Œuvres romanesques complètes*, t. I, éd. J. Petit, Gallimard, « Bibliothèque de la Pléiade », 1964, p. 24.

De l'amour : la passion amoureuse selon Stendhal

Alors que la philosophie antique la rejette dans le monde de l'erreur et de l'opinion, **le romantisme confère à l'expérience de la passion une dimension initiatique**. Dans un projet de préface à son traité *De l'amour* (1822), Stendhal écrit ainsi : « Il faut, pour suivre avec intérêt un *examen philosophique* de ce sentiment, autre chose que de l'esprit chez le lecteur ; il est de toute nécessité qu'il ait vu l'amour. » Le romancier lui-même est parti de l'une de ses aventures amoureuses pour en tirer les réflexions qu'il livre dans son ouvrage. La passion se voit attribuer un rôle éthique. Mieux que la raison, elle permet de juger **la valeur des hommes** : selon Stendhal, les « âmes tendres » ou les « âmes sensibles » l'emportent sur les « âmes prosaïques ».

Stendhal distingue quatre types d'amour : l'**amour-passion** (marqué par l'excès), l'**amour-goût** (amour « raisonné »), **l'amour physique** (matérialiste), l'**amour de vanité** (l'amour-propre). Ces quatre types peuvent se mêler : il entre de la vanité dans l'amour de raison, l'amour physique est compatible avec l'amour de vanité… Mais, plus que la typologie, c'est la **genèse de la passion** qui intéresse l'auteur. Il passe donc en revue ses différents stades, en essayant d'évaluer le laps de temps qui sépare chacun d'eux : admiration, espérance, première cristallisation, doute, seconde cristallisation… L'amour naît après la phase d'admiration-espérance, qui peut donc être considérée comme une phase d'incubation. Le monde des passions n'est donc pas un chaos : il se voit reconnaître une loi, une dynamique particulières.

De l'amour est ainsi un véritable traité de psychologie et de physiologie. L'approche romantique y entre en tension avec l'**approche scientifique** qui cherche à rationaliser la passion. Pour Stendhal, même l'art d'aimer implique un calcul : un propos tenu à une femme peut être acceptable à un moment t, choquant dix secondes avant ($t-10$). La beauté est définie comme « aptitude à donner du plaisir ». Quant au terme « **cristallisation** », qui a choqué certains de ses contemporains, Stendhal l'emprunte à la **chimie** : « Aux mines de sel de Hallein, près de Salzbourg, les mineurs jettent dans les profondeurs abandonnées de la mine un rameau d'arbre effeuillé par l'hiver ; deux ou trois mois après, par l'effet des eaux chargées de parties salines, qui humectent ce rameau et ensuite le laissent à sec en se retirant, ils le trouvent tout couvert de cristallisations brillantes. […] Ce que j'appelle cristallisation, c'est l'opération de l'esprit, qui tire de tout ce qui se présente la découverte que l'objet aimé a de nouvelles perfections [1]. » Son principe est simple : « Au moment où vous commencez à vous occuper d'une femme, vous ne la voyez plus telle qu'elle est réellement, mais telle qu'il vous convient qu'elle soit [2]. »

Les sentiments sont donc comme des éléments que l'on peut traduire en équations. Le monde de la passion n'est donc plus celui du merveilleux, d'une nature idéale éternellement conservée dans le for intérieur de chacun ; il ressemble au monde physique exploité et transformé par la science, il accompagne les évolutions du monde moderne.

1. Stendhal, « Le rameau de Salzbourg », *De l'amour*, éd. X. Bourdenet, GF-Flammarion, 1995, p. 369.
2. *Ibid.*, p. 372-373.

les formes les plus extrêmes et excessives. L'absolu de la passion amoureuse rejoint celui de la passion divine (« Je t'adore, ô ma frivole,/ Ma terrible passion !/Avec la dévotion/Du prêtre pour son idole », Baudelaire, « Chanson d'après-midi », *Les Fleurs du Mal*). La mélancolie, qui permet d'atteindre à une forme d'au-delà et devient indissociable de la création artistique, apparaît désormais comme un noble sentiment (« La mélancolie, c'est le bonheur d'être triste », Victor Hugo, *Les Travailleurs de la mer*, III, II, 1), et le sujet est souvent marqué par une forme de révolte contre l'ordre établi (« Maudits soient les liens du sang et de la vie ! Maudite la famille et la société ! », Musset, *Premières Poésies*)…

Le héros romantique est « une force qui va », pour reprendre l'expression de Victor Hugo dans le drame romantique de 1830 *Hernani* (III, 2) ; il vit et meurt pour sa passion, qu'il s'agisse de l'amour d'une femme ou de la lutte pour l'émancipation des peuples. Dans *Lorenzaccio* (1834), le personnage principal passe pour lâche et débauché parce qu'il est l'ami intime du tyran qui règne sur Florence. En réalité, il cache sous cette réputation son dessein d'assassiner ce dernier. Au cours de la pièce, il passe par une série de désillusions : les républicains qui devaient l'aider se retirent, et lui-même doute de la portée de son acte. La raison voudrait qu'il abandonne son projet, et pourtant il ira jusqu'au bout : ce personnage atteint à une forme de grandeur parce qu'il incarne une passion de la liberté qu'aucun calcul raisonnable ne saurait arrêter. De même, Edmond Dantès, dans *Le Comte de Monte-Cristo* (1844) d'Alexandre Dumas, est obsédé par son désir de vengeance : le personnage, emprisonné pour une conspiration à laquelle il n'a pas participé, et bien résolu, après s'être échappé quinze ans plus tard, à se venger de ceux qui l'ont condamné à tort, fait valoir par la vengeance sa liberté face à l'arbitraire du système social.

III. LES MONDES IMAGINAIRES DES PASSIONS

Condamnées par certains, valorisées par d'autres, les passions tiennent un rôle de premier plan dans les différentes sphères de l'activité humaine : celle de la création artistique, en particulier, apparaît intimement liée à elles. Si les hommes se sont efforcés d'expliquer le monde des passions, ils se sont en effet, dans le même temps, attachés à le mettre en scène, à le représenter. Les passions conduisent peut-être à forger des fictions, au sens de mensonges, mais elles sont aussi à la source de la fiction, entendue comme création littéraire. Plus encore, l'inspiration artistique ne trouverait-elle pas son origine même dans les passions ? Et les œuvres artistiques n'auraient-elles pas pour visée ultime d'agir sur les affects des lecteurs, des auditeurs ou des spectateurs ?

A. Combattre les passions par la littérature ?

La littérature classique se donne une triple visée : plaire, instruire, toucher. En donnant à voir les conséquences funestes des passions mauvaises et la vertu des vies réglées, en donnant à rire ou à craindre, l'art permettrait de frapper l'imagination des lecteurs tout en faisant appel à leur raison. Pourvoyeur de modèles, il restaurerait l'ordre dans la confusion des sentiments mieux que ne saurait le faire un sermon qui n'aurait pas les mêmes attraits. Les *Fables* de La Fontaine, qui punissent la grenouille ou le corbeau vaniteux, le coq orgueilleux, la cigale paresseuse, le lion prétentieux ou la poule avare, seraient-elles si persuasives si elles ne se servaient « d'animaux pour instruire les hommes [1] » ? Quel meilleur remède à l'idolâtrie du savoir que le spectacle de Faust dévoré par sa soif de connaissance absolue, au point de vendre son âme ? Comment prévenir davantage l'avidité, l'égoïsme et la tyrannie domestique qu'en ridiculisant l'avare Harpagon, « de tous les humains l'humain le moins humain, le mortel de tous les mortels le plus dur et le plus serré [2] » ?

Toutefois, si l'on reconnaît par là aux œuvres une certaine valeur, celle-ci reste subordonnée à leur emploi édifiant : elles ne sont qu'un moyen en vue d'une fin, et c'est cette dernière qui les anoblit. Dans le cas contraire, la censure menace de frapper. Ainsi, lors du procès intenté à Flaubert pour *Madame Bovary* en 1857, le procureur Ernest Pinard ne condamne pas l'œuvre parce qu'elle met en scène les passions de l'héroïne, mais parce qu'il n'est nulle trace dans les pages du roman d'une instance supérieure qui viendrait délivrer une morale : « Cette morale stigmatise la littérature réaliste, non pas parce qu'elle peint les passions : la haine, la vengeance, l'amour ; le monde ne vit que là-dessus, et l'art doit les peindre ; mais quand elle les peint sans frein, sans mesure. L'art sans règle n'est plus l'art ; c'est comme une femme qui quitterait tout vêtement. Imposer à l'art l'unique règle de la décence publique, ce n'est pas l'asservir, mais l'honorer. On ne grandit qu'avec une règle. » Selon lui, l'art devrait ainsi rester dans l'étroite dépendance de la morale dont il doit être la parure. D'autres procès auront lieu au cours du siècle, contre *Les Fleurs du Mal* (1857) de Baudelaire et *Les Diaboliques* (1874) de Barbey d'Aurevilly, et même au XXe siècle contre Jean-Jacques Pauvert, éditeur de Sade, qui a peint les passions sous leur jour le plus subversif.

Mais, à force de se voir assigner au service de la morale, l'art risque d'être gâté par la caricature de celle-ci : le moralisme. C'est ce que déplore, au XIXe siècle, Constant Martha, lui-même moraliste mais certes pas moralisateur : « Que deviendrait-il [l'art] s'il devait se soumettre, comme on l'entend trop souvent désirer, à cette morale vulgaire, honnêtement plate, qui voudrait le réduire à n'être que l'interprète d'une

1. La Fontaine, *Fables*, « À Monseigneur le Dauphin », éd. A.-M. Bassy et Y. Le Pestipon, GF-Flammarion, 1995, p. 73.
2. Molière, *L'Avare*, II, 4, éd. J. de Guardia, GF-Flammarion, 2009, p. 50.

***L'avare qui a perdu son trésor*, fable de Jean de La Fontaine illustrée par Gustave Doré, 1868**

De toutes les figures de passionnés, celle de l'avare n'a pas eu le destin le plus enviable. La soif de pouvoir peut inspirer la terreur, un amour dévorant peut susciter la pitié, mais l'homme cupide et ladre, lui, s'attire surtout les rires et les moqueries : c'est qu'il s'attache à la possession matérielle, considérée comme prosaïque et mesquine. L'attachement à l'argent, condamné dans la Bible (« Nul ne peut servir deux maîtres […]. Vous ne pouvez servir Dieu et l'Argent », Mt, VI, 24), a souvent été mis en scène par les écrivains. Des fables d'Ésope (VIIe siècle av. J.-C.) au film comique *La Folie des grandeurs* (1971), du sinistre Ebenezer Scrooge de Dickens (1843) à l'oncle Picsou de Carl Barks (1947) en passant par Félix Grandet chez Balzac (1834), les personnages atteints de cette obsession ne manquent pas dans la culture occidentale.

Cette gravure illustre une fable de Jean de La Fontaine, *L'avare qui a perdu son trésor* (1668), qui narre la désolation d'un homme dont « la passion/ Est d'entasser toujours, mettre somme sur somme ». Lorsqu'il découvre que son trésor lui a été dérobé, un passant s'étonne qu'il s'afflige de la perte d'un bien dont il ne faisait aucun usage : « Ce malheureux attendait/ Pour jouir de son bien une seconde vie ;/ Ne possédait pas l'or, mais l'or le possédait. » La même année, Molière créait *L'Avare*, qui donne à voir un monde où les relations sont sapées par le vice d'un homme, Harpagon, qui n'est pas seulement avare, mais aussi convoiteux et paranoïaque. Et l'auteur de dénoncer, après La Fontaine, l'inversion morale entraînée par l'avarice : « Il faut manger pour vivre et non pas vivre pour manger » (III, 1).

sagesse préceptorale, qui exige que ses œuvres soient arrangées pour mettre en lumière une moralité bien connue. [...] Cette morale trop évidente ou tristement grondeuse, ou doucement complaisante, ne touche pas les âmes, parce qu'elle est inutile, ennuyeuse et fausse [...]. Pour ne considérer que les grandes œuvres d'imagination, bien loin que la morale formelle y soit nécessaire et qu'elle les soutienne, on ose dire que le plus souvent elle les compromet. » La Fontaine lui-même ne manque pas à l'occasion de faire manger l'agneau par le loup et de prendre parti pour le renard contre les dindons. Ses « morales » ne sont pas toujours charitables : c'est qu'il n'espère pas faire de son lecteur un homme vertueux. Si l'on accepte que l'art ait une spécificité et qu'il obéisse à ses règles esthétiques propres sans avoir à prêcher, faut-il conclure qu'il ne peut rien pour l'homme en proie à ses passions ?

B. Le théâtre des passions : de la représentation à l'action sur le spectateur

1. La tragédie des passions

« La tragédie est l'art de représenter, de façon réglée, le dérèglement ; particulièrement le dérèglement des passions qui conduit les hommes à se détruire », comme l'écrit Georges Forestier[1]. Si le personnage tragique, de haute condition, n'est *a priori* ni bon ni mauvais, c'est toujours, à l'origine, un homme qui tombe d'un grand bonheur dans un grand malheur, après avoir été aux prises avec la fatalité. L'exemple même du héros tragique est Œdipe, ainsi décrit dans l'*Œdipe roi* de Sophocle : « Thébains, mes compatriotes, regardez cet Œdipe, qui sut résoudre les fameuses énigmes et fut un homme très puissant. Est-il un de ses concitoyens qui n'ait jugé son sort enviable ? Vous voyez quel remous d'infortune l'entraîne ! Il n'est point de mortel, à le suivre des yeux jusqu'à son dernier jour, qu'il faille féliciter avant qu'il ait franchi le terme sans avoir connu la souffrance[2]. »

Dans la tragédie antique, la fatalité est généralement incarnée par les dieux, qui interviennent pour punir une faute. Elle peut avoir été commise par les générations précédentes, mais souvent le héros est coupable de démesure (*hybris*), d'orgueil, parce qu'il croit pouvoir s'affranchir des limites de sa nature humaine. Œdipe, par exemple, est voué à un destin funeste par la malédiction qui frappa sa famille, et qui trouve son origine dans une passion amoureuse. Avant de devenir roi de Thèbes, Laïos, père d'Œdipe, alors qu'il était en exil au royaume de Pise, tomba amou-

1. *Passions tragiques et règles classiques*, PUF, 1960.
2. Sophocle, *Œdipe roi*, dans *Théâtre complet*, trad. R. Pignarre, GF-Flammarion, 1964, p. 143.

reux du fils de son hôte, le roi Pélops, et l'enleva, or cet acte qui provoqua la colère de la déesse Héra entraîna, pour toute la lignée des Thébains, une série de drames annoncés par l'oracle de la Pythie. Malgré toutes les précautions prises par ses parents et par lui-même, Œdipe réalise la prédiction en tuant son père et en épousant sa mère. La tragédie montre comment la fatalité anéantit le héros : « Jamais mortel ne sera le jouet d'un sort plus cruel que le tien », confie ainsi le devin Tirésias à Œdipe[1].

Dans *Ajax* de Sophocle, la faute revient à Ajax lui-même. Après la mort d'Achille pendant la guerre de Troie, les armes du défunt sont remises à Ulysse : la pièce s'ouvre sur la colère d'Ajax qui, en tant qu'ami d'Achille, les convoitait. Dans son emportement, il va pour tuer Ulysse mais, aveuglé par la déesse Athéna, il massacre à la place des troupeaux de bêtes : revenu à la raison, il ne peut accepter le déshonneur de son crime, et entreprend de se racheter par le suicide. Sa compagne tente de l'en dissuader, et il se retire sur une île. Son frère apprend par un oracle que si Ajax consent à rester cloîtré chez lui, les dieux lui pardonneront son crime – trop tard : Ajax isolé s'est donné la mort. On le voit, dans cette pièce, le destin funeste du personnage tient à sa passion beaucoup plus qu'aux dieux : en effet, Athéna évite le pire en détournant la colère d'Ajax sur les bêtes ; en outre, les dieux auraient pardonné à Ajax s'il avait expié sa faute. Son suicide par désespoir est donc encore une conséquence funeste de son tempérament passionnel. Le véritable héros de la pièce est Ulysse : bien qu'il ait frôlé une mort horrible, il insiste pour qu'on donne une sépulture à Ajax. Son geste fait l'admiration de tous : incarnant la sagesse humaine, il a répondu à la passion par le pardon, et non par la vengeance.

À mesure qu'elle évolue, la tragédie en vient à représenter le conflit de l'homme avec ses propres passions, dans un monde où les dieux n'ont plus aucune place. Les personnages peuvent incarner une passion portée à son paroxysme ou donner à voir la manière dont les passions s'agencent et se nourrissent entre elles. Dans le théâtre de Shakespeare, Othello est certes le modèle du jaloux, épris de Desdémone ; mais sa jalousie est soutenue par l'envie du ténébreux Iago, qui agit par ambition et par vengeance. Quant à Macbeth, il commet un meurtre à la fois par ambition et par amour pour sa femme, qui l'y pousse pour que soit satisfaite sa propre soif de pouvoir. À l'âge classique, le « destin » n'est plus qu'un mot pour désigner le sentiment qu'ont les personnages du caractère irrésistible de leurs passions.

Une différence importante entre les tragédies de Corneille et celles de Racine tient toutefois au rapport de l'individu à ses passions et au système éthique dans lequel elles s'insèrent. Chez Corneille, la générosité du héros tient au sentiment de sa propre valeur et à son sens de l'honneur, c'est-à-dire à un amour-propre bien compris – Corneille est en cela un contemporain de Descartes. Pour Racine, l'amour-propre ne saurait

1. *Ibid.*, p. 115.

Johann Heinrich Füssli, *Lady Macbeth saisissant les dagues*, 1812

Macbeth (1623) est sans doute la tragédie la plus noire de Shakespeare : la vie y est décrite comme « un récit conté par un idiot, plein de bruit et de fureur, qui n'a pas de signification » (V, 5). Trois sorcières prédisent au général Macbeth qu'il deviendra roi. Son épouse le pousse à réaliser la prédiction en assassinant le roi Duncan. Après que son mari a exécuté la basse besogne, elle arrache de ses mains les dagues et va rougir du sang qui les couvre les gardes qu'elle avait drogués, pour détourner sur eux les soupçons. Craignant d'être découverts, les époux font assassiner tour à tour le général Banquo, puis la famille du noble Macduff. Peu à peu, la peur et la culpabilité du couple se mue en folie. Dans un accès de somnambulisme, Lady Macbeth tente en vain d'effacer de ses mains la tache du sang de ses crimes, hallucination obsessionnelle qui la conduira au suicide. Macduff, qui seul a réchappé à l'assassinat de sa famille, tue Macbeth et expose sa tête sur une pique.

Les personnages de cette pièce sont, selon l'expression du critique George R. Wilson Knight, « paralysés par la peur et par la conscience du mal qu'ils sentent au-dedans comme au-dehors d'eux-mêmes » (*Macbeth*, GF-Flammarion, 2006, p. 25). Shakespeare ne développe pas une approche morale ou thérapeutique des passions ; il ne les croit pas maîtrisables par un quelconque effort ou un acte de réflexion. Le mal est absolu, « inexplicable en termes de volonté et de causalité » (*ibid.*, p. 33) : il libère des forces obscures qui font corps avec l'homme. De là le succès du dramaturge à l'époque romantique, dont témoigne notamment ce tableau de Johann Heinrich Füssli (1741-1825), qui illustra diverses tragédies de Shakespeare. Les personnages mis en scène par ce peintre qui fut l'un des précurseurs du surréalisme – et, par ailleurs, l'ami du physiognomoniste Lavater – évoluent dans un univers fantastique marqué par des effets de clair-obscur, et se distinguent par la fureur de leurs élans.

apporter la vertu : c'est une perversion de l'homme qui déclenche des passions funestes et irrésistibles – il s'inscrit, lui, dans le prolongement des moralistes. Chez Corneille, l'amour-propre permet de conserver l'individu et de cultiver des âmes d'élite ; chez Racine, il est un ferment de dissolution qui exacerbe les égoïsmes. Si celui-ci met en scène des passions amoureuses, elles sont rarement réciproques : leur addition, au lieu de faire triompher l'amour, conduit à la jalousie et à la cruauté de chaque personnage envers l'être qui se refuse à lui. La tragédie repose ainsi sur une certaine « culture » des passions, qui peut mener au meilleur comme au pire. Cependant, la représentation des passions vise surtout à produire un effet sur les spectateurs.

2. La *catharsis*

La *catharsis* est une notion clé qu'il faut saisir dans sa triple dimension médicale, morale et esthétique. Dans la *Poétique*, Aristote explique que les spectateurs ressentent devant la tragédie deux passions fondamentales, la terreur et la pitié. Ils savent que ces événements ne sont pas réels mais les passions ressenties, elles, le sont : c'est le principe de la *catharsis* ou purgation des passions. L'efficacité du processus cathartique s'explique d'une part par la distance instituée entre les passions et leur figuration sur scène, d'autre part par un élément rationnel : la logique des causes qui est donnée à comprendre nous défait de la confusion de nos sentiments.

La *catharsis* sera réinterprétée en un sens plus large au XXe siècle, par exemple par Walter Benjamin, grand nom de la philosophie esthétique. Il reprend l'idée que la tragédie est un système de codes et de rituels que la *catharsis* décrypte par une mise à distance, une extériorisation du spectateur. Elle dévoile et met à nu les caractères et les passions et nous rend ainsi lucides sur nous-mêmes. On ne peut traiter la passion que par l'exacerbation de cette même passion, dans une perspective homéopathique. Les passions jouent donc un rôle déterminant dans la réception des œuvres. Dans *L'Œuvre d'art à l'époque de sa reproductibilité technique* (1935), Walter Benjamin pense que le cinéma – comme autrefois la tragédie – opère une purgation des passions par l'image et le rêve en créant un « inconscient optique » : c'est ce que nous ne voyons pas, tout en le voyant. La représentation permettrait au spectateur, par l'identification au personnage, de libérer les pulsions et les images d'un inconscient qu'il n'a plus à refouler.

L'emploi du terme « inconscient » n'est pas anodin. L'un des tenants de la *catharsis*, à la même époque, est Sigmund Freud, le fondateur de la psychanalyse, comme en témoigne son étude du cas de l'écrivain russe Dostoïevski (voir l'encadré « La passion du jeu, du roman à la psychanalyse », p. XXVI). Selon lui, la *catharsis* est un processus par lequel le sujet se vide d'une scène traumatique en la reproduisant par la parole et en action, dans le cas du créateur, ou en assistant à sa représentation, dans le cas du spectateur : créateur et spectateur ne revivent pas seulement les événements, mais aussi les passions ressenties lors du traumatisme initial. La *catharsis* répète et conjure des affects qui sont restés souterrains, inconscients : elle vise à reconduire les passions hors du monde pulsionnel, à les faire accéder à la conscience afin de les liquider par la parole. Freud précise qu'elle exige des sujets un certain degré d'intelligence : l'association des passions entre elles est un acte intellectuel autant qu'émotionnel. La connaissance des passions bloque leur caractère *pathogène* : bien comprises, elles sont la condition d'une vie saine et équilibrée. La *catharsis* semble ici réconcilier les approches morale, médicale et artistique des passions. Il faudrait ainsi mesurer la valeur d'une œuvre à sa plus ou moins grande capacité à nous libérer de nos passions mauvaises. Mais cette démarche respecte-t-elle la spécificité de l'œuvre ? N'y a-t-il pas toujours un risque de mettre l'œuvre d'art au service d'une morale ou d'une thérapeutique ? Peut-on penser un art qui ne cherche pas ultimement à faire taire, mais bien à donner une voix aux passions ?

C. Les passions, à l'origine de la création

1. Passions et génie

Si l'inspiration créatrice a pu être considérée comme un état de transe proche du délire, une fureur soufflée par les dieux, elle a également été présentée dès l'Antiquité comme intrinsèquement liée aux passions, entendues comme un phénomène corporel. Le « Problème XXX » attribué à Aristote, réflexion de type physiologique proche de celle de Galien ou d'Hippocrate, a initié une tradition qui associe plus généralement à la mélancolie l'héroïsme, la supériorité intellectuelle et la créativité. Le traité s'ouvre sur la question suivante : « Pour quelle raison tous ceux qui ont été des hommes d'exception, en ce qui regarde la philosophie, la science de l'État, la poésie ou les arts, sont-ils manifestement mélancoliques ? » Pour l'auteur, le tempérament mélancolique est marqué par l'excès de bile noire, par nature froide et sèche, et qui se distingue des autres humeurs en ce qu'elle peut passer soudainement de la froideur habituelle à une chaleur intense – c'est donc une humeur instable, changeante (voir l'encadré « Passions et théorie des humeurs », p. LV). Le sujet atteint de mélancolie a des sentiments et des comportements excessifs et capricieux. Il oscille entre inhibition et excitation intense ; en ce sens, il n'est pas loin d'être atteint d'une forme de folie ; chez lui, la faculté imaginative domine, mettant entre parenthèses l'intellect. Le mélancolique génial se distingue du simple mélancolique par un certain mélange des humeurs : « Les gens qui n'ont en partage qu'une quantité minime du mélange des humeurs restent dans la moyenne, tandis que

Passions et théorie des humeurs

La théorie des humeurs est au fondement de la médecine en Grèce ancienne. D'après celle-ci, il existe un rapport étroit entre le « cosmos » et le « microcosme » que constitue l'organisme humain : les **quatre éléments de l'univers** (eau, air, feu, terre) sont liés aux **quatre humeurs du corps** (flegme, bile jaune, sang, bile noire). Ces quatre humeurs correspondent à leur tour à **quatre passions de l'âme** : le calme, la colère, la chaleur, la tristesse. Suivant ce système de correspondances, le monde physique, le monde des humeurs et le monde des passions ne font qu'un. Hippocrate souligne d'ailleurs l'**influence des saisons sur le caractère** : l'été prédispose à la chaleur comme l'hiver au chagrin. L'influence accidentelle du climat ou du milieu vient donc compenser le déterminisme physiologique. Chaque individu est sous l'emprise d'une passion dominante ; cependant, la médecine grecque est optimiste et pense qu'il peut s'en émanciper.

La théorie des humeurs connaît un regain d'intérêt à la Renaissance. En Angleterre, Robert Burton fait paraître l'*Anatomie de la mélancolie*, en 1621. Son ouvrage a une grande influence sur le théâtre élisabéthain – du nom de la reine Élisabeth Ire. Dans *Othello* (1604) de Shakespeare, l'envie qui gouverne Iago s'explique par son caractère mélancolique, et Iago joue à son tour sur les « humeurs » d'Othello pour le rendre jaloux de Desdémone. De son côté, le dramaturge Ben Jonson, grand rival de Shakespeare, invente la « comédie des humeurs ». En France, Molière reprend cette théorie dans *Le Misanthrope ou l'Atrabilaire amoureux* (1666). Il fait dire au misanthrope Alceste : « J'entre en une humeur noire, en un chagrin profond » (I, 1, v. 91). Son ami Philinte lui rétorque : « Mon flegme est philosophe autant que votre bile » (V, 1, v. 166). Les humeurs (mélancolie et flegme) deviennent ainsi des armes philosophiques, que les personnages utilisent à l'occasion d'un débat d'idées.

Bien qu'elle soit aujourd'hui dépassée, la théorie des humeurs a trouvé un prolongement dans les études statistiques de sociologie, depuis Durkheim, qui établissent par exemple une corrélation entre le temps qu'il fait et la nature de nos passions (joie ou tristesse) et notent une élévation du taux de suicide pendant l'hiver ou dans les pays froids. Plus encore, elle n'a cessé d'inspirer les artistes. En 1514, le peintre allemand Dürer réalisait une gravure intitulée *Melencolia* : on y voit un ange, près d'un astre sombre, qui annonce peut-être l'Apocalypse. L'ange est-il sous l'influence de l'astre sombre, ou est-ce son humeur mélancolique qui le lui fait entrevoir ? Malgré son ambiguïté, ou peut-être en raison de celle-ci, cette gravure s'est répandue dans le monde occidental et n'a cessé d'inspirer, à travers les siècles, les artistes, du poème de Victor Hugo, « Melancholia » (1856), au film du cinéaste danois Lars von Trier, *Melancholia* (2011).

ceux qui en ont une grande quantité sont de ce fait différents de la masse des autres hommes. » Dans la lignée du « Problème XXX », Marcile Ficin, à la Renaissance, affirme que la mélancolie est la source du génie par lequel « l'homme dépasse tous les autres, de telle sorte qu'il ne semble plus humain mais bien plutôt divin » (*De vita sana*, V). La passion, parce qu'elle fait sortir le sujet de lui-même (l'aliéné est, au sens étymologique, hors de soi), rend possible la création.

2. Poésie et spleen : passion et Passion du poète moderne

La poésie du XIXe siècle, à partir du romantisme, valorise des passions qui ne l'avaient jamais été dans la philosophie par le passé, à savoir des passions tristes. La religion acceptait certes la culture d'une certaine souffrance si elle était orientée par la foi, mais l'« acédie » ou mélancolie faisait partie des péchés capitaux : l'homme ne doit ni désespérer de Dieu ni attenter à sa propre vie, c'est le péché le plus grave pour un croyant.

La poésie romantique s'inscrit délibérément sous le signe de l'élégie (poésie qui consiste à pleurer la perte d'un être cher ou d'une époque disparue) et de la mélancolie. Dans ses *Journaux intimes*, Baudelaire associe passion triste et expression de la beauté : « Je ne prétends pas que la Joie ne puisse pas s'associer avec la Beauté, mais je dis que la Joie est un des ornements les plus vulgaires, tandis que la Mélancolie en est pour ainsi dire l'illustre compagne[1]. » Dans la préface des *Fleurs du Mal*, il souligne, parmi une multitude de vices, celui de l'ennui – auquel il donne ailleurs le nom anglais de *spleen* (du grec *splèn*, qui désigne la rate, d'où proviendrait la bile noire) –, explicitement lié ici à la faculté imaginative (« il rêve ») :

> Il ferait volontiers de la terre un débris
> Et dans un bâillement avalerait le monde ;
> C'est l'Ennui ! — L'œil chargé d'un pleur involontaire,
> Il rêve d'échafauds en fumant son houka.
> Tu le connais, lecteur, ce monstre délicat,
> — Hypocrite lecteur — mon semblable — mon frère !

Le recueil s'ouvre sur une partie intitulée « Spleen et idéal » : si le tempérament passionné du romantique le porte vers l'absolu et l'idéalisation, sa descente sur terre est d'autant plus brutale et conduit à un sentiment d'abattement, de désespérance. L'alternance des phases d'exaltation et de dépression est d'ailleurs un phénomène clinique reconnu, qu'on appelle aujourd'hui « cyclothymie ». On sait que le poète Gérard de Nerval en était atteint, et ce fut peut-être une cause de son suicide ; le poème le plus célèbre de son recueil *Les Chimères* (1854)

1. Baudelaire, *Œuvres posthumes et correspondances inédites*, Paris, Maison Quantin, 1887, p. 80-81.

s'intitule « El Desdichado », c'est-à-dire « le malchanceux », « le malheureux », en espagnol. Or Nerval, dans ce poème, associe mélancolie et création, à travers l'image du « luth » arborant un « Soleil noir » :

> Je suis le Ténébreux, – le Veuf, – l'Inconsolé
> Le prince d'Aquitaine à la Tour abolie
> Ma seule Étoile est morte, et mon luth constellé
> Porte le Soleil noir de la Mélancolie.

Le seul destin possible pour le poète romantique qu'animent les passions semble être la folie ou la mort. Le sentiment d'une malédiction attachée au poète rappelle l'origine transcendante, sacrée, qu'on attribuait aux passions dans l'Antiquité. Mais les douleurs physiques, morales ou mentales qu'il connaît dans les affres de la création font aussi songer à la Passion du Christ. Comme ce dernier, le créateur connaît l'anonymat, est traité de fou et ne peut espérer de reconnaissance qu'après sa mort. Sa souffrance est l'attribut du génie, le signe de son élection et de la mission auguste qui lui est réservée parmi les hommes.

3. Représentation et analyse des passions dans le roman

Les genres narratifs ne sont pas en reste dans la représentation des passions. L'*Iliade* d'Homère, épopée relatant la guerre de Troie, associe des les premiers vers le récit à une passion, en l'occurrence la colère : « Chante, déesse, la colère du fils de Pélée, Achille, colère funeste, qui causa mille douleurs aux Achéens et précipita chez Adès mainte âme forte de héros [1]. » Mais c'est avec *La Princesse de Clèves* de Mme de Lafayette que le récit prend un tour analytique : le roman s'attache à décrypter le comportement des personnages en donnant accès à l'ensemble de leur vie intérieure (désirs, souffrances, craintes, espérances, etc.). À la différence de la philosophie, dont les intentions sont principalement normatives et démonstratives, le récit de fiction possède, outre un caractère esthétique, une fonction descriptive et explicative : comme l'écrit Balzac dans *La Cousine Bette*, le roman recherche, derrière la diversité des caractères individuels, une « logique des passions [2] ».

Aux XIXe et XXe siècles, les romanciers se lancent dans de vastes cycles : c'est le cas par exemple de Balzac avec *La Comédie humaine*, de Zola avec *Les Rougon-Macquart* ou encore de Proust avec *À la recherche du temps perdu*. Mais les ambitions, d'un auteur à l'autre, ne sont pas les mêmes. *La Comédie humaine* a une vocation totalisante, une prétention à rendre compte de l'ensemble du monde des passions : Balzac entend en effet offrir un portrait fidèle de la société française de son temps

1. *Iliade*, chant I, trad. E. Lasserre, GF-Flammarion, 2000, p. 23.
2. *La Cousine Bette*, éd. S. Ledda et S. Adjalian-Champeau, GF-Flammarion, 2015, chap. 28, p. 197.

en dressant « l'inventaire des vices et des vertus », en rassemblant « les principaux faits des passions », et en mettant en scène des « hommes à passions » de toutes sortes – amoureux, vaniteux, avares, artistes...[1].

Dans les sept tomes du cycle *À la recherche du temps perdu*, de Marcel Proust, le narrateur s'attache essentiellement, lui, à comprendre le mécanisme d'une passion, la jalousie – passion funeste qui accompagne, parasite et finit par détruire l'amour. Dans le premier tome, *Du côté de chez Swann* (1913), il raconte comment cette passion a perdu Swann, un ami de ses parents qui aimait Odette. Le roman retrouve, dans un style sublime et à la lumière d'un personnage fascinant, les remarques pénétrantes de la philosophie sur la diversité et la mobilité des passions : « Ce que nous croyons notre amour, notre jalousie, n'est pas une même passion continue, indivisible. Ils se composent d'une infinité d'amours successifs, de jalousies différentes et qui sont comme éphémères, mais par leur multitude ininterrompue donnent l'impression de la continuité, l'illusion de l'unité[2]. » Dans les tomes suivants, le narrateur fait à son tour l'expérience de la jalousie avec la jeune fille qu'il aime, Albertine. On passe alors du point de vue externe au point de vue interne : le narrateur s'est engagé dans ce monde des passions, qu'il se contentait jusqu'alors d'observer, et s'est identifié aux tourments qui agitaient Swann. Certes, Odette et Albertine sont deux femmes très différentes, mais les passions sont indépendantes de leur objet et suivent leur propre logique. Dans le quatrième tome du cycle, *Sodome et Gomorrhe* (1922), le narrateur constate que les hommes « éprouv[ent] les mêmes espoirs, les mêmes angoisses, invent[ent] les mêmes romans », car « leurs sentiments, leurs actions, ne sont pas en rapport étroit et nécessaire avec la femme aimée, mais passent à côté d'elle, l'éclaboussent, la circonviennent comme le flux qui se jette le long des rochers[3] ».

Cependant, à la différence de Swann, son modèle, il n'a pas seulement fait l'expérience de ce monde des passions, il l'a mis à distance et l'a en même temps retrouvé par l'écriture. Les passions – ces éléments instables, mouvants, qui se montrent par intermittences – se prêtent naturellement à être racontées par la fiction, car « notre âme totale n'a qu'une valeur presque fictive ». Autrement dit, il n'y a pas de contradiction entre la représentation artistique et la connaissance ou reconnaissance des passions. Dans le septième et dernier tome du cycle, *Le Temps retrouvé* (1927), le narrateur en conclut que « la vraie vie, la vie enfin découverte et éclaircie, la seule vie par conséquent pleinement vécue, c'est la littérature. Cette vie qui, en un sens, habite à chaque instant chez tous les hommes aussi bien que chez l'artiste[4] ». Le dilemme entre la mise à distance et l'appropriation des passions semble trouver ici sa résolution.

1. Voir le dossier de Sylvain Ledda dans son édition de *La Cousine Bette*, *op. cit.*, p. 594 *sq.*
2. Proust, *Du côté de chez Swann*, Gallimard, « Folio », 1954, p. 438.
3. Proust, *Sodome et Gomorrhe*, Gallimard, « Folio », 1989, p. 223.
4. Proust, *Le Temps retrouvé*, Gallimard, « Folio », 1990, p. 202.

Conclusion

Les passions ont souvent fait l'objet de malentendus : elles renvoient à la passivité alors qu'elles sont actives, elles semblent changeantes alors qu'elles peuvent accompagner la vie entière des hommes, elles semblent irrationnelles mais la raison ne manque pas de les exploiter, elles renvoient à une légèreté de comportement alors même qu'elles supportent des destins ; enfin, on les dit funestes alors qu'elles renvoient à une vie pleinement vécue. Elles investissent l'ensemble des sphères d'activité de la vie humaine et forment le tissu de nos actions dans tous leurs aspects.

Dans l'Histoire, le renversement de position à l'égard des passions est double. Il est d'abord théorique. Les stoïciens la considéraient comme une maladie et lui opposaient l'apathie, « absence de troubles » ; les modernes considèrent désormais l'apathie comme une pathologie, renversant ainsi le sens étymologique. La compréhension de la passion change avec la place que l'on reconnaît au moi : c'est parce que l'homme est lui-même ce « monde de passions » que l'idéal de répression ou de fuite est considéré comme une chimère. Qu'on les admire ou qu'on les craigne, qu'on aspire à les dominer ou à les libérer, l'idée s'impose qu'il nous faut composer avec elles.

Le second renversement est d'ordre pratique : il est permis par l'abandon du jugement moral au profit d'une approche plus pragmatique, et consiste dans l'idée de convertir la « passion » en action. Là encore, il y a un renversement étymologique du mot *passio*. Cela étant, l'enjeu n'a pas complètement changé : il s'agit toujours de savoir si l'homme se met au service et sous la servitude des passions, ou s'il les met au service de fins plus hautes. Les passions seront-elles une entrave ou une source de l'action libre ? Seront-elles utilisées comme des engins de mort entre les individus, ou permettront-elles à chacun de vivre la vie dans toute son intensité ?

Orientation bibliographique

Quelques œuvres de philosophie

Sur les passions en général

ARISTOTE, *Rhétorique*, trad. Pierre Chiron, GF-Flammarion, 2007. [Livre II, chapitres I à II.]

CICÉRON, *Tusculanes*, dans *Les Stoïciens*, t. I, trad. Émile Bréhier, dir. Pierre-Maxime Schul, Gallimard, « Tel », 1997. [Les livres III et IV.]

SÉNÈQUE, *La Tranquillité de l'âme*, trad. Juliette Dross, Seuil, « Points essais », 2014.

DESCARTES, *Les Passions de l'âme*, éd. Pascale d'Arcy, GF-Flammarion, 1996.

SPINOZA, *Éthique*, dans *Œuvre*, t. III, trad. Charles Appuhn, GF-Flammarion, 1965. [Livres III et IV.]

DIDEROT, *Pensées philosophiques*, éd. Jean-Claude Bourdin, GF-Flammarion, 2007.

FREUD, « Pulsions et destins des pulsions », dans *Métapsychologie*, trad. Philippe Koeppel, éd. Paul-Laurent Assoun, Flammarion, « Champs », 2012.

Les Passions, textes choisis et présentés par Mériam Korichi, GF-Flammarion, « Corpus », 2000.

Sur la passion amoureuse

PLATON, *Le Banquet*, trad. Luc Brisson, GF-Flammarion, 2007.

PASCAL (attribué à), *Discours sur les passions de l'amour*, Mille et une nuits, 1994.

Quelques œuvres de littérature

SOPHOCLE, *Théâtre complet*, trad. Robert Pignarre, GF-Flammarion, 1981.

GUILLERAGUES, *Lettres portugaises*, éd. Alain Brunn, GF-Flammarion, 2009.

RACINE, *Phèdre*, éd. Boris Donné, GF-Flammarion, 2009.

PRÉVOST, *Histoire du chevalier Des Grieux et de Manon Lescaut*, éd. Jean Sgard, GF-Flammarion, 2012.

ROUSSEAU, *La Nouvelle Héloïse*, éd. Michel Launay, GF-Flammarion, 1999.

STENDHAL, *De l'amour*, éd. Xavier Bourdenet, GF-Flammarion, 2014.

BALZAC, « Avant-propos » de *La Comédie humaine*, t. I, *Études de mœurs : Scènes de la vie privée*, dir. Pierre-Georges Castex, Gallimard, « Bibliothèque de la Pléiade », 1976 ; *La Duchesse de Langeais*, éd. Michel Lichtlé, GF-Flammarion, 2008.

PROUST, *Un amour de Swann*, éd. Mireille Naturel, GF-Flammarion, 2013.

PREMIÈRE PARTIE

Racine

Andromaque

par Ouafae El Mansouri

VIE DE JEAN RACINE

1639 : Naissance à La Ferté-Milon, fils d'un procureur de justice local. Sa mère meurt deux ans plus tard.

1643 : Après la mort de son père, Racine est recueilli par ses grands-parents maternels.

1649 : Scolarisé aux Petites-Écoles de Port-Royal.

1660 : Publication d'une ode sur le mariage de Louis XIV, *La Nymphe de la Seine à la Reine*, et **premier succès mondain**. Il soumet sans succès aux comédiens du Marais une première tragédie perdue : *Amasie*.

1661-1663 : Séjour à Uzès dans l'espoir d'obtenir un bénéfice ecclésiastique.

1663 : Retour de Racine à Paris. Il fréquente le milieu littéraire, rencontre Molière et Boileau, est présenté à la Cour. Il compose successivement deux odes : *Sur la convalescence du roi* et *La Renommée des Muses*.

1664 : Le 20 juin, première représentation de sa tragédie *La Thébaïde ou les Frères ennemis* par la troupe de Molière, au Palais-Royal. Racine est **inscrit sur la liste des gratifications royales** aux hommes de lettres.

1665 : Le 4 décembre, première d'*Alexandre le Grand*, par la même troupe, au Palais-Royal. Mais, dès le 18 décembre, Racine fait également jouer sa pièce à l'Hôtel de Bourgogne. Brouille avec Molière qui interrompt les représentations.

1666 : Rupture de Racine avec Port-Royal : il publie, contre son ancien maître Pierre Nicole qui venait de prononcer une condamnation des auteurs de théâtre, la *Lettre à l'auteur des Hérésies imaginaires*.

1667 : Le 17 novembre, première d'*Andromaque*, par la Troupe royale, en présence de la reine et du roi. La pièce triomphe ensuite à l'Hôtel de Bourgogne.

1668 : En novembre, première des *Plaideurs*, unique comédie de Racine. Molière monte *La Folle Querelle* de Subligny, où *Andromaque* se trouve tournée en dérision.

1669 : Le 13 décembre, première de *Britannicus*, à l'Hôtel de Bourgogne.

1670 : Le 21 novembre, première de *Bérénice*, à l'Hôtel de Bourgogne.

1672 : Le 5 janvier, première de *Bajazet*, à l'Hôtel de Bourgogne.

1673 : Reçu à l'Académie française. Le 13 janvier, première de *Mithridate*, à l'Hôtel de Bourgogne.

1674 : Le 18 août, première d'*Iphigénie*, à l'Orangerie de Versailles. Racine accède à la charge, anoblissante, de trésorier de France.

1675 : Première édition collective des *Œuvres* de Racine en deux volumes, soigneusement remaniées.

1677 : Le 1er janvier, première de *Phèdre*, à l'Hôtel de Bourgogne. Mariage de Racine avec Catherine de Romanet, dont il aura sept enfants. Automne : **Racine renonce au théâtre**. Il est nommé, avec Boileau, **historiographe du roi**.

1678 : En mars et avril, Racine et Boileau suivent le roi pendant la campagne de Gand.

1679 : Réconciliation avec Port-Royal.

1685 : Composition d'une *Idylle sur la Paix* mise en musique par Lully.

1687 : Deuxième édition collective des *Œuvres*.

1689 : Première d'*Esther*, tragédie biblique commandée par Mme de Maintenon.

1690 : Accède à la charge de gentilhomme ordinaire de la chambre du roi.

1691 : 5 janvier : première d'*Athalie*, à Saint-Cyr.

1694 : Composition des *Cantiques spirituels*, et début de la rédaction (inachevée) de l'*Abrégé de l'histoire de Port-Royal*. **Racine commence à intervenir en faveur de Port-Royal.**

1697 : Troisième édition collective, revue, des *Œuvres*. Ses relations avec le roi se dégradent ; semi-disgrâce.

1699 : Le 21 avril, **mort de Racine** à Paris. Il est inhumé à Port-Royal. Après la destruction de Port-Royal sur ordre de Louis XIV, sa dépouille est transportée à l'église Saint-Étienne-du-Mont, à Paris.

I. PRÉSENTATION D'*ANDROMAQUE*

A. La France à l'époque classique

1. Contexte politique, culturel et religieux

L'œuvre de Jean Racine demeure indissociable du règne de Louis XIV (1638-1715). Après une période de troubles sous la régence d'Anne d'Autriche, marquée notamment par l'épisode de la Fronde (1648-1652) durant lequel certains princes se sont rebellés contre l'autorité royale pour protester contre leur éviction du pouvoir, le pouvoir royal se consolide, les frontières du royaume s'agrandissent et la puissance de la France en Europe s'affirme, notamment grâce à la paix signée avec l'Espagne en 1659. Louis XIV, dont le sacre a lieu en 1654 mais qui accède pleinement au pouvoir en 1661 à la mort du cardinal de Mazarin, tire les leçons de cette révolte des Grands : le château de Versailles (dans lequel la famille royale s'installe définitivement en 1682) et son « système de cour » sont les signes les plus sensibles d'une volonté de surveiller une noblesse jadis séditieuse et de l'affaiblir en la transformant en courtisans serviles.

L'absolutisme monarchique repose sur une concentration des pouvoirs : le monarque met fin à la puissance des ministres (incarnée précédemment par Richelieu et Mazarin) et veille à éviter tout contre-pouvoir. Le Roi-Soleil charge son ministre des Finances Colbert de mener à bien diverses réformes chargées d'assurer la prospérité économique du royaume. Grand amateur de divertissements durant son début de règne, Louis XIV a conscience que le rayonnement de la France doit également être culturel. Dans la lignée de la politique pratiquée par le cardinal de Richelieu (1585-1642) sous Louis XIII, qui conduisit à la création de l'Académie française en 1634, l'État poursuit sa politique de création d'académies (comme l'Académie des sciences en 1666) destinées à surveiller tous les domaines de la création artistique et intellectuelle. L'intervention étatique dans le champ culturel passe également par un système de gratifications dont Racine bénéficia dès le début de sa carrière, grâce à son *Ode sur la convalescence du roi* en 1663. La trajectoire de Racine dévoile une ascension sociale exceptionnelle : homme sans fortune issu de la bourgeoisie, il parvient, grâce à ses succès littéraires et à la politique royale de pensions octroyées aux gens de lettres, à acquérir un capital confortable et à devenir un gentilhomme ordinaire du roi. Honneur suprême pour un écrivain de l'époque, il est nommé historiographe du roi, avec Boileau, en 1677 : il est ainsi chargé de relater les faits et gestes glorieux du monarque.

La France louis-quatorzienne connaît un tournant dans les années 1680 : le royaume traverse des difficultés économiques et sociales, et le roi, qui se marie en secret avec Mme de Maintenon en 1683, impose progressivement une ambiance de dévotion à Versailles. L'unité religieuse devient un enjeu crucial : la révocation de l'édit de Nantes en 1685 marque la volonté de réduire l'idéologie protestante en France. Les persécutions contre les jansénistes se font plus fortes. Or, c'est dans les Petites-Écoles de l'abbaye de Port-Royal des Champs, haut lieu de diffusion du jansénisme, que Racine a été formé. Le jansénisme est une doctrine apparue en 1640 fondée sur une lecture de saint Augustin, qui postule que Dieu n'accorde sa grâce qu'à ceux dont il sait, par avance, qu'ils la mériteront. Exposé à cette conception pessimiste de l'homme durant ses jeunes années, Racine rompt avec Port-Royal lorsqu'il embrasse la carrière dramatique. Mais il se rapproche du milieu janséniste vers la fin des années 1670, et défend les ports-royalistes persécutés par Louis XIV. Ironie du sort : si les manuscrits de l'histoire de Louis XIV composée par Racine ont disparu dans un incendie en 1726, l'*Abrégé de l'histoire de Port-Royal*, rédigé en secret par le dramaturge et laissé inachevé, est quant à lui resté à la postérité.

2. Les principes du classicisme

Au sens strict, le classicisme littéraire français est circonscrit aux années 1660-1680, soit aux vingt premières années de règne du Roi-Soleil. Les écrivains classiques ne constituent pas, à proprement parler, une école, mais forment une génération d'auteurs qui ont en commun des principes esthétiques, partagent une certaine conception du monde et écrivent pour un public d'honnêtes gens.

Les fondements du goût classique sont d'abord à rechercher dans la lecture des textes grecs et latins. Les classiques pratiquent ce que l'on appelle « l'imitation des Anciens » : c'est dans le sillage des auteurs antiques qu'ils composent leurs ouvrages. Loin de recopier servilement une littérature considérée comme parfaite, on réinvente les œuvres anciennes en les réadaptant au goût du jour, dans une émulation qui transforme l'auteur en digne rival de son maître. À cette imitation des Anciens s'ajoute la nécessaire imitation de la nature prônée par les classiques. Il ne s'agit pas de peindre la réalité selon une logique de transcription « naturaliste », mais de perfectionner la réalité, en élaguant tout ce qui relève du contingent et du transitoire, de manière à atteindre une sorte de vérité universelle. Aussi l'imitation de la nature ne s'oppose-t-elle pas à celle des Anciens : on reconnaît dans la littérature antique la saisie d'une vérité humaine transhistorique et la constitution d'un bon goût invariable dans ses principes. C'est ce que Racine écrit dans sa préface d'*Iphigénie* (1674) : « J'ai reconnu avec plaisir par l'effet qu'a produit sur notre théâtre tout ce que j'ai imité ou d'Homère, ou d'Euripide, que le bon sens et la raison étaient les mêmes dans les siècles. »

Pour atteindre cette vérité universelle, les classiques soumettent leur art à des règles précises, qui exigent de l'écrivain qu'il respecte une raison synonyme de bon sens et de bon goût. Cette suprématie de la raison se manifeste d'une part sur le plan de la création, imposant à l'écrivain la poursuite d'une vérité raisonnable et la recherche de la mesure et de la clarté, et d'autre part sur le plan du jugement, la qualité d'une œuvre s'appréhendant de manière rationnelle, en fonction de règles préétablies. En ce qui concerne le style, le classicisme prône une correction linguistique dans laquelle la justesse des termes est centrale. Est condamné tout ce qui relève du faux brillant, de la démesure ou de l'obscurité : certaines critiques adressées à l'*Andromaque* de Racine mettent précisément à l'index les « expressions fausses ou sens tronqués » qui prouvent que la pièce est loin d'être « si bien écrite [1] ». Enfin, les classiques exigent de l'art qu'il instruise et plaise à la fois. L'œuvre doit savoir divertir le public, en le touchant ou en l'égayant, et apprendre au lecteur à déceler les mauvaises conduites et les excès des comportements humains. La poursuite du plaisir du lecteur est mise au premier plan par nombre d'auteurs et favorise l'émergence de notions esthétiques difficilement définissables comme le « je ne sais quoi », le sublime ou encore la « grâce », exprimant une délectation du lecteur qui échappe aux règles et dépasse la raison.

B. *Andromaque* : le premier coup de maître de Racine

Andromaque n'est pas la première pièce de Racine mais est considérée comme la première tragédie racinienne. Elle semble en effet révéler les qualités propres à l'art tragique de Racine, reléguant les œuvres précédentes au rang de coups d'essai moins aboutis. Troisième pièce connue de l'auteur, elle fait suite à la *Thébaïde* (1664) et à *Alexandre le Grand* (1665). Cette dernière pièce, qui valut un certain succès à son auteur, fut toutefois critiquée pour la trop grande place qu'elle accordait à l'amour galant ainsi que pour la méconnaissance de l'Antiquité dont elle témoignait. Ces griefs peuvent éclairer le choix de Racine de se consacrer au sujet d'*Andromaque* : en effet, en plus d'y faire montre d'une grande culture antique, le dramaturge y érige la passion amoureuse au rang de passion tragique par excellence, s'éloignant de la « fadeur » sentimentale d'*Alexandre*. Avec cette pièce, il se confronte pour la première fois à Euripide, auteur auquel il reviendra pour *Iphigénie* et *Phèdre*. La pièce s'impose surtout par la représentation qu'elle offre des passions humaines. La place octroyée au rôle de la passion amoureuse dans l'intrigue s'accompagne d'une précision dans la saisie des mouvements du cœur et révèle une vision pessimiste de la nature humaine. *Andromaque*

1. Subligny, *La Folle Querelle ou la Critique d'Andromaque* (1668), Jean Racine, *Œuvres complètes I. Théâtre, poésie*, éd. G. Forestier, Gallimard, « Bibliothèque de la Pléiade », 1999, p. 259. De larges extraits de ce texte sont reproduits dans le dossier de l'édition d'*Andromaque* par Arnaud Welfringer (GF-Flammarion, 2015, p. 125 *sq.*).

marque une « révolution dans la psychologie de l'amour [1] » : Racine tourne le dos à une idéalisation du sentiment amoureux pour représenter une passion destructrice, égoïste et irrépressible. Georges Forestier a montré que cette « psychologie » est la conséquence d'une « révolution » qui démarre avec *Andromaque* : le héros racinien présente un visage double et offre un caractère instable et contradictoire du fait de sa passion. Pyrrhus est ainsi à la fois généreux et farouche, car sa passion amoureuse subvertit par intermittence le comportement mesuré et digne que l'on était en droit d'attendre du roi d'Épire.

Créée d'abord à la cour, *Andromaque* fut représentée à l'Hôtel de Bourgogne à la fin du mois de novembre 1667. Le succès fut considérable, comme le prouve la création de la *Folle Querelle ou la Critique d'Andromaque* de Subligny, une comédie satirique montée par Molière six mois après la première de la tragédie de Racine. Le texte de la pièce fut publié à la fin de décembre 1667 ou en janvier 1668. Cette première version comporte une différence majeure avec les éditions futures de l'œuvre : Andromaque y réapparaît à la scène 3 de l'acte V et annonce elle-même à Hermione la mort de Pyrrhus, en pleurant celui qui d'« Hector semble avoir pris la place » (V, 3, v. 1522, version de 1668) [2]. Racine supprime cette réapparition dans son édition de 1673, sans doute afin de préserver une plus grande cohérence passionnelle de la Troyenne, qui ce faisant reste fidèle à l'image de la veuve pleurant éternellement Hector.

C. Racine et la tragédie classique

1. La tragédie classique : un genre codifié

Forme théâtrale née dans la Grèce antique, la tragédie renaît en France au XVIe siècle. Selon une définition largement répandue aux XVIe et XVIIe siècles, le genre met en scène, dans un style élevé, des personnages de rang royal qui connaissent des revers de fortune. Si le dénouement malheureux a longtemps été considéré comme constitutif du genre, l'issue heureuse dans la tragédie est admise dès les années 1640 – seuls *Mithridate* et *Iphigénie* sont, dans la production racinienne, des tragédies qui se terminent heureusement. La constitution des règles de la tragédie classique est le fruit d'une longue histoire. Elle s'appuie sur une lecture de la *Poétique* d'Aristote (IVe siècle av. J.-C.), qui détaille les différents principes du genre, et sur l'*Art poétique* d'Horace (Ier siècle apr. J.-C.). C'est dans les années 1630 que différents théoriciens élaborent la doctrine de la tragédie régulière autour de la notion centrale de vraisemblance. La constitution des règles a en effet pour but d'assurer la

1. Paul Bénichou, *Morales du Grand Siècle*, Gallimard, 1948, p. 190.
2. Cette variante est donnée par Arnaud Welfringer en appendice de son édition d'*Andromaque, op. cit.*, p. 105.

crédibilité du spectacle. Pour que le spectateur ne puisse pas douter de la réalité de la représentation, le dramaturge doit veiller à ce que l'histoire ne présente pas de faits trop choquants ou extraordinaires pour être crus comme tels, quand bien même ceux-ci relèveraient d'une vérité historique. C'est là la formule célèbre de Boileau dans son *Art poétique* : « Le vrai peut quelquefois n'être pas vraisemblable. » Le vraisemblable régit d'abord l'élaboration de l'action. L'auteur doit sélectionner les éléments de son intrigue, les aménager et les modifier de manière à la rendre plausible et acceptable. Il guide aussi la cohérence interne de l'action. Les événements doivent s'enchaîner de manière logique et nécessaire, conformément à une loi de probabilité, ce qui proscrit les anomalies et incongruités dans la dynamique de l'intrigue. Enfin, la vraisemblance appelle une adaptation de l'œuvre à son public : ce qui est considéré comme vraisemblable est en effet dépendant d'un système de valeurs partagées par l'auditoire à un moment donné.

La règle des bienséances est intimement liée à la notion de vraisemblance, au point de se confondre avec elle partiellement. Les bienséances internes règlent la cohérence interne de l'action et le traitement des caractères moraux des personnages, en fonction de divers critères : la convenance, qui demande que le personnage parle et se conduise en conformité avec son rang, son sexe ou encore son âge ; la ressemblance, qui exige que le personnage soit conforme avec la tradition littéraire ; la constance, qui impose que le caractère ne soit pas modifié au cours de la pièce. Les bienséances externes concernent la réception du spectacle par l'auditoire : pour que le spectacle ne blesse pas les conceptions morales du public, les épisodes sanglants, les duels mais aussi les gestes et propos indécents ou blasphématoires sont proscrits.

La règle des trois unités garantit la vraisemblance du spectacle. L'unité de temps, qui limite la durée de la fiction à une journée, conduit à réduire au maximum l'écart entre le temps qui s'écoule à l'intérieur de l'histoire et la durée réelle du spectacle. Elle vise à rendre le spectacle plus crédible en favorisant l'illusion du spectateur. L'unité d'action oblige à une concentration de l'action. Elle impose que l'action soit complète et unifiée autour d'un sujet principal : l'intrigue secondaire doit ainsi être liée à l'intrigue principale tout en ayant des incidences sur elle. Enfin, l'unité de lieu exige que l'action se déroule en un même endroit : dans la tragédie classique, il s'agit principalement d'un palais.

2. Spectacle tragique et représentation théâtrale au XVIIe siècle

La tragédie n'est pas seulement un texte à lire mais un spectacle joué par des acteurs devant un public particulier dans un lieu singulier. Il existe à l'époque de Racine un nombre réduit de salles permanentes publiques de spectacle, dont l'Hôtel de Bourgogne et le Théâtre du Palais-Royal, où s'installa la troupe de Molière en 1660. Chaque troupe avait sa spécificité : celle de l'Hôtel de Bourgogne était réputée pour son jeu tragique tandis que celle du Palais-Royal était plus appréciée pour ses comédies. C'est ce qui explique les manœuvres de Racine pour que son *Alexandre* soit joué à l'Hôtel de Bourgogne, alors même que la pièce était déjà jouée par la troupe de Molière. L'Hôtel de Bourgogne, où a été donnée *Andromaque*, était une « salle à la française » : il faut imaginer une scène légèrement en pente, quasiment aussi profonde que large. Dans le parterre, les gens se tenaient debout – le public était alors turbulent et chahuteur. Il est d'usage, jusqu'en 1759, que des bancs disposés sur la scène elle-même accueillent certains spectateurs. Les conditions de visibilité sont loin d'être bonnes : l'éclairage rudimentaire contraint les comédiens à se rapprocher du public pour être éclairés par les chandelles situées devant la scène et être vus.

Le jeu tragique repose sur la déclamation. Il ne s'agit pas d'adopter un jeu naturel mais de répondre à un code de représentation partiellement commun à l'art dramatique et à l'art oratoire. L'acteur tragique se doit d'être expressif et d'avoir du souffle. Il doit maîtriser une gestuelle codifiée, en ajustant chacun de ses gestes à la situation, au rang du personnage représenté et à la passion incarnée. La question de la représentation des passions est cruciale pour l'acteur, dont on évalue la qualité en fonction des nuances expressives qu'il est capable de déployer. La distribution originelle d'*Andromaque* nous renseigne sur les enjeux qui touchent à l'interprétation des personnages de la pièce. Andromaque était jouée par Mlle Du Parc, alors maîtresse de Racine, qui faisait auparavant partie de la troupe de Molière. Le rôle d'Hermione était tenu par Mlle Des Œillets. On peut penser que ce choix s'est imposé en fonction de la difficulté respective de chacun des rôles : en effet, Mlle Du Parc était vue par certains contemporains comme possédant un jeu limité, tandis que Mlle Des Œillets était alors considérée comme la plus grande tragédienne du moment. Cela tend à souligner la palette expressive plus étendue du personnage d'Hermione, alors que le rôle d'Andromaque implique une couleur passionnelle plus restreinte. Une tradition prétend que Montfleury, premier interprète d'Oreste, mourut d'une attaque d'apoplexie après avoir interprété les fureurs du fils d'Agamemnon dans *Andromaque*. L'anecdote, sans nul doute fausse, vaut surtout par ce qu'elle indique de l'engagement affectif de l'acteur dans son jeu et des passions paroxystiques qui éclatent lors de la scène finale de la tragédie.

D. Les principaux thèmes d'*Andromaque*

1. La guerre de Troie

L'action d'*Andromaque* se déroule un an après la guerre de Troie (voir l'encadré « Le mythe de Troie, de l'épopée à la tragédie », p. 21). Ses personnages ont tous un rapport avec ce conflit, ne serait-ce que par leurs liens de parenté : Hermione est la fille de Ménélas et d'Hélène, qui sont directement à l'origine de la guerre ; Oreste est le fils d'Agamemnon, qui a participé au combat contre les Troyens ; Pyrrhus est le fils d'Achille, qui s'est illustré par sa grandeur héroïque ; Andromaque quant à elle est une princesse troyenne, belle-fille de Priam, le roi de Troie tué par Pyrrhus, et veuve d'Hector, le plus illustre héros phrygien. Les allusions à ce qui s'est passé durant cette guerre sont fréquentes dans les discours des personnages. Elles permettent de dessiner en arrière-plan un univers épique dont l'écart qui le sépare du monde tragique qui se déploie sur la scène est pleinement significatif : au passé glorieux répond un présent terni. Si Hermione peut se rappeler avec bonheur les exploits guerriers de Pyrrhus (III, 3, v. 851-854), la vision qui est donnée de la guerre de Troie est particulièrement sombre : les personnages se livrent à une critique des faits héroïques passés, soit en regrettant la cruauté des vainqueurs – c'est le cas de Pyrrhus, qui fait acte de contrition auprès d'Andromaque –, soit en avilissant les actes épiques glorieux – c'est le cas d'Hermione, lorsqu'elle rappelle à son fiancé parjure la cruauté et la lâcheté du meurtre de Priam et de Polyxène par Pyrrhus (IV, 5, v. 1333-1340). Mais c'est surtout avec la figure d'Andromaque que la guerre de Troie se présente comme un désastre terrible. La veuve troyenne fait partie du camp des vaincus, contrairement aux autres, et parle au nom des morts. Dans son récit de la dernière nuit de Troie (III, 8), Andromaque dit non seulement l'impossible oubli d'un événement traumatique, mais se fait également la dépositaire d'un devoir de mémoire. Autour de la guerre de Troie gravitent ainsi différents enjeux : la question de l'héritage héroïque, de la mémoire et de la fidélité aux disparus.

2. La question monarchique

Comme c'est fréquemment le cas dans les tragédies raciniennes, le conflit passionnel dans *Andromaque* est sous-tendu par une question politique. L'amour de Pyrrhus pour Andromaque et surtout son refus de restituer Astyanax aux Grecs font du fils d'Achille « un enfant rebelle » (I, 2, v. 237). En voulant la mort du fils d'Andromaque, les Grecs veulent achever ce qui a été accompli durant la guerre de Troie, c'est-à-dire l'extermination des héritiers mâles de Priam, mais aussi éviter qu'Astyanax ne venge sa patrie une fois devenu adulte. Or, Pyrrhus va précisément accomplir lors de son mariage le geste tant redouté par ses compatriotes : non seulement il fait accéder Andromaque au rang de reine, mais, en plus, il reconnaît Astyanax « roi des Troyens » (V, 3, v. 1511). Le dénouement est ainsi le lieu d'une réconciliation politique d'autant plus frappante qu'elle procède d'un transfert de royauté de la rive troyenne vers celle de l'Épire. Cette passation de pouvoir est effective à la mort du roi : comme l'indique Pylade à Oreste, le peuple reconnaît Andromaque comme reine et lui obéit (V, 5, v. 1585-1597).

Les enjeux politiques potentiels de ce dénouement dépassent le seul cadre de la pièce. En effet, dans sa seconde préface à *Andromaque*, Racine demande : « qui ne sait que l'on fait descendre nos anciens rois de ce fils d'Hector […] ? » (p. 19). Cette tradition qui voit dans Astyanax l'ancêtre des rois de France invite à s'interroger sur le sens politique que peut avoir la pièce. Le transfert de royauté de Troie vers la France rappelle celui qui a lieu dans l'*Énéide* de Virgile, dans lequel le Troyen Énée est présenté comme l'un des fondateurs mythiques de Rome. Cette référence a pu être interprétée comme un hommage discret rendu à Anne d'Autriche, la mère de Louis XIV, disparue un an avant la création de la pièce. Par « son dévouement éclairé qui lui permet de sauver la vie de son illustre fils en proie à l'adversité [1] », Andromaque est en effet parvenue à assurer une continuité monarchique entre son époux et son enfant, de même qu'Anne d'Autriche réussit à préserver le pouvoir royal durant sa régence, alors qu'elle dut faire face à la Fronde. Quoi qu'il en soit, la question du pouvoir monarchique dans la pièce offre un contrepoint important au déchaînement passionnel mis en scène : le désordre des passions aboutit *in fine* à la restauration d'un ordre politique d'autant plus éclatant qu'il répare partiellement le préjudice infligé par les Grecs aux Troyens.

II. Le monde des passions dans *Andromaque*

Le XVIIe siècle a eu à cœur d'explorer et de disséquer le monde des passions, comme en témoignent les nombreux traités sur les passions publiés à cette époque. Les passions désignent un ensemble de phénomènes affectifs, « différentes agitations de l'âme » (*Dictionnaire* de Furetière, 1690) qui vont de l'émotion au sentiment, de la commotion passagère à l'inclination profonde. Un autre sens vient s'ajouter à ce premier : selon le *Dictionnaire* de l'Académie française de 1694, la passion peut renvoyer à l'« expression et la représentation vive des passions que l'on traite dans une pièce de théâtre, ou dans quelque autre ouvrage d'esprit. *Les passions sont admirablement bien traitées dans cette pièce. Les passions y sont bien entendues. Il sait bien toucher les passions* ». Les exemples cités font de la bonne peinture des affections de l'âme un enjeu esthétique majeur.

Nul doute que les académiciens pensaient surtout ici à la tragédie. Tout au long du XVIIe siècle, ce genre a été considéré comme le lieu privilégié d'une peinture des passions. La tragédie est en effet non seulement définie comme un genre consubstantiel à la monstration de passions violentes et contrariées, mais ces affections sont à leur tour vouées

1. Patrick Dandrey, *Andromaque*, Le Livre de Poche, 1993, dossier, p. 182.

STRUCTURE D'ANDROMAQUE

Acte I : Les cœurs désaccordés. Oreste est reçu par son ami Pylade au palais de Pyrrhus, le roi d'Épire. Il explique qu'il vient en tant qu'ambassadeur des Grecs demander à Pyrrhus la livraison d'Astyanax, l'enfant d'Andromaque, tenue captive par Pyrrhus, et d'Hector, tué par Achille lors de la guerre de Troie. En réalité, Oreste espère conquérir le cœur d'Hermione, la fiancée de Pyrrhus (sc. 1). Pyrrhus reçoit Oreste : il refuse de livrer Astyanax (sc. 2). En effet, il aime Andromaque, à qui il offre sa protection et celle de son fils en échange du mariage. Pyrrhus est cependant éconduit par la veuve troyenne (sc. 3).

Acte II. Un rééquilibre passionnel éphémère et illusoire. Hermione consent à recevoir Oreste (sc. 1) qui lui témoigne son désespoir et son amour, et l'informe du refus de Pyrrhus de livrer Astyanax. Il lui propose de partir avec lui. Hermione accepte avec réticence la proposition, à l'unique condition que Pyrrhus rompe publiquement son engagement vis-à-vis d'elle (sc. 2). Pyrrhus retrouve Oreste pour lui faire part de son changement de décision : il consent finalement à livrer Astyanax aux Grecs et souhaite épouser Hermione (sc. 4). Pyrrhus explique à son confident Phœnix les raisons de ce revirement : il veut se venger de l'insensibilité d'Andromaque à son égard. Sa résolution vacille à la fin de l'acte (sc. 5).

Acte III. Revirement passionnel et dilemme tragique. Oreste confie à Pylade son désespoir : il projette d'enlever Hermione, même contre son gré (sc. 1). Hermione refuse de quitter l'Épire avec Oreste (sc. 2). Andromaque tente d'obtenir l'intercession d'Hermione en faveur de son fils, mais Hermione refuse (sc. 4). Andromaque, désespérée, rencontre Pyrrhus : elle le supplie à son tour d'épargner son enfant (sc. 6). Pyrrhus lui pose un ultimatum : soit elle l'épouse, soit elle perd son fils (sc. 7). Andromaque est plongée dans un dilemme tragique : elle ne peut se résoudre à épouser un homme qui a participé au massacre de son peuple, ni à perdre l'enfant qu'Hector lui a demandé de protéger avant de mourir. Elle reporte sa décision en souhaitant se rendre d'abord au tombeau de son époux.

Acte IV. Dépits amoureux et furie vengeresse. Alors que Céphise, confidente d'Andromaque, se réjouit de la décision de celle-ci d'épouser Pyrrhus, la veuve troyenne confie qu'elle a l'intention de se tuer après la cérémonie des vœux, confiante dans le fait que Pyrrhus, conformément à son engagement, protégera Astyanax (sc. 1). Hermione, pleine de rage, exige d'Oreste qu'il lui prouve son amour et sa loyauté en tuant Pyrrhus. Oreste accepte (sc. 3). Pyrrhus se présente à Hermione, qui lui réserve un accueil ironique puis éclate de fureur (sc. 5).

Acte V. Passions funestes : crimes et folies. Hermione ouvre l'acte : malgré ses doutes, elle réitère sa volonté de voir périr l'amant parjure (sc. 1). Cléone, sa confidente, lui rapporte que Pyrrhus a bien épousé Andromaque et qu'Oreste n'est pas intervenu (sc. 2). Oreste apparaît pour révéler la mort de Pyrrhus : même si le roi est mort sous les coups des Grecs, il se présente à Hermione comme le responsable de l'assassinat. Hermione le rejette violemment en oubliant qu'elle était l'instigatrice du crime (sc. 3). Oreste reconnaît dans un monologue toute l'horreur de son crime (sc. 5). Pylade l'enjoint à quitter le palais et lui apprend le suicide d'Hermione. Oreste sombre dans la folie : il croit voir Pyrrhus, Hermione puis les Furies.

à susciter chez le spectateur un bouleversement affectif. Les codes de l'écriture tragique infléchissent d'emblée la représentation du monde des passions : l'anthropologie passionnelle en acte que constitue la tragédie révèle un ensemble de valeurs et de significations largement dépendant des principes imposés par le genre, notamment de la nécessité d'un dénouement malheureux.

Andromaque ne déroge pas à la règle : première tragédie de Racine à faire de la passion amoureuse un ressort tragique efficace, elle éclaire d'une lumière sombre un monde de passions principalement placé sous le signe du malheur et du dérèglement. Il convient ainsi de s'interroger sur le sens dramaturgique, moral et esthétique que peut prendre la représentation du monde des passions à l'intérieur du genre tragique : quelle vision des affections la tragédie offre-t-elle ? Quel univers fictionnel est mis en forme par les passions ? Dans *Andromaque*, les réponses apportées à ces deux questions sont profondément dépendantes l'une de l'autre. C'est parce que l'exploration minutieuse et approfondie de la passion amoureuse tend à offrir une vision troublée de l'expérience affective que le monde régi par les passions mises en scène révèle sa nature chaotique et déréglée. La dynamique funeste de la pièce, qui conduit à la mort ou à la folie trois personnages principaux, tire sa force pathétique du fait que les passions non seulement créent un monde fait de déchirements pathétiques et de violences, mais qu'elles sont aussi elles-mêmes frappées d'inintelligibilité. *Andromaque* fait ainsi se répondre en écho un monde troublé par des passions destructives et un trouble de l'expérience passionnelle, un monde désordonné régi par des passions irrépressibles et un désordre de l'épreuve affective qui provoque la cécité des personnages et les prive de la maîtrise d'eux-mêmes.

Pour mieux cerner la spécificité du traitement du monde des passions dans la tragédie d'*Andromaque*, nous nous situerons d'abord sur le plan de la genèse de la pièce, en nous penchant sur les différentes utilisations des affections dans l'écriture, de manière à esquisser une dramaturgie des passions. Nous nous intéresserons ensuite au monde représenté par les passions, et plus particulièrement au dérèglement qu'il montre au spectateur : ici se dessinera une anthropologie tragique offrant une image dégradée d'un héros dénué de gloire et privé de lucidité sur lui-même. Enfin, nous analyserons les passions sous l'angle du tragique, terme dont la polysémie nous permettra d'aborder la question de l'aliénation affective, celle de la dimension funeste des passions, et enfin celle du bouleversement affectif du spectateur.

A. Le monde des passions au prisme de la composition tragique

L'écriture d'une tragédie croise la question des passions à différents niveaux. Tout d'abord, la composition de l'intrigue, qui s'effectue sur la base d'une fable préexistante, impose de structurer l'action à partir de différents enjeux passionnels. Ensuite, la constitution des caractères demande de sélectionner certains traits passionnels caractérisant les personnages à l'intérieur de l'action. Enfin, l'expression poétique elle-même requiert de peindre les passions des personnages à travers leurs discours et leurs corps [1].

1. Composition de l'intrigue et passions

a. Passions et réécriture des modèles anciens

Écrire une tragédie au XVIIe siècle, c'est d'abord élaborer une action à partir d'une fable ancienne. Plus précisément, comme l'a montré Georges Forestier [2], cela consiste à développer une action de manière qu'elle aboutisse à une fin fixée par avance dans les textes antiques. Pour *Andromaque*, ce dénouement est donné par Virgile dans son poème épique, l'*Énéide* : « enflammé d'un grand amour pour sa fiancée ravie [Hermione] et en proie aux Furies vengeresses, Oreste surprend son rival [Pyrrhus] sans défense et l'égorge aux pieds des autels de son père [3] ». Si cette séquence de faits correspond globalement à l'action d'*Andromaque*, Racine modifie et ajoute des éléments de manière à complexifier le monde des passions qui sous-tend l'action virgilienne. En effet, chez le poète latin, seuls l'amour et la jalousie d'Oreste sont responsables de la mort de Pyrrhus. Or chez Racine, il en va autrement : Oreste tue Pyrrhus au moment où il épouse Andromaque et donc au moment même où celui-ci cesse d'être son rival. Ce paradoxe est rendu possible par la place importante octroyée à Andromaque dans la construction de l'intrigue. Alors que chez Virgile, la veuve troyenne a un rôle passif – elle est une esclave délaissée par Pyrrhus –, le dramaturge choisit d'introduire Andromaque au sein de l'équation amoureuse virgilienne. Il invente un Pyrrhus résolument amoureux de la veuve d'Hector et développe les sentiments de haine qu'éprouve Hermione à l'égard de son amant infidèle. Ce faisant, il exploite un éventail de passions bien plus riche et complexe que celui de son prédécesseur antique : ce n'est plus Oreste

1. Sur les différents points abordés dans cette partie, on pourra consulter les chapitres « Aux sources d'*Andromaque* » et « Caractères et passions, de la dramaturgie classique à la critique moderne » du dossier d'Arnaud Welfringer dans son édition d'*Andromaque* (*op. cit.*, p. 111 *sq.* et 136 *sq.*).

2. Voir notamment son introduction dans Jean Racine, *Œuvres complètes I. Théâtre, poésie*, *op. cit.*

3. Virgile, *Énéide*, III, v. 292-332, trad. M. Rat, GF-Flammarion, 1965, p. 79-80.

qui tue par jalousie Pyrrhus épousant Hermione, mais Hermione qui par jalousie pousse Oreste, son fidèle adorateur, à la venger de la trahison de Pyrrhus, qui l'a abandonnée pour Andromaque. La pièce de Racine repose ainsi sur une intrigue faite de passions violentes et contradictoires qui conduisent les personnages à leur propre perte. Cette mécanique passionnelle tragique rappelle la chaîne pastorale [1] des amours non réciproques : Oreste aime Hermione qui aime Pyrrhus qui aime Andromaque qui aime Hector qui est mort. Comme le dit Oreste à la fin de la pièce, l'action d'*Andromaque* repose sur l'histoire de « trois cœurs qui n'ont pu s'accorder » (V, 5, v. 1624).

b. Dilemmes passionnels et revirements affectifs

La modification des sources anciennes va dans le sens d'une pleine exploitation des potentialités tragiques des passions. Non seulement les personnages sont en proie à un désir qui ne peut être satisfait, mais en outre chacun d'eux est confronté à un dilemme passionnel : Oreste hésite entre son amour pour Hermione et sa loyauté politique envers les Grecs, Hermione balance entre ressentiment et affection, Pyrrhus oscille entre adoration et haine pour Andromaque. La veuve troyenne fait face quant à elle à un dilemme d'une autre nature, certainement plus poignant : elle est sommée par Pyrrhus de choisir entre son devoir de fidélité envers Hector et son amour maternel. Ce déchirement pathétique est au cœur même de la pièce (III, 8), qu'il irradie tout entière. Si c'est la venue d'Oreste qui déclenche la crise tragique en contraignant Pyrrhus à se déclarer, c'est bien de la décision que prend Andromaque que dépend l'action des autres personnages.

Un aperçu de la dramaturgie de la pièce l'illustre bien. Dans les deux premiers actes de la pièce, Andromaque refuse les avances amoureuses de Pyrrhus, qui lui offre sa protection pour elle et son fils en échange d'un mariage. L'insensibilité de la veuve d'Hector explique le revirement passionnel qui a lieu à la fin de l'acte II : le fils d'Achille tente de dominer sa passion amoureuse et choisit d'épouser Hermione et de sacrifier le fils d'Andromaque et Hector.

L'acte III s'ouvre ainsi sur un changement de l'état passionnel de certains personnages : Hermione se réjouit d'épouser son fiancé, et Oreste, gagné par un désespoir profond, songe à enlever celle qu'il aime. Mais à la fin de ce même acte se produit un nouveau revirement, dont nous avons dit qu'il est au cœur de la pièce. Pyrrhus, qui aime toujours Andromaque, lui pose un ultimatum : soit elle l'épouse, soit il tue son fils.

Au début de l'acte IV, Andromaque décide d'accepter et de se suicider ensuite. Ce choix est l'événement qui déclenche la logique proprement tragique : blessée au plus vif par l'abandon de Pyrrhus, Hermione exige d'Oreste l'assassinat de son fiancé parjure.

1. Du nom de la pastorale, un genre dramatique dans lequel ce schéma était traditionnel.

L'intrigue d'*Andromaque* repose donc entièrement sur les passions des personnages. L'action ne progresse qu'en fonction de leurs revirements affectifs ; les péripéties – qui désignent, selon la définition d'Aristote dans la *Poétique*, un retournement de l'action en son contraire – ont pour source, non pas des événements extérieurs, mais des revirements intimes. La dramaturgie d'*Andromaque* est donc tributaire du monde des passions qu'elle met en forme : le spectateur est plongé dans un univers exclusivement régi par les affections des personnages, un monde dans lequel les passions sont des pulsions agissantes qui impriment à l'action leur nature chaotique. Les tremblements de l'action suivent ainsi les oscillations des cœurs, dans une dynamique apte à laisser le spectateur en haleine.

2. Constitution des caractères : passions et personnages

a. Dualité passionnelle : les emportements de Pyrrhus et d'Hermione

La composition des caractères – c'est-à-dire la conception de l'ensemble des traits moraux, « psychologiques » des personnages – impose au dramaturge de sélectionner certaines passions qui viendront singulariser chaque personnage. Elle obéit à différentes lois dans la tragédie classique. Les caractères doivent notamment être semblables à l'image que la tradition ancienne leur a donnée. Cette dernière règle, dite de convenance, est rappelée par Racine dans sa première préface de 1668, quand il explique avoir composé des caractères conformes à ceux dépeints par les auteurs antiques. Pour Hermione, il s'est inspiré du personnage de l'*Andromaque* d'Euripide, à qui il a emprunté « la jalousie et les emportements » (p. 14). Selon cette précision, Hermione est définie à partir d'une passion constitutive, la jalousie. Voici comment cette affection est décrite par un poéticien du XVIIIe siècle : « Cette passion est la plus affreuse et la plus cruelle de toutes. [...] Son caractère est la noirceur, la fierté, l'irrésolution. L'amour méprisé se tourne en rage ; [...] il flotte, il hésite, il chancelle, il passe mille fois en un moment de la haine à la tendresse [1]. » La jalousie s'accorde pleinement avec l'« emportement » – c'est-à-dire, selon la définition du *Dictionnaire* de l'Académie française de 1694, le « mouvement déréglé, violent, causé par quelque passion » –, et tire sa force dramatique de l'instabilité affective qu'elle entraîne. La jalousie qui caractérise Hermione est cependant singulière en ce que sa colère est moins dirigée contre la veuve troyenne que contre Pyrrhus – contrairement à ce qui se passe dans l'*Andromaque* d'Euripide, Hermione n'envisage de faire du mal à sa rivale qu'une seule fois et brièvement (II, 1, v. 446). Sa jalousie s'explique par un sentiment aigu d'amour-propre : son orgueil se trouve en effet profondément blessé par l'abandon de Pyrrhus.

1. Gabriel-Henri Gaillard, *Poétique française à l'usage des dames*, t. II, Barois, 1749, p. 379.

Le traitement du caractère jaloux d'Hermione a l'avantage d'exploiter toute une palette affective. Le caractère de Pyrrhus partage avec celui d'Hermione cette instabilité passionnelle, mais de façon plus poussée. Dans sa préface de 1668, Racine évoque les critiques qui se sont dirigées contre le caractère trop « violent » du fils d'Achille qui le fait « s'emport[er] contre Andromaque » (p. 14). Le dramaturge se justifie en expliquant qu'il s'est conformé au poète latin Horace qui recommandait de peindre Pyrrhus « farouche, inexorable, violent » (p. 15). C'est cette image que conserve en mémoire Andromaque, lorsqu'elle décrit son persécuteur durant la guerre de Troie, « les yeux étincelants/ [...] de sang tout couvert échauffant le carnage » (III, 8, v. 999-1002). Cependant, le roi d'Épire ne se réduit pas dans la pièce au barbare sanguinaire qui brutalise les Troyens dans l'*Énéide*. Racine précise qu'il a « pris soin d'adoucir un peu [s]a férocité » légendaire (p. 14), en le rendant sensible à l'amour. Il en résulte un caractère divisé entre deux passions contradictoires : Pyrrhus oscille entre une haine qui le pousse cruellement à menacer de tuer Astyanax et un amour qui le pousse au contraire à modérer sa rage.

b. Passions tristes : Andromaque et Oreste

Le caractère d'Andromaque se définit entièrement par sa fidélité envers son époux et sa patrie. Cette éthique de la loyauté se traduit affectivement par une tristesse qui domine son discours. Cette passion a un sens plus fort au XVIIe siècle : c'est une « passion de l'âme qui resserre le cœur, et qui est causée par quelque perte, quelque accident, quelque souffrance » (*Dictionnaire* de Furetière, 1690). À l'origine du mal dont souffre Andromaque se trouvent la guerre de Troie et le meurtre de son époux, événements traumatiques qui lui reviennent plusieurs fois en mémoire. « Toujours triste et importune à [elle]-même » (I, 4, v. 301), incapable de surmonter son deuil, Andromaque ne survit que pour son fils, Astyanax (« Je prolongeais pour lui ma vie et ma misère », I, 4, v. 377). Sa pulsion morbide lui permet cependant de résoudre le conflit tragique auquel elle est confrontée : ne pouvant choisir entre son amour maternel et son devoir de fidélité envers Hector, elle décide finalement d'épouser Pyrrhus pour protéger son fils, puis de se tuer à la sortie de l'autel. Ce caractère empli de douleurs et de désespoir est conforme à celui d'Andromaque dans l'*Énéide* ou dans les tragédies d'Euripide.

Le caractère d'Oreste est également dominé par la tristesse. Racine s'est en ce sens conformé, là encore, aux recommandations d'Horace, qui conseillait de peindre Oreste affligé, sombre (*tristes* en latin). Chez le fils d'Agamemnon, cette tristesse est associée à une maladie grave pour les contemporains de Racine, qui suppose un dérèglement passionnel : la « mélancolie » (mot qui apparaît en I, 1, v. 17). On considérait que ce mal était provoqué par un excès de la bile noire, l'une des quatre humeurs supposées régir le corps humain. Si l'on se réfère aux descriptions médicales du XVIIe siècle, Oreste semble en proie à ce qu'on appelait la « mélancolie érotique » dont les symptômes sont un désir ardent

Le mythe de Troie, de l'épopée à la tragédie

Pour comprendre l'action d'*Andromaque*, il faut avoir en tête le déroulement de la guerre de Troie et ses conséquences. Cet événement mythique est l'objet du **poème épique d'Homère, l'*Iliade***. Il est également le sujet de certaines tragédies antiques. Racine renvoie de façon plus ou moins allusive aux événements narrés ou mis en scène par les auteurs anciens, tout en modifiant certaines données de la légende troyenne.

Cette guerre, qui se termine par la victoire des Grecs et la chute de la ville de Troie, trouve son origine dans un conflit amoureux. Pâris, le jeune frère d'Hector, fils du roi troyen Priam, enlève par amour Hélène, mère d'Hermione et femme de Ménélas, le roi de Sparte, et la ramène à Troie. Ce rapt déclenche l'ire de Ménélas qui réunit les différents rois de Grèce, dont son frère Agamemnon, pour mener une expédition contre les Troyens. L'assaut dure dix ans. Durant cette guerre, Achille s'illustre par sa force et son courage. C'est lui qui tue Hector, le plus redouté des guerriers troyens. Afin de venger la mort de son ami Patrocle, tué par Hector, Achille profane le cadavre du Troyen : il attache sa dépouille à son char puis le traîne dans la poussière sous les yeux de sa mère, Hécube, puis d'Andromaque. **La mort d'Hector annonce la chute de Troie.**

Dans l'*Énéide* de Virgile, Pyrrhus, le fils d'Achille, tue avec brutalité le vieux roi de Troie, Priam. Dans *Les Troyennes*, tragédie de Sénèque, Pyrrhus sacrifie sur la tombe d'Achille Polyxène, une princesse troyenne, sœur d'Hector. Dans cette même pièce, Ulysse réussit à capturer Astyanax, le fils d'Andromaque et d'Hector, et le précipite du haut des remparts de Troie.

Les tragédies antiques donnent à voir l'envers du monde épique chanté par Homère, en mettant en scène la douleur des Troyennes vaincues. Elles font entendre les lamentations d'Andromaque (dans *Les Troyennes* de Sénèque mais aussi d'Euripide) et la souffrance extrême d'Hécube, la mère d'Hector (dans *Hécube* d'Euripide). Le partage des captives troyennes entre les vainqueurs grecs est évoqué dans *Les Troyennes* d'Euripide : Cassandre, sœur d'Hector, est donnée à Agamemnon et Andromaque est livrée à Néoptolème (nom grec de Pyrrhus).

Ces différentes œuvres antiques offrent une image contrastée de la guerre de Troie : si l'épopée d'Homère célèbre les valeurs héroïques, les tragédies d'Euripide et de Sénèque, ainsi que le récit de la dernière nuit de Troie dans l'*Énéide*, mettent en lumière la brutalité des Grecs et les souffrances des Troyens.

Enfin, une partie du **cycle des Atrides** – du nom des descendants d'Atrée, le père d'Agamemnon – est intimement liée à la guerre de Troie. **Oreste est le fils de Clytemnestre et d'Agamemnon**, frère de Ménélas, qui prend la tête de l'expédition grecque contre Troie. Pour permettre aux vaisseaux de quitter Mycènes, Agamemnon est contraint par les dieux de sacrifier sa fille Iphigénie. Revenant victorieux de la guerre de Troie, avec pour esclave Cassandre, Agamemnon est tué par Clytemnestre, son épouse, qui se venge ainsi de la mort d'Iphigénie. Électre, la sœur d'Oreste, pousse son frère à venger leur père en tuant leur mère. **Une fois le matricide accompli, Oreste est poursuivi par les Euménides**, les déesses de la vengeance qui pourchassent les criminels. La mémoire de certains de ces événements apparaît fugitivement et de façon détournée dans *Andromaque*.

pour l'être aimé, une attaque de la raison, ou encore une perpétuelle inquiétude. La mélancolie érotique pouvait également provoquer des hallucinations et générer des pulsions morbides. Le tempérament mélancolique d'Oreste remonte à loin. Il prend naissance dans le rejet d'Hermione à Sparte, qui l'a poussé à chercher à mourir (« J'ai mendié la mort chez des peuples cruels », II, 2, v. 490). Après que Pyrrhus annonce vouloir épouser Hermione, Oreste est de nouveau en proie aux troubles de ce mal : gagné par une « fureur extrême » (III, 1, v. 709), il n'est plus lui-même (III, 1, v. 710) et considère sa vie comme un « supplice » (III, 1, v. 713). Les troubles mélancoliques se réveillent avec plus de violence lorsqu'il apprend le suicide d'Hermione. Oreste entre alors dans une folie hallucinatoire dont les symptômes sont d'abord somatiques : sa vue se trouble (« Mais quelle épaisse nuit tout à coup m'environne », V, 5, v. 1625), les frissons le prennent (« D'où vient que je frissonne », V, 5, v. 1626) et il finit par perdre conscience. Cette mélancolie était déjà associée à ce personnage dans les tragédies antiques d'Eschyle et d'Euripide, à la différence près que, chez les auteurs grecs, elle était la conséquence du meurtre par Oreste de sa mère Clytemnestre, alors que Racine délaisse cette tradition pour en faire un effet de la passion amoureuse.

3. Exprimer les passions : l'affectivité des discours et des corps

a. Dévoiler ses passions

Le monde des passions représenté dans la tragédie n'est pas réductible à une psychologie sentimentale fixe : les affections éprouvées varient en fonction des bouleversements de l'action et des situations de communication. On peut distinguer deux modalités de l'expression passionnelle : l'une consiste à dévoiler ses sentiments, dans un élan de transparence intérieure, et vise surtout à donner des éléments de compréhension au spectateur à travers l'introspection du personnage ; l'autre touche à un usage rhétorique des passions, qui voit dans les émotions des armes potentielles pour toucher, faire fléchir, convaincre l'autre sur scène.

Le premier mode est plus rare dans *Andromaque.* Ses moments privilégiés sont le monologue et les scènes dans lesquelles le personnage converse avec son confident (Cléone pour Hermione, Céphise pour Andromaque, Pylade pour Oreste et Phœnix pour Pyrrhus). Traditionnellement, la fonction du confident est de provoquer et de recueillir la parole sincère de son maître : son rôle est de rendre moins artificiel le dévoilement des sentiments du personnage principal au public. Comme nous le verrons plus tard, dans *Andromaque*, le processus d'introspection passionnelle est malaisé, les personnages luttant pour cerner la nature véritable de leurs passions qu'ils peinent à comprendre. Notons cependant quelques exemples de ce dévoilement passionnel. Hermione laisse éclater, face à Cléone, sa joie d'épouser Pyrrhus (« Conçois-tu les transports de l'heureuse Hermione ? », III, 3, v. 850) alors même qu'elle réfrène l'expression de ce bonheur face à Oreste (III, 2), gardant une contenance respectueuse. Oreste rend pleinement visible les passions qui l'animent face à Pylade : ne voulant « rien déguiser » (III, 1, v. 770), il manifeste sa « fureur extrême » (*ibid.*, v. 710) et son « inutile rage » (*ibid.*, v. 758), puis il réprime ces sentiments violents face à Hermione.

Les monologues, qui sont au nombre de trois dans la pièce, peuvent également avoir pour fonction d'exposer au spectateur l'état des passions des personnages. Le premier monologue d'Oreste (II, 4) révèle son espérance face à une situation qui s'annonce favorable. Le monologue d'Hermione (V, 1), comme le second d'Oreste (V, 4), est introspectif : il vise à sonder les mouvements de l'âme alors que la tension dramatique est à son comble. Ce monologue est particulièrement représentatif d'une écriture des passions qui, par son rythme haché, son aspect décousu, ou encore son accumulation d'interrogatives et d'exclamatives, tente de retranscrire une agitation passionnelle et une intensité affective.

b. Utiliser les passions : usage rhétorique

La dimension rhétorique des passions est fondamentale dans la tragédie. Les passions ne sont pas seulement l'émanation d'une intériorité mais sont utilisées par les personnages pour agir sur les autres dans une visée persuasive. La tragédie met en effet en scène des personnages en conflit, pris dans des rapports de force – d'où la dimension essentiellement argumentative que prennent les discours. Or, comme le demande l'art de la rhétorique (c'est-à-dire l'art qui enseigne la manière de bien parler de façon à convaincre un auditoire), pour défendre une cause ou obtenir l'assentiment de l'autre, le locuteur doit posséder une « science des passions », c'est-à-dire être capable de rechercher chez l'interlocuteur les émotions qui permettront de donner à son discours une force persuasive plus grande. En menaçant de tuer Astyanax, Pyrrhus cherche à susciter la crainte chez Andromaque, de manière à la convaincre de l'épouser. Oreste et Andromaque défendent leurs causes en souhaitant éveiller la pitié chez leurs adversaires. Cette rhétorique de la compassion s'incarne à travers un registre plaintif chez Oreste. Consciente que ses larmes sont sa seule arme face à ses persécuteurs (« Hélas ! il mourra donc. Il n'a pour sa défense/ Que les pleurs de sa mère », I, 4, v. 373-374), Andromaque n'a de cesse d'utiliser la pitié pour convaincre d'épargner son fils. Cette visée compassionnelle se manifeste à travers les supplications de la Troyenne face à Hermione, devant laquelle elle se prosterne sans doute (« N'est-ce point à vos yeux un spectacle assez doux/ Que la veuve d'Hector pleurante à vos genoux ? », III, 4, v. 859-860), puis face à Pyrrhus dont elle « embrasse les genoux » (III, 6, v. 916). La particularité de la rhétorique des larmes employée par Andromaque est qu'elle reste inefficace. La dynamique de la scène 6 de l'acte III est à cet égard représentative : si Andromaque semble convaincre Pyrrhus, qui finit par revenir sur sa décision de livrer Astyanax aux Grecs, c'est moins grâce à la pitié qu'elle éveille chez son ennemi que du fait de l'estime et de l'espoir qu'elle suscite chez Pyrrhus lorsqu'elle consent à un éloge rapide de son bourreau (« je me suis quelquefois consolée/ Qu'ici, plutôt qu'ailleurs, le sort m'eût exilée », III, 6, v. 933-934).

c. *Passions incarnées : les troubles du corps*

L'importance de la pitié dans la stratégie de défense d'Andromaque doit nous rappeler que les passions ne sont pas seulement révélées par la parole. Le corps est également le lieu d'inscription des affections de l'âme. La manifestation la plus concrète des passions concerne les pleurs, qui sont l'attribut essentiel d'Andromaque, aux « yeux toujours ouverts aux larmes » (II, 1, v. 449). Si ces pleurs sont la manifestation d'une souffrance éternelle du personnage, qui déplore non seulement son passé mais aussi son présent, ils sont chez Oreste, aux « yeux de pleurs toujours noyés » (IV, 3, v. 1155), les symptômes de la douleur amoureuse. Autres signes extérieurs de l'intensité des passions : les soupirs de Pyrrhus sont l'expression de son amour et de sa soumission à Andromaque (« Ah ! qu'un seul des soupirs que mon cœur vous envoie », I, 4, v. 353 ; « Faut-il que mes soupirs vous demandent sa vie ? », III, 7, v. 958) ; tandis que le bouleversement intérieur d'Hermione s'extériorise dans son agitation physique (« Errante et sans dessein je cours dans ce palais », V, 1, v. 1395). Le corps est d'ailleurs perçu comme pouvant trahir les passions que l'on souhaite cacher : « L'amour n'est pas un feu qu'on renferme en une âme/ Tout nous trahit, la voix, le silence, les yeux », avertit Oreste s'adressant à Hermione (II, 2, v. 574-575).

Les passions constituent une part essentielle du matériau tragique : elles fondent l'intrigue de la pièce, elles singularisent chaque personnage en lui donnant une « couleur » affective, enfin elles sont à la fois dévoilées et utilisées par les personnages dans leurs discours et leurs gestes. La dramaturgie d'*Andromaque* repose entièrement sur des passions contrariées qui fondent le conflit tragique. La crise qu'elle développe naît des affections qui perturbent les âmes et les corps et qui interrogent le rapport des êtres à leur passé et à leur intériorité.

B. *Andromaque* ou le monde des passions déréglées

Dans *Andromaque*, les passions sont la source d'un « désordre extrême » (I, 1, v. 35) et dessinent un espace de confusions et de paradoxes. Le dérèglement qu'elles entraînent touche d'abord les rapports de force entre les personnages, rendus troubles du fait de la toute-puissance de la passion amoureuse. La domination des passions sur la raison amène un dévoiement des conduites attendues chez des princes et princesses descendant des héros de la guerre de Troie, à travers une déliquescence des motifs politiques et un délitement du modèle héroïque. Enfin, ce dérèglement se manifeste à l'intérieur de l'épreuve affective elle-même, par le biais d'une opacité qui altère la transparence intime et prive de lucidité le personnage.

1. Les troubles de la passion amoureuse

a. Le jeu de l'amour et du pouvoir

L'amour est la passion fondamentale dans *Andromaque*. La tension dramatique de la pièce repose en effet exclusivement sur les troubles occasionnés par cette affection violente qui détermine les actions, définit les relations entre les personnages et fonde les conflits. L'épreuve de la passion amoureuse emporte les personnages dans un jeu complexe de soumission et de domination qui tient non seulement à la nature non réciproque du désir éprouvé par Pyrrhus, Oreste et Hermione mais aussi à la suprématie accordée à cette passion sur les autres valeurs humaines. Si la représentation de l'amour dans la pièce s'inscrit dans une tradition poétique ancienne, elle prend dans le genre de la tragédie une force pathétique accrue, dans la mesure où la souffrance hyperbolique qu'elle entraîne touche à de véritables enjeux de vie ou de mort. Le suicide final d'Hermione sur le corps de Pyrrhus illustre bien la dimension concrète que prend dans la tragédie la proximité entre l'amour et la mort. Oreste incarne pleinement la douleur hyperbolique inhérente à la passion érotique. Du consentement d'Hermione dépend sa vie entière (« Enfin je viens à vous, et je me vois réduit/ À chercher dans vos yeux une mort qui me fuit./ […] Ils n'ont, pour avancer cette mort où je cours,/ Qu'à me dire une fois ce qu'ils m'ont dit toujours », II, 2, v. 495-500). Il agit en parfait amant, conformément à une tradition poétique, inspirée par l'amour courtois médiéval, qui veut que l'amoureux se soumette de façon absolue à la femme qu'il aime. L'expression de l'asservissement n'est pas seulement rhétorique : l'obéissance du fils d'Agamemnon à Hermione prend un tour tragique à la scène 3 de l'acte IV, lorsque cette dernière exige pour preuve d'amour le meurtre de Pyrrhus et qu'Oreste est contraint d'accepter. Cette relation de soumission tire sa dimension pathétique du fait que la relation courtoise est ici faussée, Hermione imposant le châtiment de Pyrrhus sans toutefois répondre à l'amour d'Oreste.

Pour Pyrrhus, l'épreuve de l'amour s'accompagne également d'une souffrance exposée à Andromaque (« Hélas, fus-je jamais si cruel que vous l'êtes », I, 4, v. 322). Il lui offre de protéger son fils Astyanax en échange de son amour (« Je défendrai sa vie au dépens de mes jours », I, 4, v. 288). Le roi d'Épire parle le langage galant alors en vogue dans la littérature : il assimile l'amour aux flammes – comparant, dans le célèbre vers « Brûlé de plus de feux que je n'en allumai » (I, 4, v. 320), les feux de sa passion amoureuse à ceux, réels, de l'incendie de Troie –, il rappelle le pouvoir et la cruauté du regard de la femme aimée (« Mais que vos yeux sur moi se sont bien exercés ! », I, 4, v. 316) et utilise la métaphore de la défaite pour caractériser son état amoureux. La passion amoureuse vient ici renverser les positions sociales des personnages ; le désir transforme le maître en esclave et la captive en reine, comme l'indique Pyrrhus lui-même :

> Et ne dirait-on pas, en voyant au contraire
> Vos charmes tout-puissants, et les siens dédaignés [1],
> Qu'elle est ici captive et que vous y régnez ?
> (I, 4, v. 350-352)

Ce règne d'Andromaque n'est cependant pas absolu, puisque Pyrrhus retrouve sa souveraineté politique lorsqu'il menace de tuer Astyanax. Cet exercice de la violence et l'imposition de son désir par la force apparaissent paradoxalement comme un aveu de faiblesse de Pyrrhus, incapable de mettre en place un authentique échange galant entre lui et la veuve d'Hector. Contrairement à Hermione, Andromaque refuse en effet d'utiliser le pouvoir que lui confère son statut de femme courtisée et se tient résolument à l'écart de la sphère du désir. S'il lui est impossible de jouer le jeu de l'amour, c'est d'abord parce qu'elle ne peut faire abstraction de la violence originelle qui s'interpose entre elle et son soupirant : l'animosité politique et l'inégalité des conditions entre un roi victorieux et une reine déchue annulent toute possibilité d'échange amoureux, frappant d'inanité la rhétorique de l'asservissement courtois.

b. Une frontière troublée : l'amour et la haine

En se confrontant au rejet de l'être aimé, les personnages éprouvent une frustration qui les incite à convertir leur amour en haine. Les chantages cruels de Pyrrhus et la demande meurtrière d'Hermione incarnent ces basculements du désir vers l'hostilité. Ces deux affections, traditionnellement présentées comme opposées dans les traités de l'époque, sont prises dans un rapport de synonymie qui rapproche la passion amoureuse de la cruauté. Le caractère troublé de la frontière entre haine et amour prend corps à travers un fantasme de retournement de la relation de soumission en rapport de domination, une inversion du statut de victime en celui de bourreau. L'amant éconduit cherche à transformer la blessure causée par son rejet en souffrance infligée à l'autre, dans un mouvement résumé par Hermione, qui recourt ici à une syllepse [2] frappante :

> Je percerai le cœur que je n'ai pu toucher.
> (IV, 3, v. 1244)

Oreste, de son côté, déclare vouloir empêcher le mariage de Pyrrhus et Hermione en enlevant cette dernière, même contre son gré :

1. Il s'agit des charmes d'Hermione.
2. La syllepse est une figure de style qui consiste à activer dans un même mot deux sens possibles : dans l'exemple qui suit, le mot « cœur » se comprend, dans un sens figuré, comme le lieu des sentiments amoureux et, dans le sens concret, comme organe vital.

Je prétends qu'à mon tour l'inhumaine me craigne,
Et que ses yeux cruels, à pleurer condamnés,
Me rendent tous les noms que je leur ai donnés.
(III, 1, v. 762-764)

La souffrance de l'autre devient la source d'une jouissance qui vient se substituer à un plaisir d'amour impossible. Hermione se délecte par avance d'une vengeance qu'elle infligerait elle-même à Pyrrhus :

Quel plaisir de venger moi-même mon injure,
De retirer mon bras teint du sang du parjure.
(IV, 4, v. 1261-1262)

Pyrrhus, lui, rêve d'exercer un pouvoir sur Andromaque lorsqu'il songe à « la braver à sa vue/ Et donner à [s]a haine une libre étendue » (II, 5, v. 677-678). Il exprime alors une forme de délectation sadique, invitant son confident à « voir tous ses attraits [...] humiliés » (I, 5, v. 679) et se complaisant par avance à observer sa souffrance (« Que de pleurs vont couler !/ De quel nom sa douleur me va-t-elle appeler ! », I, 5, v. 695-696). Cette cruauté reste cependant une manifestation – certes paradoxale – de l'amour. Dans *Andromaque*, haïr c'est toujours aimer, comme le note Oreste face à Hermione :

Vous m'aimeriez, Madame, en me voulant haïr.
(II, 2, v. 544)

Seule Andromaque échappe à cette inconstance affective : sa haine contre Pyrrhus demeure sincère et intacte car elle est privée de toute ambiguïté amoureuse.

2. Des passions indignes : subversion de l'ordre politique et délitement de l'héroïsme

a. Passions privées contre raison politique

Force venant troubler les âmes et les corps, l'amour bouleverse avant tout un ordre politique fixé au lendemain de la guerre de Troie : Pyrrhus, qui a pour captive Andromaque, devait épouser la princesse spartiate Hermione, conformément au vœu du roi Ménélas. La passion amoureuse remet en cause ces dispositions politiques, l'amour éprouvé par Pyrrhus pour Andromaque le conduisant à rompre ses fiançailles. Contrairement à ce qui caractérise les héros de Corneille, les personnages raciniens placent au premier plan leurs intérêts passionnels. Oublieux de leur statut princier, Pyrrhus, Hermione et Oreste laissent leurs passions régler totalement leur conduite, alors même que leur rang royal devrait leur imposer de placer la raison politique au-dessus de leurs intérêts privés.

L'AMOUR DANS LES TRAGÉDIES DE RACINE

Si l'amour était une passion quasiment absente du théâtre antique, la tragédie moderne en fait quant à elle grand usage, au point que l'on a forgé la notion de « tragédie galante » pour désigner l'entremêlement au sein de l'intrigue tragique **d'épisodes amoureux et l'adoption par les héros d'un langage et d'un comportement empreints d'une civilité amoureuse**. La première tragédie de Racine, *La Thébaïde*, qui relate la lutte fratricide entre Étéocle et Polynice, les fils d'Œdipe, se garde de mêler « les tendresses et les jalousies des Amants [...] parmi les incestes [et] les parricides » (« Préface » de *La Thébaïde*, 1675). C'est seulement avec ***Andromaque*** que Racine exploite pleinement les potentialités tragiques de l'amour : la passion amoureuse y est traitée comme une pulsion irrépressible et destructrice et devient un ressort de la mécanique funeste de la pièce. L'originalité de la pièce vient du fait que **le seul amour pur et réciproque qu'elle évoque appartient au passé**, car il concerne Andromaque et Hector.

• **L'AMOUR INNOCENT PERSÉCUTÉ : UNE STRUCTURE FONDAMENTALE DU THÉÂTRE RACINIEN.** Les tragédies de Racine ne sont pas exemptes d'**un amour vertueux et innocent** : entre Junie et Britannicus dans *Britannicus*, Atalide et Bajazet dans *Bajazet*, Monime et Xipharès dans *Mithridate*, Iphigénie et Achille dans *Iphigénie*, et Aricie et Hippolyte dans *Phèdre*. Mais, à l'exception de *Mithridate* et d'*Iphigénie*, l'amour tendre qui unit ces jeunes amants connaît **une issue funeste parce qu'ils sont persécutés** par un personnage qui a le pouvoir de rompre leur union : Néron aime Junie et l'enlève, Roxane menace et finit par tuer Bajazet qui a refusé de l'épouser, Phèdre aime Hippolyte et le calomnie auprès de son père qui le châtie. On retrouve ici la célèbre formule de Roland Barthes : « A a tout pouvoir sur B. A aime B, qui ne l'aime pas » (*Sur Racine*, 1960) – formule qui s'applique également à *Mithridate*, si ce n'est que la mort finale du persécuteur rend les amants malheureux libres de s'unir. Cette structure octroie à la passion amoureuse une dimension tragique en donnant à voir **la destruction pathétique de l'amour innocent**.

• **LE DÉRÈGLEMENT AMOUREUX MONSTRUEUX : LE CAS DE *PHÈDRE*.** Avec *Phèdre*, Racine exploite une autre facette de l'amour tragique. Son héroïne est en effet en proie à un **désir incestueux** pour le fils de son époux, Hippolyte. Cet amour monstrueux contraste avec la passion tendre qui unit Hippolyte à Aricie. L'horreur que peut susciter chez le spectateur cet amour incestueux est cependant tempérée par la pitié, étant donné l'**aversion** que Phèdre éprouve à l'égard d'elle-même. La pièce explore ainsi les troubles de cette **passion déréglée** en mettant en lumière son caractère scandaleux – Phèdre par exemple se déclare à Hippolyte, chose contraire au code de la galanterie usuel – et en faisant de ce désir une **force irrépressible et obscure**. Comme Oreste, Phèdre est atteinte d'une « mélancolie érotique » qui confère à son amour une dimension pathologique. Face au mystère de cette **puissance étrangère qui la fait agir malgré elle**, Phèdre rejette la responsabilité de son mal sur les dieux – c'est le célèbre vers « C'est Vénus tout entière à sa proie attachée » (I, 3, v. 306) – et se présente comme **la victime d'une puissance transcendante**.

• **« L'AMOUR LA PLUS TENDRE, ET LA PLUS MALHEUREUSE » : *BÉRÉNICE*.** *Bérénice* est la tragédie la plus singulière du *corpus* racinien : le spectateur y est ému non par la menace de mort qui pèse sur les personnages mais par **l'histoire d'une séparation amoureuse**. Bérénice aime Titus, le nouvel empereur romain, et est aimée par lui. La pièce met en scène **l'impossible mariage** entre les deux individus, en vertu de raisons politiques qui empêchent l'empereur d'épouser une reine. Dans cette pièce, Racine tire toute la puissance tragique (c'est-à-dire pathétique) du spectacle d'amants qui s'aiment absolument mais ne peuvent s'unir. La **poésie élégiaque** qui en résulte transforme le sentiment amoureux en **source éternelle de larmes** : ce n'est plus parce qu'il fait couler le sang que l'amour est tragique, mais parce qu'il fait verser des pleurs – aux personnages comme aux spectateurs.

Dès l'ouverture de la pièce, la suprématie accordée aux sentiments intimes sur les impératifs politiques est exposée. Oreste trahit la fonction pour laquelle il a été mandaté en révélant à Pylade qu'il vient moins demander la mort d'Astyanax que conquérir Hermione. S'il semble, face à Pyrrhus, tenir jusqu'au bout son rôle d'ambassadeur des Grecs, il est rapidement démasqué par Hermione, qui l'accuse d'oublier sa mission diplomatique :

> Songez à tous ces rois que vous représentez.
> Faut-il que d'un transport leur vengeance dépende ?
> (II, 2, v. 508-509).

Elle pointe ainsi du doigt l'inconvenance d'Oreste, qui faillit à son statut d'émissaire en reléguant la raison politique derrière son « transport », c'est-à-dire le mouvement de sa passion. Lorsque Hermione cependant lui demande de tuer son fiancé infidèle, le fils d'Agamemnon sait se rappeler à son devoir politique et insiste sur les conséquences publiques de l'assassinat de Pyrrhus (IV, 3, v. 1207-1208) afin de mettre en lumière la haute trahison que constitue le régicide demandé.

Hermione demeure toutefois absolument sourde à la raison monarchique. Les devoirs que lui impose son statut de princesse grecque constituent dans sa bouche de simples artifices rhétoriques, visant à masquer son obéissance absolue aux passions. C'est ainsi qu'à deux reprises elle rappelle la nécessaire obéissance à la loi paternelle et politique pour justifier son refus de suivre Oreste (II, 2, v. 582-589 ; III, 2, v. 819-824). Elle a beau affirmer, pleine de mauvaise foi, que « l'amour ne règle pas le sort d'une princesse » (III, 2, v. 821), toute sa conduite montre une amnésie de son rang royal. Aucune considération politique n'intervient dans son désir de vengeance contre Pyrrhus : il ne s'agit pas de punir le traître à sa patrie mais bien de châtier l'amant infidèle. Elle insiste d'ailleurs pour que Pyrrhus sache qu'il est sacrifié non pour des motifs politiques mais pour des raisons privées : « Qu'on l'immole à ma haine et non pas à l'État », exige-t-elle (IV, 4, v. 1268). Autrement dit, la logique passionnelle vient écraser toute raison étatique.

Paradoxalement cependant, cette raison politique triomphe lors du dénouement. Pyrrhus est en effet tué par les Grecs indignés par son mariage, et non par Oreste. Sa mort apparaît ainsi comme la punition d'une trahison politique majeure. En épousant Andromaque et en reconnaissant Astyanax comme prince héritier, le fils d'Achille montre qu'il a placé sa passion amoureuse au-dessus de ses devoirs patriotiques.

b. Des passions infamantes : la mise en péril de la gloire héroïque

Les passions qui agitent les personnages ne frappent pas seulement d'indignité des êtres qui oublient les devoirs inhérents à leur rang. Elles sont également des forces qui participent de ce que le critique Paul Bénichou a appelé « la démolition du héros [1] ». Oreste, Hermione et surtout Pyrrhus donnent à voir un délitement de l'héroïsme, rendu d'autant plus vif qu'ils évoluent dans l'ombre de la guerre de Troie. « Drame de la deuxième génération », selon les mots de Jacques Scherer [2], *Andromaque* met en scène des personnages qui tentent d'atteindre l'aura héroïque que leurs parents gagnèrent durant le conflit troyen mais qui n'y parviennent pas, mus qu'ils sont par des passions qui écrasent toute gloire épique. Le désir de rivaliser avec leurs parents se révèle toujours déceptif pour Oreste et Hermione. Oreste rêve de prendre la place de son père (« Prenons, en signalant mon bras et votre nom,/ Vous, la place d'Hélène, et moi, d'Agamemnon [...]/ Et qu'on parle de nous ainsi que de nos pères », IV, 3, v. 1159-1162) mais, acceptant d'obéir à sa passion amoureuse, il gagne seulement à devenir régicide. Hermione quant à elle enrage de ne pas être vengée sur-le-champ par Oreste, alors que les yeux d'Hélène, sa mère, « pour leur querelle, en dix ans de combats,/ Virent périr vingt rois qu'ils ne connaissaient pas » (V, 2, v. 1479-1480).

L'univers tragique offre une image dégradée du monde épique : les troubles de l'amour transforment les grands combats guerriers de jadis en conflits intimes, et les motivations héroïques cèdent le pas aux motifs sentimentaux. C'est au sens propre que cette dégénérescence touche Pyrrhus, lui « qui ne se souvient plus qu'Achille était son père » (III, 8, v. 990) du fait de sa passion pour Andromaque. Le vœu qu'il émet – « Et je saurai peut-être accorder quelque jour/ Les soins de ma grandeur et ceux de mon amour » (I, 2, v. 244) – reste vain. Désireux de rompre avec son passé guerrier, il va jusqu'à vouloir aider Astyanax à venger la ville de Troie (I, 4, v. 326-330). La trahison de sa lignée est ainsi totale. L'acte II met en évidence l'impuissance héroïque de Pyrrhus, en manifestant le dégonflement de sa gloire : acceptant d'épouser Hermione et de livrer Astyanax, il se réjouit d'abord d'être parvenu à dominer sa passion amoureuse et exhibe avec éclat l'élévation prétendue de son âme. Redevenu « le fils et le rival d'Achille » (II, 5, v. 630), il affirme : « Je jouis de ma gloire » (II, 5, v. 634). Mais cet héroïsme est inauthentique car temporaire. Le pouvoir de la passion érotique fait rapidement voler en éclats cette générosité retrouvée. Sa déchéance est rappelée par les deux héroïnes de la pièce. Andromaque, seul personnage qui parvient à rester fidèle à son passé, met en lumière l'écart qui sépare la conduite galante du roi d'Épire et sa stature héroïque :

> Faut-il qu'un si grand cœur montre tant de faiblesse ?
> Voulez-vous qu'un dessein si beau, si généreux,
> Passe pour le transport d'un esprit amoureux ?
>
> (I, 4, v. 278-280)

1. Paul Bénichou, *Morales du Grand Siècle*, *op. cit.* L'expression constitue le titre d'un des chapitres de l'ouvrage, p. 128-148.
2. Jacques Scherer, *Racine et/ou la cérémonie*, PUF, 1982, p. 183.

Hermione, quant à elle, ternit rétrospectivement la geste épique de son fiancé, en transformant ses anciens faits guerriers en crimes barbares, aussi méprisables que son parjure (IV, 5, v. 1333-1340).

3. Des passions obscures : troubles du discernement et chimères affectives

a. Un monde de chimères : passions et fiction

Le désordre causé par la domination des passions sur la raison ne provient pas uniquement du manquement des personnages à leurs devoirs. Les passions entraînent une perception faussée du monde, qui se traduit par une incapacité à déchiffrer correctement les agissements de l'autre. Hermione se trompe ainsi lorsqu'elle prend pour une preuve d'amour la décision de Pyrrhus de l'épouser (III, 3). La puissance de l'espérance amoureuse est telle qu'elle nourrit l'élaboration de fictions, de projections dans un futur fantasmé. Hermione rêve à ce qui se produirait « si l'ingrat rentrait dans son devoir » (II, 1, v. 436) et Pyrrhus se demande si « Andromaque en son cœur [ne] sera pas jalouse » (II, 5, v. 670) de son mariage avec Hermione. Ces espoirs chimériques sont autant de leurres destinés à dissimuler les frustrations et les blessures d'orgueil.

Ils prennent parfois la forme d'une hostilité violente. Les personnages se croient agressés par l'autre, quand il n'en est rien. Pyrrhus s'imagine ainsi qu'Andromaque le « hait d'autant plus que [son] amour la flatte » (II, 5, v. 685-686), inventant une veuve coquette et fière d'être courtisée par lui. Oreste attribue le revirement de Pyrrhus à un désir de le blesser (« Non, non, je le connais, mon désespoir le flatte », III, 1, v. 737). Hermione accuse Pyrrhus de la retrouver uniquement pour la mépriser et se moquer d'elle, avec la complicité d'Andromaque :

> Vous veniez de mon front observer la pâleur,
> Pour aller dans ses bras rire de ma douleur.
> (IV, 5, v. 1328-1329)

C'est ici l'amour-propre qui retourne l'indifférence de l'autre en un signe d'agression. Ces fictions apparaissent comme des mécanismes de défense contre un réel trop douloureux.

Le cas le plus ambigu de cette lecture faussée du réel reste la réponse faite par Pyrrhus (IV, 5, v. 1341-1355) aux sarcasmes ironiques d'Hermione. Le roi d'Épire répond au blâme de son ancienne fiancée en l'interprétant comme le signe d'une « indifférence » (IV, 5, v. 1345). Une telle méprise ne peut que susciter l'interrogation du lecteur, invité à son tour à déchiffrer le sens réel de la tirade de Pyrrhus. Les sentiments de Pyrrhus portent la marque de l'équivocité, signe que les passions ne se donnent pas dans une entière transparence et appellent un travail d'élucidation.

b. Un monde opaque : passions et cécité

Les passions éprouvées par les personnages affectent aussi leur perception d'eux-mêmes. Oreste, Hermione et Pyrrhus sont plongés dans le trouble des passions au sens physique du terme : la transparence de leurs sentiments est obscurcie. Frappés de cécité face à leurs affections, ils ne parviennent pas à identifier la vérité de leurs sentiments et préfèrent se réfugier dans une illusion salvatrice qui les préserve d'une réalité trop cruelle à entendre. La force de l'aveuglement d'Hermione et de Pyrrhus tient à l'amour-propre qui les guide : l'estime qu'ils ont d'eux-mêmes les pousse à répondre à l'indifférence de l'être aimé par une négation de leurs propres sentiments. C'est ainsi qu'Hermione réplique à Cléone, qui lui demande si elle aime Pyrrhus :

> Si je le hais, Cléone ! Il y va de ma gloire
>
> (II, 1, v. 413)

En même temps qu'elle énonce le devoir qui lui dicte de renoncer à sa passion, Hermione suggère l'impossibilité de s'y conformer. L'amour est en effet une passion qui échappe à la raison et s'affranchit de la volonté. Dès lors, le désir de se détacher de la passion amoureuse est condamné à rester illusoire : la princesse spartiate demande elle-même à sa confidente de lui faire croire que la conversion de son amour pour Pyrrhus en haine est authentique (« Crois que je n'aime plus, vante-moi ma victoire ;/ […] Hélas ! et, s'il se peut, fais-le-moi croire aussi », II, 1, v. 430-432). Par la suite, la confusion de ses sentiments est plusieurs fois exprimée. « Ah ! ne puis-je savoir si j'aime, ou si je hais ? », s'interroge-t-elle (V, 1, v. 1396), butant à nouveau sur l'opacité de ses passions. Au plus fort de sa rage contre Pyrrhus, elle s'exclamera même : « Ingrat, je doute encor si je ne t'aime pas » (IV, 5, v. 1368), révélant à regret une passion amoureuse dont elle ne peut se défaire.

c. Détours du langage et passions insaisissables

Le conflit entre la volonté de ne plus aimer et un désir amoureux qui perdure fait de la dénégation l'un des modes privilégiés de l'expression de la passion amoureuse. La dénégation peut être ici comprise dans un sens quasi psychanalytique : elle consiste dans le fait que le sujet, tout en formulant des désirs qu'il souhaite réprimer, continue de nier en être l'objet. L'expression de l'amour se révèle d'autant plus frappante qu'elle se fait malgré soi. Hermione refuse ainsi d'admettre ses sentiments pour Pyrrhus et « qu'en [elle] la haine est un effort d'amour » (II, 2, v. 580). Dans la scène 5 de l'acte II, cet accès détourné à la vérité des passions apparaît de manière éclatante. Face au discours de Pyrrhus qui affirme avoir dominé son amour, Phœnix se fait le révélateur de la mauvaise foi du roi d'Épire en dévoilant ses sentiments véritables : « Vous aimez, c'est assez », lance-t-il à Pyrrhus (II, 5, v. 685) qui n'entend pas la vérité et semble soliloquer. Le confident est ici le juste interprète des passions de son maître : l'obsession du roi pour Andromaque est vue comme le signe d'une passion irrépressible proche de l'envoûtement (« Quel charme, malgré vous, vers elle vous attire ? », II, 5, v. 673). Phœnix, comme Oreste à la scène 2 de l'acte II, ne se contente pas d'écouter : il entend [1], c'est-à-dire qu'il comprend la vérité des âmes en prêtant l'oreille à la passion amoureuse qui sourd dans les discours.

Le spectateur est d'ailleurs invité à son tour à accomplir ce travail de déchiffrement, lorsque Pyrrhus, qui s'imagine annoncer à Andromaque la mort de son fils, déclare :

> Elle en mourra, Phœnix, et j'en serai la cause.
> C'est lui mettre moi-même un poignard dans le sein.
>
> (II, 5, v. 698-699)

Un metteur en scène se devra de choisir ici ce qu'il faut donner à entendre dans ces paroles : une pitié empreinte d'amour pour la veuve troyenne – Pyrrhus ne supporterait pas alors d'infliger un tel supplice à celle qu'il aime – ou bien l'accent cruel de l'amant qui jouit de blesser celle qui le rejette ? La parole s'ingénie à travestir les affections réelles de l'âme et demande donc à être interprétée, corrigée. Cet écart entre le langage et les passions n'est pas nécessairement ignoré des personnages, comme l'indique Hermione à Oreste, lorsque celui-ci lui vient annoncer le meurtre de Pyrrhus :

> Ne devais-tu pas lire au fond de ma pensée ?
> Et ne voyais-tu pas dans mes emportements
> Que mon cœur démentait ma bouche à tous moments ?
>
> (V, 4, v. 1546-1548)

Cruelle ironie du sort : c'est lorsque l'irréparable est accompli que la princesse accède à une clairvoyance vis-à-vis de ses passions et qu'elle reconnaît enfin que ses discours la trompaient sur la réalité de ses sentiments.

Dupe de lui-même, le personnage racinien se révèle mû par une force obscure et indéchiffrable qui l'empêche d'accéder à la maîtrise de soi et de jouir d'une gloire véritablement héroïque. Le dérèglement passionnel s'avère ainsi porter considérablement atteinte à la liberté du personnage du fait de l'abdication de la volonté qu'il suppose. À travers l'idée d'une puissance irrépressible des passions se pose la question de l'aliénation et, par contiguïté, du tragique, notion sur laquelle il convient à présent de s'interroger.

---

1. « Je vous entends », dit Oreste (II, 2, v. 537).

Andromaque, **mise en scène de Muriel Mayette,**
Comédie-Française, 2010

Cette photographie est issue d'une représentation d'*Andromaque*, dans la mise en scène de Muriel Mayette à la Comédie-Française en 2010. La scénographie vise une couleur antique : le plateau dépouillé est parcouru par de larges colonnes, qui se détachent sur un fond dont l'ouverture variable laisse voir un ciel bleu qui s'assombrit progressivement. Dans ce décor à la fois simple et imposant, les acteurs semblent écrasés par la hauteur des colonnes. Les costumes, longs et taillés dans des tissus vaporeux, s'inspirent également de l'Antiquité. Sur la photographie, nous voyons à gauche Pyrrhus (interprété par Éric Ruf) et à droite Andromaque (interprétée par Cécile Brune). La colonne représente physiquement la séparation entre les deux personnages : elle empêche les échanges de regards et isole chacun des individus. Ainsi est matérialisée l'impossibilité d'une relation galante entre les deux êtres. Pourtant, on perçoit dans la gestuelle de Pyrrhus, la tête penchée vers Andromaque et les mains posées sur la colonne, qu'il cherche à établir un contact avec la veuve troyenne. Au contraire, la posture d'Andromaque suggère l'indifférence et l'extériorité : la tête appuyée sur la colonne, elle paraît à la fois accablée et ailleurs, le regard perdu dans le vide – ou dans le passé. Dans cette mise en scène, le jeu de l'actrice incarnant Andromaque se détachait de celui des autres comédiens, notamment sur le plan de la diction : adoptant un phrasé plus lent et plus monotone, sa voix grave marquait une forme de distance face au monde.

C. Figures du tragique et monde des passions

Le traitement des passions dans *Andromaque* est tributaire du genre dans lequel il s'effectue. Interroger les spécificités de la mise en forme d'un monde des passions à l'intérieur d'un univers tragique s'impose d'autant plus que la polysémie de l'adjectif « tragique » révèle une diversité de significations possibles octroyées aux passions, qu'elles s'apparentent à une force inéluctable, qu'elles fondent le caractère funeste de l'action ou encore qu'elles concernent les émotions suscitées chez l'auditoire.

1. Les passions, autre nom de la fatalité [1] ?

a. Des passions implacables

Dans la dernière édition de ses œuvres en 1697, Racine corrige un vers prononcé par Oreste : « Je me livre en aveugle au *transport* qui m'entraîne » devient « Je me livre en aveugle au *destin* qui m'entraîne » (I, 1, v. 98). Faut-il voir dans cet amendement le signe que le « transport », c'est-à-dire la passion violente, est assimilable au destin ? L'hypothèse séduit d'autant plus qu'elle tire la pièce vers un concept philosophique majeur pour appréhender la spécificité de la tragédie : celui du tragique. La philosophie du tragique apparaît au tournant des XVIIIe et XIXe siècles, en Allemagne [2]. Elle voit dans la tragédie grecque l'invention d'une forme propre à dire la condition humaine, à savoir l'expression d'une lutte entre la liberté humaine et une transcendance qui l'écrase *in fine*. Selon ce point de vue, la tragédie donne à voir une fatalité – c'est-à-dire un destin dicté à l'avance et inéluctable – que le héros tente vainement de combattre, et interroge de ce fait les limites de la liberté humaine. Dans la tragédie grecque, cette force transcendante est incarnée par les dieux, qui « tirent les ficelles » des destinées humaines. Or, très tôt, on a pu affirmer que la spécificité de la tragédie du XVIIe siècle vient de ce qu'elle remplace les dieux mythologiques par les passions : l'homme n'est plus le jouet de la destinée divine mais celui de ses propres pulsions. « L'amour, la haine, la vengeance, l'ambition, la jalousie ont pris la place des dieux et du sort [3] », résume l'encyclopédiste Jean-François Marmontel, en 1763.

Andromaque affirme à de nombreuses reprises que les passions exercent une force sur les êtres non moins irrépressible que celle produite par les dieux dans certaines tragédies grecques. La pièce emploie d'ailleurs un terme qui dit pleinement ce pouvoir d'attraction irrésistible

1. Sur cette question, on pourra consulter la présentation d'Arnaud Welfringer à son édition d'*Andromaque* (*op. cit.*).
2. Voir Marc Escola, *Le Tragique*, GF-Flammarion, 2002.
3. Jean-François Marmontel, *Poétique française*, t. II, Lesclapart, 1763, p. 174.

de l'amour, contre lequel il est impossible de lutter : le « charme », qui a le sens d'envoûtement quasi magique. « Quel charme, malgré vous, vers elle vous attire ? » (II, 5, v. 673), demande Phœnix à Pyrrhus. Comme nous l'avons vu précédemment, les passions sont représentées comme des forces obscures, qui meuvent le sujet malgré lui et rendent toute lutte vaine. L'idée de passivité que l'on retrouve dans le sens étymologique de passion prend un relief particulièrement important dans ce contexte. Cette impossible maîtrise de soi-même est reconnue par les personnages eux-mêmes. Oreste soupire : « De moi-même étais-je alors le maître ? » (III, 1, v. 725), et Hermione ironise sur les contradictions et revirements de Pyrrhus qui montrent « un cœur toujours maître de soi » (IV, 5, v. 1323).

Signalons qu'une tradition critique – qui fut également fort contestée – a voulu voir dans cette représentation sombre des passions l'expression d'une vision pessimiste de la nature humaine tributaire de la doctrine janséniste à laquelle Racine a été exposé durant ses années de formation à Port-Royal[1]. Le jansénisme présente l'homme comme nécessairement corrompu depuis la chute, et irrésistiblement entraîné dans le mal du fait de sa concupiscence. L'anthropologie augustinienne – c'est-à-dire la vision de l'homme défendue par saint Augustin sur laquelle s'appuie le jansénisme – inviterait à voir dans les personnages d'*Andromaque* des êtres dominés par des passions fondamentalement corruptrices, qui les condamnent à la frustration et au malheur.

b. Du transport amoureux au destin tragique : le cas Oreste

C'est le personnage d'Oreste qui tend le plus à imprimer dans la tragédie l'idée d'accomplissement d'un destin fixé par avance. Ses allusions au « sort » et à la fortune sont fréquentes. Le « destin qui [l']amène » (I, 1, v. 25) en Épire est en réalité l'amour. Seule sa passion non éteinte pour Hermione explique sa présence au palais de Pyrrhus, en dépit des affres dans lesquelles elle l'a jadis plongé. C'est justement parce que l'amour d'Oreste pour Hermione est marqué du sceau du désespoir et du malheur que le fils d'Agamemnon convoque l'image du « sort dont la poursuite/ [le] fait courir alors au piège [qu'il] évite » (I, 1, v. 65-67). Craignant que son projet de reconquérir Hermione ne se solde par un échec, Oreste associe d'emblée son arrivée en Épire à un malheur possible, qui lui fait « chercher ou la vie ou la mort » (I, 1, v. 28). La rhétorique amoureuse du personnage est troublante par les affinités qu'elle laisse entrevoir entre un langage tragique, qui exprime l'idée d'une soumission absolue à un destin contre lequel il est vain de lutter, et le discours galant, qui suppose la subordination du sujet amoureux face à sa dame toute-puissante :

1. Cette lecture est notamment défendue par Lucien Goldmann dans *Le Dieu caché* (Gallimard, 1955), par Paul Bénichou, qui évoque la « violence pessimiste des peintures du cœur, inspirée du nihilisme janséniste » (*Morales du Grand Siècle*, *op. cit.*, p. 208), et plus récemment, par les travaux de Jean Rohou (*L'Évolution du tragique racinien*, SEDES, 1991).

Et le destin d'Oreste
Est de venir sans cesse adorer vos attraits
(II, 2, v. 482-483)

Dans ce rapport d'asservissement, Hermione fait en quelque sorte figure de déesse mythologique : c'est elle qui dicte de fait le destin d'Oreste et qui a le droit de vie ou de mort sur son amant.

Lorsqu'il apprend que Pyrrhus épouse Hermione, à la scène 1 de l'acte III, Oreste accuse directement les dieux de provoquer son malheur :

De quelque part sur moi que je tourne les yeux,
Je ne vois que malheurs qui condamnent les Dieux.
Méritons leur courroux, justifions leur haine,
Et que le fruit du crime en précède la peine.
(v. 775-778)

Cette inculpation désigne moins la présence d'une fatalité qu'elle ne relève d'une sorte de fantasme prenant son origine dans les passions d'Oreste : face à son incapacité à séduire Hermione, le personnage préfère imputer la responsabilité de son malheur à des acteurs extérieurs. Ces dieux ont ainsi une valeur plus chimérique que réelle. Ajoutons que cette accusation lancée contre les dieux intervient ici non pas pour justifier une forme de passivité face à une fatalité écrasante, mais pour motiver une action criminelle rêvée par Oreste : l'enlèvement d'Hermione. Autrement dit, les dieux sont invoqués pour légitimer la poursuite passionnelle du personnage : puisque le sort s'acharne, autant mériter la punition et obtenir coûte que coûte l'objet de son amour. La dernière scène montre un même mouvement d'accusation des dieux, alors même que la responsabilité des crimes accomplis incombe à la passion d'Hermione et à ses emportements :

Oui, je te loue, ô ciel, de ta persévérance.
Appliqué sans relâche au soin de me punir,
Au comble des douleurs tu m'as fait parvenir.
(V, 5, v. 1614-1616)

2. Tragique et violence des passions

a. Fureurs et monstruosité : le comble des passions tragiques

« Tragique » est d'abord synonyme, au XVIIe siècle, de « funeste », de « sanglant » ou encore de « fatal » : l'adjectif renvoie donc à l'idée de mort. La singularité de la tragédie classique tient au fait que, refusant de montrer des actions sanglantes au nom des bienséances, elle donne à entendre une violence qui s'inscrit dans des discours plutôt que dans des corps. Ce sont alors les passions éprouvées qui sont l'objet du spectacle funeste.

Dans *Andromaque*, la violence des passions atteint son apogée lors du dénouement particulièrement sanglant, ponctué par la mort de Pyrrhus et d'Hermione et la folie d'Oreste. Cette fin malheureuse est l'aboutissement d'un déchaînement passionnel : Pyrrhus meurt pour avoir trahi Hermione et blessé son amour, tandis que l'adoration d'Oreste explique le régicide.

La dimension fatale des passions se révèle également à travers une exacerbation des émotions des personnages. La fureur – c'est-à-dire l'« emportement violent causé par un dérèglement d'esprit et de la raison » (*Dictionnaire* de Furetière, 1690) – est sans doute l'une des passions tragiques par excellence, en ce qu'elle suppose un débordement passionnel qui pousse les personnages à se détruire mutuellement. Cet excès affectif se retrouve chez Pyrrhus, Oreste et Hermione. C'est dans les deux derniers actes que la fureur, à laquelle Hermione a laissé « le temps de croître encore » (II, 1, v. 418), explose. Apprenant que son fiancé s'apprête à épouser Andromaque, Hermione affiche d'abord un « calme [...] funeste » (IV, 2, v. 1141). Puis elle laisse libre cours à sa rage d'amante abandonnée en exigeant d'Oreste la mort de Pyrrhus. La fureur se manifeste dans le fait que la jeune femme semble échapper à toute raison et à toute morale. Alors qu'Oreste lui rappelle l'horreur du crime qu'elle réclame, Hermione assume pleinement le caractère effroyable de sa demande : elle exige de lui qu'il revienne « tout couvert du sang de l'infidèle » (IV, 3, v. 1230). Plus, elle l'enjoint de suivre « une fureur si belle » (IV, 3, v. 1229), octroyant à son emportement une grandeur monstrueuse. Cette extrémité passionnelle entraîne une accélération temporelle : Hermione presse Oreste de tuer dans l'heure le parjure. Après avoir été qualifiée par Pylade de « furie » (III, 1, v. 753), terme renvoyant dans son sens premier à la divinité vengeresse de la mythologie romaine, Hermione est assimilée par Oreste à une Érinye à la fin de la pièce. Ce rapprochement entre la princesse spartiate et une déesse de la vengeance fait d'Hermione une figure de la démesure passionnelle – la dernière image qui est donnée d'elle est ainsi celle d'une « ingrate » (V, 5, v. 1643), dévorant le cœur d'Oreste.

b. Déraison et passions tragiques : le spectacle de la folie

La montée en puissance de la fureur de la vengeance entraîne la folie d'Hermione et d'Oreste. La démence qui saisit les personnages sur scène est la conséquence d'une exacerbation des passions qui les font sortir d'eux-mêmes. Le revirement passionnel spectaculaire d'Hermione à la scène 3 de l'acte V, qui lui fait demander les raisons de l'assassinat de Pyrrhus (« Pourquoi l'assassiner ? Qu'a-t-il fait ? À quel titre ?/ Qui te l'a dit ? », v. 1542-1543) signale un trouble passionnel paroxystique. La fureur atteint, dans cette amnésie, son stade ultime car elle marque la perte totale de tout discernement, annule toute raison en oblitérant la mémoire du crime. Le spectateur ne peut être que saisi de stupeur face à cette forme d'effondrement psychologique du personnage, qui s'apparente à un mécanisme de défense : Hermione ne parvient pas à accepter l'horreur de son propre crime et accable en retour Oreste. Hermione est ainsi un personnage chez qui la passion d'amour se transforme en furie vengeresse puis en folie. Cette trajectoire met en lumière une dynamique funeste des passions dont la démesure est apte à provoquer le saisissement du spectateur.

La logique fatale des passions transparaît également à travers les « fureurs » d'Oreste dans la dernière scène de la pièce. Apprenant le suicide d'Hermione, il parvient « au comble des douleurs » (V, 5, v. 1616), puis est victime d'hallucinations : après avoir aperçu « des ruisseaux de sang » (v. 1628), il voit Pyrrhus puis Hermione. Ce sont ensuite « les filles d'enfer », les Érinyes (ou Furies), déesses de la vengeance arborant des serpents sur leurs têtes, qui s'approchent de lui. Le basculement vers la folie permet de substituer à la monstration directe des actes sanglants – le meurtre de Pyrrhus a lieu hors scène – une représentation indirecte, qui procède d'une mise en spectacle d'un dérangement passionnel : l'excès de culpabilité d'Oreste engendre des visions qui permettent de représenter la mort sur un mode fantasmé. Ainsi Oreste porte des coups à Pyrrhus, répétant le geste produit hors scène, et annonce sa propre mort. Ce délire final est tissé de souvenirs littéraires – Racine se souvient ici de la tragédie d'Eschyle, les *Euménides*, dans laquelle Oreste était poursuivi par les Érinyes suite à son matricide. Cette démence frappe d'autant plus qu'elle est la dernière image offerte au spectateur : contrairement à d'autres tragédies, l'issue tragique ne présente guère le tableau d'un ordre retrouvé, fût-ce dans la mort, mais se clôt sur l'ultime conséquence d'une passion dévorante et destructrice, « qui a trouvé avec la folie la perfection de son achèvement [1] », pour reprendre les mots de Michel Foucault.

3. L'éveil des passions tragiques : le bouleversement affectif du spectateur

a. Terreur et pitié

Le monde des passions tragiques concerne d'abord les affections des personnages sur la scène. Mais la tragédie se définit également par rapport aux passions qu'elle doit susciter chez le spectateur : la terreur et la pitié. C'est d'ailleurs là un autre sens du mot « tragique », employé par Racine lui-même dans sa préface d'*Iphigénie*, lorsqu'il écrit qu'Euripide « était extrêmement tragique [...] c'est-à-dire qu'il savait merveilleusement susciter la compassion et la terreur ». Cette caractérisation des émotions tragiques provient de la *Poétique* d'Aristote, dont Racine se prévaut

1. Michel Foucault, *La Folie à l'âge classique*, Gallimard, 1961, p. 317. Le passage consacré à *Andromaque* par Foucault est cité par Arnaud Welfringer dans son édition d'*Andromaque* (*op. cit.*, p. 151 *sq.*).

dans la première préface d'*Andromaque* (voir l'encadré « La nature des passions tragiques en question », p. 41). Pour défendre la dualité passionnelle de Pyrrhus, le dramaturge précise qu'« Aristote veut [...] que les personnages tragiques [...] ne soient ni tout à fait bons, ni tout à fait méchants. Il faut donc qu'ils aient une bonté médiocre, c'est-à-dire une vertu capable de faiblesse, et qu'ils tombent dans le malheur par quelque faute qui les fasse plaindre sans les faire détester » (p. 15). Pour éveiller la terreur et la pitié, le dramaturge doit faire de la faute tragique une action ni tout à fait criminelle (auquel cas le personnage aura mérité son malheur, ce qui satisfera le spectateur) ni pleinement innocente (auquel cas le spectateur serait indigné de voir un innocent tomber injustement dans le malheur).

Lorsqu'on examine les fautes commises par les héros, on perçoit que Racine a veillé à maintenir possible l'empathie de l'auditoire pour eux, par le biais d'une atténuation de la culpabilité des personnages. Pyrrhus, en dépit de la violence qu'il exerce contre Andromaque, reste sensible à la pitié. Sa volonté d'épouser la veuve d'Hector peut d'ailleurs être perçue comme la volonté d'expier les crimes commis lors de la guerre de Troie. Il dit ainsi ressentir du « remords » (« Je souffre tous les maux que j'ai faits devant Troie », I, 4, v. 318) face à sa conduite passée et reconnaît que le sacrifice de l'innocente Polyxène a été le fruit d'« un excès de rage » (IV, 5, v. 1341). Hermione, qui est l'instigatrice du meurtre de Pyrrhus, est également digne de pitié. Ses oscillations entre haine et amour, sa compassion persistante pour son amant infidèle prouvent que sa fureur se teinte de douceur. Le revirement spectaculaire de la scène 4 de l'acte V interroge directement la responsabilité d'Hermione : en niant être à l'origine du crime, la Spartiate montre de manière éclatante à quel point elle se désolidarise du meurtre et en éprouve du remords. Racine amoindrit également le crime d'Oreste. Sa soumission absolue à la volonté d'Hermione, sa résistance devant la demande meurtrière et ses doutes avant d'accomplir son crime révèlent qu'il commet le régicide à regret. Surtout, Racine a pris soin de marquer qu'Oreste n'a pas porté de coups à Pyrrhus et que seuls les Grecs, certes entraînés par lui, ont poignardé le roi d'Épire :

> L'infidèle s'est vu partout envelopper,
> Et je n'ai pu trouver de place pour frapper »
> (V, 3, v. 1515-1516).

Cette dernière précision remet finalement en cause la responsabilité d'Oreste dans la mort de Pyrrhus.

Le châtiment des criminels était recommandé par les théoriciens de l'époque, afin d'éviter que le spectateur ne soit choqué et horrifié par l'impunité des coupables : la folie qui gagne Oreste et le suicide d'Hermione permettent ainsi d'éveiller les bonnes passions tragiques. Quant à la terreur, signalons que les revirements de situation ainsi que le suspens qui naît de la décision d'Andromaque conduit le spectateur à frémir

LA NATURE DES PASSIONS TRAGIQUES EN QUESTION

• ARISTOTE : LA POÉTIQUE DE LA TERREUR ET DE LA PITIÉ. La *Poétique* d'Aristote définit le genre tragique en fonction des deux émotions qu'elle doit susciter chez le spectateur : la terreur (*phobos*) et la pitié (*eleos*). Cet ouvrage théorique s'attache à décrire les différentes structures de l'action qui permettent d'atteindre cet horizon affectif. Selon le philosophe, ces deux émotions sont renforcées par **l'effet de surprise** produit lorsque le cours de l'action déjoue l'attente du public. Le renversement de l'action, qu'il s'accomplisse par le biais d'un coup de théâtre ou par une scène de reconnaissance (qui fait passer le personnage de l'état d'ignorance à celui de savoir), est propice à éveiller la terreur et la pitié. Aristote précise également les **qualités « morales » du héros tragique** : il faut que ce personnage ne soit ni excessivement vertueux ni pleinement criminel, et que sa chute dans le malheur soit provoquée non par un vice ou une méchanceté, mais par **une faute** (*hamartia*). La terreur et la pitié naissent également du surgissement d'une violence entre des personnages unis par des liens du sang ou affectifs : le spectateur est bien plus profondément ému lorsqu'il voit un personnage accomplir un acte violent contre son parent ou ami que lorsqu'il voit deux ennemis s'affronter.

• CORNEILLE ET L'ADMIRATION. Corneille traduit les émotions aristotéliciennes par « la pitié et la crainte ». Avec sa tragédie *Nicomède*, le dramaturge propose un nouveau type d'émotion tragique : l' « admiration » qui, au XVIIe siècle, désigne un **sentiment d'étonnement face à un objet qui sort de l'ordinaire** : « [Nicomède] sort un peu des règles de la tragédie, en ce qu'il ne cherche point à faire pitié par l'excès de ses malheurs ; [...] la fermeté des grands cœurs, qui n'excite que de l'admiration dans l'âme du spectateur, est quelquefois aussi agréable que la compassion que notre art nous commande de mendier pour leurs misères » (« Avis au lecteur », *Nicomède*, 1651). Si Corneille s'autorise cette audace théorique, c'est pour mieux cerner la singularité de la passion suscitée par un héros dont la générosité – c'est-à-dire la **grandeur d'âme** – stoïque provoque la stupeur émerveillée du public plutôt que sa compassion. Cette proposition théorique semble s'accorder pleinement avec un théâtre cornélien dans lequel **l'héroïsme** et « la grandeur de courage » (« Examen », *Nicomède*, 1660) occupent une place centrale.

• LES LARMES ET LA « TRISTESSE MAJESTUEUSE » CHEZ RACINE. Si, dans la préface de *Phèdre*, Racine vante la « compassion et la terreur » suscitées par une héroïne qui « n'est ni tout à fait coupable ni tout à fait innocente », il évoque, dans la « Dédicace à Madame » qui précède *Andromaque*, « les larmes » dont Henriette d'Angleterre a honoré sa pièce et, dans la préface d'*Iphigénie*, le fait que les « spectateurs ont été émus des mêmes choses qui ont mis autrefois en larmes le plus savant peuple de la Grèce ». Cette importance accordée aux larmes s'inscrit dans la poursuite d'un **pathétique tragique propre à l'esthétique galante**. Dans *Bérénice*, Racine va plus loin dans la valorisation des pleurs, en évoquant une nouvelle émotion tragique, elle aussi étrangère au philosophe grec : la « tristesse majestueuse ». Cette passion (qui renvoie, au XVIIe siècle, à une profonde affliction) concorde avec la poétique de *Bérénice*, pièce dans laquelle il n'y a ni sang ni mort et dont tout le pathétique repose sur la séparation de deux amants qui s'aiment mais ne peuvent s'unir. En mettant en avant la tristesse, Racine joue sur la confusion entre la passion dominante chez les personnages et les larmes suscitées chez l'auditoire, et insiste, à travers l'adjectif « majestueux », sur la noblesse d'un sentiment qui s'accorde avec le rang royal des héros. Se dessine ainsi une forme de **communion par les larmes entre la scène et la salle**.

devant ce qui peut arriver aux personnages. L'évocation de faits sanglants dans les derniers actes ainsi que le souvenir de la guerre de Troie permettent également de susciter ses frissons.

b. Le ravissement poétique

Les passions éveillées chez le public doivent s'accorder avec le plaisir du spectateur, bien souvent apparenté à un goût des larmes. Andromaque est le personnage qui dans la pièce est le plus à même de procurer chez le spectateur le plaisir des pleurs, du fait de l'importance du discours élégiaque – c'est-à-dire d'un discours de plainte douloureuse – dans ses paroles. L'émotion qu'elle suscite tient notamment au fait qu'elle se tient hors des fureurs de la passion amoureuse pour incarner une voix éternellement endeuillée et représenter une mémoire irrémédiablement marquée par la catastrophe de la guerre de Troie. Il résulte de cette fidélité absolue à son passé une force poétique : Andromaque semble se tenir hors du monde présent, absorbée par un ailleurs qui se confond avec le passé. En se tenant à l'écart des passions qui ravagent les autres personnages, elle occupe une place singulière dans la tragédie : elle domine les autres parce qu'elle symbolise une valeur supérieure, celle de l'attachement à sa patrie, qui lui permet de triompher à la fin de la pièce. Son destin dans la tragédie est en effet paradoxal : reine déchue tenue en captivité et menacée de perdre son fils, elle retrouve sa dignité royale au dénouement, sans avoir pour autant trahi son devoir de fidélité. C'est donc parce qu'elle aura su résister aux troubles passionnels, en refusant toute compromission, qu'Andromaque et son fils seront sauvés.

Andromaque incarne ainsi une forme de passion pure, dénuée d'amour-propre – elle refuse de se sentir flattée par la cour de Pyrrhus (« Seigneur, tant de grandeurs ne nous touchent plus guère », I, 4, v. 333). Chez elle, les larmes et la poésie se combinent en un chant funèbre pathétique non troublé par des passions corruptrices. Sa déploration, qui fait entendre une douleur inextinguible, permet de ressusciter un monde perdu, dans un mouvement de recréation poétique d'autant plus apte à délecter le spectateur qu'il se nourrit d'une mémoire littéraire antique. La puissance évocatoire de son discours se déploie pleinement dans la scène 8 de l'acte III, lorsqu'elle rappelle au souvenir de Céphise la dernière nuit de Troie. En une hypotypose célèbre, Andromaque dresse sous les yeux de l'auditoire le tableau vivant de la guerre troyenne. Les nombreuses répétitions dans sa première tirade créent une musicalité d'autant plus forte qu'elle repose sur un phénomène de retour qui dit le ressassement mémoriel, l'éternelle répétition d'un passé traumatique voué à hanter infiniment la mémoire – mémoire des survivants de Troie, mais aussi du spectateur. La poésie racinienne suscite un sentiment d'harmonie et de beauté qui contraste avec le désordre entraîné par les passions tragiques. Elle procède à une mise à distance de la violence des passions tragiques qui s'accomplit sur le mode d'une mise en sourdine, pour reprendre l'expression du critique allemand Leo Spitzer [1]. Le vers d'Oreste « Pour qui sont ces serpents qui sifflent sur vos têtes ? » (V, 5, v. 1638), dont l'allitération en [s] évoque le sifflement des serpents qui ornent la tête des Furies, constitue un cas célèbre d'atténuation de la charge affective par le biais du travail sonore. Ce travail poétique, permanent dans la tragédie, que ce soit à travers les jeux sur les sonorités ou les images, participe d'une sublimation des passions qui vise au plaisir du spectateur.

Conclusion

Le monde des passions représenté dans *Andromaque* épouse les formes du genre tragique. Fondée sur une crise qui oppose des individus aux passions contradictoires, la tragédie impose de peindre des affections violentes et contrastées. La réécriture par Racine des modèles anciens va dans le sens d'une complexification d'un univers passionnel qui accorde une grande place au déchirement pathétique et à l'expression de la douleur affective. Les passions tragiques fondent un monde déréglé, dans lequel les êtres sont pris dans des rapports de force contradictoires, qui les font passer de la haine à l'amour, et au sein duquel les sentiments écrasent la raison politique et héroïque.

L'originalité d'*Andromaque* réside surtout dans la vision obscure qu'elle donne des passions tragiques : les personnages ne parviennent pas à reconnaître en eux la vérité de leurs sentiments et se voient privés de discernement sur leur état affectif. Le caractère étranger de leurs propres affections touche au tragique, au sens philosophique moderne, c'est-à-dire à la perte d'une liberté face à une puissance supérieure contre laquelle il est vain de lutter. La passion amoureuse apparaît ici comme une force écrasante et implacable.

Le tragique des passions tient aussi à leur dimension funeste : le spectacle des affections exacerbées, dont le paroxysme est atteint à travers la fureur d'Hermione et la folie d'Oreste, vise le saisissement du spectateur. La tragédie classique ne met pas en scène la brutalité physique mais une violence passionnelle qui détruit la raison et dérègle le corps. Un tel déchaînement est voué à susciter le bouleversement passionnel du public. En effet, aux passions internes – c'est-à-dire éprouvées par les personnages à l'intérieur de la pièce – répondent les passions externes – c'est-à-dire celles ressenties par les spectateurs. Cependant les émotions du spectateur doivent être cadrées : le dramaturge doit produire la terreur et la pitié sans atteindre l'horreur. Cette visée pathétique passe par un aménagement de la faute tragique : Racine a pris soin d'atténuer la responsabilité criminelle d'Oreste, d'Hermione et de Pyrrhus pour

1. Leo Spitzer, « L'effet de sourdine dans le style classique : Racine », *Études de style*, Gallimard, 1970.

VICES ET VERTUS DES PASSIONS : DE LA CONDAMNATION À LA PROMOTION DE L'EFFET TRAGIQUE

• Les passions dangereuses : le discours antithéâtral au XVIIe siècle

La seconde moitié du XVIIe siècle voit s'intensifier un discours antithéâtral, porté par des représentants de l'Église (comme Bossuet) et des auteurs de Port-Royal (comme Pierre Nicole ou Bernard Lamy). Cette condamnation de l'art dramatique, qui postule l'incompatibilité entre une vie chrétienne vertueuse et la pratique ou la vision des spectacles, reprend les arguments développés par Platon et par saint Augustin et repose sur les **valeurs négatives attribuées aux passions dramatiques**.

Son argument principal se fonde sur l'idée d'une **contamination dangereuse des passions** représentées par le spectacle vers l'acteur puis vers le spectateur. L'œuvre théâtrale est d'abord accusée de susciter des **sentiments immoraux** chez l'auditoire, en raison notamment de la place prépondérante qu'elle accorde à l'amour, considéré par Pierre Nicole comme un « honteux effet du péché » et une « source de poison capable de nous infecter à tous moments » (*Traité de la comédie*, 1667). La **contagion touche en premier lieu le comédien** : « Il faut donc que ceux qui représentent une passion d'amour en soient en quelque sorte touchés pendant qu'ils la représentent. […] Ainsi la comédie, par sa nature même, est une école et un exercice de vice, puisque c'est un art où il faut nécessairement exciter en soi-même des passions vicieuses » (*ibid.*). L'acteur adhérerait pleinement aux émotions qu'il incarne, sans qu'aucune distanciation affective ne soit possible.

C'est surtout l'expérience passionnelle de l'auditoire qui est mise à l'index par les adversaires de la comédie. Le théâtre est accusé de disposer le spectateur à rechercher les passions qu'il prend plaisir à voir représentées sur la scène : le **danger du mimétisme**, qui pousse le spectateur à imiter ce qu'il voit, est mis en lumière. Ce danger est d'autant plus grand que, pour les ennemis du théâtre, **l'émotion libérée chez le spectateur dépasse le cadre de la fiction** – même après la tombée du rideau, les passions éprouvées continuent d'agir – et ne peut être régulée. Et ce quelle que soit la morale intrinsèque du spectacle : qu'elle soit bonne ou mauvaise, punie ou récompensée, la passion représentée empoisonne l'âme uniment. « En excitant par les comédies cette passion, on n'imprime pas en même temps l'amour de ce qui la règle » (*ibid.*). Un dénouement sanglant aura beau venir punir une passion monstrueuse, cela n'altérera pas la nocivité des affections éprouvées. Si cette conception des émotions suscitées par la fiction peut surprendre, il suffit de penser aux débats sur l'influence que peut avoir la violence des images – ou des jeux vidéo – sur les comportements pour percevoir que la pensée antithéâtrale du XVIIe siècle est loin d'être superficielle. Au contraire, sa force réside dans le fait qu'elle prend au sérieux la question de l'immersion affective dans la fiction théâtrale et qu'elle pense les **effets du théâtre sur l'imagination et les conduites humaines**. Le discours condamnant le théâtre offre ainsi une image fascinante de l'expérience passionnelle du spectateur, en ce qu'il reconnaît dans la littérature une puissance de bouleversement affectif – certes négative – capable d'avoir une incidence sur la vie et qu'il inverse radicalement les valeurs éthiques attribuées par les classiques à l'art dramatique.

• Bienfaits des passions théâtrales : la *catharsis*

Les adversaires de la comédie attaquent violemment un principe, venu de la *Poétique* d'Aristote, qui renvoie à la manière dont la tragédie peut « façonner » les passions du spectateur : la *catharsis*. Cette notion, qui n'est pas expliquée par Aristote, a suscité des **interprétations diverses** jusqu'à nos jours. Aristote précise seulement qu'« en représentant la pitié et la frayeur, [la tragédie] réalise une épuration [*catharsis*] de ce genre d'émotions [1] ». L'une des questions que pose le texte grec est **la nature des émotions** qui subissent la *catharsis* : s'agit-il de la terreur et de la pitié, ou bien d'un ensemble plus large de passions ?

Les classiques traduisent ce terme par l'expression « purgation des passions ». Ils accordent majoritairement à ce processus une **valeur morale**. Corneille interprète la *catharsis* comme un phénomène qui se rapproche d'une dimension édifiante de la tragédie : face à l'infortune du personnage, le spectateur est amené à éviter de tomber dans le même malheur et donc « à purger, modérer, rectifier, et même déraciner en [lui] la passion qui plonge à [ses] yeux dans ce malheur les personnes que nous plaignons » (« Discours de la tragédie », *Trois Discours sur le poème dramatique*, 1660). Selon cette lecture, la purgation des passions repose sur un **enseignement délivré au spectateur**, qui pousse à déceler dans la fiction la cause d'un mal et à le prévenir en se gardant de ne pas tomber dans les mêmes excès passionnels que le personnage.

Une autre interprétation voit dans la *catharsis* **un processus d'acquisition d'un bon usage des passions**. Par elle, le spectateur est conduit à ajuster ses émotions, à les régler pour les éprouver à bon escient : « La fin de la tragédie est d'apprendre aux hommes à ne pas craindre trop faiblement des disgrâces communes, et à ménager leur crainte : son but est aussi de leur apprendre à ménager leur compassion pour des sujets qui la méritent », écrit le père Rapin dans ses *Réflexions sur la Poétique de ce temps* (1675).

Enfin, une annotation de Racine à la *Poétique* d'Aristote précise ce qu'est à ses yeux la *catharsis* : « [la tragédie est une] représentation vive qui, excitant la pitié et la terreur, purge et tempère ces sortes de passions. C'est-à-dire qu'en émouvant ces passions, elle leur ôte ce qu'elles ont d'excessif et de vicieux, et les ramène à un état modéré et conforme à la raison » (*Principes de la tragédie en marge de la Poétique d'Aristote*). On peut rapprocher cette définition de celle de Rapin : la **modération des passions consiste à atteindre une juste maîtrise émotionnelle**. Il est tentant de considérer que Racine pointe peut-être ici l'hypothèse d'une épuration de type esthétique : les passions ressenties atteignent une qualité, une pureté qui attestent de la perfection du spectacle.

1. Aristote, *Poétique*, trad. J. Lallot et R. Dupont-Roc, Seuil, 2011.

préserver la pitié de l'auditoire. Andromaque, quant à elle, permet de susciter les larmes du public, par sa souffrance extrême et son deuil insurpassable. Sa voix endeuillée est porteuse d'une force poétique qui transforme la tristesse en chant funèbre.

Comme l'ont défendu plusieurs critiques, le traitement du monde des passions dans *Andromaque* témoigne d'une conception de la psychologie humaine particulièrement juste et nuancée. Racine « pein[t] au vif tous les mouvements [du cœur]. Il […] en développe tous les replis : il en sonde toute la profondeur, il en perce tous les détours ; et ce labyrinthe obscur et impénétrable n'en a aucun qui échappe à sa pénétration [1] ». Cet éloge d'un contemporain de l'auteur souligne que l'atteinte d'une « vérité » de la nature humaine passe sans nul doute par le soin avec lequel le dramaturge ausculte les affections de l'âme. Mais, à la différence de ce que précise le critique, l'anthropologie passionnelle dans *Andromaque* est singulière en ce qu'elle procède d'un mouvement paradoxal : tout en déployant un monde de passions complexe et profond, la pièce met à nu l'impossibilité d'accéder à la véritable nature des affections, lestant les émotions d'une force « obscur[e] et impénétrable ».

Orientation bibliographique

Édition de référence

Andromaque, éd. Arnaud Welfringer, GF-Flammarion, 2015. [Cette édition comporte un important dossier consacré aux sources et à la réception de l'œuvre, ainsi qu'à la question des passions dans *Andromaque*.]

Études sur Racine

Roland BARTHES, *Sur Racine*, Seuil, 1963. [Un ouvrage fondamental dans l'histoire de la critique française, qui propose une lecture de type « structuraliste » de l'œuvre de Racine.]

Paul BÉNICHOU, *Morales du Grand Siècle*, Gallimard, 1948. [Un ouvrage classique de la critique, qui s'intéresse notamment aux valeurs idéologiques et esthétiques accordées aux passions chez Corneille et Racine.]

Georges FORESTIER, introduction et notices, notes et variantes, Jean Racine, *Œuvres complètes I. Théâtre. Poésie*, Gallimard, « Bibliothèque de la Pléiade », 1999, et *La Tragédie classique. Passions tragiques et règles classiques*, Armand Colin, 2010. [Un ouvrage essentiel sur différentes questions touchant au traitement des passions dans la poétique tragique : ces pages lui doivent beaucoup.]

1. Hilaire-Bernard de Longepierre, *Parallèle de Monsieur Corneille et de Monsieur Racine* (1686), dans *Médée. Tragédie…*, Honoré Champion, 2000, p. 170.

DEUXIÈME PARTIE

Hume

Dissertation sur les passions

par Raphaël Ehrsam

Vie de David Hume

1711 : Hume naît le 26 avril à Édimbourg. Son père est avocat, et le train de vie de la famille est modeste.

1714 : Le père de Hume meurt. Hume part avec sa mère, son frère et sa sœur à la campagne, dans le domaine familial de Ninewells. Il reçoit tôt une **instruction protestante rigoriste**, et conçoit dès ce moment une certaine antipathie pour les religions.

1722-1726 : Hume étudie au célèbre Collège d'Édimbourg, dans un univers intellectuel des plus stimulants. Par ses professeurs, il **s'imprègne de la méthode et des principes de la physique newtonienne**. D'abord destiné par sa famille à devenir avocat comme son père, il découvre sa vocation littéraire. Il se plonge avec avidité dans la **lecture des classiques et des modernes** : Cicéron, Virgile, Longin, Bayle, Addison, Swift, Milton, Pope, Locke, Clarke, Bacon, ou encore Montaigne et Malebranche.

1734-1737 : Après s'être brièvement essayé au commerce, il part pour la France, où il séjourne d'abord à Reims, puis à La Flèche, près du collège de jésuites qui a formé Descartes. Il se consacre à la **rédaction de son chef-d'œuvre, le *Traité de la nature humaine***.

1739 : Rentré à Londres, il publie anonymement les deux premiers livres du *Traité*, intitulés *L'Entendement* et *Des passions*. Cet ouvrage ne rencontre pas le succès que Hume escomptait.

1740 : Il publie le troisième livre du *Traité*, intitulé *La Morale*.

1741 : Publication des ***Essais moraux et politiques***, qui le propulsent sur le devant de la scène du monde des lettres. La **reconnaissance** est enfin au rendez-vous.

1744-1745 : Il essaie d'être nommé professeur de philosophie morale à l'université de Glasgow. L'opposition des chrétiens l'empêche d'y parvenir.

1748 : Hume publie l'***Enquête sur l'entendement humain*** ; il joint aux principales thèses déjà développées dans le *Traité* une critique des miracles et de l'idée de Providence.

1751-1757 : Conservateur à la bibliothèque des avocats d'Édimbourg, il écrit de nombreux essais, entame la rédaction des *Dialogues sur la religion naturelle* (publication posthume en 1779), publie l'*Enquête sur les principes de la morale* (1751), ainsi qu'une vaste *Histoire de l'Angleterre* (1754-1761) et les ***Quatre Dissertations*** (1757), **qui comprennent notamment la *Dissertation sur les passions***.

1763-1766 : Hume est secrétaire d'ambassade à Paris. Sa réputation est au plus haut, et il est fréquemment reçu dans les salons parisiens et à la cour de Louis XV. Célébré chez les philosophes des Lumières français, il devient l'**ami des encyclopédistes Diderot et d'Alembert, et fréquente Buffon, Helvétius et d'Holbach**.

1765 : Il **invite Rousseau en Angleterre** alors que celui-ci se trouve inquiété en France. Un temps très proches, ils se brouillent vivement en 1766.

1767 : Il est nommé sous-secrétaire d'État à Londres. Il y restera jusqu'en 1769 où il rentre à Édimbourg.

1776 : Hume meurt à Édimbourg d'une tumeur intestinale. Il part l'âme apaisée, après avoir chargé ses légataires de publier les *Dialogues sur la religion naturelle*. « Il est difficile, écrit-il peu avant de mourir, d'être plus détaché de la vie que je le suis à présent. […] Je suis, ou plutôt j'étais […] un homme de disposition douce, d'un caractère égal, d'humeur ouverte, sociable et gaie, capable d'attachement mais peu susceptible d'inimitiés, et de grande modération dans toutes mes passions. Même mon amour de la gloire littéraire – ma passion dominante – n'a jamais aigri mon tempérament, en dépit de mes nombreuses déconvenues » (« Ma vie »).

I. PRÉSENTATION DE LA *DISSERTATION SUR LES PASSIONS*

Lorsque Hume entreprend de publier la *Dissertation sur les passions*, en 1757, il a quarante-six ans. Sa réputation et son talent d'essayiste sont à leur apogée, et sa réflexion sur les passions a déjà longuement mûri. Depuis son séjour en France alors qu'il était encore un jeune homme, il n'a eu de cesse de s'intéresser aux mouvements affectifs régissant les actions humaines. Dès 1739-1740, lors de la publication du *Traité de la nature humaine*, dont le livre central est exclusivement consacré aux passions, il rassemble la somme de ses partis pris et hypothèses fondamentales. Pour Hume, les passions ne sont pas des troubles irrationnels dont le fonctionnement serait insondable et dont les effets seraient toujours moralement néfastes. Les sentiments humains obéissent à des lois, ils sont justiciables d'une enquête conduite par des principes méthodiques semblables à ceux qui ont guidé les grands physiciens modernes, et on doit les étudier sans chercher à juger de leur valeur.

Dix-sept ans après la publication du *Traité*, qui fut un échec éditorial, Hume a gagné ses galons d'homme de lettres et de moraliste, en ayant déjà rédigé de nombreux essais sur les arts, la politique, le commerce et la religion. La *Dissertation sur les passions* reprend ainsi à nouveaux frais la substance essentielle du *Traité*, en retranchant les longueurs inutiles et en exacerbant les thèses originales les plus saillantes. Les passions doivent être étudiées, selon lui, d'un point de vue principalement psychologique, non d'un point de vue physiologique ou éthique ; elles dépendent principalement des lois de l'association ; enfin, elles commandent intégralement la volonté des hommes. La *Dissertation* signe ainsi un positionnement inouï sur la scène philosophique moderne. Les moralistes déclamant contre les vices des passions, les rationalistes soucieux de les subordonner aux idées claires et distinctes, les naturalistes désireux de faire dériver les passions des états du corps : tous se trouvent démentis par l'entreprise sans précédent de Hume. Pour la première fois, les passions sont sur le point d'être abordées du point de vue d'une science générale de la nature humaine.

A. Le contexte de l'œuvre

1. Aux sources de l'empirisme humien

La méthode tout entière de la *Dissertation sur les passions* est déterminée par l'empirisme de Hume. De façon générale, l'empirisme est un vaste courant philosophique, dont la ligne directrice consiste à estimer que toute connaissance, qu'elle soit théorique ou morale, dérive de l'expérience. La méthode de la *Dissertation* de Hume doit beaucoup à l'influence des célèbres empiristes Francis Bacon et John Locke, relus à la lumière des procédures de la physique newtonienne. Les passions se trouvent analysées selon une méthodologie qui dérive directement de ces influences.

On considère souvent Francis Bacon comme le premier empiriste. Dans le *Novum organum* (1620) – que Hume a lu avant ses vingt ans, et qui fait partie de ses découvertes initiales les plus marquantes [1] –, Bacon propose en effet une réforme de la méthode scientifique axée sur l'expérimentation. Il distingue trois étapes dans la construction du savoir – étapes que l'on retrouve dans la *Dissertation*. La première étape (livre II, § 11) consiste à rassembler tous les phénomènes d'un certain genre. On peut ainsi énumérer, sans chercher directement à les expliquer, tous les phénomènes correspondant à l'élévation du niveau de chaleur : l'échauffement par le feu, par la lumière du soleil, etc. La seconde étape (livre II, § 12) consiste à prêter attention au fait que certains phénomènes partiellement similaires ne le sont pas totalement. Ainsi, la lumière ne va pas toujours de pair avec l'augmentation de la chaleur, puisque la lumière de la lune ne paraît pas échauffer les pierres et les arbres. La troisième étape (livre II, § 13) consiste à essayer de montrer les degrés de variation que peut connaître le phénomène initial.

Dans la *Dissertation sur les passions*, Hume ne se contentera pas d'affirmer, de façon vague, que ses théories proviennent de l'expérience. L'ordre d'exposition suit ouvertement les étapes de Bacon. Toute la section II, consacrée à l'orgueil et à l'humilité, évoque d'abord brièvement les formes que peuvent prendre ces passions (II, 1-2). Suit un exposé des hypothèses susceptibles d'expliquer l'orgueil et l'humilité (II, 3-5), à savoir l'association des idées et l'association des émotions, ces hypothèses se trouvant directement éprouvées par l'expérience (II, 6-9). Enfin, Hume propose de mettre en lumière les variations d'intensité qui peuvent toucher toutes les passions (I, 4 et toute la section VI).

Quant à l'influence de John Locke, elle correspond à deux thèses cardinales de l'*Essai sur l'entendement humain*, publié en 1689. En premier lieu, Locke représente l'esprit comme une table rase, une page blanche que l'expérience vient remplir. Nos sentiments, nos manières d'agir, et toutes nos idées ne proviennent selon lui que de cette source. C'est pourquoi il serait vain de chercher l'origine des passions dans des idées innées du bien et du mal : seul le plaisir et la peine peuvent les provoquer en nous faisant *acquérir* toutes nos notions des biens et des maux. Les premières lignes de la *Dissertation sur les passions* (I, 1) font ainsi directement écho à la pensée de Locke pour qui « quelque chose n'est [...] bien ou mal que par référence au plaisir ou à la douleur [2] ».

1. Voir André Vergez, *Hume*, PUF, 1969, p. 6.
2. John Locke, *Essai sur l'entendement humain*, II, 20, § 2, trad. J.-M. Vienne, Vrin, 2001, p. 366.

En second lieu, Locke distingue les idées simples, qui s'introduisent dans l'esprit par des sensations simples (notamment le plaisir et la douleur, le contentement ou le malaise), des idées de réflexion, qui proviennent indirectement des premières [1] : « *plaisir* et *douleur* [...] sont les pivots de nos *passions* ; et si nous réfléchissons sur nous-mêmes et observons comment plaisirs et douleurs agissent en nous sous divers aspects, quelles modifications mentales, quelles humeurs, quelles sensations internes (si je peux ainsi les nommer) ils produisent en nous, nous pouvons à partir de là nous former les idées de nos *passions* [2] ». Hume est ainsi à nouveau son héritier dans la *Dissertation* lorsqu'il décrit les passions comme des sensations dérivées des plaisirs et malaises immédiats [3].

Mais la méthode de Hume dans la *Dissertation* n'est pas uniquement tributaire de l'influence des philosophes. La plus importante de ses figures tutélaires est peut-être Isaac Newton. Dès sa jeunesse, Hume a dévoré les œuvres du plus grand esprit scientifique de son temps et a formé le rêve de devenir en quelque sorte le Newton du monde moral. Son choix de faire reposer toute son enquête sur les enseignements de l'expérience, en rupture avec la métaphysique rationaliste, signe une volonté de reproduire sur le terrain de l'étude de l'homme la réussite formidable rencontrée par la physique, nommée à l'époque « philosophie expérimentale [...] appliquée aux sujets naturels [4] ». La conclusion même de la *Dissertation* va jusqu'à faire de ce rapprochement entre science de l'homme et science naturelle l'objectif principal du texte :

> Je ne prétends pas avoir épuisé le sujet [...]. Il me suffit d'avoir fait apparaître que, dans leur production comme dans leur transmission, les passions suivent une sorte de mécanisme régulier susceptible d'une investigation aussi précise que celle des lois du mouvement, de l'optique, de l'hydrostatique ou de toute autre division de la philosophie naturelle (VI, 9).

Pour y parvenir, Hume va suivre une démarche typique, répétée tout au long de la *Dissertation sur les passions*, qui consiste à procéder par des raisonnements *a priori* en permanence testés et raffinés par l'observation. Qu'est-ce à dire ?

Dans la physique de Newton, le raisonnement procède d'abord de façon hypothétique et indépendante de l'expérience, lorsqu'il s'agit de tirer les conséquences logiques des principes défendus : ainsi, *si* la loi de la gravitation universelle est vraie, *alors* on doit logiquement pouvoir prédire la vitesse de la chute de tel corps sur terre, ou l'importance de telle marée en fonction de la proximité de la lune. Une fois ces raisonnements

1. *Ibid.*, II, 6, p. 205.
2. *Ibid.*, II, 20, § 3, p. 366.
3. Hume formule ce point de manière plus décisive encore au début du livre II du *Traité de la nature humaine* (*Dissertation sur les passions, suivie du Traité de la nature humaine, livre II*, I, I, p. 99, trad. J.-P. Cléro, avec un dossier de R. Ehrsam, GF-Flammarion, 2015 ; les textes contenus dans ce volume seront par la suite respectivement abrégés en *DP* et *TNH II*).
4. *Traité de la nature humaine I. L'Entendement*, trad. P. Baranger et P. Saltel, GF-Flammarion, 1995, p. 34.

a priori effectués, l'expérience sert d'épreuve permettant d'attester la validité des principes : on mesure la vitesse de la chute du corps en question et le coefficient de la marée. Le raisonnement *a priori* ne permet pas à lui seul d'établir la validité des principes, mais il doit être conduit en vue d'orienter l'observation.

La fidélité de Hume à cette démarche est tout à fait remarquable. Elle était déjà palpable dans le livre II du *Traité de la nature humaine*, par exemple à propos de l'amour et de la haine, lorsque Hume alternait des déductions logiques à partir des principes et des « expérimentations pour confirmer [le] système [1] ». Mais c'est encore toute la *Dissertation sur les passions* qui propose de telles alternances. Hume entend mener son enquête non en moraliste soucieux de recommander certains usages des passions, mais en expérimentateur soucieux de tester ses principes (association des idées, association des émotions, sympathie, etc.) en sélectionnant à cet effet des exemples. La comparaison de ses propres raisonnements avec la démarche des sciences telles que l'optique ou la chimie constitue ainsi un *leitmotiv* du texte :

> N'atteignons-nous pas, en prouvant que les passions de la crainte et de l'espoir sont des mélanges de chagrin et de joie, la même évidence qu'en optique ? (I, 4)

> [Si les] objets [de deux passions] sont en *connexion* intime, les passions sont comme un *alcali* et un *acide* qui, mêlés, se détruisent l'un l'autre. Si la relation est plus imparfaite et consiste en vues *contradictoires* sur le *même* objet, les passions sont comme l'huile et le vinaigre qui, de quelque façon qu'on les mêle, ne s'unissent jamais parfaitement en un seul corps (I, 9).

2. Morale et politique des passions aux XVIIe-XVIIIe siècles

Cette originalité de la démarche de la *Dissertation sur les passions*, toute tournée vers l'analyse des mécanismes et de la dynamique des passions, tranche nettement avec l'abord traditionnel des passions, centré sur leur dangerosité morale et leurs effets pratiques.

Platon, que ce soit dans la *République* ou le *Phèdre*, n'utilise les termes *pathos* et *pathêmata* que pour désigner le caractère pathologique ou morbide des affects lorsque ceux-ci ne sont plus réglés par la partie intellective de l'âme. Pour lui, les hommes conduits par leurs appétits ne sauraient se conduire droitement, et les régimes politiques gouvernés par de tels hommes ne peuvent être que tyranniques. Aristote, quant à lui, réserve un traitement plus nuancé aux *pathêmata* à l'occasion de sa réflexion sur la rhétorique, mais on peut tout de même admettre qu'il analyse avant tout l'amour, la haine ou l'indignation dans l'optique d'une

1. *TNH II*, II, II.

« technique de l'influence ou de la manipulation[1] » ; les passions demeurent donc des mouvements de perturbation de l'équilibre interne, et le tout est de savoir en user pour persuader. Pour Cicéron enfin, les passions sont avant tout des « troubles de l'âme[2] », des maladies qu'il s'agit de soigner ou de dissiper en nous habituant à tranquilliser l'âme par la méditation et le jugement.

Cette image négative, qui assimile les passions à une forme de déraison proche de la folie, a connu une fortune remarquable *via* la condamnation chrétienne des errements intérieurs, et se retrouve dans la majorité des traités des passions des XVIIe et XVIIIe siècles. Les principaux écrivains et moralistes de ces siècles s'emparent ainsi du thème des passions en vue de montrer que leur omniprésence dans la vie sociale et politique s'oppose frontalement au développement de la justice et de la moralité, voire transforment ceux qui sont sujets aux passions en fous furieux. Chez Molière, les passions de la séduction, de l'influence et de l'argent sont dépeintes, dans *Dom Juan*, *Tartuffe* et *L'Avare*, à travers des personnages inquiétants ou ridicules. *Les Caractères* de La Bruyère offrent des portraits vivants des passions des femmes, des grands de la cour et des gens de salon, en vue d'ironiser sur les vices du siècle. Les grandes tragédies de Racine font de la souffrance et de la mort le fruit inévitable des passions : l'amour incestueux de Phèdre pour Hippolyte la tourmente jusqu'à son suicide final, et la passion de Pyrrhus pour Andromaque le pousse aux plus extrêmes cruautés du chantage. La condamnation moderne des passions se rencontre encore chez Pascal, La Fontaine, La Rochefoucauld ou Malebranche. À l'instar d'Aristote dans l'Antiquité, les penseurs conscients qu'un certain usage pratique des passions est utile, notamment en politique et par le moyen de la rhétorique, ne font pas exception lorsqu'il s'agit de déclamer contre leur valeur éthique. Bernard de Mandeville est exemplaire à cet égard : bien qu'il examine dans *La Fable des abeilles* (1714) les effets bénéfiques des passions pour le commerce et le développement des sciences et des arts, il ne laisse pas de décrire celles-ci comme des vices du point de vue moral.

Par comparaison avec les critiques traditionnelles des passions, la *Dissertation* de Hume se démarque de façon remarquable par l'absence quasi systématique de propos accusatoires. Du fait qu'il s'inspire davantage de l'expérimentation newtonienne que des diatribes des moralistes, Hume minore les impacts négatifs des passions sur la vie des hommes. Ce trait de son écriture est un choix assumé, car il n'ignore nullement les inquiétudes de ses devanciers vis-à-vis de l'impétuosité des mouvements affectifs. Il s'est familiarisé avec les théories antiques des passions par l'intermédiaire de la lecture qu'il a faite de Cicéron dès sa jeunesse ; il est féru de littérature et connaît les écrits des moralistes. Mais son ambi-

1. Giulia Sissa, « Pathos », dans Barbara Cassin, *Vocabulaire européen des philosophies*, Seuil-Le Robert, 2004, p. 902.
2. Cicéron, *Tusculanes*, III, 4, dans *Les Stoïciens*, t. I, trad. É. Bréhier, Gallimard, « Tel », 1997, p. 296.

tion est ailleurs. Le ton de la *Dissertation* est descriptif, analytique, on pourrait presque dire neutre dans la plupart des pages. En atteste une remarque à propos de la section II, où il déclare que « ce n'est certes pas le lieu d'examiner le fondement des distinctions morales » (II, 6). Les passions sont pour lui un territoire à explorer, une énigme à résoudre, non un mal à combattre. La *Dissertation* constitue ainsi un intermédiaire entre la condamnation classique des passions et l'éloge romantique que prononceront bientôt Diderot et Hegel, quand ils reconnaîtront dans les passions l'élément de l'énergie et de l'investissement actif qui fait les œuvres de génie et les grands événements historiques.

3. Taxinomie, physiologie et psychologie des passions aux XVIIe-XVIIIe siècles

À l'égard des perspectives classificatrices antiques sur les passions, les modernes introduisent un mode d'étude inédit, l'étude physiologique, que la *Dissertation* n'ignore pas. Pourtant, si Hume reconnaît l'intérêt de l'approche moderne, il compte lui substituer une perspective exclusivement psychologique.

Les Anciens sont avant tout préoccupés par l'évaluation morale des passions. Aussi, lorsque leur propos se fait descriptif et analytique, il prend le plus souvent la forme d'une classification des passions, selon leurs objets, leurs degrés de dangerosité, leurs rapports d'antagonisme avec certaines vertus, etc. Si l'on excepte quelques remarques de Platon dans la *République* (IV, 433a), selon lesquelles on éprouve la colère principalement au niveau du cœur, tandis que c'est dans le bas-ventre que le désir charnel se fait sentir, peu d'attention est portée aux causes et manifestation physiques des passions. Le corps était déjà reconnu par Platon ou Aristote comme une source cruciale de nos affections, mais sans que des analyses de détails viennent étayer cette affirmation.

Les Modernes, principalement Descartes, Malebranche et Spinoza, révolutionnent la philosophie des passions en révélant l'importance concrète du corps et des détails de la physiologie humaine dans le développement de ces affects originaux. Toute la première partie du traité de Descartes *Les Passions de l'âme* correspond à un véritable essai d'anatomie, visant à expliquer les sensations de chaleur, les mouvements des membres, les sensations du ventre, de la gorge, du cœur, des poumons, qui accompagnent les passions. Le cœur même de l'explication physiologique des passions chez Descartes se concentre sur le rôle du sang et des nerfs, dont on pensait alors qu'ils étaient semblables à des « petits tuyaux qui viennent tous du cerveau et contiennent, ainsi que lui, un certain air ou vent très subtil, qu'on nomme les esprits animaux [1] ». Descartes déclare par exemple que dans la haine, « le pouls est inégal, et plus petit, et souvent plus vite, qu'on sent des froideurs entremêlées de je ne sais

1. Descartes, *Les Passions de l'âme*, article 7, GF-Flammarion, 1996, p. 104.

quelle chaleur âpre et piquante dans la poitrine, que l'estomac cesse de faire son office [1] ». Malebranche considère comme un trait distinctif de toutes les passions le fait que le sentiment (amour, aversion, désir, joie, tristesse, etc.) y est toujours accompagné d'une « détermination du cours des esprits et du sang vers les parties extérieures du corps et vers celles du dedans [2] ». Pour Spinoza, étant donné que l'âme et le corps ne sont qu'une seule et même réalité conçue selon des attributs différents, on doit toujours pouvoir donner une explication physiologique des passions. En conséquence, il déclame contre les philosophes qui ont coupé leur étude de la « philosophie naturelle » : « ceux qui ont écrit sur les affections et la conduite de la vie humaine semblent, pour la plupart, traiter non de choses naturelles qui suivent les lois communes de la nature, mais de choses qui sont hors de la nature. En vérité, on dirait qu'ils conçoivent l'homme dans la nature comme un empire dans un empire [3] ».

Dans la *Dissertation*, Hume rend un hommage discret aux acquis de cette approche physiologique des passions. Il ouvre en effet son essai en mentionnant le rôle de « la structure originale de nos organes » (I, 1) dans la production des sensations agréables et désagréables. Cependant, la référence au corps comme *cause* des passions se trouve presque absente de tout le texte [4]. Dans le livre II du *Traité de la nature humaine*, Hume se permettait encore des allusions au rôle des « esprits animaux », tout en précisant qu'il n'entendait pas approfondir la physiologie de ses devanciers ; les impressions dépendent certes « de causes naturelles et physiques », mais l'examen de ces causes relève des « sciences de l'anatomie et de la philosophie naturelle » et entraînerait le *Traité* « trop loin de [son] sujet [5] ». La *Dissertation* comme le *Traité* développent donc une perspective désormais purement psychologique : « La présente théorie des passions repose *entièrement* sur les doubles relations de sentiments et d'idées et sur l'assistance que ces relations se prêtent les unes aux autres » (IV, 1 ; nous soulignons).

B. La *Dissertation sur les passions* dans l'œuvre de Hume

1. La *Dissertation sur les passions* et le livre II du *Traité de la nature humaine*

La *Dissertation sur les passions* est le fruit d'un travail extensif de réécriture du livre II du *Traité de la nature humaine*, sous-titré *Des passions*. De

1. *Ibid.*, article 98, p. 160.
2. Malebranche, *De la recherche de la vérité*, V, III, dans *Œuvres*, t. I, Gallimard, « Bibliothèque de la Pléiade », 1979, p. 502-503.
3. Spinoza, *Œuvres*, t. III, *Éthique*, trad. C. Appuhn, GF-Flammarion, 1965, p. 133.
4. Seule la section VI s'autorise plusieurs allusions aux « esprits animaux » (*DP*, VI, 8).
5. *TNH II*, I, I.

nombreux passages de la *Dissertation* sont expressément repris mot à mot du *Traité* ; d'autres passages ont été supprimés, et des passages inédits ont été ajoutés de la main de Hume. Quels sont les enjeux de cette réécriture ? La *Dissertation* n'est-elle que l'abrégé du livre II du *Traité de la nature humaine* ou constitue-t-elle une œuvre originale procédant à certains remaniements de doctrine ?

Les deux premiers livres du *Traité de la nature humaine*, *L'Entendement* et *Les Passions*, ont été publiés par Hume sans nom d'auteur en 1739. À cette date, il a déjà découvert sa vocation de philosophe et d'homme de lettres. Il raconte dans son cours essai intitulé « Ma vie » avoir rédigé ces livres lors de son séjour à Reims et à La Flèche, près du collège de jésuites qui a formé Descartes. Grâce au *Traité*, aujourd'hui considéré comme son *opus magnum*, le jeune penseur écossais espère asseoir sa réputation. Il sera profondément déçu. Comme il le confie lui-même : « Jamais entreprise littéraire ne fut plus infortunée que mon *Traité de la nature humaine*. Il tomba *mort-né des presses*, sans même avoir l'honneur de susciter un murmure chez les fanatiques. Mais étant d'un tempérament gai et sanguin, je me remis bientôt de ce coup et poursuivis mes études à la campagne avec beaucoup d'ardeur [1]. »

Les doctrines majeures du traité n'ont de fait rencontré qu'un très faible écho à Édimbourg, en Angleterre, en France et en Allemagne ; le succès de Hume se dessine cependant dès 1742 après la parution de ses premiers essais. Par la suite, fort de cette nouvelle réputation, il entreprend à plusieurs reprises de reformuler les thèses du *Traité* pour les polir à l'occasion d'autres ouvrages plus brefs et incisifs. Le livre I du *Traité*, *L'Entendement*, est prolongé en 1748 par l'*Enquête sur l'entendement humain* ; le livre III, *La Morale*, donne naissance en 1751 à l'*Enquête sur les principes de la morale* ; quant au le livre II, *Les Passions*, il trouve un écho dans la *Dissertation sur les passions* en 1757. Hume méditera jusqu'à la fin de sa vie son premier échec éditorial. Son verdict final en 1777 consiste à ne pas renier les thèses du *Traité*, et à attribuer les causes de sa faible diffusion à la forme de l'ouvrage : « J'avais toujours nourri l'idée que mon manque de succès à la publication du *Traité de la nature humaine* était dû à la manière plus qu'à la matière, et que je m'étais rendu coupable d'une imprudence fort commune en le mettant trop tôt sous presse [2]. » On doit voir dans cette déclaration tardive un aveu pouvant servir de fil directeur : la *Dissertation* offre des variations stylistiques et infléchit l'importance de certains sujets, mais elle ne rompt nullement avec le livre II du *Traité de la nature humaine*.

Qu'en est-il du détail des différences entre les deux textes ?

La première concerne l'ordre des matières. Le livre II du *Traité de la nature humaine* se compose de trois parties : « De l'orgueil et de l'humilité », « De l'amour et de la haine » et « De la volonté et des passions

1. David Hume, « Ma vie », dans *Essais moraux, politiques et littéraires*, t. I, trad. M. Malherbe, Vrin, 1999, p. 91 et 92.

2. *Ibid.*, p. 93.

PASSION ET LIBRE ARBITRE

Dans la *Dissertation sur les passions*, la conception qui est présentée des rapports entre la volonté, les passions et la raison laisse de côté le thème de la liberté. Cette conception a, en toute logique, des conséquences décisives : le fait que la volonté soit toujours déterminée par les passions exclut en effet qu'on lui attribue, comme le faisait la métaphysique traditionnelle, un **libre arbitre, c'est-à-dire un pouvoir de se déterminer indépendamment de toute influence**.

Une telle conséquence n'a rien de surprenant, car **Hume a mené tout au long de son œuvre un combat soutenu contre la notion de libre arbitre**. Descartes estimait que tout homme possède une « puissance d'élire » absolue (*Méditations métaphysiques*, IV), c'est-à-dire une faculté de choisir infinie que rien n'est susceptible de contraindre, ni influences extérieures, ni émotions, ni même la raison. Leibniz, quant à lui, soutenait que le libre arbitre « consiste en ce qu'on veut que les plus fortes raisons ou impressions que l'entendement présente à la volonté n'empêchent point l'acte de la volonté d'être contingent, et ne lui donnent point une nécessité absolue » (*Nouveaux Essais sur l'entendement humain*, II, XXI, § 8). Certes, la volonté peut être influencée par les passions, ou par le raisonnement, mais elle n'est jamais contrainte en aucune façon. Tout au plus peut-on dire qu'elle est inclinée, sans être jamais nécessitée.

Hume moque dès le *Traité de la nature humaine* la notion de libre arbitre qu'il tient pour une chimère. Attribuer à la volonté une liberté de ce type, c'est faire comme si elle était indifférente à tout motif, comme si toutes ses décisions étaient aléatoires. Or, « que l'on considère l'humanité en fonction de la différence des sexes, des âges, des gouvernements, des conditions sociales, ou des méthodes d'éducation, on peut discerner partout la même uniformité et une action régulière de principes naturels » (*TNH II*, III, I). **Hume est déterministe** : il pense que les passions règlent intégralement toutes les volitions.

N'est-il pas possible, toutefois, d'entendre la liberté dans un autre sens que celui de libre arbitre ? Hume ne l'exclut pas. Il considère qu'**il est possible de se dire libre même si l'on suit les mouvements affectifs des passions**, car ces mouvements ne nous font pas toujours violence ; leur force ne s'exerce pas sur nous comme pourraient le faire des menaces ou des puissances physiques sur lesquels nous n'aurions pas de prise. **La volonté influencée par les passions calmes possède une « liberté de spontanéité »** (*TNH II*, III, II), ce qui signifie que ses décrets sous la conduite des affects sont prononcés sans que nous ayons le sentiment d'être forcés.

directes ». Dans la *Dissertation*, on peut discerner trois principales étapes dans les matières abordées (voir l'encadré « Structure de la *Dissertation sur les passions* », p. 68) :

– Les passions directes, à savoir joie et chagrin, crainte et espoir, désir et aversion (section I) ;

– Les passions indirectes, à savoir l'orgueil et l'humilité (section II), l'amour et la haine (section III), et les passions composées à partir de celles-ci (section IV) ;

– La volonté et la violence des passions (sections V et VI).

La *Dissertation* fait ainsi le choix de séparer la réflexion sur la volonté et la réflexion sur les passions directes.

La deuxième différence concerne les enjeux de la discussion sur la volonté. Le livre II du *Traité de la nature humaine* réserve une longue discussion à la question du libre arbitre. Notre volonté a-t-elle le pouvoir de se déterminer entièrement par elle-même, sans être soumise à aucune influence ? Ou se trouve-t-elle toujours sous l'empire de quelque passion ? La *Dissertation* abandonne cette interrogation et lui substitue une réflexion exclusivement centrée sur le rapport entre la raison et les passions dans la détermination du vouloir (voir l'encadré « Passion et libre arbitre », p. 59). La question n'est plus de savoir si nous sommes libres du point de vue métaphysique, mais de révéler que ce que l'on nomme communément la « raison » n'est en réalité qu'une espèce originale des passions, celles que Hume dit « calmes » (V, 2).

La troisième différence, évidemment liée à la brièveté de la *Dissertation*, concerne l'abandon pur et simple de certains sujets d'examen. Le livre II du *Traité* concluait ses deux premières parties en comparant les affects humains et les affects des bêtes. Il proposait un examen « de l'orgueil et de l'humilité des animaux », « de l'amour et de la haine chez les animaux » [1]. Ces *excursus* disparaissent dans la *Dissertation*. Il en est de même des discussions extensives consacrées à « notre estime pour les riches et les puissants », à la passion amoureuse entre les sexes et enfin à la curiosité comprise comme amour de la vérité [2].

2. La *Dissertation sur les passions* et les livres I et III du *Traité de la nature humaine*

Le livre II du *Traité de la nature humaine* situe l'étude des passions à mi-chemin entre la théorie de l'entendement (livre I) et la théorie morale (livre III). En enserrant de la sorte la réflexion sur les passions, Hume noue des réseaux de liens entre l'explication des mécanismes cognitifs, l'examen des mouvements affectifs et l'élucidation des jugements moraux et politiques. Même si ces liens ne sont pas explicitement théma-

1. *TNH II*, I, XII et II, XII.
2. *Ibid.*, V, XI et III, X.

tisés au sein de la *Dissertation*, en raison de sa brièveté, ils n'en restent pas moins déterminants pour comprendre l'unité de l'œuvre de Hume.

La *Dissertation sur les passions* emprunte tout d'abord à la conception humienne de l'entendement et des opérations intellectuelles deux outils décisifs : la théorie de l'association des idées et la théorie des règles générales. C'est en effet le livre I du *Traité de la nature humaine* qui met au jour les principaux types de relation entre les idées : « les qualités qui sont à l'origine de [l'association des idées] et qui conduisent l'esprit d'une idée à une autre de cette manière-là sont au nombre de trois, à savoir la RESSEMBLANCE, la CONTIGUÏTÉ dans le temps ou dans l'espace et la relation de CAUSE à EFFET [1] ».

La *Dissertation sur les passions* reprend cette analyse lorsqu'elle remarque qu'on éprouve de l'orgueil pour ce qui nous est lié selon ces trois principes. Ainsi, un homme peut être fier de ses enfants en raison de la ressemblance qui le lie à eux et parce qu'il est l'auteur de leur existence ; on est fier d'un lieu (le territoire national, la région, la ville ou le village auxquels on appartient) lorsque ce lieu nous est contigu et qu'il se trouve associé à notre existence par des liens de causalité [2]. En outre, le livre I du *Traité de la nature humaine* a montré comment la conjonction constante de certaines impressions nous conduit à concevoir certains principes généraux – ceux-là même que la *Dissertation* nomme les « règles générales » (voir notamment II, 11). Selon le livre I du *Traité de la nature humaine*, la régularité des impressions a pour effet principal de nous donner à penser qu'il existe des relations nécessaires entre certains événements : nous en venons ainsi à penser que le feu échauffe nécessairement les objets que l'on approche de ses flammes. La *Dissertation* met l'accent sur les effets affectifs de cette régularité. Par exemple, étant donné l'habitude, socialement déterminée au XVIIIe siècle, d'éprouver un sentiment de révérence plus grand pour son père que pour sa mère, il se peut que dans un cas précis la passion de la gratitude soit plus forte envers celui-ci quand bien même la mère serait « pourvue de qualités supérieures à celles du père » (II, 8). Les passions sont tributaires de l'existence d'habitudes contractées en raison de la conjonction constante de certaines impressions, elles proviennent de représentations sédimentées dans la mémoire, et non uniquement de relations présentes avérées.

Quant au livre III du *Traité de la nature humaine*, intitulé *La Morale*, il révèle certains des effets les plus remarquables des passions humaines. La « passion de l'intérêt personnel [3] » est à l'origine des premières sociétés humaines : elle a vraisemblablement poussé les hommes à s'associer en vue d'éviter les violences et les dangers de l'état de nature. De façon indirecte, le droit de propriété, le caractère sacré des serments et toutes les lois fondamentales des sociétés ne sont rien qu'une « manière plus

1. David Hume, *Traité de la nature humaine I. L'Entendement*, I, IV, trad. P. Saltel et P. Baranger, GF-Flammarion, 1995, p. 54.
2. Voir David Hume, *Dissertation sur les passions*, *op. cit.*, dossier, p. 335-340.
3. David Hume, *Traité de la nature humaine III. La Morale*, II, II, trad. P. Saltel, GF-Flammarion, 1993, p. 93.

artificieuse et plus raffinée de satisfaire [nos passions] [1] ». Les passions sont encore responsables des efforts des hommes pour se surpasser les uns les autres ; elles conduisent ainsi les États à s'affronter par la guerre. Mais, par leur jeu, elles produisent finalement les règlements du droit international, nommé au XVIIIe siècle « droit des peuples » ou « droit des gens ». Enfin, dans la mesure où, selon Hume, toute louange et tout blâme adressés à une attitude ou à une action procèdent de quelque passion, on doit aller jusqu'à dire que toutes nos distinctions morales, toutes les différences que l'on fait entre le vice et la vertu sont l'effet des passions : « la *vertu* équivaut au pouvoir de produire l'amour ou l'orgueil, le *vice*, au pouvoir de produire l'humilité ou la haine [2] ». La *Dissertation* se trouve ainsi éclairée et prolongée par les réflexions de Hume sur la morale : loin que la théorie de la dynamique des passions prépare une quelconque condamnation de leurs effets pratiques, elle est le préalable d'une réflexion sur leur empire sans faille dans l'ensemble des domaines de la vie humaine.

3. La *Dissertation sur les passions* et les trois autres dissertations de 1757

Lors de la parution initiale de la *Dissertation sur les passions* en 1757, le texte est joint à trois autres essais au sein d'un volume intitulé *Four Dissertations*. Les titres de ces trois essais sont : *L'Histoire naturelle de la religion*, *De la tragédie* et *De la norme du goût*. Hume a hésité à les faire suivre d'un essai sur le suicide et d'un dernier essai sur l'immortalité de l'âme ; cependant, des conseils défavorables lui ayant été rendus, en partie par crainte d'une réaction virulente de la part des lecteurs religieux, Hume s'en tient finalement à n'associer sa réécriture du livre II du *Traité de la nature humaine* qu'aux trois premiers essais mentionnés. Comment peut-on comprendre un tel groupement ? Les textes n'ont-ils été publiés conjointement qu'à la faveur de la proximité chronologique de leur achèvement sous la plume de Hume ? Ou projettent-ils au contraire les uns sur les autres quelque lumière décisive ? C'est la seconde hypothèse qui nous paraît s'imposer.

Dans le cadre de la *Dissertation*, Hume égraine, au gré des exemples convoqués, des remarques témoignant du fait que les passions peuvent être suscitées par tous les types possibles de biens et de maux : les grâces physiques des individus, leur humour et leurs vertus, leurs maladies et leur âge, leurs possessions et leur rang social, etc. Il permet ainsi de comprendre en quoi le monde humain *est* un monde au sein duquel les passions sont omniprésentes, un monde intégralement traversé par les affects calmes et violents développés en l'esprit de tous. En conséquence, les essais joints à la *Dissertation sur les passions* en 1757 dans le volume

1. *Ibid.*, II, VI, p. 133.
2. *Ibid.*, III, I, p. 196.

Four Dissertations peuvent être compris comme un effort pour repérer les effets remarquables des passions dans les sphères de la religion et de l'art.

Tout d'abord, *L'Histoire naturelle de la religion* s'oppose à un *topos* de la philosophie des Lumières, selon lequel la foi religieuse serait née des spéculations rationnelles des hommes. Pour Hume, loin que les raisonnements sur l'origine du monde ou sur son ordre et sa beauté aient plongé les hommes dans les rites et les croyances, il faut comprendre que c'est principalement la peur des maladies, des guerres et des tempêtes qui les ont conduits à s'agenouiller et à prier, par espoir de se concilier les forces du sort qu'ils ne pouvaient dominer. L'analyse des passions joue ici comme un levier critique ruinant les prétentions des théologiens rationalistes :

> À quelle passion ferons-nous appel pour expliquer [l'origine des religions] ? Ce n'est assurément pas à la curiosité ou au pur amour de la vérité [...]. Les seules passions qu'on puisse imaginer capables d'agir [...] sont les affections ordinaires de la vie humaine : le souci anxieux du bonheur, la crainte des maux futurs, la terreur de la mort, la soif de vengeance, la faim et l'aspiration aux autres nécessités de l'existence [1].

Quant aux essais *De la tragédie* et *De la norme du goût*, ils insistent sur la relation originale entre la sensibilité à la beauté et les passions. Dans *De la tragédie*, puisant au principe formulé dans la *Dissertation* selon lequel, quand deux passions se fondent, « la passion prédominante absorbe la mineure et la convertit en elle-même » (VI, 1), Hume explique que l'on peut jouir de la représentation de la fureur, de la jalousie et de la haine dans la tragédie grâce au fait que l'émotion calme favorisée par « l'énergie de l'expression, le pouvoir des rythmes, les charmes de l'imitation » (*ibid.*) adoucit les morsures des passions violentes et les apaise dans l'âme du spectateur. Hume propose ainsi une théorie originale du mécanisme qu'Aristote nommait la « catharsis » dans la *Poétique* [2].

Enfin, l'essai *De la norme du goût* prolonge à son tour la réflexion de la *Dissertation* sur les passions calmes (sections V et VI). L'art a la particularité d'offrir des « émotions raffinées [...] d'une nature tendre et délicate [3] » ; il suppose donc pour être apprécié une certaine « délicatesse », en même temps qu'il favorise celle-ci. Hume s'inscrit ce faisant dans une longue tradition pour laquelle les beaux-arts contribuent à l'amélioration éthique de ceux qui savent les apprécier.

---

1. David Hume, *L'Histoire naturelle de la religion*, II, trad. M. Malherbe, Vrin, 1971 ; rééd. 1989, p. 46. Voir la section « Passions et religion », dans le dossier de *Dissertation sur les passions*, *op. cit.*, p. 367-372.
2. Voir, dans la partie sur *Andromaque* de Racine, l'encadré « Vices et vertus des passions : de la condamnation à la promotion de l'effet tragique », *supra*, p. 45, et *Dissertation sur les passions*, *op. cit.*, dossier, p. 356-362.
3. David Hume, *De la norme du goût*, dans *Essais esthétiques*, trad. R. Bouveresse, GF-Flammarion, 1999, p. 129.

C. Le genre de la *Dissertation* : Hume, théoricien et essayiste

1. Le genre de l'essai

La *Dissertation sur les passions* de Hume appartient au genre de l'essai, qui a trouvé à partir de la Renaissance des fortunes extrêmement variées en France et en Angleterre, de Montaigne à Addison. Que la *Dissertation sur les passions* relève bel et bien de ce genre dans l'esprit de Hume, on peut le comprendre par les choix éditoriaux de l'auteur. En effet, parmi les quatre « dissertations » qu'il réunit en 1757 – *Dissertation sur les passions*, *L'Histoire naturelle de la religion*, *De la tragédie* et *De la norme du goût* –, il publiera à nouveau les deux dernières aux côtés d'autres pièces brèves, l'ensemble étant rebaptisé *Essays* –, du temps de Hume, les termes « dissertation » et « essai » étaient presque des synonymes. Quelles sont donc à l'époque les principales caractéristiques de ce genre ?

Un essai est depuis la Renaissance un exercice de réflexion associé à un effort d'écriture littéraire. Il se caractérise par une certaine liberté formelle, l'auteur pouvant varier à sa guise les moyens théoriques, argumentatifs et stylistiques selon le but qui est le sien. Cette liberté trouve l'une de ses premières incarnations emblématiques avec les *Essais* de Montaigne, publiés pour la première fois en 1580. Ce n'est pas à l'époque un genre bien défini. Le terme « essai » signifie étymologiquement « tentative » ou « expérimentation ». Par contraste avec les sommes et les grands traités, l'essai dénote une certaine modestie de la part de son auteur. Il devient ainsi en France au XVIIe siècle un mode d'écriture prisé par les « honnêtes hommes », en d'autres termes les éclectiques curieux de plusieurs domaines du savoir mais qui refusent la spécialisation érudite et le pédantisme.

En Angleterre, l'*essay* a d'autres connotations encore. Comme en France, il est généralement conçu comme un genre où l'auteur s'efforce de défendre de façon brève et plaisante une certaine proposition théorique. Cependant il n'est pas systématiquement associé à l'idée d'une recherche esthétique et conserve l'ambition du sérieux théorique. Les *Essais sur l'entendement humain* de Locke proposent ainsi un examen qui se veut exhaustif des pouvoirs de l'esprit humain. Au XVIIIe siècle, le terme *essay* finit toutefois par être rattaché à la culture de la politesse et des salons plus qu'aux formes de l'écriture universitaire. Dans l'Écosse des Lumières, les essayistes s'inspirent des pièces brèves publiées par Joseph Addison dans *The Spectator* à partir de 1711 et par le comte de Shaftesbury dans sa collection intitulée *Charateristics of Men, Manners, Opinions, Times* (1711). Les essais ont pour objets privilégiés les manières des hommes, la civilité et les conduites, plutôt que les sujets métaphysiques traditionnels (le divin, la liberté, les lois de la nature, etc.).

Dans l'essai « vient s'ajouter l'aptitude du *gentleman* à faire montre de son esprit, de son goût et de sa culture [1] ».

2. Hume essayiste

Hume a lui-même rendu explicite sa conception de l'écriture des essais dans un bref écrit publié en 1742, intitulé *De l'essai*. Tout le propos de ce texte tourne autour des relations entre « deux mondes : celui de l'*érudition* et celui de la *conversation* [2] ». Le monde de l'érudition est celui des savants et des philosophes de métier : « Les érudits ont choisi de se livrer aux opérations de l'esprit les plus complexes et les plus élevées, qui nécessitent du loisir et de la solitude, et ne peuvent être portées à la perfection sans longue préparation ni dur labeur [3]. » Quant au monde de la conversation, il embrasse principalement l'univers des clubs et des salons, où le « beau sexe [...] règne en souverain » : « Ceux qui appartiennent au monde de la conversation [...] associent à une humeur sociable et à un goût pour le plaisir un penchant pour les exercices de l'entendement moins ardus et moins ingrats, pour des réflexions limpides sur les affaires humaines et sur les devoirs de la vie commune, et enfin pour l'observation des défauts ou qualités des objets particuliers qui les entourent [4]. »

Or, Hume entend rompre le clivage entre ces deux mondes. Selon lui, les érudits ont une fâcheuse tendance à ne pas se soucier suffisamment de la réception de leurs recherches ; de façon symétrique, les conversations des salons et des clubs risquent de devenir insipides et sans substance si elles ne puisent pas de loin en loin aux principes de la philosophie [5]. En écrivant ses essais, Hume conçoit son rôle comme celui d'un passeur, chargé de favoriser les échanges entre les deux mondes :

> Je ne puis que me considérer comme une sorte de ministre résident ou d'ambassadeur des provinces du savoir auprès de celles de la conversation. [...] Je ferai savoir aux érudits ce qui se passe dans la bonne société, et m'efforcerai d'importer au sein de la bonne société tous les biens de ma contrée d'origine que je jugerai susceptibles de leur être utiles et distrayants [6].

Le choix de la forme de l'essai convient en outre particulièrement bien au scepticisme du philosophe écossais, qui ne s'aventure à formuler des thèses que pour s'empresser de les nuancer ou de montrer les difficultés qu'elles soulèvent. La *Dissertation sur les passions* ne fait pas exception,

1. Gilles Robel, « L'influence de la culture de la politesse », dans David Hume, *Essais moraux, politiques et littéraires*, *op. cit.*, p. 17.
2. David Hume, *De l'essai*, trad. G. Robel dans *Essais moraux, politiques et littéraires*, *op. cit.*, p. 107.
3. *Ibid.*
4. *Ibid.*, p. 109 et 107.
5. *Ibid.*, p. 108.
6. *Ibid.*, p. 109.

puisque Hume y déclare que « les passions se diversifient souvent selon des principes fort subtils qui ne fonctionnent pas toujours avec une régularité parfaite » (II, 11). Le genre de l'essai leur convient donc mieux que celui du traité, dont l'ambition d'exhaustivité contredit le fait que les causes des passions soient « incalculables » en dernier ressort [1].

3. L'art de l'essai dans la *Dissertation sur les passions*

L'écriture de la *Dissertation sur les passions* répond aux codes du genre, mais aussi à la conception particulière qu'en a développée Hume.

Tout d'abord, loin que les thèses soient exposées de façon théorique et abstraite, chaque proposition s'y trouve toujours agrémentée de peintures concrètes à l'occasion desquelles Hume mêle le sérieux de l'analyse philosophique et le ton de l'étude des mœurs. Grâce à la multiplication des exemples, la pensée ne cesse de recevoir une impulsion vigoureuse qui divertit le lecteur en même temps qu'elle l'instruit. La section II consacrée principalement à l'orgueil est à cet égard exemplaire. Sitôt la moindre affirmation avancée, celle-ci est étayée d'une série d'évocations vivantes. Ainsi, après avoir remarqué que nous nous enorgueillissons de nos prouesses physiques, Hume entame un paragraphe proche du style pascalien des *Pensées* :

> Nous tirons vanité des aventures surprenantes auxquelles nous avons été mêlés, des périls auxquels nous avons réchappé, des dangers que nous avons encourus, aussi volontiers que des exploits où éclatent notre vigueur et notre activité. De là vient le mensonge commun des hommes qui, même sans aucun intérêt et par pure vanité, font provision d'un tas d'événements extraordinaires sortis tout droit des fictions de leur cerveau (II, 7).

Le style de l'essai se marque également par la volonté de Hume d'offrir, en même temps qu'une réflexion ordonnée, un florilège de citations et d'allusions que les dames des salons et les *gentlemen* cultivés ne pouvaient manquer de savourer. Sans le nommer, il cite Addison, le modèle des essayistes anglo-saxons de l'époque :

> Comme l'imagination se plaît à tout ce qui est grand, étrange ou beau et se sent d'autant plus satisfaite qu'elle trouve davantage de ces perfections dans le même objet, elle est susceptible de recevoir un surcroît de plaisir du concours d'un autre sens. Ainsi, un son continuel comme le chant des oiseaux ou une chute d'eau, tient à chaque instant l'esprit du spectateur en éveil et le rend plus attentif aux multiples beautés du lieu qui s'offrent. À peine les effluves des parfums lui parviennent-ils qu'ils vivifient le plaisir de l'imagination et vont jusqu'à rendre plus agréables les couleurs et la verdure du paysage… (II, 3.)

1. *TNH II*, I, III.

Le choix même de la citation est emblématique : la première phrase d'Addison, qui livre un principe général d'analyse de l'imagination humaine, se trouve immédiatement illustrée par une évocation plaisante et poétique – cette alternance étant caractéristique de l'écriture des essais. Hume cite par ailleurs en latin Horace (I, 8) et Virgile (VI, 1), évoque les maximes de La Rochefoucauld (VI, 7), les réflexions historiques de Guichardin et les poèmes de Prior (IV, 5 et IV, 6).

Enfin, la *Dissertation sur les passions* correspond parfaitement à l'idée qu'il se fait de son rôle d'ambassadeur entre le monde des érudits et celui de la conversation. Il rend hommage à ce qu'il nomme sa « contrée d'origine », à savoir la philosophie scolaire et érudite, par sa rigueur lors de l'exposé des principes de l'association des idées et des émotions, ou par ses comparaisons entre l'étude des passions et l'optique ou la chimie. Mais, dans le même temps, il emprunte la voie de la concision, le ton se fait volontiers plus léger ou ironique que dans le *Traité de la nature humaine*.

II. Le monde des passions dans la *Dissertation sur les passions*

Affirmer qu'il existe un « monde des passions » peut signifier trois choses. En premier lieu, les passions sont une manière originale de se rapporter au monde : éprouver des passions, c'est entretenir un rapport *affectif* au monde. (Par contraste, former des idées, c'est nouer un rapport *cognitif* au monde.) Ensuite, les passions forment un système ordonné : envisagées du point de vue des lois qui les régissent, elles constituent une totalité systématique, analogue au monde naturel déterminé par les lois physiques. Enfin, les passions investissent l'ensemble des domaines de la vie humaine et forment le tissu même de toutes nos actions. En ce dernier sens, on peut dire que notre monde humain dans toutes ses dimensions (politiques, sociales, religieuses, artistiques) *est* le monde des passions. La *Dissertation sur les passions* de Hume explore de façon ordonnée chacune de ces perspectives.

Tout d'abord, les passions – la joie et la tristesse, l'orgueil et l'humilité, l'amour et la haine, et jusques aux passions mixtes telles que la bienveillance et le respect – sont toutes abordées dans la perspective des sentiments auxquels elles correspondent. La théorie de Hume a ainsi pour seuil une réflexion sur les variations du rapport affectif au monde, *via* une déclinaison des modes du plaisir et de la peine. En outre, l'ambition de Hume étant de faire ressortir la régularité des phénomènes passionnels, en référence au modèle de l'explication des phénomènes physiques par les sciences de la nature, il vise à dégager des lois auxquelles toutes les passions se plieraient. Enfin, en vue de mettre en

Structure de la *Dissertation sur les passions*

I. Les passions directes (section I)

I, 1. Le bien et le mal doivent être définis en référence aux sensations de plaisir et de douleur.

I, 2. Les passions directes suivent la perception de biens et de maux présents (joie/chagrin), ou la représentation de biens et de maux possibles (espoir/crainte, désir/aversion).

I, 3-9. Les formes variées de l'espoir et de la crainte sont fonction de la probabilité des biens et des maux.

II. Les passions indirectes (sections II-IV)

A. Les passions indirectes et les principes de leur analyse (section II, 1-3)

II, 1. Les principales passions indirectes sont l'orgueil et l'humilité, l'amour et la haine.

II, 2. L'objet des passions indirectes (le moi ou l'autre) ne doit pas être confondu avec la cause de ces passions (la qualité agréable ou déplaisante possédée par le moi ou l'autre).

II, 3. Le principe des passions indirectes est la conjonction de deux formes d'association : l'association des idées et l'association des affections.

B. L'orgueil et l'humilité à la lumière du principe de double association (section II, 4-9)

II, 4. L'association des idées et ses effets théoriques sur l'orgueil et l'humilité.

II, 5. L'association des affections et ses effets théoriques sur l'orgueil et l'humilité.

II, 6-9. Confirmation des hypothèses précédentes par l'expérience : les qualités morales (II, 6), les qualités physiques (II, 7), les biens extérieurs et les possessions (II, 8-9).

C. Les circonstances modifiant l'effet de la double association dans l'orgueil et l'humilité (section II, 10-11)

Certaines circonstances augmentent ou diminuent l'effet de la double association :

II, 10. La sympathie et l'approbation d'autrui.

II, 11. Le caractère durable de l'objet de la passion et le fait que l'objet ait une relation particulière ou exclusive avec le moi.

D. L'amour, la haine et les passions mixtes à la lumière du principe de double association (section III)

III, 1. Les qualités qui produisent l'orgueil et l'humilité produisent également l'amour et la haine.

III, 2. L'association des idées dans l'amour et la haine.

III, 3. L'association des affections dans l'amour et la haine.

III, 4-7. Les espèces de l'amour et de la haine, et leurs mélanges : la compassion et l'envie (III, 4-5), le mépris (III, 6), le respect (III, 7).

E. Exemples supplémentaires et difficultés particulières (section IV)

IV, 1. Utilité des exemples complémentaires.

IV, 2. On passe aisément de l'amour à l'orgueil.

IV, 3. En revanche, l'orgueil ne nous pousse pas à aimer.

IV, 4. On est porté à aimer ceux qui sont liés à ceux que nous aimons.

IV, 5-6. L'association des idées peut être interrompue par une grande disproportion des idées.

IV, 7. L'association des idées peut également être facilitée par l'imagination.

III. La volonté, les passions et la raison (sections V-VI)

A. La raison et les passions (section V)

V, 1. La raison au sens strict ne commande jamais la volonté.

V, 2-3. On n'accorde à la raison un effet sur la volonté que parce qu'on confond communément la raison et les passions calmes.

V, 4. La volonté n'est jamais influencée que par les passions calmes ou les passions violentes.

B. Les causes de la violence ou du calme des passions (section VI)

VI, 1-2. La fusion des passions.

VI, 3-4. Les passions peuvent être rendues violentes lorsqu'elles se fondent alors qu'elles ont des directions contraires.

VI, 5-6. Les effets de l'incertitude.

VI, 7. Les effets de l'absence.

VI, 8. Les effets de l'habitude et de l'inhabituel.

VI, 9. Les effets divers de l'imagination sur la puissance des passions.

lumière la place déterminante des passions dans les différentes sphères de la vie, Hume soutient qu'elles seules déterminent la volonté à embrasser tel ou tel projet. Rejetant l'idée selon laquelle la raison et la réflexion auraient par elles-mêmes le pouvoir de nous mouvoir, Hume révèle à la façon d'un observateur impartial la prégnance des passions dans le domaine des actions humaines.

A. Le monde des plaisirs et des peines

1. Biens et maux sont ce qui nous procure plaisir et peine

Si le monde humain est le monde des passions, c'est avant tout parce que nos sensations possèdent toujours une dimension double. Par un côté, percevoir notre environnement, la nature, les autres hommes, c'est se les *représenter ;* mais par un autre, c'est en même temps *éprouver* diverses qualités de plaisir ou de désagrément. On peut parler de l'aspect *représentatif* et de l'aspect *affectif* de nos perceptions pour marquer ces deux dimensions. Or, la thèse fondamentale qui ouvre la *Dissertation sur les passions* est la suivante : nous ne serions jamais émus en rien ou nous n'éprouverions jamais le moindre élan passionnel si nous n'étions pas touchés par des sentiments de plaisir et de peine. Les passions font corps avec la dimension affective de notre expérience.

Cette thèse liminaire a plus d'implications qu'on ne pourrait le soupçonner. Les philosophes antiques et modernes ont en effet coutume de dire que les passions peuvent être excitées *aussi bien* par le plaisir et la peine *que par la simple conception* du bien et du mal. Par exemple, pour Descartes, la passion de la joie peut être excitée par le plaisir ou par de simples représentations. Dans le second cas, on peut considérer que la joie est « purement intellectuelle », du fait qu'elle vient « en l'âme par la seule action de l'âme », par l'effet de ce que « l'entendement lui représente [1] ». Il en est de même pour la tristesse, qui peut provenir d'impressions désagréables, ou alors être « tristesse intellectuelle [2] » produite par la simple conception des maux. Malebranche rejoint Descartes en distinguant des causes sensibles et des causes spirituelles des passions : d'un côté le plaisir, de l'autre « le jugement que l'esprit porte d'un objet [3] ».

Or, pour Hume, cette distinction entre les jugements portés sur les biens et les maux et les sensations du plaisir et de la peine est absurde. Il l'affirme brutalement :

1. Descartes, *Les Passions de l'âme*, article 91, *op. cit.*, p. 155.
2. *Ibid.*, article 92, p. 156.
3. Malebranche, *De la recherche de la vérité*, V, III, *op. cit.*, p. 500.

> Quelques objets, par la structure originale de nos organes, produisent immédiatement une sensation agréable et sont, *pour cette raison*, dénommés des « BIENS » ; tandis que d'autres, *à cause* de leur sensation immédiatement désagréable, reçoivent l'appellation de « MAUX » (I, 1 ; nous soulignons).

Le bien et le mal ne sont pas conçus, ils ne sont pas pensés et ne sont pas des objets de connaissance ; ils ne sont rien d'autre que les corrélats de nos sentiments. En conséquence, on ne doit pas croire que les passions porteraient sur des objets que l'on pourrait identifier comme des biens ou des maux *indépendamment* d'elles. C'est au contraire parce que nous sommes des êtres de passions que le monde revêt pour nous une coloration axiologique :

> Il existe encore d'autres objets qui, par leur conformité ou leur contrariété naturelles à une passion, suscitent une sensation agréable ou pénible ; ils sont appelés *pour cette raison* des *biens* ou des *maux* (I, 1 ; nous soulignons).

L'ordre de l'explication est inouï. Les philosophes avaient coutume de dire que certains objets produisent des passions parce qu'ils sont des biens et des maux. Hume soutient au contraire que c'est parce que certains objets produisent des passions qu'on les prise ou qu'on les déplore. En un mot, les passions sont l'origine de tous nos jugements de valeur, non leurs effets. La maladie d'un ami nous chagrine : c'est donc un mal. En l'absence de tout chagrin, nous ne ferions que nous la représenter, sans pouvoir dire quelle est pour nous sa valeur. Cette analyse est la conséquence directe de l'empirisme du philosophe écossais : si nos jugements et nos idées proviennent tous de l'expérience, c'est-à-dire de ce que nous percevons, il est naturel d'estimer que nos notions des biens et des maux proviennent des sensations agréables et désagréables.

La prédominance de la dimension affective des sensations dans l'analyse des passions est un *leitmotiv* de l'ensemble de la *Dissertation*, à deux niveaux. D'un côté, Hume s'attache, tout au long du texte, à montrer que tout *ce qui déclenche* les passions particulières (la beauté, les qualités spirituelles ou morales, les biens extérieurs, etc.) possède une coloration affective plaisante ou déplaisante. D'un autre côté, il souligne le fait que les passions possèdent *elles-mêmes* une qualité affective originale, si bien que toutes peuvent être également comptées comme des plaisirs ou des peines.

Le premier de ces deux niveaux est manifeste lorsque Hume parcourt, dans la section II, l'ensemble des causes de l'orgueil et de l'humilité. Pourquoi éprouve-t-on ces passions vis-à-vis des vices et des vertus que l'on perçoit en soi ? C'est que « le malaise et la satisfaction, produits chez le spectateur, sont essentiels au vice et à la vertu. Approuver un caractère, c'est éprouver une jouissance lorsqu'il nous apparaît. Le désapprouver, c'est ressentir un malaise » (II, 6). Pourquoi certains sont-ils si fiers de leur apparence avantageuse ? Parce que « la beauté, quelle qu'elle soit, nous donne une jouissance et une satisfaction particulières » (II, 7).

Quant au second niveau, il est sensible lors des descriptions qui sont données de chaque passion particulière. Hume ne se contente en effet jamais de décrire une passion en référence à ses objets et à ses causes, il les classe en fonction des sentiments agréables ou désagréables qu'elles logent en l'âme humaine. Que la joie soit agréable et le chagrin désagréable, il n'est pas besoin d'y insister. De même pour l'espoir et la crainte. L'orgueil est lui aussi « une certaine satisfaction que nous ressentons en nous-mêmes » (II, 1). La compassion « est un malaise » (III, 4) ; la passion amoureuse compte parmi ses composants le plaisir (III, 7).

2. Les passions directes : plaisirs présents et plaisirs probables

Toutes les passions sont donc provoquées par des satisfactions ou des sensations de malaise. Mais chaque plaisir et chaque peine donnent-ils nécessairement naissance à une passion ? On pourrait penser tout au moins qu'ils génèrent inévitablement les passions que Hume nomme « directes », c'est-à-dire « les passions qui résultent d'une poursuite directe du bien ou d'une aversion pour le mal » (II, 1) : joie et tristesse, crainte et espoir, désir et aversion. Pourtant, la réponse n'est pas si simple. En effet, certaines sensations purement organiques de jouissance et de douleur ne sont pas des passions et n'en occasionnent pas davantage. Hume fait ainsi observer qu'on peut apprécier la chaleur modérée et fuir la chaleur excessive, sans pour autant qu'il y ait lieu de rapporter ces comportements à des passions (I, 1). Par conséquent, autant il est vrai qu'il n'y a pas de passion sans une expérience affective positive ou négative, autant ces expériences ne méritent pas toutes d'être comprises dans le champ d'étude de la *Dissertation.* Quels sont donc les types de biens et de maux qui déclenchent en nous les passions de façon directe ?

Hume donne peu d'indications en vue de résoudre cette question. Peut-on conjecturer, en partant des exemples de la section I (une sensation de chaleur modérée nous satisfait « par la structure originale de nos organes » ; le châtiment d'un adversaire « satisfait notre désir de revanche », I, 1), que les plaisirs et peines simplement corporels ne donnent pas naissance à des passions, tandis que les plaisirs et peines qui débordent les réactions corporelles les suscitent irrésistiblement ? Il pourrait en effet sembler que la chaleur, une démangeaison, la faim ou la soif, le plaisir tactile ou gustatif, toutes ces sensations ne s'adressent pas à l'esprit et ne puissent constituer à elles seules des sources pour nos passions. Mais, en réalité, la suite du texte dément cette hypothèse : les maladies telles que l'épilepsie ou la gale provoquent l'humilité et la honte (II, 11), tandis que le plaisir visuel offert par le spectacle de la beauté peut produire l'orgueil ou la passion calme qu'est l'émotion esthétique. Les sensations corporelles peuvent donc déclencher des passions, et ne pas demeurer uniquement des stimuli organiques.

Possède-t-on un autre critère pour déterminer quelles sont les sensations affectives aptes à susciter des passions directes ? Hume n'en donne aucun. Mais il ne faut pas y voir un hasard. En premier lieu, pour un empiriste, les sensations agréables et désagréables sont des faits fondamentaux, en deçà desquels on ne peut pas remonter. On ne peut que *constater* que certains biens donnent naissance à des réactions corporelles pures, d'autres à des passions. En second lieu, Hume estimait dans le livre II du *Traité de la nature humaine* que de toutes les impressions simples, parmi lesquelles il faut bien compter les plaisirs et les peines, « nous ne pourrons jamais donner une juste définition même en recourant à une multitude de mots [...]. Nous pouvons tout au plus prétendre les décrire, en énumérant les circonstances qui les accompagnent[1] ». Si nous sommes capables de distinguer les plaisirs tels que la sensation de chaleur modérée et les plaisirs occasionnant des passions, ce n'est pas en fonction d'un critère autre que le *vécu*. C'est parce que chacun de nous a fait l'expérience irremplaçable des qualités affectives que sont l'espoir et la crainte, l'orgueil et l'humilité, etc., que nous pouvons suivre son propos.

Lorsqu'il analyse les affections qui donnent naissance aux passions directes, Hume ne cherche donc pas à donner une définition des propriétés internes de certains plaisirs et de certaines peines. Il propose plutôt une réflexion sur la *distance* variable qui nous sépare ou nous rapproche des biens et des maux :

> Lorsqu'un bien est certain ou très probable, il produit de la JOIE ; lorsqu'un mal se trouve dans la même situation, survient le CHAGRIN ou la TRISTESSE. Lorsqu'un bien ou un mal est incertain, il suscite la CRAINTE ou l'ESPOIR, selon le degré d'incertitude existant d'un côté ou de l'autre. Le DÉSIR naît d'un bien considéré tout simplement et l'AVERSION, d'un mal (I, 2).

Il existe donc trois catégories de passions directes : celles qui proviennent de la *présence* (ou de l'*imminence*, c'est-à-dire de la quasi-présence) des biens et des maux ; celles qui proviennent de l'attente d'un bien ou d'un mal *non présent* ; enfin, celles qui proviennent de la poursuite des biens ou de la fuite des maux, que ceux-ci soient *présents ou distants*.

Parmi ces trois catégories, la joie et la tristesse sont certainement les émotions qui méritent le plus le titre de « passions directes », puisqu'elles sont comme le double immédiat du plaisir et de la peine. Hume ne leur consacre donc aucune étude approfondie dans la *Dissertation*.

Le désir et l'aversion ne sont pas davantage examinés en détail puisque, selon Hume, toute situation où l'on se représente un bien ou un mal les déclenche. On peut simplement relever une originalité dans la définition qu'il offre de ces passions. On sait que selon le mythe des

1. *TNH II*, I, II. Dans le *Traité*, Hume proclame l'impossibilité de définir de façon stricte la moindre passion, précisément parce qu'on ne les connaît que par les impressions originales qu'elles procurent ; il est ainsi « tout à fait impossible de donner une définition des passions de l'*amour* et de la *haine* » (*ibid.*, II, I).

androgynes d'Aristophane, que l'on peut lire dans le *Banquet* de Platon, autrefois, les hommes avaient quatre bras et quatre jambes ; sûrs de leur puissance, ils ont défié les dieux de l'Olympe. Pour les punir, Zeus décida de les couper en deux, ce qui fit naître dans chaque moitié le désir vif de retrouver son autre moitié perdue. Aristophane suggère ainsi que le désir correspondrait à une envie provoquée par un *manque*. Une grande partie des philosophes soutiendront en effet à sa suite que l'on ne désire que ce que l'on n'a pas. Or, d'après la définition donnée par Hume, nul besoin que la possession d'un bien nous fasse défaut pour que le désir apparaisse. Dans le désir, le bien est considéré « tout simplement » ; cela signifie qu'il suffit de reconnaître un objet comme un bien pour qu'il soit désiré. Si je juge que les richesses sont un bien, je les désirerai ; y compris si j'en possède déjà ! De même, puisque les maladies sont des maux, je désirerai *continuer* à en être dépourvu si je suis en bonne santé, autant que je désirerai être *débarrassé* de celles qui m'affligent si je souffre d'une pathologie.

L'essentiel des analyses consacrées aux passions directes porte donc sur l'espoir et la crainte, et a pour axe une étude des jugements de probabilité. Si je suis assuré de périr demain, j'en concevrai de la tristesse et non de la crainte. Si je suis sûr d'obtenir demain la main de celle que j'aime, j'en concevrai de la joie et non de l'espoir. L'espoir et la crainte ne naissent donc que lorsque la réalisation de certains biens et de certains maux est tenue pour *possible* et non pour *certaine* ; en d'autres termes, ils apparaissent lorsque le plaisir et la peine qui naissent de la considération de certains objets se trouvent *associés* à un jugement théorique de probabilité. Qu'est-ce donc que la probabilité ? Cette question a occupé de nombreux chapitres du livre I du *Traité de la nature humaine* [1]. Dans la *Dissertation*, Hume procède certes à quelques rappels de ces acquis dans la section I, mais sans les placer au cœur de sa réflexion. Ici, l'essentiel est ailleurs. La *Dissertation* se concentre sur les effets affectifs des jugements de probabilité plutôt que sur leurs fondements épistémiques. Le principe clé de la section I, à cet égard, est le suivant :

> La probabilité résulte d'une opposition de chances ou de causes contraires qui ne permet pas à l'esprit de se fixer, mais qui, le ballottant sans cesse d'un côté à l'autre, le détermine à considérer un objet tantôt comme existant, tantôt comme inexistant (I, 3).

Qu'est-ce à dire ? Partons d'un jugement de probabilité qui n'engage pas de passions de ma part : j'estime qu'il est probable que la température moyenne à New York cet été soit de vingt-neuf degrés Celsius. Je formule un jugement de probabilité, car je n'ai pas de certitude en la matière ; de ce fait, même si je n'en ai peut-être pas une conscience

1. Voir les chapitres du *Traité de la nature humaine I. L'Entendement*, *op. cit.* : « De la probabilité et l'idée de cause et d'effet » (III, II) ; « De l'influence de la croyance », (III, X) ; « De la probabilité des chances », (III, XI) ; « De la probabilité des causes », (III, XII) ; « De la probabilité non philosophique », (III, XIII).

nette, je considère la possibilité qu'il fasse une température de vingt-neuf degrés, de même que j'envisage implicitement la possibilité qu'il fasse une température plus basse ou plus élevée. Si j'ai une grande confiance en mon estimation, mon esprit sera peu ballotté entre ces considérations ; tandis que si j'ai conscience du fait de ne disposer que de peu d'éléments pour bien juger, je serai ballotté « sans cesse d'un côté à l'autre », comme l'écrit Hume. Introduisons à présent les conséquences affectives qui intéressent notre auteur. Si j'ai pour projet de partir pour New York cet été et que la perspective d'un été chaud m'enchante, j'associerai mon jugement à de l'espoir ; et si ma certitude est faible, le ballottement qui provient de causes purement épistémiques sera associé à un certain trouble de mes affects. Le point d'orgue de l'analyse de Hume se situe là : puisque l'espoir et la crainte sont engendrés par des jugements de probabilité et non par des certitudes, « l'une des passions sera toujours mêlée et confondue avec l'autre » (*ibid.*). Là où j'espère, j'ai toujours aussi à craindre. Si l'espoir est puissant, la crainte décroît, mais elle ne disparaît jamais entièrement. Là où la crainte se fait vive, le désespoir point ; mais il ne saurait devenir total. Là où l'espoir est absent, la crainte l'est également, et l'on se morfond à nouveau dans une pure et simple tristesse.

Dans les passions directes, les sensations plaisantes et déplaisantes peuvent envelopper l'esprit par leur présence, dans la joie et la tristesse, déclencher en lui des mouvements le portant à l'action, dans le désir et l'aversion, ou provoquer, par la probabilité qui leur est associée, une certaine instabilité comportant une quantité indéfinie d'états gradués.

3. Les passions indirectes : plaisirs du corps, plaisirs de l'esprit et plaisirs extérieurs

De même que les passions directes ne sont pas définies par les propriétés internes des plaisirs qui les occasionnent, mais plutôt par le rapport de l'esprit à ces plaisirs (selon qu'ils sont vécus comme présents, représentés de façon simple, ou escomptés comme plus ou moins probables), de même les passions que Hume nomme « indirectes » ne donnent pas lieu à une description qualitative des sensations affectives qui les engendrent ; elles sont plutôt éclairées par une réflexion sur les *objets* procurant les sensations agréables et désagréables. En un mot : les passions indirectes sont celles que l'on développe sur la base des plaisirs et des malaises que *notre propre moi* ou *la personne d'autrui* nous font éprouver. Quel rapport peut-on établir entre cette approche et l'expression « passion indirecte » ?

> Outre les passions qui résultent d'une poursuite directe du bien ou d'une aversion pour le mal [...], il en est d'autres, d'une nature plus compliquée, qui impliquent le concours de plusieurs perspectives ou de plusieurs considérations (II, 1).

Que pouvons-nous tirer de cette formule de Hume ? Le moins que l'on puisse dire est que cette caractérisation reste vague et malaisée à comprendre. On peut pourtant écarter d'entrée de jeu une interprétation erronée, grâce à ce qui a été dit précédemment sur les passions directes. L'opposition entre ce qui est « direct » et ce qui est « indirect » ne signifie pas un contraste entre le proche et le lointain. On a vu plus haut que l'espoir et la crainte, qui sont des passions directes, peuvent naître de la représentation imaginaire de biens et de maux futurs, grâce à la médiation de jugements de probabilité. En conséquence, une passion n'est pas « indirecte » du fait qu'elle supposerait la médiation d'un jugement ou d'un mécanisme mental, ou du fait que son objet ne serait pas immédiatement présent.

Hume précise ce que sont les passions indirectes en recourant à un exemple : il mentionne l'orgueil, l'humilité, l'amour et la haine comme les quatre passions indirectes fondamentales. Il précise que c'est parce qu'elles ont pour objet les vécus agréables ou déplaisants liés au *moi* et à *autrui* que certaines passions méritent d'être dites indirectes. Le spectacle de la beauté physique représentée dans un tableau de maître produit de la joie (voir l'encadré « La beauté, entre raison et sentiment », p. 77), mais si je me trouve moi-même pourvu de traits gracieux ou si je me délecte de la beauté d'une personne que je côtoie, j'en concevrai de l'orgueil et de l'amour : les passions « indirectes » tiennent donc leur nom du fait que les sensations agréables ou désagréables qui les causent nous affectent en tant qu'elles proviennent de moi ou de l'autre. La médiation visée par leur appellation est celle du rapport à soi et aux autres hommes.

À cet égard, on ne doit pas confondre l'*identification* des passions indirectes par leurs objets et leur *explication* au moyen des mécanismes de l'association. La distinction proposée par Hume entre l'« objet » et les « causes » (II, 2) confirme que ces passions peuvent être identifiées simplement par « ce vers quoi l'esprit dirige sa vue quand l'émotion est suscitée » (*ibid.*), à savoir moi-même ou un autre homme ; quant aux lois de l'association des idées et de l'association des affections, que nous aborderons bientôt, elles permettent d'expliquer dans un second temps ces passions, non de les spécifier dans un premier. Dans les passions indirectes, le plaisir et la peine nous affectent en tant que leurs sources sont liées à notre moi ou à la personne d'autrui : voilà qui suffit à les distinguer des passions directes étudiées dans la section I.

Cependant, une telle caractérisation présente une dernière difficulté. Elle semble en effet suggérer que les passions indirectes sont principalement voire exclusivement déclenchées par les qualités physiques et morales que l'on trouve en soi et chez l'autre. Beauté et vigueur seraient les sources physiques de l'orgueil et de l'amour ; laideur, maladie et faiblesses seraient les causes physiques de l'humilité. Du côté des origines spirituelles ou morales des passions indirectes, on s'attend à ce que Hume reconnaisse uniquement les vertus, l'intelligence et l'humour comme les sources de l'orgueil et de l'amour, de même que l'on s'attend à ce que les vices, la bêtise, les tempéraments pénibles ou ennuyeux

La beauté, entre raison et sentiment

La beauté est associée par Hume à de nombreuses passions, selon la *Dissertation.* L'originalité radicale de sa perspective consiste à montrer que la beauté n'est pas une propriété objective des choses, qui déclencherait en l'homme des passions. Elle est le cœur de l'orgueil quand elle est appréhendée comme beauté « de notre propre visage, de notre silhouette ou de notre personne » (II, 7) ; elle est un élément décisif de la passion amoureuse (III, 7) ; bref, **la beauté n'est rien d'autre que le corrélat de certaines des sensations agréables que l'on peut ressentir**.

Hume construit sa propre conception de la beauté contre la théorie de la perfection de **Leibniz**. Pour ce dernier, le sentiment de la beauté, quoiqu'il puisse sembler mystérieux et inexplicable, provient des rapports mathématiques objectifs que l'on reconnaît de façon confuse et inconsciente. Par exemple, la beauté musicale provient des proportions réelles à l'œuvre dans le rythme, la mélodie et l'harmonie ; la beauté architecturale, tout comme la beauté du visage et du corps humain, provient de l'équilibre des rapports de grandeur entre les parties : « les battements sur le tambour, la mesure et la cadence dans la danse [...] tirent leur caractère agréable de l'ordre, car tout ordre vient en aide à l'esprit, et il se trouve un ordre correspondant, quoiqu'invisible, dans les battements ou mouvements, provoqués selon l'art, des cordes, des sifflets ou des cloches, qui vibrent ou tremblent » (*Die philosophischen Schriften von Gottfried Wilhelm Leibniz*) [1].

À la différence de Leibniz, Hume soutient que **la beauté n'est qu'affaire de sentiment** ; elle ne se fonde nullement sur des rapports objectifs de proportion dont il serait possible de former un concept. Il affirme ainsi dans son essai *Le Sceptique* qu'« il n'en va pas des qualités du *beau* et du *laid*, du *désirable* et du *détestable*, comme de la vérité et de la fausseté. L'esprit ne se contente pas de parcourir les objets, tels qu'ils sont en eux-mêmes ; il éprouve aussi à cette vue un sentiment de plaisir ou de mésaise, d'approbation ou de blâme » (*Essais moraux, politiques et littéraires*). Tout au plus peut-on reconnaître aux choses une disposition à provoquer du plaisir et de la peine chez un individu humain.

Hume procède ainsi à un **renversement extraordinaire** : avec lui, **la beauté se trouve délogée du monde objectif et gagne le monde intérieur, subjectif, des passions**. Ce faisant, il ouvre la voie aux célèbres thèses de Kant, selon lesquelles le jugement esthétique est fondé sur le simple plaisir. La différence qui sépare les deux penseurs demeure cependant essentielle : pour Kant, un objet ne saurait être dit beau si le plaisir qu'il suscite n'est pas désintéressé, sans quoi il ne sera jamais qu'agréable.

1. Cité dans Kant, *Analytique du beau*, GF-Flammarion, 2008, p. 130.

constituent les principales sources de l'humilité et de la haine. Il va d'ailleurs longuement se concentrer sur ces sources majeures du plaisir et de la peine (voir notamment II, 6 et 7). Or, si les passions indirectes se définissent par la relation des sources d'agréments et de désagrément à ma personne ou à celle d'autrui, comment comprendre qu'on puisse s'enorgueillir de certains objets extérieurs (son pays, son comté, sa paroisse ; II, 8), ou qu'on puisse aimer ou haïr quelqu'un pour ses richesses, qui ne sont pas des qualités intrinsèques à sa personne ? Dans le livre II du *Traité de la nature humaine*, Hume remarquait qu'il y avait là une certaine difficulté : « Quoi que l'orgueil et l'humilité aient pour causes naturelles les plus immédiates les qualités de notre esprit et de notre corps, c'est-à-dire du *moi*, nous trouvons par expérience que ces affections sont produites par bon nombre d'autres objets et que l'objet primitif est, dans une certaine mesure, masqué et perdu sous la multiplicité des objets étrangers et extrinsèques. Notre vanité se fonde tout autant sur des maisons, des jardins, des équipages que sur le mérite et les perfections personnels [1]... » Comment comprendre que les passions indirectes soient déclenchées par d'autres objets que l'objet « primitif » ? Dans la *Dissertation*, il apparaît clairement que l'un des objectifs les plus importants de la théorie des lois des passions consiste justement à résoudre cette difficulté.

B. Un monde ordonné : les lois des passions

1. Association des idées et association des émotions

Si l'on peut dire que les passions s'organisent en un monde dans la *Dissertation* de Hume, c'est dans la mesure où, non contentes de dessiner une manière originale de se rapporter à l'expérience, elles obéissent à des principes. Loin de former un ensemble chaotique dans lequel on ne saurait s'orienter, elles possèdent des lois et une dynamique originale. Or, ces deux traits sont constitutifs d'une des acceptions principales du concept de monde. Selon Paul Clavier, « le terme de "monde" désigne [...], d'une part, un agrégat plus ou moins ordonné d'objets et de contenu. Mais il peut désigner également leur structure globale d'appartenance [2] ». Les traités anciens visant à mettre au jour l'organisation du cosmos – ce que Cicéron ou Démocrite nommaient le « système du monde » – tenaient pour des notions équivalentes l'idée de monde et l'idée de totalité gouvernée par des règles.

Dans la *Dissertation*, c'est principalement à propos des passions indirectes, dont l'analyse occupe les sections II à IV, que Hume embrasse

1. *TNH II*, I, IX.
2. P. Clavier, *Le Concept de monde*, PUF, 2000, p. 8.

cette ligne d'investigation. Il affirme en effet que les passions indirectes ont pour cause déterminante « des principes qui, pour avoir une influence puissante sur toutes les opérations de l'entendement comme sur celles des passions, n'en sont pas moins ordinairement négligés par les philosophes » (II, 2). Il s'agit du principe de l'association des idées et du principe de l'association des émotions. En quoi consistent ces principes, et comment leur rôle se trouve-t-il décrit par Hume ?

Avant d'en venir précisément au contenu des principes, on doit remarquer que Hume les décrit comme des « causes efficientes » (*ibid.*). En employant ce vocabulaire, il renvoie implicitement à la théorie aristotélicienne des quatre causes. Dans la *Physique* et la *Métaphysique*, Aristote distingue en effet, pour certains objets, leur cause matérielle, leur cause formelle, leur cause efficiente et leur cause finale. La cause finale d'un objet est ce en vue de quoi il existe ; sa cause matérielle correspond à la matière qui le constitue ; sa cause formelle est le principe permettant l'identification de l'objet à une espèce ; sa ou ses causes efficientes correspondent aux mouvements nécessaires pour que l'objet soit ce qu'il est. Une statue d'Athéna possède ainsi une matière (bronze, bois, or), une forme, une finalité (cultuelle ou esthétique) et des causes efficientes (le travail du sculpteur). En recourant à la notion de « cause efficiente », Hume sous-entend donc qu'il est au moins possible d'opérer une distinction quadripartite à propos des passions. L'orgueil possède une matière (le moi et les impressions agréables occasionnées par l'excellence personnelle), une forme (une impression originale et indécomposable qui le distingue de toute autre passion) [1], une finalité (qui n'est pas abordée dans le cadre de la *Dissertation*, car elle relève d'une appréciation morale des effets bénéfiques ou néfastes de l'orgueil, mais Hume la précise dans le livre III du *Traité de la nature humaine* en remarquant que l'orgueil soutient le développement des vertus grandioses) [2]. Reste donc à expliquer par quels mécanismes mentaux l'orgueil en vient à se développer. De même que la physique moderne n'a retenu des quatre causes aristotéliciennes que les causes efficientes, se concentrant exclusivement sur les mouvements des corps et leurs principes, Hume se concentrera dans la suite de la *Dissertation* sur les causes productrices des mouvements affectifs.

Le principe de l'association des idées constitue le premier de deux grands principes permettant de saisir la dynamique des passions indirectes. Afin de comprendre pourquoi on doit le faire intervenir, il convient de voir que l'orgueil, l'humilité, l'amour et la haine possèdent une structure qui peut être explicitée à l'aide de complément nominaux et surtout propositionnels, du type « je suis fier *de mon pays* », « j'aime *que mon ami soit si bienveillant* », « je déteste *qu'on me traite avec mépris* »,

---

1. Le livre II du *Traité de la nature humaine* est particulièrement explicite sur ce point (voir I, II). L'impression simple correspondant à l'orgueil doit être tenue pour sa forme, afin de distinguer l'orgueil de l'humilité qui a également le moi pour objet.

2. Voir la section « Le caractère fondamental de la passion d'orgueil chez Hume », dans *Dissertation sur les passions*, *op. cit.*, dossier, p. 353-355.

etc. Pour Hume, on n'est jamais fier « tout court ». On est toujours fier *de.* Le principe de l'association des idées intervient pour expliquer comment et pourquoi on lie à soi-même ou à autrui certains attributs. Si le principe d'association des idées n'entrait pas en jeu, en voyant la bienveillance de mon ami ou le mépris d'un autre homme, j'en éprouverais simplement de la joie et de la tristesse, mais non de l'amour ou de la haine. L'amour ou la haine supposent que j'associe fermement la bienveillance ou le mépris à la personne d'autrui, comme si l'un ne pouvait aller sans l'autre. De même, je ne suis fier de mon pays que parce que je me le représente comme indissociablement lié à ce que je suis. Sans un principe opérant une connexion entre l'idée que j'ai de moi-même et l'idée que j'ai de mon pays, celui-ci m'inspirerait peut-être de l'admiration, mais non de la fierté. Le principe d'association est « ce principe par lequel nous passons par une transition facile d'une idée à une autre. Quelque incertaines et changeantes que puissent être nos pensées, elles ne sont pas entièrement dépourvues de règle et de méthode dans leurs changements. Elles passent ordinairement avec régularité d'un objet à ce qui lui ressemble, à ce qui lui est contigu ou à ce qu'il produit. Quand une idée est présente à l'imagination, une autre, qui lui est unie par les relations précédentes, la suit naturellement et, introduite par ce moyen, pénètre l'imagination avec plus de facilité » (II, 3). Comme nous l'avons noté, l'association des idées a déjà été élucidée plus avant dans le livre I du *Traité de la nature humaine* [1] : elle consiste dans le fait que nous finissons par associer presque irrésistiblement les impressions et idées qui possèdent une proximité spatiale et/ou temporelle, une ressemblance ou des liens de causalité. Le rôle de l'habitude est déterminant, afin que la plupart des associations singulières se fixent et se sédimentent dans l'imagination. Ainsi, la « transition facile » entre l'idée de mon ami et l'idée de bienveillance s'ancre d'autant plus en moi que j'aurai eu davantage d'occasions de les lier dans mon expérience passée.

Le second grand principe indispensable pour comprendre la dynamique des passions est l'association des émotions [2]. Bien qu'il possède une évidence intuitive certaine, personne ne l'avait formulé avant Hume. Il consiste à affirmer que « toutes les impressions qui se *ressemblent* sont reliées entre elles : l'une n'a pas plutôt surgi que les autres suivent naturellement. Le chagrin et la déception suscitent la colère ; la colère, l'envie ; l'envie, la malveillance ; et la malveillance ressuscite le chagrin. D'une façon comparable, une humeur joyeuse nous porte naturellement

1. Voir *Dissertation sur les passions, op. cit.*, dossier, p. 335-340.

2. Par « émotion », Hume entend désigner ici toutes les affections possibles de plaisir et de peine. Comme nous l'avons noté plus haut, il tient la plupart de ces affections pour des passions ; seules font exception certains affects purement corporels tels que l'agrément offert par la chaleur modérée. Il ne conviendrait toutefois pas d'exagérer la distinction entre « passion » et « émotion » ; pour Hume, les deux termes sont presque synonymes. Dans le livre II du *Traité de la nature humaine,* Hume réserve parfois le terme « émotion » à la désignation des passions calmes, telles que « le sens de la beauté et de la laideur dans l'action, la composition et les objets extérieurs » (*TNH II*, I, I) ; mais, dans la *Dissertation,* plusieurs passages semblent tenir les termes « émotion » et « passion » pour équivalents (voir *DP*, VI, 1).

à l'amour, à la générosité, au courage, à l'orgueil et autres affections semblables » (II, 3). Tandis que le principe de l'association des *idées* porte sur le versant cognitif inhérent à la dynamique des passions, le principe de l'association des *émotions* embrasse le versant affectif de celles-ci. C'est ultimement par son moyen que l'on comprend pourquoi les passions ne sont pas isolées les unes des autres, et s'enchaînent rigoureusement selon un ordre déterminé. L'exemple de circulation retenu par Hume présente une rigueur remarquable par son caractère graduel. Le chagrin et la déception sont en effet des émotions proches, des vécus non dénués de quelque ressemblance ; l'un engendrera donc aisément l'autre. En revanche, le chagrin est moins proche de la colère que ne l'est la déception ; cette dernière engendrera donc la colère plus aisément que la simple tristesse. Ainsi, la proximité qualitative des émotions, qui leur permet de se produire l'une l'autre, n'est pas toujours une relation transitive. En outre, certains des ordres qu'elle définit dans le circuit des émotions peuvent être réversibles, d'autres demeurent asymétriques. Enfin, le principe d'association des émotions peut même être plus prégnant pour certaines passions, quoiqu'il soit opérant à un degré minimal pour toutes :

> Les passions de haine et d'amour sont *toujours* suivies de bienveillance et de colère [...]. L'amour est toujours suivi d'un désir que la personne aimée soit heureuse et d'une aversion pour sa misère ; tandis que la haine produit un désir de misère et une aversion pour le bonheur de la personne haïe (III, 3).

Enfin, la thèse cardinale de Hume dans la section II de la *Dissertation* correspond au fait que nombre de passions ne peuvent jamais apparaître si les deux lois de l'association ne se prêtent pas mutuellement assistance :

> On peut observer que l'une de ces associations corrobore l'autre et que la transition s'effectue plus facilement lorsque toutes deux concourent au même objet. Ainsi un homme mis hors de lui et contrarié par un tort infligé par autrui est-il enclin à trouver une centaine de sujets de haine, de mécontentement, d'impatience, de crainte et autres passions inquiètes ; surtout s'il peut les découvrir dans l'entourage de la personne, voire dans la personne même qui fut l'objet de sa propre émotion (II, 3).

L'exemple proposé par Hume possède deux niveaux d'analyse. Suivons d'abord le principe d'association des idées : il détermine le fait que j'associe le tort que j'ai subi à la personne qui me l'a infligé, puis que j'associe à cette personne son entourage, en sorte que ma haine va se diffuser progressivement au-delà de ses bornes initiales. Suivons à présent le principe d'association des émotions : le désagrément qu'engendre en moi le fait d'avoir subi un tort est un affect proche de la colère, et la colère est un affect voisin de la haine. En résumé, si l'association des émotions faisait ici défaut, je ne ressentirais que de la tristesse ou du désagrément, sans passer graduellement à la colère puis à la haine ; si l'association des idées faisait défaut, le tort que j'ai subi ne serait pas imputé à son auteur et ma colère ne se diffuserait pas progressivement à son entourage. Faut-il en conclure que l'orgueil, l'humilité, l'amour et la haine supposent toujours l'intervention des deux formes d'association ? Hume le suggère sans ambages, lorsqu'il dit que « ces deux espèces de relations ont lieu quand se produit l'*orgueil* ou l'*humilité* » (II, 4) et que « la double relation d'impressions et d'idées agit tout autant sur les passions d'amour et de haine » (III, 1) [1].

2. L'influence de l'imagination et les circonstances d'application des lois de l'association

Les lois fondamentales des passions indirectes, qui sont les plus étudiées par la *Dissertation*, ont donc été énoncées. Mais s'appliquent-elles sans faille ? Ne sont-elles pas parfois atténuées ou renforcées dans leurs effets par des principes secondaires ? Hume répond à ces questions de façon positive, en dégageant ce qu'il nomme les « circonstances » (II, 10 et 11) de l'application des lois [2].

Il existe selon lui une hiérarchie dans les principes qui commandent les mouvements affectifs, et les lois de l'association figurent au sommet de celle-ci. Mais l'imagination intervient alternativement de deux façons diamétralement opposées, dans presque chaque passion, en conférant aux lois de l'association une puissance décuplée ou en bloquant ses effets. Cette intervention peut se faire *via* la communication des passions d'un individu à l'autre, par le biais de ce que Hume nomme la « sympathie » ; elle peut également correspondre à l'intervention des « règles générales » dans les mouvements affectifs ; ou encore, par sa tendance à faire ressentir comme plus ou moins vifs certains liens des idées, elle peut amener des restrictions au principe selon lequel *tout* ce qui nous serait relié provoquerait l'orgueil ou l'humilité (de même qu'au principe selon lequel *tout* ce qui serait relié à la personne d'autrui provoquerait amour ou haine).

L'étude de la sympathie reçoit un traitement particulièrement attentif de la part de Hume (notamment en II, 10). Hume affirme que son effet est si fort qu'elle est presque capable à elle seule de faire apparaître ou disparaître une passion. Si par exemple un poème écrit de ma plume m'inspire de la fierté, pour peu que ce sentiment soit contredit par l'avis

1. Notons que, dans le livre II du *Traité de la nature humaine*, Hume propose une série d'expériences de pensée agrémentées de confirmations empiriques, en vue de montrer que lorsque l'une des associations fait défaut, aucune passion ne saurait apparaître (*TNH II*, II, II).

2. Dans le *Traité*, Hume considérait que ces « circonstances » pouvaient être comprises comme des « limitations » de son système (*TNH II*, I, VI). Dans la *Dissertation*, il a abandonné la notion de « limitation » et préfère comprendre les « circonstances » comme des lois secondaires amplifiant ou affaiblissant les affects.

de mes proches, il devient presque inévitable que mon premier mouvement affectif faiblisse ou disparaisse :

> La société et la sympathie affectent considérablement nos opinions en tout genre et il nous est presque impossible de soutenir un principe ou un sentiment contre l'assentiment de tous ceux que nous fréquentons (*ibid.*).

Si au contraire nous rencontrons l'approbation d'autrui, notre orgueil initial peut ne plus connaître de borne.

Qu'est-ce donc que la sympathie, et quel rôle joue-t-elle vis-à-vis des passions ? Ce que Hume nomme la sympathie n'est rien d'autre que le fait que les sentiments des hommes se *communiquent* aisément ; elle correspond à un mécanisme de transmission des passions d'une personne à l'autre, et c'est en quoi elle est bien un principe secondaire des passions plutôt qu'une « passion originale » (*ibid.*). Dans le cadre de la *Dissertation*, les fondements psychologiques de la sympathie sont laissés de côté au profit d'une énumération de ses effets [1] : la sympathie produit l'amour de la renommée (II, 10), elle empêche les hommes d'être trop partiaux envers eux-mêmes, nous fait priser les jugements de nos amis et de ceux que nous fréquentons assidûment. Ainsi, le thème de la sympathie revêt une importance stratégique dans cet essai, car il dissipe l'une des impressions trompeuses que pourraient nous laisser certaines pages des sections I et II : les passions ne germent pas dans une intériorité affective close sur elle-même, indifférente aux avis et sentiments des autres hommes. L'orgueil, pas plus que l'amour, ne proviennent *exclusivement* du plaisir que j'éprouve en moi-même, sans qu'autrui ne constitue jamais une médiation entre mes émotions et moi-même.

Les trois autres circonstances modifiant l'application des lois de l'association correspondent « au caractère constant et durable de l'objet de la passion » (II, 11), au fait que les objets qui déclenchent les passions « doivent nous être particuliers » (*ibid.*), enfin à l'influence des « règles générales ». Nous ne reviendrons pas sur le thème des règles générales, que nous avons déjà abordé plus haut [2]. Mais quelques conclusions d'importance peuvent être tirées de l'examen des autres circonstances.

Tout d'abord, si un objet nous procure une sensation agréable, et qu'il nous est lié par l'association des idées, il ne déclenchera pas nécessairement l'estime de soi s'il n'est rattaché à notre moi que de façon trop brève ; par exemple, si lors d'une conversation je formule un unique trait d'esprit bien senti, en dépit de ma timidité habituelle, je ne deviendrai pas subitement fier de mon humour ; de même, si l'une de mes connais-

1. La sympathie est expliquée plus longuement dans le livre II du *Traité de la nature humaine*. Hume l'identifie alors à « notre propension [...] à recevoir par communication [les] inclinations et [les] sentiments des autres » (*TNH II*, I, XI). Voir la section consacrée à « La sympathie », dans le dossier de *Dissertation sur les passions*, *op. cit.*, p. 340-345.

2. Voir *supra*, p. 60, « La *Dissertation sur les passions* et les livres I et III du *Traité de la nature humaine* ».

sances me charme un court instant par sa gaieté ponctuelle, puis replonge aussitôt dans l'humeur taciturne qui lui est coutumière, je ne serai pas porté à l'aimer. Les passions ne se développent que si les liens tissés par l'association des idées ont un caractère durable.

En second lieu, nous nous enorgueillirons d'autant plus d'une qualité qu'elle nous paraîtra être rare, qu'elle semblera ne pas échoir en partage à l'ensemble des hommes ; nous serons davantage prêts à aimer une personne pour les vertus qui lui sont particulières que pour les qualités qu'elle a en commun avec le grand nombre. C'est pourquoi « les avantages de l'éclat du soleil, du beau temps, d'un climat favorable », du fait qu'ils « ne nous singularisent guère de nos autres compagnons », « ne permettent pas de nous accorder la préférence ou la supériorité » (II, 11). Bien que le climat sous lequel nous vivons puisse être associé à notre existence autant que la belle demeure dans laquelle nous logeons, seule la seconde nous procurera de l'orgueil dans la mesure où le lien que nous concevons entre elle et nous-mêmes nous paraît seul exclusif. L'importance générale de toutes ces considérations provient du fait qu'elles montrent, une nouvelle fois, que les passions ne sont pas des vécus solitaires, elles tirent une part de leur élan de la « comparaison » (*ibid.*) que nous faisons entre nous-mêmes et les autres hommes. L'étude des « circonstances » de l'application des lois vise de ce fait à nous rappeler la complexité des facteurs de nos vécus, indiquant que « les passions se diversifient souvent selon des principes fort subtils qui ne fonctionnent pas toujours avec une régularité parfaite » (*ibid.*).

3. Le mélange des passions

On a remarqué en étudiant le principe de l'association des émotions que les passions ne sont pas des vécus isolés les uns des autres et sans influence réciproque. L'humeur gaie appelle l'amour, la déception favorise la colère, la confiance fortifie l'espoir… Mais il n'est pas encore suffisant de dire que les passions sont associées les unes aux autres comme si elles étaient des atomes d'émotion impénétrables s'influençant uniquement de façon externe, à la manière dont des boules de billard s'entrechoquent tout en se laissant intactes. Les passions ne se contentent pas de se toucher l'une l'autre, elles sont capables de se pénétrer et de se fondre, de se recomposer pour former des vécus nouveaux. Elles constituent un monde, ultimement, parce que leurs frontières ne sont pas intangibles et impénétrables. Si elles sont toutes susceptibles de se mêler, c'est parce que leur présence dans l'esprit n'est pas éphémère ou sans durée ; les passions ne sont pas des événements sans épaisseur temporelle, elles ont une histoire, un développement et éventuellement un déclin :

> Si nous considérons l'esprit humain, nous observerons que, pour ce qui est des passions, il ne ressemble pas à un instrument à vent, qui, tandis qu'on en parcourt les touches, laisse retomber le son dès que l'on cesse de souffler ; il ressemble plutôt à un instrument à cordes qui, à chaque attaque, en conserve les vibrations encore pendant quelque temps (I, 3).

Quoiqu'elle soit formulée dans la section 1 à propos des passions directes, cette comparaison des passions avec les vibrations des cordes est déterminante pour toute la *Dissertation*. Hume s'attachera en effet à mettre en valeur les principes du mélange des vécus affectifs aussi bien pour les passions directes que pour les passions indirectes [1].

Pourtant, quoique toutes les passions puissent se mêler, le mélange n'est pas leur destin systématique. La fusion des vécus suppose certaines conditions, sans quoi elle peut ne pas advenir. Ainsi, « lorsque des passions naissent d'objets qui n'ont aucune espèce de liaison entre eux, elles se remplacent à tour de rôle » (I, 9). Hume prend l'exemple de la joie que procure la naissance d'un enfant, lorsqu'elle est contemporaine d'une déconvenue judiciaire ou professionnelle. La coïncidence temporelle des émotions peut certes produire un état tiers, à savoir le ballottement de l'esprit entre le bonheur et le malaise, ou alors l'équilibre de l'humeur du fait que les émotions se contrebalancent ; mais cet état tiers ne saurait être décrit comme la *pénétration* réciproque de la joie et de la peine. La première condition pour que des émotions se pénètrent est donc que leur objet soit le même, ou du moins que leurs objets soient connectés. Or, même lorsque cette condition se trouve satisfaite, une seconde circonstance peut encore faire échec au mélange des émotions, à savoir leur exacte contrariété. Imaginons que je trouve à un collègue autant de qualités aimables que de défauts agaçants ; loin qu'il résulte de cette simultanéité de mes vécus un mélange véritable des émotions, je risque plutôt de préférer me comporter de façon indifférente à l'égard de ce collègue :

> Si des passions sont contraires et si leurs objets sont *totalement différents*, elles sont alors comme deux liqueurs distinctes contenues dans des bouteilles différentes : elles n'ont pas d'influence l'une sur l'autre. Si leurs objets sont en *connexion* intime, les passions sont comme un *alcali* et un *acide* qui, mêlés, se détruisent l'un l'autre (I, 9).

L'alcali est le nom ancien que l'on donnait aux solutions extrêmement salées, donc basiques. Lorsque l'on mélange une solution acide et une solution basique, l'acidité devient nulle (on dit aujourd'hui que le pH de la solution est neutre). Par analogie, pour que deux passions puissent se mélanger véritablement et non s'annuler, il faut que leurs forces mutuelles ne se neutralisent pas.

---

1. Le mélange des passions sera même repris dans les deux dernières sections de la *Dissertation*, du point de vue des répercussions qui sont les siennes sur l'*intensité* des vécus affectifs (voir *infra*, « Comprendre la violence des passions », p. 92).

C'est justement ce qui advient lorsque deux passions n'ont pas le même degré de puissance. Alors peut se produire un mécanisme d'absorption de la passion mineure par la passion majeure, qui se trouvera alors intérieurement modifiée sans être purement et simplement éteinte. On a noté plus haut le premier type de phénomène de ce genre, toute forme d'espoir se trouvant toujours emprunte d'une part de crainte, mais plus faible que l'espoir lui-même :

> N'atteignons-nous pas, en prouvant que les passions de la crainte et de l'espoir sont des mélanges de chagrin et de joie, la même évidence qu'en optique ? Pour établir qu'un rayon de couleur qui passe à travers un prisme est la composition de deux autres, on diminue ou l'on accroît la quantité de l'un de ceux-ci et l'on découvre sa prééminence sur l'autre diminuée ou accrue selon le même rapport, dans la composition (I, 4).

Pour les passions indirectes, de même, Hume souligne que certaines sont *essentiellement* des passions composées. Ainsi, « pas de respect sans un mélange d'humilité et d'estime ou d'affection ; pas d'orgueil sans un mélange de mépris. La passion amoureuse se compose ordinairement du plaisir pris à la vue de la beauté, d'un appétit charnel et aussi d'amitié ou d'affection » (III, 7).

C. Les passions et la volonté : aux fondements du monde humain

1. La volonté n'obéit qu'aux passions

La *Dissertation* de Hume sur les passions ne pouvait se clore sans une réflexion consacrée à l'influence décisive de celles-ci sur les décisions et les actions humaines. Étant donné l'approche qui est la sienne, centrée sur la dynamique des mouvements affectifs, il est logique que le terme de cette dynamique corresponde à quelque détermination de la volonté. De la sorte, on peut considérer la *Dissertation* comme une théorie de la dimension mondaine des passions. Celles-ci cimentent le monde humain, elles en constituent l'armature et tissent son devenir. La thèse cardinale de Hume, dans les sections V et VI, va plus loin que toutes celles de ses devanciers, à l'exception peut-être de La Rochefoucauld. Car, selon le philosophe écossais, la volonté n'obéit à aucun autre maître, elle ne suit aucune autre voix que celle des passions.

Afin de saisir les enjeux de cette thèse, il convient de comprendre qu'elle est bâtie directement contre un lieu commun séculaire, à la fois métaphysique, littéraire et pictural. Ce lieu commun, forgé dès l'Antiquité, hante encore l'imaginaire des théoriciens des passions au XVIIIe siècle. Il est issu de la distinction stoïcienne entre deux types d'états de l'âme : d'un côté, celle-ci peut être égarée par les mouvements irrationnels des sentiments ; de l'autre, elle peut au contraire être bien gouvernée par l'intellect. En un mot, en l'âme, la volonté serait comme le théâtre d'un sempiternel affrontement des passions et de la raison. Plusieurs théologiens chrétiens, dont saint Augustin, surimposeront bientôt cette opposition première entre volonté guidée par la raison et volonté menée par les passions à l'opposition morale de la vertu et du vice. Les représentations picturales et littéraires éloquentes de ce *topos* deviendront vite légion (voir l'illustration de Véronèse, *Jeune Homme entre le vice et la vertu*, p. 88).

Pour Hume, cette manière de comprendre le fonctionnement de la volonté n'est qu'illusion. Le pivot de sa réponse consiste à définir le plus précisément possible ce que sont la volonté et la raison. Tout d'abord, la volonté : celle-ci « intervient à chaque fois que l'on peut se procurer la présence d'un bien ou se débarrasser d'un mal par une action quelconque de l'esprit ou du corps » (I, 2). Jusqu'ici, la perspective de Hume semble concorder avec celle de ses devanciers. On veut ce qu'on se représente comme un bien, on ne veut pas ce qui nous paraît être un mal. Or, dès le moment où l'on a accepté cette définition, ne doit-on pas conclure que la raison est apte voire habilitée par excellence à déterminer la volonté ? N'est-ce pas par la raison que nous concevons la différence entre le bien et le mal ? Tout le nœud du différend se tient là. Si l'on admettait que les biens et les maux peuvent nous être connus par la raison autant que par le sentiment, on devrait accepter l'image traditionnelle de la lutte entre les passions et la raison, et dire qu'elles se disputent le commandement de la volonté. Or, on l'a vu, pour Hume, seule la dimension affective de notre expérience nous permet d'opérer des jugements de valeur. C'est, selon lui, « par leur conformité ou leur contrariété naturelles à une passion [que les objets] sont appelés pour cette raison des *biens* ou des *maux* » (I, 1) ; « approuver un caractère, c'est éprouver une jouissance lorsqu'il nous apparaît » (II, 6). Il est donc vain de prétendre que la raison peut avoir la moindre efficacité sur la volonté.

Qu'est-ce donc que la raison « prise dans un sens exact » (V, 1), si elle n'est jamais un pouvoir de se représenter quelque chose comme un bien ou comme un mal ? Hume s'empresse de la redéfinir avec précision : la raison est « jugement du vrai et du faux », et c'est pour cela qu'elle « ne peut jamais être, par elle-même, un motif de la volonté » (V, 1). Arrêtons-nous un instant sur cette définition. Selon la tradition rationaliste de Descartes et de Spinoza, notre raison comme pouvoir de juger du vrai et du faux inclut le pouvoir de comprendre la nécessité de jugements tels que « les assassinats sont des actes moralement condamnables [1] ». Mais il y a là une équivoque. Pour Hume, les prédicats « vrai » et « faux » ne concernent que les « relations d'idées », c'est-à-dire les déductions

1. Descartes soutient par exemple que la raison peut s'opposer aux passions par « ses propres armes [qui] sont des jugements fermes et déterminés touchant la connaissance du bien et du mal » (*Les Passions de l'âme*, article 48, *op. cit.*, p. 131).

Véronèse, *Jeune Homme entre le vice et la vertu*, 1580

Ce tableau du peintre Véronèse (1528-1588), intitulé *Jeune Homme entre le vice et la vertu*, peut être interprété comme une figuration emblématique de la lutte entre les impulsions mauvaises (les passions) et la droite conduite (la raison). La femme de gauche, avec sa poitrine opulente, ses riches vêtements et sa jambe droite légèrement dénudée, est l'allégorie des passions et de leur séduisante emprise. Celle de droite a les traits plus austères, les pieds nus, et son corps est couvert d'une draperie sobre : elle est l'allégorie de la vertu raisonnable. Entre les deux, le corps et l'esprit du jeune homme se trouvent tiraillés : sa tête et sa main gauche inclinent vers la Vertu, tandis que son coude droit replié suggère qu'il vient de retirer son autre main du bras encore tendu du Vice. Si les deux femmes semblent se dévisager, le regard du jeune homme est ailleurs, comme si son esprit rentrait en lui-même. Sa main posée sur son cœur indique le combat qui se livre en lui. Le cadre de la scène va dans le même sens : tous les détails, notamment le contraste entre le faste architectural de la partie gauche du tableau et la simplicité rustique de la nature encadrant la partie droite, confèrent au départ du jeune homme avec la Vertu une dimension presque élégiaque, indiquant la difficulté du choix intérieur.
Le tableau de Véronèse fait ainsi directement résonner le *topos* stoïcien et chrétien de l'affrontement entre la raison, source des vertus, et les passions, sources des vices. Hume, quant à lui, refuse de décrire la volonté humaine comme une entité déchirée entre la raison et les passions. Il reste pourtant encore tributaire, en un sens, de la tradition illustrée par Véronèse, lorsqu'il identifie la « force d'âme » (V, 4) à la domination des passions calmes sur les passions violentes.

logiques, et les « faits ». Il l'explicite dans un passage célèbre de l'*Enquête sur l'entendement humain* : « Tous les objets de la raison humaine [...] peuvent se diviser en deux genres, à savoir les *relations d'idées* et les *faits*. Du premier genre sont les sciences de la géométrie, de l'algèbre et de l'arithmétique, et, en bref, toute affirmation qui est intuitivement ou démonstrativement certaine. *Le carré de l'hypoténuse est égal au carré des deux côtés*, cette proposition exprime une relation entre ces figures. [...] Les faits, qui sont les seconds objets de la raison humaine, on ne les établit pas de la même manière ; et l'évidence de leur vérité, aussi grande qu'elle soit, n'est pas d'une nature semblable à la précédente. Le contraire d'un fait est toujours possible, car il n'implique pas contradiction[1]. » Les propositions axiologiques telles que la condamnation du meurtre n'expriment pas à proprement parler une « vérité » portant sur une relation d'idées ou sur un fait, elles ne sont que la traduction de sentiments, l'expression même des passions. À eux seuls, aucun fait et aucune relation d'idées, tant qu'ils demeurent coupés des sentiments, ne peuvent donc provoquer de volition :

> Les *relations abstraites* entre les idées sont objets de curiosité ; pas de volition. Quant aux *questions de fait*, dès lors qu'elles ne sont ni bonnes ni mauvaise, qu'elles ne suscitent ni désir ni aversion, elles sont entièrement indifférentes (V, 1).

Devra-t-on conclure que la raison « prise dans un sens exact » n'a absolument aucun rôle pratique ? Doit-on affirmer une séparation absolue entre le domaine de la théorie et celui de la pratique ? Hume ne le pense nullement. La finesse de son analyse consiste plutôt à montrer que la raison, comprise comme conception des faits et des relations d'idées, possède des effets pratiques quand elle est *alliée* aux passions, quand elle leur est *subordonnée*. Permettons-nous une libre variation sur un exemple humien afin de le montrer. Soit un homme épris de sa maîtresse, et que sa passion pousse à vouloir satisfaire tous les désirs de celle-ci. Son sentiment amoureux est pour Hume le seul et unique mobile de sa volonté. Mais la raison interviendra à deux niveaux : d'une part pour juger de certains faits pertinents vis-à-vis de cette passion (par exemple : « ma maîtresse aime les livres et les voyages »), d'autre part pour calculer par la réflexion les moyens de réaliser certains buts. Dans tous les cas, « [la raison] ne peut exercer son influence sans toucher quelque passion ou affection » (*ibid.*). Le livre II du *Traité de la nature humaine*, dans des pages célèbres, allait jusqu'à affirmer que « la raison est et ne doit qu'être l'esclave des passions ; elle ne peut jamais prétendre remplir un autre office que celui de les servir et de leur obéir[2] ».

1. David Hume, *Enquête sur l'entendement humain*, IV, 1, trad. A. Leroy et M. Beyssade, GF-Flammarion, 2006, p. 85.
2. *TNH II*, III, III.

2. La raison et les passions calmes

La tradition s'est donc fourvoyée lorsqu'elle a pensé que l'on peut opposer les passions et la réflexion. Mais pourquoi s'est-elle engouffrée dans cette voie ? Par quel effet d'optique trompeur cette opposition s'est-elle aussi bien imposée ? Le second volet de la section V de la *Dissertation sur les passions* expose une découverte humienne originale :

> Ce qu'on appelle communément raison – dans un sens populaire, cette fois –, et que les discours moraux nous recommandent si fort, n'est rien d'autre qu'une passion générale et calme qui embrasse son objet d'un point de vue éloigné et qui met en œuvre la volonté, sans susciter pour autant une émotion sensible (V, 2).

On aurait donc confondu raison et « passions calmes ». Précisons ici que Hume n'opère aucune volte-face. La raison « prise dans un sens exact » (V, 1) n'a jamais de pouvoir de détermination à l'égard de la volonté, et Hume n'entend nullement nuancer ce point ; d'ailleurs, du pouvoir de juger du vrai et du faux, il ne sera plus question jusqu'à la fin du texte. Tout l'enjeu de la section V est justement de montrer que ce qu'on appelle la raison « communément » ou « dans un sens populaire » n'a *rien* à voir avec ce qu'est la raison « prise dans un sens exact ». Ce que le discours populaire et le commun des hommes ont appelé la raison, allant jusqu'à causer les méprises des philosophes, ce n'est rien d'autre que les « passions calmes ». Qu'est-ce à dire ?

Affirmer qu'il existe des passions calmes, c'est d'entrée de jeu prendre à revers l'équation selon laquelle les passions seraient nécessairement des bouleversements intérieurs, des troubles démesurés. La révolution humienne passe une nouvelle fois par un refus de la caractérisation cicéronienne des passions, qui assimile celles-ci à des déferlements d'émotions, à des déstabilisations de l'équilibre interne ou encore à des formes variées de fureur. Certaines sensations agréables ou désagréables méritent le nom de passion en dépit du calme qui leur est associé.

La *Dissertation* reste cependant particulièrement elliptique au moment d'expliquer quelles sont, dans le détail, les passions que l'on peut qualifier de calmes. La seule caractéristique générale qui nous est laissée afin de déduire par nous-mêmes de quels affects il peut être question est que ces passions embrassent leur objet « d'un point de vue éloigné, sans susciter pour autant une émotion sensible » (*ibid.*). Nous disposons donc de deux critères.

Le premier critère, à savoir l'éloignement, peut être compris par opposition avec l'étroitesse des liens qui génèrent l'orgueil, l'humilité, l'amour et la haine. Un homme qui forme un sentiment de sa propre valeur morale, du caractère presque indéfectible du lien qui associe la justice à sa personne, en concevra vraisemblablement une fierté puissante. En revanche, un homme qui éprouve un sentiment favorable pour la justice sans que ce sentiment soit immédiatement associé à sa personne ou à celle d'un proche, cet homme pourra être dit éprouver une passion calme. L'objet des passions calmes paraît en ce sens peu dépendant de l'association des idées telle qu'elle a été introduite dans la section II. Est-ce à dire que les passions calmes sont nécessairement des passions directes ? Cette interprétation est tentante, même si Hume ne la confirme nulle part ; elle est même fragilisée par l'indication suivant laquelle le souci qu'un homme forme de sa propre valeur peut être tenu pour une passion calme : « [un homme] se conforme-t-il à la justice par raison ? C'est dire qu'il s'y tient par une considération calme du bien public ou par souci de sa respectabilité aux yeux d'autrui comme aux siens propres » (*ibid.*). L'orgueil aurait-il lui-même deux formes, l'une calme et l'autre violente ? Cette citation incline la balance en ce sens.

Il nous faut donc en venir au second critère, à savoir le fait que les passions calmes ne provoquent pas une « émotion sensible ». Ce critère est certainement le plus propre des deux à nous faire saisir la pensée de Hume. Les passions calmes sont les tendances affectives dépourvues de tout emportement, celles qui n'ébranlent pas l'âme et n'y introduisent pas le désordre. L'homme soucieux de sa responsabilité peut être dit fier ; l'orgueil arbore chez lui un visage modéré et égal. Rien de semblable à l'orgueil des vaniteux, qui entrent dans de vives colères ou de terribles chagrins lorsque l'éclat de leur image leur paraît terni. Ces deux critères étant élucidés, on peut rappeler que le livre II du *Traité de la nature humaine* comptait au premier chef parmi les passions calmes « le sens de la beauté et de la laideur dans l'action, la composition et les objets extérieurs [1] », autrement dit le sentiment moral et le sentiment esthétique.

La section V de la *Dissertation* s'achève par une relecture du thème classique de l'opposition de la raison et des passions. Une fois que l'on a bien compris qu'il s'agit en réalité d'une opposition entre les passions calmes et les passions violentes, on peut corriger les erreurs des métaphysiciens en montrant la réalité qu'ils avaient pourtant pressentie :

> C'est l'erreur commune des métaphysiciens d'avoir attribué la direction de la volonté à l'un de ces principes exclusivement, en supposant l'inefficience de l'autre. [...] On peut remarquer de façon générale que ces deux principes agissent de concert sur la volonté ; lorsqu'ils se contrarient, l'un des deux prévaut selon le caractère général de la personne ou selon sa disposition présente. Ce que nous appelons *force d'âme* implique la prévalence des passions calmes sur les passions violentes (V, 4).

Ce thème final de la force d'âme s'avère particulièrement extraordinaire. En effet, on aurait pu croire – à tort – que les passions calmes sont toujours vouées à s'effacer et à céder devant le déchaînement des passions violentes. La différence entre les deux séries d'affects n'étant que de simple intensité, comment pourrait-il en être autrement ? Une nouvelle fois, Hume nous détrompe. Une passion calme n'est pas nécessairement une

1. *TNH II*, I, I.

passion faible, pas plus qu'une passion violente n'est une passion puissante. Le fait que certains affects nous bouleversent et nous ébranlent ne signifie pas qu'ils possèdent une force supérieure aux affects plus constants et égaux, tels que le sens de la beauté dans l'action ou dans les œuvres d'art. Le rapport de force entre les passions calmes et les passions violentes est en réalité fonction du « caractère général de la personne ». Dans le cadre de la *Dissertation*, Hume reste peu disert sur les ressorts du caractère et ce qui conduit à l'affermir. Le caractère est-il la conséquence du tempérament naturel ? Est-il au contraire forgé par l'éducation ? Hume n'entend pas trancher. Mais il nous préserve d'un dangereux contresens : la tranquillité émotionnelle caractéristique d'une passion calme n'implique pas que celle-ci manque de force et ne puisse déterminer fermement la volonté.

3. Comprendre la violence des passions

La question éthique de la formation du caractère est donc laissée en suspens par la *Dissertation*. À bon droit, puisque l'essai sur les passions de Hume n'est pas un traité moral et adopte résolument le point de vue de la dynamique des mouvements affectifs. Pourtant, la section VI construit implicitement un pont entre la dynamique et l'éthique, entre la théorie des lois des passions et la théorie morale soucieuse des moyens de favoriser la domination des passions calmes sur les passions violentes. Car, quoique cette section ne prescrive aucune conduite à adopter vis-à-vis des passions, elle énumère « quelques-unes des circonstances qui rendent une passion calme ou violente, qui avivent ou affaiblissent une émotion » (VI, 1). Comment avouer plus nettement que la mise au jour des lois des passions est susceptible d'ouvrir la voie à un usage réfléchi de celles-ci ? Comprendre les sentiments, c'est être en mesure d'agir sur eux et de les faire varier (voir l'encadré « La passion, à l'origine de la conduite morale ? L'exemple de la pitié », p. 94) ; le savoir pourrait bien s'avérer ici le prélude du pouvoir. Hume ne l'ignore pas. Mais, fidèle à son programme (« faire apparaître que, dans leur production comme dans leur transmission, les passions suivent une sorte de mécanisme régulier susceptible d'une investigation aussi précise que celle des lois du mouvement, de l'optique, de l'hydrostatique ou de toute autre division de la philosophie naturelle », VI, 9), il se contente de dispenser dans les pages finales de la *Dissertation*, une dernière fois, des leçons de psychologie des sentiments.

Nous nous appesantirons peu sur ces leçons finales, car elles ne font principalement que rappeler les principes déjà abordés dans le reste de la *Dissertation*. L'originalité des dernières pages ne tient pas au fait que de nouvelles lois des affects y seraient introduites ; elle provient plutôt de ce que les lois et circonstances des passions avaient jusqu'alors été abordées comme causes *abstraction faite* de la question de l'intensité ; à présent, ces lois et circonstances sont parcourues à nouveaux frais comme sources de la puissance émotionnelle des passions. La volonté qu'a Hume de rassembler tous les acquis précédents sous ce nouveau jour conduit son écriture à s'accélérer, en particulier en VI, 9, où chaque paragraphe amène une nouvelle proposition sur ce qui fait décliner ou flamber nos émotions.

On peut distinguer dans la section VI deux séries de principes éclairant l'intensité du vécu correspondant à une passion. (1) La première série concerne la combinatoire des passions, lorsque nous sommes en proie à plusieurs mouvements affectifs. Cette série associe l'intensité émotionnelle à la fusion des passions, en remarquant de façon originale que les passions ont rarement tendance à se contrarier ou à s'annuler, quand bien même elles ne seraient pas similaires. (2) La seconde série s'attache à étudier les facteurs externes jouant sur l'intensité des passions, et s'intéresse successivement à l'incertitude (VI, 5 et VI, 6), à l'absence (VI, 7), aux habitudes (VI, 8) et à l'imagination (VI, 9).

(1) Le principe du mélange des passions, nous l'avons déjà vu, correspond au fait que « la passion prédominante absorbe la mineure et la convertit en elle » (VI, 1). De même que le mouvement d'un corps peut se trouver accéléré lorsqu'un autre mouvement le rejoint et lui imprime une force nouvelle, la puissance d'une passion se trouve augmentée lorsqu'un mélange survient entre deux émotions. La différence entre la fusion des mouvements physiques et la fusion des passions tient au fait que la première ne survient que lorsque les corps mobiles ont la même direction, tandis que la fusion des passions peut intervenir lors même que les émotions en jeu ne sont pas semblables. C'est là tout l'intérêt de l'exemple de la passion amoureuse exacerbée par les petites morsures de la jalousie :

> Dès lors qu'une personne s'est éprise d'une grande passion, les petits défauts et les caprices de sa maîtresse, les jalousies et les querelles auxquelles ce commerce donne si fréquemment lieu, ont beau être désagréables et en connexion avec la colère et la haine ; on n'en trouve pas moins qu'ils apportent, en de multiples cas, un supplément de force à la passion prédominante » (*ibid.*).

La passion amoureuse est un vécu plaisant, donc de direction affective contraire aux tourments de la jalousie et des querelles ; pourtant, lorsque la passion amoureuse est vive, au lieu d'être atténuée par les caprices et les agacements, elle trouve en eux un surcroît d'excitation. La violence des passions peut donc venir du fait qu'elles s'attisent mutuellement.

Il n'est pas anodin que Hume conclue cette analyse en évoquant une conséquence morale possible de ce fait. Selon lui, lorsque la passion calme qui se trouve associée à « la notion du devoir » (VI, 3) est initialement faible et qu'elle rencontre une passion violente (disons l'emportement), la seconde prévaudra toujours et se trouvera même intensifiée par ce conflit. On sait d'expérience que les interdits augmentent parfois le

La passion, à l'origine de la conduite morale ? L'exemple de la pitié

La richesse des réflexions de Hume sur les passions ne tient pas seulement au cadre général de leur analyse et aux lois qu'elles mettent au jour. Elle découle également des propositions singulières qu'il formule lors de l'analyse de passions particulières. Parmi elles-ci, la compassion ou pitié fait l'objet de pages remarquables, qui offrent une réévaluation implicite de la valeur de cet affect.

Une tradition philosophique condamne la pitié comme une émotion propre aux âmes faibles. Dans la *République*, **Platon** reproche à Homère de représenter les dieux en proie à la pitié envers leurs enfants, à l'instar de Thétis lorsqu'elle éclate en lamentations pour Achille. Pourquoi une telle réprobation ? Pour Platon, l'esprit ne doit pas être conduit par des impulsions affectives ou des sentiments tendres – les larmes que nous inspirerait la souffrance d'autrui, par exemple –, mais par l'idée du juste et du bien. Au XVIIIe siècle, **Kant** renchérira sur les analyses de Platon. Selon la *Doctrine de la vertu*, le devoir est inconditionnel : il faut secourir autrui par obligation morale, parce qu'on le *doit*, et non parce qu'on éprouverait des sentiments de commisération à son égard.

Contre cette tradition de dévaluation de la pitié, **Hume rejoint Rousseau pour en faire un des ressorts principaux de la conduite morale.** Selon la *Dissertation*, la pitié ne doit pas être condamnée car elle est une émotion irrésistible : « la compassion est un malaise qui nous saisit lors de souffrance d'autrui. Il semble qu'elle jaillisse de la conception forte et intime de ses souffrances ; notre imagination progressant de l'idée vive de la souffrance d'autrui à l'impression réelle de celle-ci » (III, 4). En outre, **la pitié produit un élan vers l'action**, car elle n'est pas un simple apitoiement intérieur ; **elle favorise le développement de formes d'amour**, elles-mêmes conduisant à désirer faire le bonheur d'autrui : « la compassion n'est que rarement, voire jamais, ressentie sans quelque mélange de tendresse et d'amitié » (III, 5).

Dans l'*Enquête sur les principes de la morale*, Hume ira jusqu'à soutenir que l'une des formes les plus élevées de la morale naît de notre disposition à aimer le bonheur de l'humanité, et à haïr le malheur de tout autre homme. Comment affirmer plus clairement la fonction cardinale de la pitié ? Dans ses ouvrages majeurs, publiés dans les décennies qui suivent la *Dissertation* de Hume, Rousseau défendra des thèses consonantes. Selon l'*Émile*, la pitié est « le premier sentiment relatif qui touche le cœur humain selon l'ordre de la nature » (GF-Flammarion, 2009, p. 320). Rousseau soutient en outre que de la pitié « découlent toutes les vertus sociales » (*Discours sur l'origine et les fondements de l'inégalité parmi les hommes*, GF-Flammarion, 1992, p. 213).

désir de transgression au lieu de l'apaiser. Ce faisant, Hume suggère implicitement une bonne et une mauvaise manière de faire se combattre le devoir et les passions. La mauvaise manière consiste à aiguiser l'appétit immoral par la représentation du devoir, lorsque le combat est perdu d'avance. La bonne manière pourrait consister à développer la « force d'âme » nommée par la section V, à faire en sorte que la notion du devoir devienne en nous l'objet d'un amour ferme et constant, afin qu'elle ne nourrisse pas une passion violente lorsque celle-ci se présentera. Rien ne sert d'opposer aux passions violentes des obstacles qui les renforceront une fois qu'elles les auront renversés ; seule la culture des passions calmes pourrait s'avérer efficace.

(2) Les autres facteurs capables d'influencer l'intensité des passions ont ceci de singulier qu'ils peuvent jouer dans deux directions opposées. Les degrés de la certitude que l'on peut avoir d'obtenir ce que l'on désire vont entraîner des effets divers : lorsque nous sommes dans l'incertitude extrême, l'agitation qui en découle renforce l'intensité des émotions, tandis que « la sécurité affaiblit les passions » et les « alanguit » (VI, 5). L'absence de l'être aimé peut aussi bien décupler notre amour que l'annuler, « tout comme le vent mouche une chandelle et attise un incendie » (VI, 7). La faible habitude que l'on peut avoir à éprouver un sentiment lui donne une intensité élevée, tandis qu'avec le renforcement de l'habitude, « la nouveauté s'use, les passions déclinent » (VI, 8). Enfin, lorsque la manière dont nous imaginons un bien est vivace, la passion associée à l'acte de l'imagination sera également intense (« rien n'est plus capable d'infuser une passion que l'éloquence qui représente les objets sous les couleurs les plus violentes et les plus vives », VI, 9) ; mais l'imagination peut également affaiblir les passions lorsqu'elle rencontre elle-même quelque obstacle (« l'influence de l'éloignement, par l'espace ou par le temps, n'équivaut pas à celle de la proximité et de la contiguïté », *ibid.*). Affirmer que certains facteurs peuvent autant multiplier le coefficient de force des passions que le diviser, voilà qui épouse parfaitement la neutralité axiologique de la *Dissertation* : cela atteste du fait qu'il serait absurde de dire les passions intrinsèquement bonnes ou mauvaises. Leur dynamique et leur infinie plasticité demandent avant tout à être comprises plutôt qu'à être jugées.

CONCLUSION

La densité exceptionnelle de la *Dissertation sur les passions*, la variété des sujets qu'elle explore et l'audace de sa démarche ne peuvent que forcer l'admiration. En montrant que les passions tissent une manière originale pour l'homme de se rapporter au monde, *via* les innombrables modifications des sentiments de plaisir et de peine, Hume coupe court à toute tentation de vouloir condamner les passions : tous nos jugements de valeur, toute possibilité de distinguer les biens et les maux, se trouvent en réalité appuyés sur nos mouvements émotionnels.

En mettant en lumière les lois de l'association des idées et des émotions qui gouvernent la formation et la diffusion des passions, l'auteur de la *Dissertation* réalise son ambitieux projet de constituer une science de la nature humaine analogue à la science newtonienne des corps matériels. Fidèle à l'empirisme teinté de scepticisme qui caractérise toute sa philosophie, il s'applique constamment à montrer comment les lois de l'association peuvent se trouver soutenues ou contrariées par les rapports de sympathie liant les hommes, les comparaisons implicites auxquelles ceux-ci se livrent, la sensibilité humaine au temps, ou encore par les effets extraordinaires du mélange des émotions. D'un même geste, en alternant vigoureusement les raisonnements déductifs et l'observation, il parvient à montrer que la théorie des passions peut atteindre des certitudes aussi puissantes que la physique et que cette certitude doit admettre des nuances infiniment raffinées.

En établissant la prééminence des passions sur la raison dans la détermination de la volonté, Hume bouleverse l'image des rapports entre ces trois instances qui avait dominé la philosophie jusqu'au siècle des Lumières. La conclusion de sa réflexion sur les causes variées de la violence et du calme des passions forme ainsi un legs pour qui voudrait se connaître soi-même ou se transformer ; car pour agir sur soi, l'intelligence de la dynamique des sentiments et du monde des passions constitue un levier irremplaçable.

ORIENTATION BIBLIOGRAPHIQUE

Édition de référence

Dissertation sur les passions, suivie du Traité de la nature humaine, livre II, traduction et présentation par Jean-Pierre Cléro, dossier par Raphaël Ehrsam, GF-Flammarion, 2015. [Cette édition comporte, outre la traduction prescrite de la *Dissertation sur les passions*, le livre II du *Traité de la nature humaine* intitulé *Les Passions*, ainsi qu'un dossier sur les passions dans l'œuvre de Hume.]

Études sur les passions chez Hume

Páll S. ÁRDAL, *Passion and Value in Hume's Treatise*, Edinburgh University Press, 1966.

Frédéric BRAHAMI, « La généalogie du moi dans la philosophie de Hume », *Revue philosophique de la France et de l'étranger*, n° 191/2, 2001, p. 169-190.

Frédéric BRAHAMI, *Introduction au « Traité de la nature humaine » de David Hume*, PUF, 2003.

Frédéric BRAHAMI, « Les écritures philosophiques de Hume », dans *Le Style des philosophes*, dir. B. Curatolo et J. Poirier, Éditions universitaires de Dijon, 2007.

Stephen BUCKLE, « Hume on the Passions », *Philosophy*, n° 340, 2012, vol. 87, p. 189-213.

Jean-Pierre CLÉRO, *La Philosophie des passions chez David Hume*, Klincksieck, 1985.

Donald DAVIDSON, *Actions et événements*, trad. P. Engel, PUF, « Épiméthée », 1993, chapitre 15, « La théorie cognitive de l'orgueil de Hume ».

Jane L. MCINTYRE, « Hume's Passions : Direct and Indirect », *Hume Studies*, n° 26/1, 2000, p. 77-86.

TROISIÈME PARTIE

Balzac

La Cousine Bette

par Esther Pinon

VIE D'HONORÉ DE BALZAC

1799 : Naissance, à Tours, le 20 mai, d'Honoré Balzac.
1814 : Le jeune Honoré suit sa famille à Paris.
1816 : Il s'inscrit à la faculté de droit. Il devient clerc d'avoué, puis, en 1818, clerc de notaire.
1818 : Il rédige des *Notes sur l'immortalité de l'âme.*
1819 : Balzac affirme sa vocation littéraire avec une tragédie, *Cromwell*, qui ne sera ni jouée ni publiée de son vivant.
1822 : Début de sa liaison avec Laure de Berny, âgée de quarante-cinq ans. En collaboration avec Auguste Lepoitevin, il publie ses premiers romans, sous le pseudonyme de lord R'hoone. Les suivants, qu'il crée seul, paraissent sous le pseudonyme d'Horace de Saint-Aubin.
1825 : Avec Urbain Canel, Balzac réédite les œuvres de Molière et de La Fontaine. Début des relations avec la duchesse d'Abrantès. Le 11 août, mort de sa sœur Laurence.
1826 : Obtention d'un brevet d'imprimeur.
1827 : Création d'une société pour l'exploitation d'une fonderie de caractères d'imprimerie.
1828 : Les affaires de Balzac marchent mal. Il contracte de lourdes dettes et revient à la littérature.
1829 : Balzac commence à fréquenter les salons. Début de la correspondance. Le 19 juin, mort de son père. **Parution du *Dernier Chouan ou la Bretagne en 1800*, signé « Honoré Balzac », et qui sera le premier roman incorporé à *La Comédie humaine.***
1830 : Balzac collabore à divers journaux. Il commence à signer « de Balzac ». Premières *Scènes de la vie privée* et premiers « contes philosophiques ».
1831 : Désormais consacré comme écrivain, il travaille avec acharnement, tout en menant une vie mondaine et luxueuse. *La Peau de chagrin* et *Le Chef-d'œuvre inconnu.*
1832 : *Eugénie Grandet.* Entrée en relations avec Mme Hanska. Il la rencontre pour la première fois en septembre 1833.
1834 : Le 16 juillet, Balzac envisage de diviser son œuvre en trois séries : « Études de mœurs » au XIXe siècle, « Études philosophiques » et « Études analytiques ». À l'automne, **pendant la rédaction du *Père Goriot*, il invente le procédé de retour des personnages.**
1836 : En juillet, Balzac doit liquider *La Chronique de Paris*, qu'il dirigeait depuis janvier. *Le Lys dans la vallée.*
1837 : Parution du début d'*Illusions perdues.*
1838 : Parution de *La Torpille* (début de *Splendeurs et misères des courtisanes*).
1839 : Balzac est nommé président de la Société des gens de lettres. Candidat à l'Académie française, il s'efface devant Victor Hugo. Il échouera à y entrer en 1845 et 1849.
1840 : Balzac dirige la *Revue parisienne*, qui aura trois numéros.
1841 : Il traite avec Furne pour la publication de *La Comédie humaine.*
1843 : Séjour à Saint-Pétersbourg, auprès de Mme Hanska, devenue veuve. *Illusions perdues.*
1845-1846 : Voyages avec Mme Hanska.
1846 : *La Cousine Bette.*
1849 : Crises cardiaques répétées au cours de l'année.
1850 : Le 14 mars, il épouse Mme Hanska. Malade, il rentre avec elle à Paris le 20 mai et meurt le 18 août.

I. PRÉSENTATION DE *LA COUSINE BETTE*

A. Le contexte historique et culturel de l'œuvre

1. La monarchie de Juillet : révolutions, déceptions, mutations

De même que Zola offre, avec *Les Rougon-Macquart*, l'« Histoire naturelle et sociale d'une famille sous le Second Empire [1] », *La Cousine Bette* peut se lire comme l'histoire naturelle et sociale d'une famille sous la monarchie de Juillet. Publié à l'automne 1846, moins de deux ans avant l'abdication de celui que l'on nomme « le roi bourgeois », le roman couvre un large pan de son règne, puisqu'il s'ouvre en 1838 et s'achève avec le mariage du baron Hulot et d'Agathe Piquetard, « le 1er février 1846 » (chap. 132, p. 578). La chronique mouvementée et cruelle qu'est *La Cousine Bette* se trouve ainsi marquée du sceau d'un temps où l'amertume le dispute à l'effervescence.

Né le 1er prairial an VII, ou 20 mai 1799, sous le Directoire, le jour même de la défaite de Bonaparte devant Saint-Jean-d'Acre assiégée, Balzac a vu, enfant, l'ascension puis la chute de Napoléon Ier, et s'est formé pendant la Restauration. Cette toile de fond de ses jeunes années est aussi celle de nombre de ses romans [2], mais la monarchie de Juillet apparaît comme l'ère balzacienne par excellence.

Sa carrière d'écrivain reconnu s'ouvre en effet en 1830, au plus fort du tumulte intellectuel et politique qui anime alors Paris, la France et l'Europe. On se bat dans les théâtres, où se joue la révolution romantique, et dans les rues, où se dressent des barricades. Dans l'espoir de mettre fin à une longue période d'instabilité parlementaire, Charles X tente d'imposer, contre les libéraux, le ministère Polignac, minoritaire, mais qui lui est favorable. Des rassemblements populaires s'ensuivent, qui tournent à l'émeute puis à la révolution : ce sont les Trois Glorieuses, du 27 au 29 juillet. La monarchie parlementaire est conservée, mais les Orléans succèdent à la branche aînée des Bourbons, et Louis-Philippe Ier devient, non pas roi de France, mais « roi des Français ». Cependant les espoirs de libéralisation nés des journées de juillet sont rapidement déçus : les soulèvements populaires sont durement réprimés – le massacre de la rue Transnonain, le 14 avril 1834, marque profondément les esprits – tandis que la politique du « juste milieu » voulue par Louis-Philippe favorise la bourgeoisie d'affaires, incarnée par Crevel dans *La Cousine Bette*.

1. Sous-titre du cycle romanesque de Zola.
2. *La Comédie humaine*, exception faite de quelques incursions dans le passé (dans *Le Chef-d'œuvre inconnu* ou *Les Proscrits*, par exemple), couvre une période qui s'étend de 1799, date à laquelle se déroulent *Les Chouans*, à 1846, date à laquelle s'achèvent *La Cousine Bette* et *Les Comédiens sans le savoir*.

La désillusion est cuisante et vient renforcer un certain mal-être intellectuel et idéologique qui se traduit en littérature par ce que Balzac lui-même nomme « l'école du désenchantement ». En 1831, dans ses *Lettres sur Paris*, il désigne ainsi un certain courant littéraire selon lui caractéristique de 1830. Il dit y appartenir et se range, aux côtés de Stendhal, Charles Nodier et Jules Janin, dans cette « école » qui retranscrit « la senteur cadavéreuse d'une société qui s'éteint [1] ».

S'il a exprimé, sous la Restauration, des sympathies libérales, Balzac affirme de plus en plus nettement, sous la monarchie de Juillet, des convictions légitimistes et conservatrices, tout en restant en marge de la vie politique de son temps. Il perçoit en revanche avec acuité le climat d'une époque dont son œuvre romanesque retrace finement les mutations et la complexité.

2. Balzac, réaliste et romantique

Si Balzac est incontestablement une figure de proue du réalisme, par son ambition de saisir la vérité d'une société et d'une époque – ambition que résume la célèbre formule de l'« Avant-propos » de *La Comédie humaine* : « faire concurrence à l'État-Civil [2] » –, il n'en est pas moins marqué par le romantisme qui caractérise la première moitié de son siècle. La société balzacienne est en effet dépeinte à travers le prisme d'individualités énergiques et passionnées qui, autant qu'un Antony chez Dumas ou un Ruy Blas chez Hugo, incarnent la fougue, les espérances et les contradictions du héros romantique.

Né au lendemain de la Révolution française, le romantisme rompt avec le classicisme, ses règles et son idéal d'universalité : offrir à une société qui vient de connaître un bouleversement radical une littérature qui lui corresponde, tel est le vœu que formule notamment Stendhal dans *Racine et Shakespeare*, et auquel Balzac répond à sa manière, en se faisant l'analyste de son temps. Mais le romantisme se construit également en rapport et en réaction à la pensée des Lumières. Nourrie des idéaux philosophiques du XVIIIe siècle, la Révolution a métamorphosé la perception de l'Histoire et des destinées humaines qui ne semblent plus ordonnées par le sacré ni par la raison. Les événements sans précédent qui ont secoué la France apparaissent en effet alors comme un défi à l'intelligence rationnelle, dont les romantiques désormais s'écartent, se tournant vers l'imaginaire, le légendaire, la fantaisie, l'ailleurs, le rêve, l'idéal. En ce sens Balzac, peintre du réel qui se réclame des naturalistes Buffon et Geoffroy Saint-Hilaire, et de l'anatomiste Cuvier, pourrait être considéré comme étranger à ce mouvement. Mais bien des romantiques, tel Musset dans *La Confession d'un enfant du siècle*, éprouvent le besoin

---

1. *Lettres sur Paris*, chronique du journal *Le Voleur*, 9 janvier 1831.
2. *La Comédie humaine*, t. I, *Études de mœurs : Scènes de la vie privée*, dir. P.-G. Castex, Gallimard, « Bibliothèque de la Pléiade », 1976, p. 10.

d'idéal dans le contact douloureux avec le réel. Cette aspiration à l'idéal, Balzac lui-même l'a manifestée dans des récits aux accents mystiques comme *Séraphîta*, ange et androgyne en quête de l'amour parfait. Et le même idéal reparaît jusque dans les récits les plus « réalistes », qui ont eux aussi leurs figures angéliques, de Mme de Mortsauf dans *Le Lys dans la vallée* à Adeline Hulot dans *La Cousine Bette*. Parce qu'il questionne le réel et la manière dont l'individu peut l'habiter, Balzac ne cesse, dans les différentes sections de *La Comédie humaine*, de décliner les articulations multiples du romantisme et du réalisme.

B. *La Cousine Bette* et *La Comédie humaine*

1. Le plan d'ensemble de *La Comédie humaine*

Roman à part entière, paru en feuilleton dans *Le Constitutionnel*, du 8 octobre au 3 décembre 1846, *La Cousine Bette* se lit également comme une partie du grand tout qu'est *La Comédie humaine*. Contrairement aux premiers romans de Balzac, *La Cousine Bette* a d'emblée été conçu pour s'intégrer à cet ensemble. En 1834, le romancier prend conscience de l'unité de son œuvre, et songe à une architecture générale lui permettant de composer, à partir de ses récits déjà écrits, une vaste fresque dont il exclut ses œuvres de jeunesse et ses pièces de théâtre, mais dans laquelle prennent place tous les romans qu'il crée par la suite. Lorsqu'il écrit *La Cousine Bette*, sa production romanesque est donc orientée vers ce projet littéralement dantesque auquel il a donné, en 1842, le nom de *Comédie humaine*, en référence à *La Divine Comédie*.

La structure de *La Comédie humaine* est complexe, et offre plusieurs entrées. L'ensemble romanesque peut se lire comme un parcours chronologique de la première moitié du XIXe siècle ; *La Cousine Bette* apparaît alors comme un point d'aboutissement, puisque le mariage du baron Hulot et d'Agathe Piquetard, le 1er février 1846, est l'un des événements les plus tardifs dans la chronologie générale du cycle.

L'organisation de *La Comédie humaine* est cependant loin d'être strictement chronologique : en 1845, Balzac dresse un plan d'ensemble de son œuvre qui regroupe, selon la logique tripartite imaginée en 1834, cent trente-sept romans dont certains sont restés à l'état de projet. *La Comédie humaine* apparaît alors comme une immense réflexion progressive, de l'observation factuelle à l'abstraction philosophique. La première section de l'ensemble, les « Études de mœurs », est aussi la plus vaste ; elle constitue la base de l'édifice et a pour mission de montrer, dans toute sa diversité, le fonctionnement de la vie sociale ; la deuxième, les « Études philosophiques », explore les causes des phénomènes décrits dans les « Études de mœurs », et la dernière, les « Études analytiques », clef de voûte du monument, doit révéler l'essence de la pensée balzacienne par une voie non romanesque.

La Cousine Bette appartient à la première strate de l'œuvre, celle des « Études de mœurs », elles-mêmes structurées par des subdivisions. L'histoire de la vengeance de Lisbeth Fischer prend place à la fin des « Scènes de la vie parisienne », dans le diptyque des *Parents pauvres*. Loin d'être un roman des confins, elle se situe donc au cœur de *La Comédie humaine* et est conçue pour entrer en résonance avec de nombreux autres romans, au premier chef desquels *Le Cousin Pons* : l'autre « parent pauvre », Sylvain Pons, victime innocente de la rapacité de son entourage, est en effet l'exact opposé de la malfaisante et manipulatrice Lisbeth Fischer [1].

2. Les personnages reparaissants

L'appartenance de *La Cousine Bette* à *La Comédie humaine* ne se définit toutefois pas seulement par des phénomènes d'inclusion et de symétrie. Elle tient aussi au procédé par lequel Balzac révolutionne l'expérience de la lecture romanesque, celui du retour des personnages. En 1834, alors qu'il rédige *Le Père Goriot*, Balzac a l'idée de faire reparaître dans un récit des personnages ayant déjà figuré dans une autre œuvre (le personnage principal d'un roman peut ainsi être une simple silhouette dans un autre), ce qui confère à *La Comédie humaine* une unité, une densité et une profondeur sans précédent : lire Balzac, c'est entrer dans un univers parallèle au réel où l'illusion de la vie est d'autant plus forte que l'on croise sans cesse des visages déjà connus grâce auxquels l'auteur éveille des souvenirs, ménage des effets de surprise et révèle les mécanismes complexes qui animent l'édifice social. Les romans écrits avant 1834 sont retouchés pour généraliser ce procédé : des personnages jusqu'alors anonymes sont par exemple rebaptisés pour correspondre aux personnages d'autres récits.

Œuvre tardive, *La Cousine Bette* offre à Balzac l'occasion de réunir nombre de ses créatures de papier, ce qui, rétrospectivement, peut conforter l'impression que le roman vient clore un cycle : comme dans toute « comédie » qui se respecte, les personnages se trouvent réunis à la dernière « scène ». La famille Hulot n'est pas inconnue au lecteur de *La Cousine Bette* : si Lisbeth, le baron, Adeline et leurs enfants sont des personnages neufs, le maréchal Hulot, lui, figurait déjà dans le tout premier roman du cycle, *Les Chouans*, dont il était l'une des figures les plus positives. Balzac le fait reparaître dans *La Muse du département*, mais c'est dans *La Cousine Bette* qu'il met un terme à la destinée de cette figure attachante, imaginée dix-sept ans plutôt. Célestin Crevel est lui aussi un personnage familier aux lecteurs des romans de Balzac : dans

1. Sur *Les Parents pauvres*, voir la préface de Sylvain Ledda, dans Balzac, *La Cousine Bette*, GF-Flammarion, 2015.

César Birotteau, il était le commis du héros éponyme, et il reparaît dans *Le Cousin Pons*. Chez César Birotteau, il succède à Anselme Popinot, devenu ministre du Commerce dans *La Cousine Bette*. Ce dernier est d'ailleurs parent d'Horace Bianchon, médecin de la plupart des personnages de *La Comédie humaine*, et que l'on retrouve ici au chevet de Valérie Marneffe, de Célestin Crevel, d'Adeline Hulot. La galaxie de gens d'esprit que composent les habitués des salons de Valérie Marneffe et de Josépha (Bixiou, du Tillet, Léon de Lora, Lousteau, Nathan, Claude Vignon, Florine) sont des figures récurrentes de *La Comédie humaine*, de même que les puissants Rastignac et Maxime de Trailles et que les dames de la bonne société qui offrent une place à Adeline Hulot (« Mmes Popinot, de Rastignac, de Navarreins, d'Espard, de Grandlieu, de Carigliano, de Lenoncourt et de la Bâtie ont créé pour votre chère mère une place d'inspectrice de bienfaisance », chap. 100, p. 464). Même Vautrin, figure emblématique qui domine *La Comédie humaine*, reparaît brièvement dans *La Cousine Bette*, en tant que chef de la Sûreté (chap. 112), à travers son double féminin, la redoutable Mme de Saint-Estève, *alias* Asie, *alias* Jacqueline Collin, empoisonneuse, maîtresse de Marat, dont on sait depuis *Splendeurs et misères des courtisanes* qu'elle est la tante et la complice de Vautrin, et qui vient ici apporter son aide à Victorin Hulot dans sa lutte contre Valérie Marneffe. De même que Lisbeth Fischer tend autour des Hulot la toile de la vengeance, Balzac noue autour cette même famille bien des fils narratifs tissés tout au long de son œuvre romanesque.

C. Confluences des genres littéraires

1. Roman et théâtre

Avant même d'être romancier, Balzac fut dramaturge : sa première tentative littéraire fut une tragédie, *Cromwell*, et, en dépit des nombreuses difficultés rencontrées, il ne renonça jamais à mener une carrière dramatique, tantôt en adaptant des fragments de son œuvre romanesque (*Vautrin*), tantôt en créant des pièces originales (*Le Nègre*, *L'École des ménages*, *Les Ressources de Quinola*, *Paméla Giraud*, *La Marâtre*, *Le Faiseur*). Cette passion du théâtre est perceptible dans *La Comédie humaine*, dont le titre renvoie certes à Dante et par conséquent au genre de l'épopée, mais aussi à l'univers théâtral. Aussi les « Études de mœurs », premier acte de la fresque, sont-elles organisées en « Scènes » (« de la vie privée », « de la vie de province », etc.). *La Cousine Bette*, que le narrateur compare à une « tragédie classique » (chap. 36, p. 236), n'échappe pas à la règle et porte l'empreinte du théâtre.

L'intrigue du roman repose très largement sur un jeu avec les codes du mélodrame, qui met généralement en scène une héroïne vertueuse mais persécutée par un traître ignoble et son confident, dont est également victime le père de la jeune fille, bafoué avant d'être reconnu dans ses droits [1]. Les personnages d'Hortense, de Lisbeth, de Valérie, du baron Hulot procèdent largement de ces types, tout en les subvertissant : Hortense, capable d'échafauder des stratégies complexes pour se fiancer à « l'amoureux » de sa cousine, est une héroïne à l'innocence quelque peu ambiguë, flanquée, en la personne de Wenceslas, d'un jeune premier velléitaire et lâche ; Lisbeth, si elle a bien la noirceur et l'hypocrisie insondable des traîtres de mélodrame, inspire initialement la compassion dans la mesure où elle est frappée par la malédiction de la laideur et endure la protection vaguement condescendante de ses proches ; Valérie Marneffe, loin de se cantonner au rôle secondaire de la confidente, fascine par son habileté et son pouvoir de séduction presque maléfique ; le baron Hulot, enfin, est un curieux père noble qui œuvre seul ou presque à sa déchéance.

Du théâtre, Balzac retient également la puissance du dialogue et le rôle prépondérant de la parole dans la caractérisation des personnages. Le romancier étudie de près le langage propre à chaque caste, à chaque caractère, préfigurant le système des « parlures » développé par Proust dans *À la recherche du temps perdu*. Il se plaît ainsi à imiter l'accent allemand du baron Nucingen, allant même jusqu'à retranscrire dans le mauvais français du banquier un vers de l'opéra *Œdipe à Colone* : « J'ai connu le malheur, et j'y sais compatir », qui devient : « Chai gonni ce malhir, et chi zai gombadir » (chap. 34, p. 227). Plus subtilement, il exploite les dialogues pour révéler les traits distinctifs de chaque personnage, qu'ils relèvent de leur condition sociale ou de leur tempérament. Ce procédé est nettement perceptible lors de l'entrevue de Josépha, courtisane qui s'est « promis de bien jouer son rôle de grande dame » (chap. 104, p. 482), qui parle presque malgré elle un langage vif et haut en couleur, et Adeline, grande dame véritable, à la parole simple et franche :

> – [...] Notre vie, à nous autres, est si occupée, si remplie, que je n'ai pu courir après le père Thoul. Par aventure, depuis six mois, Bijou, ma brodeuse, sa... comment dirais-je ?
>
> – Sa maîtresse, dit Mme Hulot.
>
> – Sa maîtresse, répéta Josépha, n'est pas venue ici. Mlle Olympe Bijou pourrait fort bien avoir divorcé. Le divorce est fréquent dans notre arrondissement (*ibid.*, p. 484).

Émouvante et comique tout à la fois, la scène renvoie également à l'univers du spectacle par la seule présence de Josépha Mirah, cantatrice, et à ce titre habituée des planches.

Le monde du théâtre fournit en effet à Balzac non seulement une esthétique, mais aussi une atmosphère et un répertoire d'images auxquels

1. Sur ce genre théâtral, voir Florence Fix, *Le Mélodrame. La tentation des larmes*, Klincksieck, 2011.

il se réfère sans cesse dans *La Cousine Bette*[1]. Paris, où chacun se montre, observe, porte un masque et s'efforce de percer à jour celui des autres, est une immense scène que le narrateur étudie en connaisseur, depuis la coulisse. Le romancier renoue ainsi avec la pensée baroque du *theatrum mundi*, le grand théâtre du monde, où chaque être joue un rôle, consciemment ou non – à cette différence près que dans *La Comédie humaine* le spectacle social n'est plus régi par le Tout-Puissant, mais par des manipulateurs hors pair, tels Lisbeth Fischer ou le romancier lui-même.

2. « Étude » ou roman feuilleton ?

Le projet de *La Comédie humaine* ajoute à la densité générique de *La Cousine Bette*. La « Scène de la vie parisienne » n'est pas un simple tableau offert à la contemplation du spectateur ; elle est aussi indéniablement une « Étude de mœurs », un cas d'école dont l'auteur déduit une méditation morale et sociale, comme en témoignent les nombreuses interventions dans lesquelles le narrateur juge ouvertement – et souvent ironiquement – ses personnages, ou invite le lecteur à la réflexion. Il se pose explicitement en moraliste lorsque, après avoir dépeint l'indulgence d'Adeline Hulot pour son mari infidèle, il s'efforce d'en percer les causes. Le récit fait alors place à une véritable petite dissertation sur les charmes du vice et les rudesses de la vertu :

> Le moraliste ne saurait nier que généralement les gens bien élevés et très vicieux ne soient beaucoup plus aimables que les gens vertueux ; ayant des crimes à racheter, ils sollicitent par provision l'indulgence en se montrant faciles avec les défauts de leurs juges, et ils passent pour être excellents. Quoiqu'il y ait des gens charmants parmi les gens vertueux, la vertu se croit assez belle par elle-même pour se dispenser de faire des frais (chap. 12, p. 116).

Le sous-titre du roman, *Le Père prodigue*, suggère d'ailleurs qu'une vérité morale est à chercher derrière la narration des faits ; allusion à l'épisode biblique du fils prodigue, il apparente le texte à une parabole, récit imagé permettant de délivrer un enseignement. En ce sens, le roman pourrait également relever du genre de l'apologue ; dans ce texte où les enfants sont souvent plus sages que leurs parents, la sentence prononcée par « maître Popinot, le second fils de l'ancien ministre du Commerce » (chap. 132, p. 578) et qui vient clore le récit ferait alors figure de moralité : « Les ancêtres peuvent s'opposer au mariage de leurs enfants, mais les enfants ne peuvent pas empêcher les folies des ancêtres en enfance » (*ibid.*). Dans ce jugement, presque un verdict, à la fois indulgent et désabusé, se mêlent le constat moral et l'interrogation sociale.

1. Voir la présentation de Sylvain Ledda à son édition de *La Cousine Bette*, GF-Flammarion, 2015.

Cependant Balzac ne sacrifie jamais la tension romanesque à la dimension démonstrative de son texte. Les pauses méditatives sont brèves, enlevées, et parfaitement intégrées au tissu narratif : elles ne l'interrompent que pour mieux piquer la curiosité du lecteur. Initialement publiée en feuilleton, *La Cousine Bette* est avant tout un récit haletant, aux multiples rebondissements et au rythme rapide, souligné par un découpage en chapitres qui tient savamment le lecteur en haleine : le créateur de Valérie Marneffe connaît la nécessité de séduire son auditoire et sait les moyens d'y parvenir.

D. Les thèmes principaux de *La Cousine Bette*

1. Vengeance et revanche

La vengeance, ressort tragique et romanesque par excellence, de l'*Orestie* d'Eschyle au *Comte de Monte-Cristo* de Dumas, est le moteur principal de *La Cousine Bette*. Érinye des temps modernes, Lisbeth Fischer poursuit de sa rancune la famille Hulot, et sa passion haineuse semble se répandre autour d'elle comme une contagion : Crevel veut se venger de Hulot qui lui a pris Josépha, Valérie Marneffe veut se venger d'Adeline à laquelle son mari accorde encore quelques maigres subsides, Montès (dont le nom, hybride de Monte-Cristo et de Dantès, doit peut-être quelque chose à Dumas) se venge des infidélités de Valérie Marneffe, le probe et pur Victorin Hulot lui-même se venge du déshonneur que la même Valérie Marneffe a infligé à sa famille.

Dans le cas de Lisbeth cependant, le motif de la vengeance est trouble et la culpabilité des victimes, douteuse. Certes, Hortense a « volé » à Bette son bien-aimé Wenceslas. Mais le narrateur ne cesse de souligner le caractère contre nature du duo formé par la vieille fille et le sculpteur, et d'affirmer l'innocence de la jeune fille : il admire « la simplicité du plan que cet amour idéal avait suggéré, dans une seule nuit, à cette innocente fille » (chap. 22, p. 164). En vérité « le mal vient de plus loin », comme le dit Hortense elle-même sans mesurer la portée de ses paroles (chap. 22, p. 163) : la rancœur de Lisbeth préexiste aux fiançailles d'Hortense et Wenceslas, et sa soif de vengeance tient davantage de la revanche – revanche psychologique et sociale de la laide sur la belle, de la pauvre sur la riche, de la déclassée sur la parvenue. C'est Adeline que Bette exècre, bien plus que sa fille, et le serment qu'elle prononce lorsqu'elle résout d'anéantir les Hulot en témoigne : « Adeline ! Adeline ! je te verrai dans la boue et plus bas que moi ! » (chap. 26, p. 185).

Pour accomplir son terrible dessein, la cousine Bette agit à peine : elle se contente d'orienter le cours des événements en exploitant habilement les faiblesses de chacun. Elle incarne ainsi « la force des choses » (chap. 29, p. 200) dans une société où la mobilité sociale cristallise les inimitiés et devient tout à la fois la marque et l'instrument de la fatalité.

2. Famille et société

Comme dans la tragédie antique, là encore, la vengeance s'exerce en famille. Les titres et sous-titres – *Les Parents pauvres*, *La Cousine Bette*, *Le Père prodigue* – mettent l'accent sur le caractère presque exclusivement familial de l'intrigue. Balzac a en effet resserré le plus possible les liens du sang et du mariage, notamment en mariant Victorin Hulot et Célestine Crevel, faisant ainsi de Crevel et Hulot pères, non seulement des rivaux et compagnons de débauche mais aussi des parents. Crevel, futur époux de Valérie, assure le lien entre les deux clans opposés du récit, la maison Hulot et la maison Fischer-Marneffe. La première représente la famille légitime, initialement unie par l'amour (celui d'Adeline pour Hulot, d'Hortense pour Wenceslas, mais aussi des parents pour leurs enfants), mais menacée de dissolution par la seconde, chaotique et menaçante. Autour de Valérie Marneffe se recompose une famille fantasmatique, où le couple formé par Lisbeth et Valérie se substitue à celui des époux Marneffe, soudé moins par l'affection que par des intérêts communs, où un père et son beau-fils peuvent devenir amants d'une même femme, où un enfant à naître peut avoir « cinq pères » (chap. 72, p. 359), et où l'amour maternel semble inexistant : Valérie nomme *monstrico* le fils qu'elle a eu de Marneffe (chap. 69, p. 353). Balzac réinvente ainsi les légendaires lignées maudites des Atrides ou des Labdacides, ou les haines fraternelles de la Bible, car Lisbeth, qui projette d'épouser le frère du mari de sa cousine, est symboliquement sœur d'Adeline et rejoue au féminin l'animosité fondatrice de Caïn pour Abel.

Au-delà du souffle dramatique et mythique qu'il fait naître dans le roman, le motif familial impose une réflexion sur la société. Pour Balzac comme pour nombre de ses contemporains, la famille représente en effet la base de l'édifice social, dont l'ordre est symboliquement ébranlé lorsque Hulot, tel un monarque déchu, abdique son rôle de père. Le jeu des alliances, légitimes ou non, permet de plus à l'auteur de réunir au sein du microcosme familial toutes les classes sociales : la noblesse d'Empire (les frères Hulot) et le monde paysan (les cousines Fischer), les employés (Marneffe) et les courtisanes (Valérie, Josépha), les artistes (Wenceslas) et l'aristocratie étrangère (Montès), le peuple miséreux (Olympe Bijou, Atala Judici) et les domestiques (Agathe Piquetard). C'est ainsi toute la « comédie humaine » qui gravite autour d'un seul noyau familial.

3. Argent et corruption

Obsession personnelle de Balzac, endetté permanent, et thème récurrent de ses romans, l'argent est l'un des grands facteurs qui, dans *La Comédie humaine*, viennent perturber les rapports humains, et en particulier familiaux – dans *Eugénie Grandet*, une fille lutte secrètement contre l'avarice de son père, tandis que, dans *Le Père Goriot*, un père sombre dans la misère pour satisfaire ses filles avides et ingrates.

La Cousine Bette ne fait pas exception à la règle. Les avoirs et besoins de chacun y sont précisément calculés, et l'argent qui circule de manière effrénée matérialise les passions et les tensions qui règlent l'existence des personnages. La sourde rancœur de Lisbeth Fischer s'enracine dans le bien-être matériel dont bénéficie sa cousine et dont elle est injustement privée ; dès lors, l'argent devient l'un des principaux leviers par lesquels elle agit sur les êtres : après avoir vainement tenté de retenir Wenceslas en faisant de lui son débiteur, elle précipite la ruine des Hulot en attisant le goût du baron pour les amours dispendieuses. Mais, au-delà des manœuvres de Lisbeth, l'argent est la préoccupation permanente des personnages et tout est transaction, les noces d'Hortense qu'il convient de marier avec la dot la plus modeste possible, comme celles de Lisbeth supposée sauver sa famille par son mariage avec le maréchal Hulot.

Le motif de la corruption envahit alors le roman, et se retrouve à tous les étages de la société, du triomphe de Valérie Marneffe, la courtisane mariée qui sait conserver une apparence respectable, à la destinée sordide d'Atala Judici vendue par sa mère, en passant par le déshonneur du probe Johann Fischer, impliqué malgré lui dans une affaire de détournement de fonds. L'exemplaire Adeline Hulot elle-même est touchée : privée de ressources par son mari, elle prétexte avoir donné de l'argent à sa fille pour pouvoir en emprunter à son beau-frère, à la grande satisfaction de Lisbeth qui constate que « la délicate Adeline était [...] descendue aux fallacieuses paroles que le besoin suggère aux emprunteurs » (chap. 44, p. 266) ; pour sauver son mari et Johann Fischer, elle s'abaisse même jusqu'à s'offrir à Célestin Crevel. Enfin, si le dénouement du roman revêt les apparences du bonheur, c'est uniquement parce que la famille Hulot a retrouvé sa stabilité financière – la stabilité affective, elle, n'est pas au rendez-vous, comme le suggère une remarque faussement anodine sur Wenceslas, qui, devenu le « mari d'une femme riche, ne lui [fait] aucune infidélité » (chap. 131, p. 575). Ainsi *La Cousine Bette*, où le pouvoir corrosif et corrupteur de l'argent éclate à chaque page, demeure jusqu'au bout l'une des œuvres les plus sombres de Balzac.

4. Amours et passions

Cette noirceur n'est pas atténuée par la thématique amoureuse, très présente dans le récit, car amour et argent demeurent étroitement liés :

STRUCTURE DE *LA COUSINE BETTE*

Le roman est organisé selon une **structure bipartite** explicitée par le narrateur à la fin du chapitre 36, qui constitue la charnière des deux parties. La première constitue l'« exposition » (chap. 36, p. 236) et relate les événements qui, en 1838, attisent la haine de Lisbeth Fischer contre la famille Hulot ; la seconde, que Balzac désigne comme le « drame » ou la « tragédie » (*ibid.*), retrace la mise en œuvre de sa vengeance, en 1841.

1. « L'exposition »

L'exposition proprement dite occupe les chapitres 1 à 18 : la visite de Crevel à Adeline fournit au narrateur l'occasion de présenter la famille Hulot (chap. 1 à 9), les confidences de Lisbeth à Hortense sur son « amoureux » introduisent le personnage de Wenceslas (chap. 11 et 22), et la visite de Hulot rue du Doyenné permet d'en dépeindre les habitants, notamment le couple Marneffe (chap. 13 à 17). Le récit est entrecoupé de trois analepses, consacrées à la jeunesse d'Adeline (chap. 7), à celle de Lisbeth (chap. 10) et à la rencontre de Lisbeth et Wenceslas (chap. 17 et 18).

Les chapitres 19 à 36 mettent en place le jeu complexe des alliances qui unissent les protagonistes du « drame » à venir : lorsque Josépha quitte Hulot, celui-ci se tourne vers Valérie Marneffe, tandis qu'Hortense manœuvre pour se rapprocher de Wenceslas ; l'apprenant, Lisbeth s'associe à Valérie, puis à Crevel, contre les Hulot (chap. 19 à 30). Alors qu'Hortense épouse Wenceslas, s'amorce l'affaire Johann Fischer (chap. 31 à 36).

2. « La tragédie »

Une ellipse de trois ans sépare les deux parties du roman, et les **chapitres 37 à 44**, consacrés successivement à Valérie, Lisbeth et Adeline, assurent la **transition**, en exposant les situations nouvelles des protagonistes.

À partir du retour de Montès, **au chapitre 45, les événements se précipitent** : Valérie, guidée par Lisbeth, intrigue pour enfermer les Hulot dans un entrelacs inextricable, tout en faisant la conquête de Wenceslas. La tension narrative est à son comble aux chapitres 75 et 76, où le retour du baron auprès des siens coïncide avec l'arrivée de la lettre de Johann Fischer.

Les **chapitres 77 à 95 signent le triomphe de Lisbeth**, sur le point d'épouser le maréchal : la famille Hulot est écrasée par le déshonneur du baron, convaincu d'adultère puis de vol, et Adeline s'abaisse jusqu'à solliciter, en vain, l'aide financière de Crevel.

Au chapitre 96, **la mort du maréchal renverse les espérances de la cousine Bette et amorce alors sa défaite (chap. 96 à 131)**, marquée par la résistance que lui oppose Victorin, l'agonie de Valérie, les retrouvailles de Wenceslas et Hortense, et le retour du baron, après sa fuite favorisée par Josépha. Lisbeth meurt, anéantie par l'effondrement de ses projets.

Après une ellipse de deux ans, **le denier chapitre du roman offre un ultime retournement de situation**, avec la dernière infidélité du baron : en 1845, Adeline meurt de chagrin, et il se remarie avec sa fille de cuisine.

l'aigreur de Lisbeth naît de ce qu'elle manque de l'un comme de l'autre, sa revanche consiste à jouer des failles sentimentales de ses proches comme de leurs difficultés financières, et l'état de nécessité dans lequel le baron Hulot laisse sa famille est le signe visible de l'essoufflement de son amour pour Adeline. Dans l'atmosphère délétère qui baigne le roman, l'amour ne saurait se manifester que sous les espèces douloureuses et dévastatrices de la passion.

II. Le monde des passions dans *La Cousine Bette*

Dans l'« Avant-propos » de *La Comédie humaine*, Balzac se donne pour mission de peindre « le drame à trois ou quatre mille personnages que présente une Société [1] » et de « surprendre le sens caché dans cet immense assemblage de figures, de passions et d'événements [2] ». Les passions jouent donc un rôle clef dans son œuvre romanesque, au même titre que les personnages qu'il invente et les faits qu'il relate.

Le mot revient sans cesse dans *La Cousine Bette* [3], où tous les personnages, si différents qu'ils soient, semblent en proie à une passion – le terme désigne aussi bien l'attrait irrésistible qu'exerce Valérie Marneffe sur le baron Hulot, « passion de vieillard, passion insensée qui semblait raisonnable » (chap. 25, p. 178), que l'amour presque idéal que voue Hortense à Steinbock avant même de le connaître, et que le narrateur qualifie de « naïve passion » (chap. 22, p. 164). En dépit des affirmations du père Chardin – « chacun a ses passions. Moi c'est le billard » (chap. 103, p. 475) –, les passions, dans *La Cousine Bette*, sont essentiellement amoureuses, au point que « passion » et « amour » semblent parfois être employés comme synonymes : même la passion haineuse de Lisbeth peut se lire comme une forme d'amour possessif et maladif (pour Wenceslas, puis pour Valérie), ou comme le substitut à l'amour qui a toujours manqué à la vieille fille. Dans *La Duchesse de Langeais* cependant, Balzac établit une nette distinction entre passion et amour :

> L'amour et la passion sont deux différents états de l'âme que poètes et gens du monde, philosophes et niais confondent continuellement [...]. La passion est le pressentiment de l'amour et de son infini auquel aspirent toutes les âmes souffrantes. La passion est un espoir qui peut-être sera trompé. Passion signifie à la fois souffrance et transition ; la passion cesse quand l'espérance est morte. Hommes et femmes peuvent, sans se déshonorer, concevoir

1. « Avant-propos » de *La Comédie humaine*, *op. cit.*, p. 10.
2. *Ibid.*, p. 11.
3. On relève dans le roman quatre-vingt-dix occurrences du substantif « passion » et de ses dérivés.

> plusieurs passions ; il est si naturel de s'élancer vers le bonheur ! mais il n'est dans la vie qu'un seul amour. [...] la duchesse était donc sous le joug d'une passion ; aussi en éprouva-t-elle les dévorantes agitations, les involontaires calculs, les desséchants désirs, enfin tout ce qu'exprime le mot *passion* : elle souffrit [1].

L'auteur renoue ici avec le sens étymologique et religieux du mot passion, synonyme de souffrance. Le narrateur de *La Cousine Bette* le rappelle : « La passion est un martyre » (chap. 24, p. 174). La principale distinction établie entre amour et passion dans *La Duchesse de Langeais* réside cependant dans l'unicité de l'amour : l'amour est singulier, les passions sont plurielles. Rien d'étonnant dès lors à ce qu'elles soient diffractées dans *La Cousine Bette*, à ce que chaque personnage en incarne un visage.

Explorer le monde des passions, telle semble bien être l'ambition de Balzac dans le premier volet des *Parents pauvres* ; le roman tout entier paraît devoir répondre à la question posée par le titre du premier chapitre : « Où la passion va-t-elle se nicher ? » À cette interrogation, l'auteur des « Études de mœurs » répond en analyste, mais aussi en romancier énergique et en artiste passionné.

A. *La Cousine Bette*, une « physiologie des passions »

En 1829, Balzac connaît l'un de ses premiers succès littéraires avec un essai, la *Physiologie du mariage*. Le genre des physiologies, ouvrages qui mêlent la science et la satire pour étudier un groupe ou un phénomène social, est particulièrement en vogue dans les années 1840, lorsque paraît *La Cousine Bette*, et le roman pourrait se lire comme une physiologie des passions. Au fil du récit, et sans jamais se départir d'un esprit caustique perceptible notamment dans les titres de chapitres, Balzac propose en effet une étude presque exhaustive du monde des passions.

1. Géographie des passions

a. Paris, capitale des passions

Les passions structurent l'espace du roman balzacien. Les lieux privés, intimes, sont les révélateurs des goûts et des sentiments qui animent leurs propriétaires. Le jardin de l'hôtel des Hulot, espace protégé du tumulte de la ville, où Adeline envoie Hortense à l'arrivée de Crevel, est ainsi le lieu des confidences amoureuses et celui de l'idylle rêvée par la jeune fille. Mais tout Éden a son serpent, et la symbolique du jardin porte déjà

1. *La Duchesse de Langeais* (1833-1834), éd. M. Lichtlé, GF-Flammarion, 1988, p. 152-153.

en soi la menace du paradis perdu, sans que l'on sache encore si le serpent se cache en Lisbeth ou en Hortense, qui pèche par curiosité et par envie. Autre lieu clos, à l'abri des regards du monde, la « petite maison » de Crevel, rue du Dauphin, porte une connotation toute différente, bien qu'elle soit dépeinte comme « le plus bel Éden parisien » (chap. 51, p. 296). Elle évoque l'imaginaire libertin, et est tout entière dévolue à la passion et au plaisir. Telle est également la fonction des appartements que Hulot et Crevel font aménager à grands frais pour leurs maîtresses : la chambre de Valérie Marneffe « offr[e] les profusions étalées par les Jenny Cadine et les Schontz » (chap. 38, p. 240). Il ne s'agit plus toutefois d'un espace strictement privé : les appartements sont aussi des lieux d'apparat grâce auxquels les libertins étalent aux yeux du monde leur munificence : l'appartement de la rue Vaneau est pour le baron l'occasion de rivaliser avec Crevel : « Hulot n'avait pas voulu voir sa Valérie dans un nid inférieur en magnificence au bourbier d'or et de perles d'une Josépha », commente le narrateur (*ibid.*).

L'appartement de Valérie, situé dans le très aristocratique faubourg Saint-Germain, devient ainsi le centre de gravité des passions, et un lieu de transition entre les espaces intimes et publics de la passion. Car celle-ci envahit la capitale et se manifeste en des points stratégiques, en particulier les théâtres, où la passion s'affiche et est dans la salle autant que sur scène. Alors que sa femme le recherche, Hulot est ainsi aperçu « dans une loge au théâtre de l'Ambigu-Comique avec une femme d'une beauté splendide » (chap. 102, p. 474). L'autre haut lieu des passions parisiennes est la Bourse, où se font et se défont les fortunes indispensables à l'assouvissement de désirs dispendieux. Elle aimante littéralement l'or et la vie : « Les appartements acquéraient du prix par le changement du centre des affaires, qui se fixait alors entre la Bourse et la Madeleine, désormais le siège du pouvoir politique et de la finance à Paris », note le narrateur (chap. 101, p. 466-467). Il observe ainsi les mutations d'une ville passionnée et régie par les passions, et s'en fait l'historien : les souvenirs d'un Paris disparu subsistent encore rue du Doyenné, où se trouvait le premier logement de Lisbeth, de Wenceslas et des Marneffe. Là rôdent les ombres des passions royales et scandaleuses immortalisées par le drame romantique[1] : « Henri III et ses mignons qui cherchent leurs chausses, les amants de Marguerite qui cherchent leurs têtes, doivent danser des sarabandes au clair de la lune dans ces déserts dominés par la voûte d'une chapelle encore debout » (chap. 13, p. 121). Les déplacements des personnages transcrivent ainsi les évolutions d'une ville dont la forme change avec les passions, les cœurs et les mœurs.

1. Balzac fait implicitement référence à deux drames de Dumas : *Henri III et sa cour* (1829) et *La Tour de Nesles* (1832), qui relate les amours incestueuses et criminelles de Marguerite de Bourgogne.

b. Nations et passions

Le monde des passions ne s'arrête pas aux portes de Paris, qui en est le creuset. Balzac fait confluer vers la capitale des personnages qui empruntent souvent quelques-uns de leurs traits à des types nationaux ou régionaux ; leurs origines semblent déterminer les nuances de leurs passions.

Lisbeth est ainsi présentée comme une « paysanne des Vosges, dans toute l'extension du mot » (chap. 9, p. 92) : accoutumée enfant à une vie rude, elle est dominée par des passions qui ont conservé l'âpreté de sa terre natale. Elle incarne dans le roman un état primitif de la passion, celle des « Sauvages qui pensent beaucoup et parlent peu », ce que Balzac souligne en précisant que son « caractère ressemblait prodigieusement à celui des Corses » (*ibid.*, p. 96), traditionnellement représentés dans la littérature romantique comme farouches et violents ; rien d'étonnant dès lors à ce que les passions de Bette se réalisent sous la forme d'une implacable vendetta. Elle se rapproche en cela de l'autre « Sauvage » du roman, le baron Montès de Montéjanos. Le qualificatif lui est d'abord railleusement appliqué par les convives du dîner de Carabine, mais il le revendique avec fougue lorsque la jalousie fait craquer le vernis aristocratique : « Je la tuerai ! répéta froidement le Brésilien. Ah ! çà, vous m'avez appelé Sauvage !... Est-ce que vous croyez que je vais imiter la sottise de vos compatriotes qui vont acheter du poison chez les pharmaciens ?... » (chap. 115, p. 532).

Entre ces deux visages de la passion sauvage, l'un froid et calculateur, l'autre bouillant et emporté, Valérie Marneffe représente la passion civilisée, raffinée au point d'en devenir corrompue et corruptrice, presque décadente. Elle incarne « la Parisienne » par excellence, joue à Hulot « la comédie du sentiment moderne » (chap. 24, p. 175) et mime la passion plus qu'elle ne l'éprouve. Pour mieux marquer sa sensualité et son caractère indolent, le narrateur la peint en « vraie créole de Paris » (chap. 27, p. 191) : elle possède tout à la fois la douce séduction des îles et la rouerie parisienne, ce qui fait d'elle le type même de la femme destinée à inspirer la passion et à en jouer. De même que la jalousie de Montès forme le pendant de celle de Lisbeth, le personnage de Valérie, la courtisane mariée et hypocrite, est construit en contraste avec celui de Josépha, la courtisane franche. Josépha est juive ; le narrateur le rappelle à plusieurs reprises, notamment en la comparant à Judith peinte par Allori (voir l'illustration de Cristofano Allori, *Judith et Holopherne*, p. 118). Il fait ainsi d'elle une descendante des héroïnes de l'Ancien Testament, tout à la fois redoutables et fascinantes : archétype de la femme fatale, elle sait, elle aussi, cultiver les passions mais ses racines la font moins parisienne, moins corrompue que Valérie ; elle est capable d'une généreuse grandeur dont elle fait preuve notamment auprès d'Adeline en l'aidant à retrouver Hulot, ancien amant qu'elle a pris sous sa protection.

C'est cependant au travers du personnage de Wenceslas que Balzac établit le plus nettement le lien qui unit selon lui origines nationales et

Cristofano Allori, *Judith et Holopherne*, 1613

Lorsque Adeline Fischer rend visite à Josépha Mirah, le narrateur brosse le portrait de la cantatrice en la comparant au personnage de Judith dans la toile d'Allori intitulée *Judith et Holopherne*. Le tableau représente une scène biblique : Judith, jeune et belle veuve, sauve le peuple hébreu en décapitant Holopherne, général assyrien, après l'avoir séduit pour endormir sa méfiance.

La référence picturale contient une allusion aux origines juives de Josépha, mais peut aussi constituer plus largement un symbole du fonctionnement des passions dans le roman. Une légende bien connue des romantiques (Musset projetait d'en faire le sujet d'un drame) est en effet attachée au tableau d'Allori : le peintre aurait fait son autoportrait en Holopherne et donné à Judith les traits de sa maîtresse infidèle. L'héroïne biblique devient alors l'archétype de la femme dangereuse, et l'emblème de la puissance mortifère des passions. Si Judith est le miroir de Josépha, elle peut aussi rappeler Valérie, sculptée par Steinbock en Dalila, autre femme fatale de l'Ancien Testament, et plus largement toutes les maîtresses qui mènent Hulot-Holopherne à sa perte : le nom de la jeune Atala Judici rappelle encore celui du personnage biblique. Quant à la vieille servante qui, dans le tableau d'Allori, paraît seconder Judith, elle pourrait fort bien être l'image de Lisbeth guidant Valérie dans l'ombre.

nature des passions. La séduction qu'exerce Valérie sur le comte Steinbock donne lieu à un véritable exposé sur le caractère slave, peut-être inspiré à l'auteur par les longs atermoiements de Mme Hanska qui hésite à l'épouser. L'infidélité de Wenceslas serait, à en croire le narrateur, tout entière conditionnée par son tempérament polonais :

> Il y a chez le Slave un côté enfant, comme chez tous les peuples primitivement sauvages, et qui ont plutôt fait irruption chez les nations civilisées qu'ils ne se sont réellement civilisés. [...] Aussi le Polonais, la plus riche fraction du peuple slave, a-t-il dans le caractère les enfantillages et l'inconstance des nations imberbes. Il possède le courage, l'esprit et la force ; mais, frappés d'inconsistance, ce courage et cette force, cet esprit n'ont ni méthode ni esprit, car le Polonais offre une mobilité semblable à celle du vent qui règne sur cette immense plaine coupée de marécages (chap. 61, p. 326).

Balzac dessine ainsi, non sans une certaine forme de déterminisme, une cartographie des passions, terreau sur lequel doit éclore le « drame » de *La Cousine Bette*.

2. Histoire des passions

a. La monarchie de Juillet ou le commerce des passions

Les évolutions de l'univers des passions, suggérées à travers l'exploration des quartiers de Paris ou la confrontation des personnages « sauvages » et « civilisés », font l'objet d'une véritable méditation historique dans *La Cousine Bette*. Règne de l'argent et triomphe de la bourgeoisie d'affaires, la monarchie de Juillet y est montrée comme un monde de passions dégradées, où tout se monnaye et se négocie, à commencer par les sentiments, les désirs et les envies, devenus objets de spéculations et de tractations.

Célestin Crevel, parfumeur devenu richissime, obsédé par l'idée d'être aimé d'une femme de la meilleure société, est le vivant emblème d'une caste dont les passions sont dictées par le besoin de consolider par tous les moyens une position récemment acquise et un prestige encore mal assuré. Tout autant que les charmes de Mme Marneffe, c'est un fantasme de respectabilité sociale qui excite sa convoitise et le conduit à dépenser des sommes exorbitantes :

> Ce mot : « Je n'ai jamais eu de femme du monde ! » dit par Crevel à Lisbeth, et rapporté par Lisbeth à sa chère Valérie, avait été largement escompté dans la transaction à laquelle elle dut ses six mille francs de rente en cinq pour cent. Depuis, elle n'avait jamais laissé diminuer son prestige aux yeux de l'ancien commis voyageur de César Birotteau (chap. 38, p. 242-243).

Mieux encore que l'ancien commerçant, sa future épouse, Valérie, redoutable calculatrice, incarne l'esprit pragmatique de son époque. Les passions sont entre ses mains un instrument qu'elle exploite avec un art consommé de la stratégie. Dans ses manœuvres, le narrateur voit l'exemple même des « façons de l'amour moderne » (chap. 24, p. 174) qui joue des codes de l'exaltation romantique pour masquer une fausseté complète. De manière significative, il date précisément de 1830 ce nouveau langage amoureux :

> Les nouveaux scrupules, les différentes conversations inventées depuis 1830, et où la *pauvre faible femme* finit par se faire considérer comme la victime des désirs de son amant, comme une sœur de charité qui panse des blessures, comme un ange qui se dévoue. Ce *nouvel art d'aimer* consomme énormément de paroles évangéliques à l'œuvre du diable. La passion est un martyre. On aspire à l'idéal, à l'infini, de part et d'autre l'on veut devenir meilleurs par l'amour. Toutes ces belles phrases sont un prétexte à mettre encore plus d'ardeur dans la pratique, plus de rage dans les chutes que par le passé. Cette hypocrisie, le caractère de notre temps, a gangrené la galanterie. On est deux anges, et l'on se comporte comme deux démons, si l'on peut (*ibid.*).

Le mariage de Crevel et de Valérie unit ainsi le pouvoir de l'argent à celui de la fausseté et révèle l'essence même d'une société que Balzac peint sous un jour très noir. Leur mort atroce, causée par un mal mystérieux qui les décompose littéralement de leur vivant, pourrait bien symboliser le châtiment qu'encourt un monde coupable d'avoir « gangrené la galanterie ».

b. L'Empire, temps des passions vraies ?

À ce présent tristement prosaïque, Balzac oppose la nostalgie de l'Empire, temps épique où gloires militaires et amoureuses semblaient aller de pair (voir l'encadré « L'Empire, temps des passions dans le roman romantique », p. 121). Les deux maréchaux de Napoléon qui représentent dans le roman la mémoire de cette époque, le maréchal Hulot et le prince de Wissembourg, sont des modèles d'héroïsme, d'honneur et de droiture, qui expriment des sentiments vigoureux et francs.

Cette vigueur caractérise également le baron Hulot, mais contrairement à son frère aîné et au ministre de la Guerre, il ne parvient pas à surmonter la chute de l'Empereur. Le Premier Empire est en effet l'époque de son triomphe, et celle de son idylle avec Adeline :

> La belle Adeline passa sans transition des boues de son village dans le paradis de la Cour impériale. En effet, dans ce temps-là, l'ordonnateur, l'un des travailleurs les plus probes, les plus actifs de son corps, fut nommé baron, appelé près de l'Empereur, et attaché à la Garde impériale. Cette belle villageoise eut le courage de faire son éducation par amour pour son mari, de qui elle fut exactement folle. [...] Homme à conquêtes et imbu des idées du Directoire en fait de femmes, sa carrière galante fut alors interrompue pendant assez longtemps par son attachement conjugal (chap. 7, p. 85).

L'Empire, temps des passions dans le roman romantique

Balzac, lorsqu'il dessine **l'Empire comme un temps d'énergie et de passion**, n'est pas un cas isolé. L'idée constitue un *leitmotiv* dans les années 1830, et jusqu'en 1848 où Louis-Napoléon Bonaparte doit en partie son élection à la présidence de la République à la gloire qui auréole le souvenir de son oncle Napoléon Ier. Sa présidence puis son règne n'éteignent d'ailleurs pas la **nostalgie du Premier Empire** : farouche opposant de « Napoléon-le-Petit », Hugo ne cesse, à partir de 1852, de l'opposer à son grand prédécesseur.

La nostalgie est vive en effet dans l'esprit d'une partie du peuple français : vue d'un présent jugé plat, décevant, bourgeois, l'époque napoléonienne, quelque peu déformée parfois par le souvenir, apparaît comme **une épopée formidable et glorieuse**. Dans *Le Rouge et le Noir*, sous-titré *Chronique de 1830*, **Stendhal** prête cette nostalgie à l'ambitieux Julien Sorel qui voue un culte à l'empereur et regrette un temps où les ascensions les plus fulgurantes étaient possibles aux hommes passionnés et valeureux. Le jeune homme a cependant saisi l'esprit de son temps et s'efforce de dissimuler son adoration, de mauvais ton dans les milieux conservateurs qu'il fréquente et où il s'efforce de conquérir une place. L'art de l'hypocrisie, suggère Stendhal, a remplacé la bravoure militaire.

La perspective de **Vigny** est tout autre lorsqu'il rédige *Servitude et grandeur militaires* (1835), réflexion sur le métier des armes illustrée par trois nouvelles. Loin d'idolâtrer Napoléon, il en donne une image sombre dans son dernier récit, *La Canne de jonc*. En préambule, il se remémore néanmoins avec émotion les années de jeunesse où, pendant les campagnes impériales, il envisageait avec confiance un avenir dont il avait, comme toute sa génération enthousiaste, la conviction qu'il devait le mener à la grandeur. Aussi déplore-t-il l'inaction à laquelle sont condamnées les armées dans **une monarchie de Juillet terne et désenchantée**.

L'année suivante, **Musset** jette à son tour, dans *La Confession d'un enfant du siècle*, un regard amer sur son époque. Avant de relater sa quête toujours déçue d'un idéal amoureux ou spirituel, son héros, Octave, peint la fresque de son siècle, et éclaire de couleurs particulièrement vives les temps impériaux : « Jamais il n'y eut tant de nuits sans sommeil que du temps de cet homme ; jamais on ne vit se pencher sur les remparts des villes un tel peuple de mères désolées ; jamais il n'y eut un tel silence autour de ceux qui parlaient de mort. Et pourtant jamais il n'y eut tant de joie, tant de vie, tant de fanfares guerrières dans tous les cœurs ; jamais il n'y eut de soleils si purs que ceux qui séchèrent tout ce sang [1]. »

Du temps passionné des soleils d'Austerlitz, les vieux maréchaux d'Empire sont chez Balzac les rayons finissants.

1. Alfred de Musset, *La Confession d'un enfant du siècle* (1836), éd. S. Ledda, GF-Flammarion, 2010, p. 61.

Plus encore que son amour pour Adeline, c'est sa carrière militaire qui semble garantir la fidélité du baron : son énergie s'y trouve employée et n'a pas à se dépenser ailleurs. En revanche, la Restauration le condamne à transposer dans le domaine amoureux et sensuel les victoires que lui assurait le métier des armes ; « homme à conquêtes », militaires ou féminines, son tempérament ne se dément pas : « Inoccupé de 1818 à 1823, le baron Hulot s'était mis en service actif auprès des femmes » (*ibid.*, p. 87). Les années passant, le goût de la conquête se mue en manie et la gloire laisse place à la déchéance.

Victime de ses passions, le « père prodigue » apparaît ainsi comme un homme d'un autre temps, qui n'a pas su ou pas voulu vieillir, mais surtout qui n'a pas su se faire aux mœurs de son époque. Il décline à mesure que Crevel s'élève, de sorte que le baron et le commerçant finissent par se trouver au même niveau, tous deux coupables d'avoir faussé la grandeur impériale, l'un en échouant à s'y maintenir, l'autre en la singeant indûment. Crevel nourrit en effet des fantasmes militaires que trahit sa ridicule « position » : « Cette attitude, chez Crevel, consistait à se croiser les bras à la Napoléon, en mettant sa tête de trois quarts, et jetant son regard comme le peintre le lui faisait lancer dans son portrait, c'est-à-dire à l'horizon » (chap. 2, p. 64). Placée à l'orée du roman, cette risible singerie permet tout à la fois de poser les temps impériaux comme un idéal disparu et d'en questionner la validité : peut-être l'idéal n'est-il qu'une idéalisation, embellie par le souvenir, grandie par le contraste avec un présent médiocre, et illuminée par la passion pure et entière d'Adeline pour celui en qui elle avait cru voir « une espèce de Dieu qui ne pouvait faillir » (chap. 7, p. 85).

c. La dégradation des passions libertines : les « liaisons dangereuses »

L'autre grande nostalgie de Hulot, et surtout de Crevel, est celle du XVIIIe siècle libertin. L'ancien parfumeur se rêve en héros de Laclos ou de Crébillon fils, et peut ainsi se glorifier de ce qu'il nomme lui-même ses « déportements » (chap. 2, p. 63). En témoigne son tic de langage, qui consiste à adjectiver et à énumérer des références à l'imaginaire libertin. Du mariage qui fera de sa fille une baronne, il dit : « C'est Régence, c'est Louis XV, Œil-de-Bœuf ! » (*ibid.*, p. 62) ; de son amitié pour Hulot : « Nous sommes, c'est convenu, Régence, Justaucorps bleu, Pompadour, Dix-huitième siècle, tout ce qu'il y a de plus maréchal de Richelieu, Rocaille, et, j'ose le dire, *Liaisons dangereuses* !... » (chap. 50, p. 293) ; et, avec plus de rancune mais non sans admiration, de Hulot qui a su remplacer rapidement Josépha : « Il devait tenir en réserve quelque grisette dans son vivier ! dans son parc aux cerfs ! Il est très Louis XV, le gaillard ! » (chap. 30, p. 204). Le narrateur imite d'ailleurs ce parler caractéristique dans le chapitre qu'il consacre à la vie du négociant retiré, qu'il qualifie de « vie nécessaire, vie débraillée, Régence, Pompadour, maréchal de Richelieu, etc. » (chap. 29, p. 201-202). Mais dès sa première entrevue avec lui, Adeline Hulot fait finement remarquer à Crevel les contradictions que comporte son langage : il se targue en effet de son ascension sociale, incompatible avec sa pose de grand seigneur libertin : « Eh bien ! monsieur, les idées que vous qualifiez par le mot Régence ne sont donc plus de mise à une époque où l'on accepte les hommes pour leur valeur personnelle ? et c'est ce que vous avez fait en mariant votre fille à mon fils… » (chap. 2, p. 63).

En se comparant aux libertins du siècle précédent, Crevel prétend à une aristocratie dont il sera toujours exclu. Il n'est pas même capable d'adopter à l'égard de ses liaisons, certes dangereuses, mais peu glorieuses, le détachement et la liberté qui devraient caractériser le libertinage tel qu'il le rêve. Il se flatte momentanément de pouvoir être indifférent aux infidélités de Valérie : « C'est une bêtise à nous autres de vouloir être aimés, mon cher, dit Crevel, nous ne pouvons être que supportés, car Mme Marneffe est cent fois plus rouée que Josépha… » (chap. 52, p. 298). Il ne peut néanmoins se passer d'elle et de l'illusion d'en être aimé, et finit par l'épouser très bourgeoisement. Le libertinage, censé se distinguer par une complète indépendance d'esprit et de mœurs, s'est ainsi mué en une imitation conformiste et en une dépendance physique et affective. Seule Valérie, qui tient pourtant à passer pour vertueuse, pourrait être à la hauteur des rêveries de son protecteur. Véritable marquise de Merteuil du XIXe siècle, elle possède la duplicité et les qualités de stratège de l'héroïne de Laclos, et sa mort rappelle la petite vérole qui défigure la marquise à la fin des *Liaisons dangereuses*, tout comme elle préfigure celle de Nana dans le roman de Zola [1].

3. Tempéraments passionnés

a. Passions héréditaires

Balzac se propose de montrer dans *La Comédie humaine* qu'il « existera […] de tout temps des Espèces Sociales comme il y a des Espèces Zoologiques [2] ». Dans un roman familial tel que *La Cousine Bette*, où la question de la paternité et de la filiation est centrale, il est naturel que l'étude de ces « Espèces » soit menée au prisme de l'hérédité. Si Balzac révèle le pouvoir de dissolution que les passions exercent sur la cellule familiale – il montre « Quels ravages font les Mme Marneffe au sein des familles » (titre du chapitre 75) –, il suggère également que ces mêmes passions constituent un lien invisible qui unit les générations, parfois malgré elles.

Ce lien peut être symbolique : la fortune de Crevel en partie dilapidée pour Valérie, signe visible de la passion de l'ancien parfumeur, est transmise à sa fille et au fils Marneffe. Le narrateur ne cèle aucun détail de cet héritage :

1. Voir le dossier de l'édition GF de *La Cousine Bette*, *op. cit.*, p. 610-614.
2. « Avant-propos » de *La Comédie humaine*, *op. cit.*, p. 8.

> À la fin de la semaine, Mme Crevel était enterrée, après des souffrances inouïes, et Crevel suivit sa femme à deux jours de distance. Ainsi, les effets du contrat de mariage furent annulés, et Crevel hérita de Valérie.
>
> Le lendemain même de l'enterrement, l'avocat revit le vieux moine, et il le reçut sans mot dire. Le moine tendit silencieusement la main, et silencieusement aussi, maître Victorin Hulot lui remit quatre-vingts billets de banque de mille francs, pris sur la somme que l'on trouva dans le secrétaire de Crevel. Mme Hulot jeune hérita de la terre de Presles et de trente mille francs de rente. Mme Crevel avait légué trois cent mille francs au baron Hulot. Le scrofuleux Stanislas devait avoir, à sa majorité, l'hôtel Crevel et vingt-quatre mille francs de rente (chap. 123, p. 556-557).

Mais le lien que les passions tissent de parents à enfants est aussi biologique : « le scrofuleux Stasnislas » a hérité de la constitution maladive de son père, et semble porter dans sa chair les stigmates du mal qui a emporté sa mère : il projette sur le récit l'ombre d'une race malsaine, empoisonnée par des passions mauvaises.

C'est cependant la très vivante Hortense Hulot qui manifeste le mieux dans le roman le phénomène de la transmission des passions. Physiquement, Hortense « ressembl[e] à sa mère » (chap. 8, p. 90) mais son tempérament plus impétueux est celui de son père, elle en a conscience et s'en défie. Lorsqu'elle rapporte à sa mère les propos qu'elle a tenus à Wenceslas pour le dissuader d'aller chez Valérie Marneffe, elle met l'accent sur la dangereuse propension à la passion qu'elle a, littéralement, dans le sang :

> J'étais jalouse, une infidélité me ferait mourir ; j'étais ombrageuse, il devait respecter mes faiblesses, puisqu'elles venaient de mon amour pour lui, j'avais dans les veines autant du sang de mon père que du tien ; dans le premier moment d'une trahison, je serais folle à faire des folies, à me venger, à nous déshonorer tous, lui, son fils et moi ; qu'enfin je pourrais le tuer et me tuer après ! (chap. 66, p. 343)

En Hortense renaissent la tendance d'Adeline à l'adoration et la sensualité brûlante d'Hector, et ce mélange détonant suscite en elle des pulsions vengeresses qui rappellent discrètement qu'elle est bien du même sang que sa cousine et rivale Lisbeth.

La Cousine Bette n'est pourtant pas un roman déterministe. « Les excès de la passion l'avaient fait arriver à la mobilité de sensations qui distingue l'enfance », note le narrateur à propos du baron devenu vieillard (chap. 130, p. 573). Les enfants, eux, sont parvenus à l'âge d'homme, et le dénouement laisse espérer qu'édifiés par la vivante parabole du père prodigue, ils ne reproduiront pas les égarements de leurs aînés.

b. Physionomies passionnées

Les passions qui coulent dans les veines des personnages se lisent également sur leurs visages. Avant même qu'Hortense n'affirme avoir hérité du tempérament de son père, son portrait le laisse pressentir :

> Hortense ressemblait à sa mère, mais elle avait des cheveux d'or, ondés naturellement et abondants à étonner. Son éclat tenait de celui de la nacre. On voyait bien en elle le fruit d'un honnête mariage, d'un amour noble et pur dans toute sa force. C'était un mouvement passionné dans la physionomie, une gaieté dans les traits, un entrain de jeunesse, une fraîcheur de vie, une richesse de santé qui vibraient en dehors d'elle et produisaient des rayons électriques. Hortense appelait le regard. Quand ses yeux d'un bleu d'outremer, nageant dans ce fluide qu'y verse l'innocence, s'arrêtaient sur un passant, il tressaillait involontairement (chap. 8, p. 90).

Les connotations de ce portrait sont largement symboliques : le blanc du teint d'Hortense, l'or de ses cheveux, le bleu de son regard rappellent les couleurs traditionnellement employées pour représenter la Vierge, tandis que l'abondance de sa chevelure et l'animation de ses traits sont des indices de sa nature passionnée. Mais cette correspondance entre l'être et l'apparence relève aussi d'une pensée scientifique : le narrateur note plus tard, toujours à propos d'Hortense : « il coulait dans ses veines un sang chargé de fer, impétueux » (chap. 58, p. 317).

Depuis les années 1830, la phrénologie et la physiognomonie sont en vogue, et inspirent écrivains et artistes (voir l'illustration de Théodore Géricault, *La Monomane de l'envie*, p. 127). La première, illustrée par les travaux du neurologue Franz Joseph Gall, postule que la conformation du crâne d'un individu révèle sa personnalité. La seconde, connue notamment grâce aux recherches de Lavater, procède aux mêmes déductions à partir de l'apparence générale de la personne, et plus particulièrement des traits de son visage. Fasciné par ces disciplines scientifiques, Balzac s'en fait l'écho dans ses romans. Il s'y réfère notamment lorsqu'il décrit le Brésilien Montès de Montéjanos, dans un portrait où se mêlent la phrénologie, le mythe et les croyances populaires :

> Le front, busqué comme celui d'un satyre, signe d'entêtement dans la passion, était surmonté d'une chevelure de jais, touffue comme une forêt vierge, sous laquelle scintillaient deux yeux clairs, fauves à faire croire que la mère du baron avait eu peur, étant grosse de lui, de quelque jaguar (chap. 45, p. 270).

Le profil du baron suffit à préfigurer la détermination passionnée qui le mènera à vouloir tuer sa maîtresse infidèle.

L'aspect des personnages est ainsi le miroir de leurs passions, dont ils deviennent des spécimens exemplaires ; celui de Bette, notamment, est construit comme une allégorie scientifique de la jalousie :

> Lisbeth Fischer, de cinq ans moins âgée que Mme Hulot, et néanmoins fille de l'aîné des Fischer, était loin d'être belle comme sa cousine ; aussi avait-elle été prodigieusement jalouse d'Adeline. La jalousie formait la base de ce caractère plein d'*excentricités*, mot trouvé par les Anglais pour les folies non pas des petites mais des grandes maisons. Paysanne des Vosges, dans toute l'extension du mot, maigre, brune, les cheveux d'un noir luisant, les sourcils épais et réunis par un bouquet, les bras longs et forts, les pieds épais,

quelques verrues dans sa face longue et *simiesque*, tel est le portrait concis de cette vierge (chap. 9, p. 92).

La laideur de Lisbeth n'est pas seulement la cause de sa jalousie, elle en est aussi le symptôme, et pour ainsi dire la conséquence. La sécheresse de la vieille fille indique qu'elle est consumée intérieurement par une passion dévorante, dont la forme animale (« simiesque ») du visage annonce la sauvagerie, tandis que sa carrure masculine et sa pilosité abondante laissent présager une énergie excessive, anormale, brutale. Sans doute la jalousie et l'aigreur ont-elles enlaidi Lisbeth ; il n'en reste pas moins que tout en elle l'annonce prédestinée à des sentiments violents et dangereux. L'auteur porte ainsi sur ses personnages l'œil du physiognomoniste ou du médecin, et l'« Étude de mœurs » se double d'une étude de cas, dans laquelle Balzac passe méthodiquement en revue tous les visages de la passion.

B. Les passions, moteurs du récit

Si Balzac parcourt en expert le monde des passions, dont il offre au lecteur un tableau complet, à la fois sociologique, historique et scientifique, il demeure avant tout un conteur. À ce titre, il trouve aussi dans les passions un formidable matériau à exploiter, et le principal aliment de la flamme romanesque dont brûle son récit.

1. « Vouloir nous brûle » : les passions et l'énergie

Dans *La Peau de chagrin*, l'antiquaire qui vend à Raphaël de Valentin le fascinant mais redoutable talisman qui doit exaucer tous ses vœux délivre au jeune homme une énigmatique leçon : « Je vais vous révéler en peu de mots un grand mystère de la vie humaine. L'homme s'épuise par deux actes instinctivement accomplis qui tarissent les sources de son existence. Deux verbes expriment toutes les formes que prennent ces deux causes de mort : VOULOIR et POUVOIR. [...] *Vouloir* nous brûle et *Pouvoir* nous détruit [1]. » Ce « peu de mots » peut se lire comme la clef des passions balzaciennes. Quintessence du vouloir, celles-ci représentent une formidable dépense d'énergie qui met en péril les personnages mais par là même imprime au roman sa tension et son dynamisme. Le personnage du baron Hulot, toujours en déséquilibre et donc en mouvement, est l'exemple même de ce dynamisme. La force de ses passions le mène à réaliser l'impossible. Faussement éplorée, Lisbeth rend implicitement hommage à cette énergie passionnée qui est aussi le principal levier de sa vengeance : « Il n'a pas su trouver quarante mille francs pour

1. *La Peau de chagrin* (1830), éd. N. Satiat, GF-Flammarion, 2013, p. 109.

Théodore Géricault, *La Monomane de l'envie*, 1819-1820

Le peintre romantique Géricault prête, comme Balzac, une extrême attention aux ravages que les passions impriment sur les visages. Sa série de portraits de monomanes (êtres animés jusqu'à la folie par une seule obsession, une seule passion) préfigure l'intérêt que l'auteur de *La Comédie humaine* porte à la physiognomonie : le peintre y livre les portraits saisissants des *Monomanes du vol, du vol d'enfants, du commandement militaire, du jeu* et *de l'envie*.

Ce dernier présente bien des analogies avec l'image de la cousine Bette que peut reconstruire le lecteur de Balzac. Le modèle de Géricault, une femme enfermée dans un asile d'aliénés, ne ressemble guère à Lisbeth Fischer, peut-être parce que cette dernière est en proie à la jalousie, manie plus complexe que la simple envie. Néanmoins, l'intensité du regard de la monomane laisse percevoir cette forme de sauvagerie rentrée que Balzac attribue au personnage de « la Chèvre » – la toile est d'ailleurs également connue sous le nom de *La Hyène de la Salpêtrière*. Tourné vers l'extérieur, fuyant, ce regard suggère également une tendance, sinon à l'hypocrisie, du moins à la dissimulation. Le visage peint par Géricault se distingue enfin par son absence totale de féminité : seuls ses vêtements misérables permettent au spectateur de deviner qu'elle est femme. Sur ce point, le portraitiste se singularise nettement : les représentations de « folles » contemporaines de son tableau tendent au contraire à mettre en relief les signes de ce que l'on considérait comme des manifestations typiquement féminines de démence, telle l'hystérie plus tard étudiée par Charcot.

Les figures représentées par Balzac et Géricault ont ainsi en commun de n'être ni pleinement femmes ni tout à fait hommes, ni humaines ni animales : elles deviennent les vivantes images d'une passion.

établir sa fille, et il les a dénichés pour cette nouvelle passion », fait-elle observer à Crevel (chap. 30, p. 208). Jusqu'au bout, les passions qui l'égarent lui donnent aussi sa force, au point de « réparer des ans l'irréparable outrage [1] ». Alors qu'il est revenu auprès de son épouse, il continue à fréquenter assidûment Valérie Marneffe : « Pendant ce laps de vertu, le baron était allé trois fois rue du Dauphin, et il n'y avait jamais eu soixante-dix ans. La passion ranimée le rajeunissait » (chap. 80, p. 384).

Balzac suggère même que l'énergie des passions a quelque chose de surnaturel, et confine au phénomène paranormal. Elle confère à ceux qui en sont capables un sixième sens, dont Hortense semble être particulièrement douée. Ainsi le narrateur explique-t-il l'instinct presque médiumnique qui la guide vers le comte Steinbock :

> Les passions vraies ont leur instinct. Mettez un gourmand à même de prendre un fruit dans un plat, il ne se trompera pas et saisira, même sans voir, le meilleur. De même, laissez aux jeunes filles bien élevées le choix absolu de leurs maris, si elles sont en position d'avoir ceux qu'elles désigneront, elles se tromperont rarement. La nature est infaillible. L'œuvre de la nature en ce genre s'appelle : aimer à première vue. En amour, la première vue est tout bonnement la seconde vue (chap. 23, p. 170).

Si ce don peut prêter à sourire au temps de l'amour heureux, il devient un pouvoir terrible lorsque Hortense, trompée, pressent confusément son malheur :

> Une femme aimante est, par rapport à l'homme aimé, dans la situation d'une somnambule à qui le magnétiseur donnerait le triste pouvoir, en cessant d'être le miroir du monde, d'avoir conscience, comme femme, de ce qu'elle aperçoit comme somnambule. La passion fait arriver les forces nerveuses de la femme à cet état extatique où le pressentiment équivaut à la vision des Voyants (chap. 64, p. 338).

Le motif de la double vue reparaît peu après, lorsque la jeune femme devine que Wenceslas est auprès de Valérie : « Stidman courut chez Mme Marneffe en reconnaissant la vérité de cet aperçu dû à la *seconde vue* des passions » (chap. 65, p. 341). La « jeune fille bien élevée » est ainsi devenue une véritable « pythonisse » (chap. 64, p. 338).

Cette énergie qui élève les êtres au-dessus d'eux-mêmes est au centre de la création de Balzac, dont le réalisme n'est jamais une reproduction des médiocrités du réel, parce que ses personnages, sublimes ou monstrueux, vivent et désirent avec une intensité particulière. Zola le constate lorsqu'il compare les romans naturalistes aux romans balzaciens : « ses poings puissants de créateur ne savent forger que des géants [2] ». C'est par la violence de leurs passions que les personnages se muent en héros,

1. Racine, *Athalie*, II, 5.
2. Émile Zola, « Gustave Flaubert », dans *Du roman. Sur Stendhal, Flaubert et les Goncourt*, éd. H. Mitterand, Éditions Complexe, 1989, p. 134.

fussent-ils noircis par le feu qui les consume. La cupidité de Valérie Marneffe, véritable passion de l'argent, lui permet ainsi de s'arracher à sa condition pour devenir ce qu'elle est vraiment : une brillante « femme du monde » (chap. 38, p. 242), et non la trop bourgeoise épouse d'un obscur sous-chef. Peut-être parce que le sang du maréchal Montcornet (autre représentant des temps héroïques de l'Empire et séducteur invétéré) [1] coule dans ses veines, elle a l'énergie de jouer un rôle, celui de la femme respectable et respectée, admirable et admirée, et de le faire applaudir sur le théâtre du monde : « Comme un diamant bien taillé que Chanor aurait délicieusement serti, la beauté de Valérie, naguère enfouie dans la mine de la rue du Doyenné, valait plus que sa valeur, elle faisait des malheureux !... » (chap. 39, p. 247).

Le parcours de la cousine Bette est moins spectaculaire mais plus exemplaire encore. À l'inverse de celle de Valérie, la véritable nature de Lisbeth demeure ignorée de tous, sauf de sa complice et du lecteur, aux yeux desquels elle est bien plus que la « parente pauvre » des Hulot : la passion de la vengeance lui donne l'énergie de régir dans l'ombre la vie de son entourage. Le récit de sa « transformation », sous l'effet des révélations de Valérie, met explicitement l'accent sur la libération d'une énergie trop longtemps contenue :

> En un instant, la cousine Bette était redevenue elle-même. En un instant, ce caractère de Corse et de Sauvage, ayant brisé les faibles attaches qui le courbaient, avait repris sa menaçante hauteur, comme un arbre s'échappe des mains de l'enfant qui l'a plié jusqu'à lui pour y voler des fruits verts.
>
> Pour quiconque observe le monde social, ce sera toujours un objet d'admiration que la plénitude, la perfection et la rapidité des conceptions chez les natures vierges. [...]
>
> En un moment donc la cousine Bette devint le Mohican dont les pièges sont inévitables, dont la dissimulation est impénétrable, dont la décision rapide est fondée sur la perfection inouïe des organes. Elle fut la Haine et la Vengeance sans transaction, comme elles sont en Italie, en Espagne et en Orient (chap. 28, p. 192-193).

La vieille fille s'est métamorphosée en une passion à l'état pur, cause de terreur, mais aussi d'« admiration », et s'apparente par conséquent aux plus redoutables figures des drames shakespeariens : Valérie découvre « tout à la fois un Iago et un Richard III, dans cette fille en apparence si faible, si humble et si peu redoutable » (chap. 27, p. 192). Celle qui aurait pu demeurer une créature ignorée, la « vieille fille logée au troisième étage au fond de la cour », menant « une de ces existences anonymes, entomologiques » (chap. 16, p. 129) devient démiurge, et se voit sur le point « de régner sur la famille qui l'avait si longtemps méprisée [...], d'être la protectrice de ses protecteurs, l'ange sauveur qui ferait vivre la famille ruinée » (chap. 85, p. 399), d'accéder à la supériorité et au prestige social tant convoité : « elle s'appelait elle-même *madame la comtesse* ou *madame*

1. Il apparaît dans *La Muse du département*, *Le Cabinet des Antiques* et *Les Paysans*.

Traité des volontés et traité des passions : *La Peau de chagrin* et *La Cousine Bette*

En 1831, Balzac remporte un vif succès avec *La Peau de chagrin*, roman qui tient à la fois du récit fantastique et du conte philosophique. Rétrospectivement, Balzac lui confère une place déterminante dans son œuvre romanesque : « *La Peau de chagrin*, écrit-il dans l'"Avant-propos" de *La Comédie humaine*, relie en quelque sorte les "Études de mœurs" aux "Études philosophiques" par l'Anneau d'une fantaisie presque orientale où **la Vie elle-même est peinte aux prises avec le Désir, principe de toute Passion**[1]. » Concentré de la pensée balzacienne, ce récit peut éclairer *La Cousine Bette*, avec laquelle il offre bien des points de contact.

Ruiné, le héros de *La Peau de chagrin*, Raphaël de Valentin, est sur le point de se noyer lorsqu'un antiquaire lui fait don d'un mystérieux talisman : une peau qui a le pouvoir de réaliser le moindre désir de son propriétaire, mais réduit à mesure qu'elle accomplit ses volontés, et cause sa mort le jour où elle disparaît. D'abord sceptique, Raphaël prend bientôt conscience de la puissance de l'objet. S'il en use d'abord follement, souhaitant posséder la richesse et la gloire, il s'effraie ensuite de voir s'enfuir ses forces vitales et tente de refréner ses désirs. Il meurt néanmoins dans les bras de sa maîtresse, Pauline, incapable de contenir la passion qu'il éprouve pour elle.

***La Peau de chagrin* illustre ainsi sur le mode symbolique et fantastique ce que *La Cousine Bette* démontre par l'étude sociale : la force irrépressible des passions.** Raphaël de Valentin, qui meurt littéralement de désir, est, au même titre que le baron Hulot ou même Lisbeth, victime de ses passions, tandis que Pauline, qui cause involontairement le trépas de celui qu'elle aime, incarne la puissance fatale des sentiments vrais. Face au jeune couple se dresse l'énigmatique comtesse Fœdora, dont Raphaël était passionnément épris avant de succomber à l'amour plus modeste mais plus tendre de Pauline. « Femme sans cœur », à laquelle on ne connaît aucune passion, Fœdora annonce Valérie Marneffe par la conscience qu'elle possède de ses charmes fascinants, et par le despotisme avec lequel elle en use. Elle représente ainsi l'autre visage de la passion, celui qui, tout aussi destructeur, peut devenir un instrument de pouvoir. La chute du roman fait d'ailleurs d'elle une allégorie de la société.

Avant d'entrer en possession de la peau de chagrin, Valentin s'était efforcé de conquérir la renommée par le travail littéraire, et avait rédigé un *Traité des volontés*. Le choix de ce sujet fait sens dans le roman et y joue un rôle prémonitoire, mais il peut également être envisagé comme un **miroir de l'ensemble de *La Comédie humaine***, dans laquelle Balzac cherche à percer le secret des désirs profonds qui animent la société. *La Cousine Bette* en constituerait alors un chapitre essentiel, celui du « Traité des passions ».

1. « Avant-propos » de *La Comédie humaine*, *op. cit.*, p. 19.

la maréchale ! en se saluant dans la glace » (*ibid.*). Elle ne manque son but que de fort peu, et seulement pour avoir mis trop d'énergie à l'atteindre : « La Lorraine, comme il arrive souvent, avait trop réussi. Le maréchal était mort des coups portés à cette famille, par elle et par Mme Marneffe » (chap. 96, p. 449). La chute des deux associées est d'autant plus rude que leurs espérances ont été immenses, et justifiées. Elles n'en demeurent pas moins un cas particulier, exceptionnel, du très romanesque motif de l'ambition et de l'ascension cher à Balzac, les égales d'un Rastignac, d'un Lucien de Rubempré ou, mieux, d'un Vautrin.

2. « C'est Vénus tout entière à sa proie attachée » : les passions et le tragique

Si l'énergie des passions peut transcender les êtres, elle a aussi le pouvoir de les écraser. Lisbeth en fait elle-même l'amère expérience après avoir joué en experte de ce qui se révèle être une redoutable fatalité. La passion constitue ainsi dans *La Cousine Bette* le principal agent du tragique, expérience du caractère inéluctable du destin. Face à l'effondrement du baron Hulot, Josépha, courtisane dont les passions sont le métier, mais aussi cantatrice et donc tragédienne à sa manière, perçoit et exprime cette puissance fatale de la passion, dans une tirade à la fois comique et profonde, où elle retrouve la métaphore de l'incendie employée par Balzac dans *La Peau de chagrin* :

> – Eh bien ! j'aime cela ! s'écria Josépha, qui se leva pleine d'enthousiasme. C'est un *brûlage* général ! C'est sardanapale ! c'est grand ! c'est complet ! On est une canaille, mais on a du cœur. Eh bien ! moi, j'aime mieux un mange-tout, passionné comme toi pour les femmes, que ces froids banquiers sans âme, qu'on dit vertueux et qui ruinent des milliers de familles avec leurs rails qui sont de l'or pour eux et du fer pour les *Gogos* ! Toi ! tu n'as ruiné que les tiens, tu n'as disposé que de toi ! et puis tu as une excuse, et physique et morale…
>
> Elle se posa tragiquement et dit :
>
> C'est Vénus tout entière à sa proie attachée.
>
> – Et voilà ! ajouta-t-elle en pirouettant (chap. 98, p. 454-455).

Josépha cite ici *Phèdre* de Racine, comme l'avait déjà fait avant elle le narrateur, affirmant que dans la manière dont une femme présente à un homme une tasse de thé, « un physiologiste peut observer tous les sentiments féminins, depuis l'aversion, depuis l'indifférence, jusqu'à la déclaration de Phèdre à Hippolyte » (chap. 63, p. 335). L'allusion n'a en vérité rien d'anodin dans un roman dont la structure est explicitement comparée à celle d'une tragédie (chap. 36, p. 236).

Les hommes de la monarchie de Juillet n'ont plus à redouter le courroux d'une divinité vengeresse ; ils n'en sont pas moins soumis à une force inexorable, celle de leurs propres passions, et particulièrement de la passion amoureuse, dont le récit ne cesse d'affirmer le pouvoir dévastateur. Victorin Hulot, qui est dans le roman et au sein de sa famille l'incarnation de la raison, constate avec résignation l'absence totale de lucidité qu'induisent les passions :

> On ne raisonne pas (je l'ai trop su malheureusement !) les passions. Les gens passionnés sont sourds comme ils sont aveugles (chap. 110, p. 503).

Le jeune homme est avocat : convaincre par la parole est son métier ; il sait néanmoins son éloquence impuissante face à une force destinée à tout emporter. Le motif de l'égarement dû aux passions est récurrent dans le roman. Il affecte notamment le baron Hulot ; l'ingéniosité qu'il déploie pour satisfaire aux demandes de Valérie le mène au bord d'un précipice où le narrateur, qui se fait alors moraliste, le condamne à sombrer : « Sa conception financière portait le cachet du talent qui guide les dissipateurs et les gens passionnés dans les fondrières, où tant d'accidents les font périr » (chap. 33, p. 222). La situation périlleuse dans laquelle s'enferre le baron est d'autant plus tragique qu'elle règle non seulement son sort, mais aussi celui de ses proches : sa femme et ses enfants, directement frappés, mais aussi son lointain parent Johann Fischer, qui par fidélité se perd dans l'inextricable labyrinthe dont Hulot cherche en vain à s'échapper : « Tel était le dédale effroyable où les passions engageaient un des hommes les plus probes jusqu'alors » (chap. 34, p. 227). Les passions s'apparentent alors à un mal contagieux, qui se répand insidieusement et menace, de proche en proche, toute une société. Le commissaire qui vient surprendre Hulot en flagrant délit d'adultère résume ainsi, en connaisseur professionnel des mœurs parisiennes et de leurs dessous peu reluisants : « Ces passions-là, c'est comme le choléra... » (chap. 82, p. 391). À l'appui de sa thèse, il cite l'exemple du baron Nucingen, « atteint » d'une passion folle pour la Torpille dans *Splendeurs et misères des courtisanes*, et cette allusion à un épisode antérieur de *La Comédie humaine* vient renforcer l'impression d'une *anankè* (fatalité) universelle et irrépressible des passions.

La narration induit en effet le sentiment de leur force inéluctable, grâce à des effets d'anticipation savamment ménagés. Alors qu'il vient de mettre en présence tous les acteurs de son drame, le narrateur annonce par exemple :

> Le lendemain, ces trois existences, si diversement et si réellement misérables, celle d'une mère au désespoir, celle du ménage Marneffe et celle du pauvre exilé, devaient toutes être affectées par la passion naïve d'Hortense et par le singulier dénouement que le baron allait trouver à sa passion malheureuse pour Josépha (chap. 18, p. 147).

Placée à la toute fin de l'un des épisodes du feuilleton, cette annonce a pour fonction première d'attiser la curiosité du lecteur, et relève de l'omniscience du narrateur. Cependant l'emploi du verbe « devoir » et du futur proche (« allait trouver ») suggère que les personnages suivent sans le savoir la route de leur destin, tracée par les passions quelles qu'elles soient, « naïves » ou tarifées. André Lorant a montré que Balzac orchestrait au sein de son roman des effets d'écho, accentuant ce sentiment de la destinée : « Faut-il la mettre au couvent ? », demande Adeline à propos d'Hortense, alors que la question du mariage de sa fille la tourmente (chap. 5, p. 77), et la jeune femme paraît lui répondre, à trois années de distance, lorsqu'elle s'exclame, désespérée par l'infidélité de son époux : « Pourquoi ne suis-je pas entrée dans un couvent, au lieu de me marier ! » (chap. 75, p. 368). Plus nettement encore, Valérie Marneffe qui, feignant la vertu et la dévotion, avait ri des châtiments célestes, se découvre « prophète » lors de son atroce agonie :

> Ah ! Lisbeth, je sens qu'il y a une autre vie !... et je suis toute à une terreur qui m'empêche de sentir les douleurs de ma chair décomposée !... Moi qui disais en riant à Crevel, en me moquant d'une sainte, que la vengeance de Dieu prenait toutes les formes du malheur... Eh bien ! j'étais prophète !... (chap. 122, p. 551).

Lourdes d'ironie tragique, les paroles de la mourante disent le poids du destin mais en faussent légèrement le sens : si Valérie ignore l'origine du mal qui la ronge, le lecteur sait, lui, qu'il lui a été administré de main humaine et non sous l'effet de la volonté divine.

Point n'est besoin du Ciel pour que les êtres courent à leur perte. La fatalité est d'autant plus inquiétante dans le roman qu'elle n'a rien de surnaturel : elle est devenue interne, et Vénus s'est effacée pour laisser agir une force à laquelle les personnages ne peuvent en aucun cas se soustraire, puisqu'elle est indissociable de l'énergie qui les anime. La vengeance de Lisbeth ne saurait donc à elle seule résumer la tragédie que retrace le roman. En jouant avec les passions des autres, Bette accélère l'accomplissement du destin, le seconde, s'en fait l'agent, mais ne le provoque pas, car il préexiste à ses projets haineux. Aussi ne peut-elle y échapper : en proie plus qu'aucun autre au redoutable entraînement de la passion, elle doit à son tour subir la loi inexorable qui frappe indifféremment tous les personnages.

3. L'ange et la Bette : passions contrastées et structurantes

La redoutable dynamique des passions s'enracine dans une opposition radicale et originelle, qui structure tout le récit : celle des deux cousines Fischer, Lisbeth et Adeline.

a. Lisbeth ou la passion animale

La sauvagerie de Lisbeth, sa face « simiesque » (chap. 9, p. 92), son surnom, « la Chèvre », et jusqu'au diminutif affectueux par lequel la désignent ses proches, « Bette » : tout apparente la vieille fille à un animal. Balzac se plaît d'ailleurs à souligner l'homophonie entre « Bette » et « bête » en accolant au diminutif un déterminant qui gomme sa qualité de nom propre, et en jouant avec le lexique de la bestialité : « Ces malheurs de famille [...] domptèrent la Bette » (*ibid.*, p. 95) ; « La Bette était, à cet égard, d'un entêtement de mule » (*ibid.*, p. 99) ; « Qui voyait la Bette pour la première fois, frémissait involontairement à l'aspect de la sauvage poésie que l'habile Valérie avait su mettre en relief en cultivant par la toilette cette Nonne sanglante » (chap. 40, p. 249). Ces procédés laissent entrevoir les humiliations que sa laideur a pu valoir à Lisbeth, et qui ont certainement attisé sa rancœur ; mais ils sont aussi conformes à la nature particulière des passions du personnage.

Les désirs et les sentiments de Lisbeth sont en effet instinctifs. À l'âge adulte, elle apprend à dissimuler la jalousie qui la dévore, pour mieux accomplir sa vengeance, mais les premières manifestations, dans l'enfance, de ce qui est sans doute sa passion dominante sont d'une grande violence et relèvent de la pulsion incontrôlée :

> Lisbeth travaillait à la terre, quand sa cousine était dorlotée ; aussi lui arriva-t-il un jour, trouvant Adeline seule, de vouloir lui arracher le nez, un vrai nez grec que les vieilles femmes admiraient. Quoique battue pour ce méfait, elle n'en continua pas moins à déchirer les robes et à gâter les collerettes de la privilégiée (chap. 9, p. 93).

Que la petite fille dirige ses accès de rage contre les vêtements de sa cousine et non contre sa personne témoigne qu'elle s'efforce de domestiquer un sentiment dont elle a constaté qu'il pouvait lui attirer plus de douleur que de satisfaction. Jamais cependant sa nature profonde ne change. Chez la femme adulte, la violence est étouffée mais non éteinte :

> Cette fille qui, bien observée, eût présenté le côté féroce de la classe paysanne, était toujours l'enfant qui voulait arracher le nez de sa cousine, et qui peut-être, si elle n'était devenue raisonnable, l'aurait tuée en un paroxysme de jalousie. Elle ne domptait que par la connaissance des lois et du monde, cette rapidité naturelle avec laquelle les gens de la campagne, de même que les Sauvages, passent du sentiment à l'action (*ibid.*, p. 99-100).

L'autre passion qui domine son existence, celle que lui inspire Wenceslas Steinbock et qu'elle transfère ensuite sur Valérie Marneffe, bien que plus douce en apparence, est tout aussi animale et impulsive. Elle tient de l'instinct maternel, et c'est ainsi que la perçoit le sculpteur : « La vieille fille déployait la tendresse d'une brutale, mais réelle maternité. Le jeune homme subissait comme un fils respectueux la tyrannie d'une mère » (chap. 16, p. 133). Mais Lisbeth, privée jusque-là de toute affection, projette sur Wenceslas tous les sentiments qu'elle n'a pu exprimer, et la tendresse maternelle se mue en un besoin de supériorité (« L'amour de la domination resté, dans ce cœur de vieille fille, à l'état de germe, se développa rapidement », chap. 18, p. 143), et même en un instinct de possession étouffant : elle a fait de son protégé « une chose à elle » (chap. 16, p. 134). La jalousie qui constitue la toile de fond du caractère de la cousine Bette reparaît alors, augmentée d'un désir inexprimé mais impérieux : « Elle aimait assez Steinbock pour ne pas l'épouser, et l'aimait trop pour le céder à une autre femme ; elle ne savait pas se résigner à n'en être que la mère, et se regardait comme une folle quand elle pensait à l'autre rôle » (chap. 18, p. 146). Sentiments maternels, possessivité, désirs ne trouvent à s'employer que lorsque Lisbeth se lie à Valérie. Cette dernière se révèle moins inaccessible que le sculpteur parce qu'elle est tout à la fois plus docile et plus intéressée, mais aussi parce que la passion que Lisbeth déverse sur elle peut s'exprimer librement sous le couvert respectable de l'amitié. Cette satisfaction partielle de ses désirs apporte à Bette une forme d'apaisement qui lui permet de conserver assez d'empire sur ses passions pour mener à bien sa vengeance sauvage sous le masque de la civilisation :

> Lisbeth, étrangement émue de cette vie de courtisane, conseillait Valérie en tout, et poursuivait le cours de ses vengeances avec une impitoyable logique. Elle adorait d'ailleurs Valérie, elle en avait fait sa fille, son amie, son amour ; elle trouvait en elle l'obéissance des créoles, la mollesse de la voluptueuse [...]. Lisbeth avait d'ailleurs rencontré, dans son entreprise et dans son amitié nouvelle, une pâture à son activité bien autrement abondante que dans son amour insensé pour Wenceslas. Les jouissances de la haine satisfaite sont les plus ardentes, les plus fortes au cœur. [...] Enfin Valérie offrait, dans toute sa gloire, à Lisbeth, cette beauté qu'elle adorait, comme on adore tout ce qu'on ne possède pas, beauté bien plus maniable que celle de Wenceslas qui, pour elle, avait toujours été froid et insensible (chap. 41, p. 255-256).

Si les passions de la cousine Bette présentent si nettement un caractère animal, c'est aussi parce qu'elles se distinguent par une inaptitude totale à cette preuve d'humanité qu'est la compassion. Rien ne vient donc tempérer sa haine pour la famille Hulot, non plus que sa possessivité envers Wenceslas, qu'elle réduit à l'état de bête en cage, parce qu'elle ne peut juger de ses sentiments et de ses besoins que d'après les siens propres :

> La Lorraine surveillait cet enfant du Nord avec la tendresse d'une mère, avec la jalousie d'une femme et l'esprit d'un dragon ; ainsi elle s'arrangeait pour lui rendre toute folie, toute débauche impossible, en le laissant toujours sans argent. Elle aurait voulu garder sa victime et son compagnon pour elle, sage comme il était par force, et elle ne comprenait pas la barbarie de ce désir insensé, car elle avait pris, elle, l'habitude de toutes les privations (chap. 18, p. 145-146).

Lisbeth souffre de ses passions ; néanmoins, parce qu'il lui refuse toute faculté à l'empathie, Balzac anéantit la compassion qu'aurait pu en retour inspirer au lecteur la femme laide, condamnée à être mal aimée. Quelque puissants et douloureux qu'ils soient, les sentiments de « la Bette » demeurent inhumains, et sa passion pour Wenceslas ne saurait donc être sublimée en amour.

b. Adeline ou la passion sacrée

Plus que le contraste de la beauté et de la laideur, c'est sans doute cette aptitude à la compassion qui fait de la blonde Adeline et de la brune Lisbeth deux natures diamétralement opposées. Le caractère d'Adeline se signale en effet par un constant souci de l'autre, qui se manifeste notamment envers Lisbeth elle-même, dont elle cherche à faire le bien – ce qui ne peut qu'exacerber encore les rancœurs de la vieille, obligée de se montrer reconnaissante d'une protection qui l'humilie. À l'apogée de son bonheur, Adeline s'efforce en effet de le faire partager à sa cousine : « Adeline, excessivement bonne et douce, se souvint à Paris de Lisbeth, et l'y fit venir, vers 1809, dans l'intention de l'arracher à la misère en l'établissant » (chap. 9, p. 93). Mais l'enfer d'Adeline est pavé de ses bonnes intentions et de sa douceur excessive. En poussant l'empathie jusqu'à l'oubli d'elle-même, elle se condamne en effet à ne vivre ses passions qu'au sens étymologique du terme.

« La passion est un martyre » : cette phrase ironique du narrateur, qui raille la comédie de la pureté et du dévouement jouée par Valérie à Crevel (chap. 24, p. 174), s'applique en revanche parfaitement à Adeline, qui s'inscrit ainsi dans une longue lignée d'héroïnes romantiques (voir l'encadré « Anges et martyres dans la littérature romantique », p. 137). Le mot revient par trois fois à son propos, lorsqu'elle congédie Crevel qui vient de lui révéler les infidélités du baron (« Elle marchait fièrement, noblement, comme une martyre au Colysée », chap. 6, p. 81), lorsque Hortense rend à sa mère un hommage proche de l'adoration (« Dans un accès de piété filiale, écrasée par la sublimité de sa mère, elle se mit à genoux devant elle, saisit le bas de sa robe et la baisa, comme de pieux catholiques baisent les saintes reliques d'un martyr », chap. 66, p. 345), et lorsque Josépha exprime son admiration pour les souffrances de celle qui n'est plus sa rivale (« Quand la vieillesse viendra, faites pénitence… vous serez exaucée, si Dieu daigne entendre les prières d'une… – D'une martyre, Madame, dit Josépha qui baisa respectueusement la robe de la baronne », chap. 106, p. 491).

Pas plus que celles de sa cousine, les passions d'Adeline ne sont humaines, mais elles représentent un au-delà et non un en deçà de l'humanité. Aussi le lexique du sacré est-il constamment employé pour dépeindre ses sentiments. Elle voue un culte au baron, en qui elle voit « une espèce de Dieu » (chap. 7, p. 85), et dont elle fait « son idole » (chap. 8, p. 91). Lorsque l'objet de son adoration déchoit, elle parvient à se maintenir elle-même à la hauteur où elle l'avait placé : même lorsqu'elle a « la pensée diabolique » de se vendre (chap. 85, p. 401), elle demeure « sublime » (titre du chapitre 87) et « la fausse courtisane se relève une sainte » (titre du chapitre 89). L'amour d'Adeline est donc une passion au sens où il est pour elle une cause de souffrances sans cesse renouvelées, qu'elle endure

ANGES ET MARTYRES DANS LA LITTÉRATURE ROMANTIQUE

Roman de la matière s'il en est, *La Cousine Bette* n'en est pas moins peuplé d'anges. Si Adeline Hulot est présentée sous les traits d'une créature céleste, Lisbeth Fischer elle-même se voit décerner le titre d'« ange sauveur » (chap. 85, p. 399). Quant à Valérie Marneffe, ses amants l'appellent amoureusement « mon ange », alors même que leurs pensées sont bien peu angéliques : « Valérie, mon ange, dit l'amoureux Crevel, M. Marneffe n'a pas longtemps à vivre » (chap. 53, p. 302) ; et Hulot de renchérir dans sa lettre : « Sois tranquille, mon ange, *il* crèvera sous-chef ! » (chap. 78, p. 379). Balzac s'amuse en vérité de ce qui, en 1846, est devenu **un *topos* romantique : la figure de l'amante passionnée mais éthérée, et qui vole au martyre amoureux.** Il en fait la satire lorsqu'il résume le « *nouvel art d'aimer* » dans lequel Valérie est passée maîtresse : « On est deux anges, et l'on se comporte comme deux démons, si l'on peut » (chap. 24, p. 175).

La courtisane mariée a semble-t-il su tirer profit des modèles que lui offre la littérature romantique. **Au sortir de la Révolution française, penseurs et artistes interrogent leur rapport à une religion** qui vient d'être violemment mise en question, mais qui demeure un arrière-plan culturel dont ils ne peuvent se défaire. En 1809, **Chateaubriand** fait ainsi l'apologie de la passion – dans tous les sens du terme – des premiers chrétiens, avec son épopée des *Martyrs* dont l'héroïne, la païenne Cymodocée, descendante d'Homère, accède à l'amour de Dieu par l'amour d'un homme, Eudore, avec lequel elle affronte finalement le martyre dans le Colisée. En 1826, **Vigny** imagine à son tour une amante-martyre dans le poème *Éloa* dont l'héroïne éponyme est un ange né d'une larme du Christ à la mort de Lazare, qui accepte de se perdre pour tenter de sauver Satan dont le malheur l'a émue et dont elle s'est éprise. À l'autre extrémité du romantisme, et dans un roman, *L'Homme qui rit* (1869), **Hugo** donne à son personnage d'amante pure et sublime, jeune aveugle à la voix cristalline, le nom très signifiant de Dea, littéralement « la déesse ». La blancheur idéale de Dea est mise en relief par le contraste que la jeune fille forme avec l'autre grande figure féminine du roman, la fatale et diabolique Josyane.

De tels duos féminins, qui incarnent un **clivage spiritualiste entre amour des âmes et passion des corps**, sont récurrents dans la littérature romantique : dans *La Coupe et les Lèvres* de Musset (1829), Déidamia et Belcolore préfigurent par exemple Dea et Josyane. Balzac n'échappe pas à la règle, qui oppose dans *Le Lys dans la vallée* (1836) la bien nommée Blanche de Mortsauf, ange de douceur, de patience et de fidélité malheureuse, et la tentatrice, Lady Dudley. En soulignant le contraste entre les passions d'Adeline et de Lisbeth, d'Adeline et de Valérie, Balzac s'inscrit donc dans une tradition à laquelle lui-même a sacrifié, mais qu'il considère désormais avec une **distance ironique**.

patiemment, qui la portent au sacrifice et font d'elles un personnage christique. Mais cette passion et celles qui animent Lisbeth n'ont de commun que le nom. Le monde où s'affrontent ces passions inconciliables et antagonistes fonde ainsi tout à la fois la puissance dramatique et l'esthétique d'un roman où l'idéal et la poésie des symboles ont leur part, tout autant que le réel et la précision de l'« Étude de mœurs ».

C. Monde des passions et monde des arts

Si l'amour, le désir et la haine, leur corollaire, sont les passions dominantes dans le monde de *La Cousine Bette*, ils coexistent avec une passion plus discrète, apparemment moins dévorante mais néanmoins problématique : la passion artistique. Inscrite dans le roman grâce à la présence du sculpteur Steinbock, elle colore aussi l'écriture même de Balzac, qui prête voix à son narrateur, entre engagement passionné et distance avisée.

1. Wenceslas Steinbock, le contre-modèle

Objet des passions antagonistes ou conjuguées de Lisbeth, d'Hortense et de Valérie (« Wenceslas et Henri, voilà mes deux seules passions », dit-elle. « L'un, c'est l'amour ; l'autre, c'est la fantaisie », chap. 53, p. 305), Wenceslas Steinbock est peut-être le seul personnage du roman à inspirer la passion sans l'éprouver profondément en retour. Il semble pourtant, lors de sa première apparition, être la personnification de la passion des arts, contrepoids possible aux passions amoureuses qui agitent les personnages. Il apparaît en effet comme un être pur, absorbé par son œuvre et donc isolé du tumulte du monde extérieur. Les outils qui l'entourent sont autant d'attributs qui font de lui une vivante allégorie de la sculpture, et la faible lueur qui l'éclaire l'auréole d'un halo prometteur :

> Elle trouva, travaillant à la lueur d'une petite lampe dont la clarté s'augmentait en passant à travers un globe plein d'eau, le héros des rêves d'Hortense, un pâle jeune homme blond, assis à une espèce d'établi couvert des outils du ciseleur, de cire rouge, d'ébauchoirs, de socles dégrossis, de cuivres fondus sur modèle, vêtu d'une blouse, et tenant un petit groupe en cire à modeler qu'il contemplait avec l'attention d'un poète au travail (chap. 16, p. 131).

La comparaison avec le poète, implicitement présenté comme l'artiste par excellence, suggère même qu'il pourrait être dans la fiction le double de l'auteur. Cependant, un indice inquiétant fissure déjà le trop idéal portait du jeune homme : l'artiste est avant tout « le héros des rêves d'Hortense », et peut-être n'est-il que cela. De même que la lumière de la lampe est artificiellement augmentée, la passion de Steinbock pourrait bien n'être qu'un effet d'optique : le jeune homme est vu au prisme de l'imagination d'Hortense et du regard énamouré de Lisbeth.

Néanmoins, ses premières œuvres sont bel et bien frappées du sceau du génie, comme en témoigne la description du cachet qu'il offre à sa protectrice : « Les figures, par leur dessin, par leurs draperies et par leur mouvement, appartenaient à l'école de Raphaël ; par l'exécution elles rappelaient l'école des bronziers florentins que créèrent les Donatello, Brunelleschi, Ghiberti, Benvenuto Cellini, Jean de Bologne, etc. » (chap. 11, p. 107). L'énumération des grands noms est particulièrement élogieuse, et deux d'entre eux mettent l'accent sur la passion qui semble habiter le jeune Polonais. Raphaël est en effet, dans l'esprit des hommes du XIXe siècle, le représentant par excellence de l'enthousiasme sacré des arts, tandis que Benvenuto Cellini, orfèvre qui a relaté dans son autobiographie son existence aventureuse, est aux yeux des romantiques le type de l'artiste énergique et audacieux. Cette énergie semble un temps animer le sculpteur et Lisbeth, qui ne peut la comprendre, l'évoque naïvement pour sa cousine : « Oh ! il se croit sur le pinacle, il a de l'orgueil, le jeune homme, autant que deux comtes nouveaux » (*ibid.*, p. 110). Le narrateur, quant à lui, est plus explicite encore, qui convoque les images du feu et du volcan, métaphores traditionnelles de la passion :

> Ce brio, mot italien intraduisible et que nous commençons à employer, est le caractère des premières œuvres. C'est le fruit de la pétulance et de la fougue intrépide du talent jeune, pétulance qui se retrouve plus tard dans certaines heures heureuses ; mais ce brio ne sort plus alors du cœur de l'artiste ; et, au lieu de le jeter dans ses œuvres comme un volcan lance ses feux, il le subit, il le doit à des circonstances, à l'amour, à la rivalité, souvent à la haine, et plus encore aux commandements d'une gloire à soutenir (chap. 21, p. 159).

L'énergie créatrice est d'autant plus brûlante qu'elle semble devoir être éphémère.

Cet élan artistique coïncide chez Wenceslas avec un élan amoureux, au point qu'il permet à Balzac de poursuivre dans *La Cousine Bette* une réflexion qui lui est chère (voir l'encadré « Passion amoureuse et passion artistique dans l'œuvre de Balzac », p. 142). Amour et passion artistique entretiennent en effet des liens complexes. Ils se renforcent tout d'abord mutuellement : l'admiration qu'Hortense voue aux œuvres de Steinbock nourrit son rêve : « Le cachet qu'elle tenait à la main, espèce d'Annonciation où le génie éclatait comme une lumière, eut la puissance d'un talisman » (chap. 11, p. 111). L'art est alors le vecteur de la cristallisation telle que Stendhal la théorise dans *De l'amour* (1822) [1]. En retour, Wenceslas croit puiser l'inspiration, la force et le génie dans les sentiments qu'il éprouve pour Hortense : « L'amoureux d'Hortense imaginait des groupes et des statues par centaines ; il se sentait une puissance à tailler

1. Voir l'encadré « *De l'amour* : la passion amoureuse selon Stendhal », *supra*, p. XLVI.

lui-même le marbre, comme Canova qui, faible comme lui, faillit en périr. Il était transfiguré par Hortense, devenue pour lui l'inspiration visible » (chap. 23, p. 169). Pour harmonieux qu'il soit, cet accord est lourd de menaces : qu'en sera-t-il de l'amour si l'art s'essouffle ? De l'art si l'amour fait défaut ? Une fois encore, Lisbeth, peu sensible à l'art mais pragmatique, perçoit les dangers latents de ces envolées idéales, et sermonne vertement son protégé :

> Allez-vous recommencer vos bêtises sur la poésie, sur les arts, et faire craquer vos doigts, vous détirer les bras en parlant du beau idéal, de vos folies du Nord. Le beau ne vaut pas le solide, et le solide, c'est moi ! Vous avez des idées dans la cervelle ? la belle affaire ! et moi aussi, j'ai des idées… À quoi sert ce qu'on a dans l'âme, si l'on n'en tire aucun parti ? ceux qui ont des idées ne sont pas alors si avancés que ceux qui n'en ont pas, si ceux-là savent se remuer… Au lieu de penser à vos rêveries, il faut travailler (chap. 16, p. 133-134).

Pareille tirade dévalorise la vieille fille, insensible, mais à travers elle Balzac fait la satire d'une certaine sacralisation de l'art et préfigure l'échec de Wenceslas. Sans doute Lisbeth avait-elle raison de conseiller au sculpteur d'opérer une sublimation artistique de ses désirs : « Vous aimez les femmes, eh bien ! fondez-en, mettez vos désirs en bronze », lui recommande-t-elle (*ibid.*, p. 134). Loin de décupler les forces créatrices de son mari, l'amour que lui porte Hortense l'éteint : le bonheur et la passion amoureuse ont raison de la fragile passion des arts. Le narrateur y voit une forme de fatalité : « Les caresses d'une femme, d'ailleurs, font évanouir la Muse, et fléchir la féroce, la brutale fermeté du travailleur » (chap. 56, p. 310). Les deux passions s'avèrent ainsi inconciliables et vulnérables, et les failles de Steinbock, jusque-là suggérées, éclatent au grand jour.

La passion des arts n'est chez le sculpteur qu'un sentiment passager et, dans une certaine mesure, artificiel : il ne la possède que par force ou par procuration, lorsque Lisbeth projette en lui sa propre détermination :

> Poussé par la terrible pression de la misère, maintenu par Bette dans la situation de ces chevaux à qui l'on met des œillères pour les empêcher de voir à droite et à gauche du chemin, fouetté par cette dure fille, image de la Nécessité, cette espèce de Destin subalterne, Wenceslas, né poète et rêveur, avait passé de la Conception à l'Exécution, en franchissant sans les mesurer les abîmes qui séparent ces deux hémisphères de l'Art (chap. 55, p. 308).

Délivré de cette tutelle étouffante mais efficace, il laisse son talent s'étioler, et Balzac le classe parmi ces « demi-artistes » qu'il oppose aux « grands hommes [qui] appartiennent à leurs œuvres » (chap. 57, p. 315). L'artiste ne tient pas ses promesses et n'est donc en rien un avatar de l'auteur. Il constitue au contraire un contre-modèle, un repoussoir, dont même les œuvres abouties traduisent les insuffisances, car les sujets sculptés par Steinbock sont révélateurs de son parcours. Il commence par un Samson vainqueur d'un lion, image d'énergie triomphante (« Ça représente Samson déchirant un lion », résume Lisbeth, chap. 11, p. 109), puis représente, sous les traits du même personnage vaincu par une femme, sa propre défaite, qui est aussi celle de la passion artistique étouffée par la passion sensuelle. La commande passée par Valérie Marneffe, qui décrit et interprète la statue de Samson et Dalila pour laquelle elle souhaite poser, annonce clairement le plan de bataille de la courtisane auquel le sculpteur, déjà trop aveuglé pour le déchiffrer, est sur le point de succomber : « Il s'agit d'exprimer la puissance de la femme. Samson n'est rien, là. C'est le cadavre de la force. Dalila, c'est la passion qui ruine tout » (chap. 62, p. 332). Steinbock n'a pas su donner toute la puissance nécessaire au monument funèbre du maréchal Montcornet ; passé sous les ordres de sa fille naturelle, il sculpte un groupe qui pourrait fort bien figurer sur son propre tombeau : Samson et Dalila sont le cadavre de sa passion artistique.

Celle-ci était néanmoins menacée dès les origines. L'épisode de la tentative de suicide de l'artiste, *a priori* émouvante et pathétique, tend en vérité à dévaloriser Wenceslas. Son renoncement à la vie, bien que justifié par de nobles principes, relève d'une forme de paresse, sinon de lâcheté, dont le personnage ne cesse ensuite de faire preuve : il n'a pas l'énergie nécessaire pour affronter les vicissitudes de l'existence et les exigences de l'art. Plus encore, son geste désespéré peut être lu comme une marque de conformisme. Balzac le situe en effet en 1833, date qui n'a rien d'anodin. Le 17 février 1832, deux jeunes écrivains, Victor Escousse et Auguste Lebras, se suicident par asphyxie, se sentant incompris et jugeant leurs talents injustement ignorés. Le fait divers défraye la chronique et est abondamment relayé par la littérature [1] : Musset, notamment, l'évoque dans son poème *Rolla*, paru en 1833, l'année de la tentative de suicide fictive de Steinbock ; avec un an de retard, le jeune Polonais apparaît ainsi comme le pâle imitateur de deux personnages réels. S'il manque tout à la fois son suicide et sa carrière littéraire, il a en revanche droit à une exécution en règle par le narrateur, qui prononce contre lui la condamnation la plus sévère qui puisse être formulée contre un artiste à l'époque romantique, celle de n'être qu'un critique :

> Wenceslas, mari d'une femme riche, ne lui faisait aucune infidélité ; mais il flânait, sans pouvoir se résoudre à entreprendre une œuvre, si petite qu'elle fût. Redevenu artiste *in partibus*, il avait beaucoup de succès dans les salons, il était consulté par beaucoup d'amateurs ; enfin il passa critique, comme tous les impuissants qui mentent à leurs débuts (chap. 131, p. 575).

Velléitaire, insuffisamment passionné, celui qui semblait devoir être le jeune premier du roman s'avère ainsi être l'archétype de l'artiste raté.

1. Voir Claude Schopp, *La Gloire de Victor Escousse*, Champigny-sur-Marne, Digraphe, 1996.

Passion amoureuse et passion artistique dans l'œuvre de Balzac

À l'époque romantique, amour et amour de l'art apparaissent comme **deux passions exigeantes et difficilement conciliables**. Aussi le mythe de Raphaël fascine-t-il : artiste de génie et amant ardent, on raconte que ce peintre italien de la Renaissance serait mort dans les bras de sa maîtresse, épuisé par cette double passion.

Le motif est récurrent dans *La Comédie humaine*, où Balzac fait des véritables artistes une caste d'êtres à part, fascinants mais aussi redoutables à ceux qui les aiment. La jeune Augustine Guillaume en fait l'amère expérience dans ***La Maison du Chat-qui-pelote*** (1830). Belle comme une Madone de Raphaël, Augustine inspire un amour passionné et une toile sublime au peintre Théodore de Sommervieux, aristocrate talentueux mais inconstant qui n'est pas sans annoncer le sculpteur Wenceslas Steinbock. Elle obtient de l'épouser, en dépit des réticences de ses parents, qui trouvent un écho au chapitre 22 de *La Cousine Bette*, lorsque Hortense cherche à savoir si son père lui défendrait « d'épouser un grand artiste » (p. 161). Le baron Hulot, homme de la monarchie de Juillet et qui appartient à la noblesse d'Empire, reconnaît la noblesse des arts : « Un grand artiste, aujourd'hui, c'est un prince qui n'est pas titré. C'est la gloire et la fortune, les deux plus grands avantages sociaux », affirme-t-il (*ibid.*). En 1812, le père d'Augustine, monsieur Guillaume, marchand drapier, se montre beaucoup plus méfiant, et la destinée de sa fille lui donne raison : très vite, Théodore, absorbé par son art et par la duchesse de Carigliano, autre muse fascinante mais plus aristocratique, délaisse sa trop bourgeoise épouse.

Si la réflexion est d'ordre social dans l'« Étude de mœurs » qu'est *La Maison du Chat-qui-pelote*, les « Études philosophiques » interrogent elles aussi la passion dévorante de l'art. Dans ***Le Chef-d'œuvre inconnu*** (1831), Balzac imagine un épisode de la jeunesse du peintre Poussin, qu'il montre prêt à échanger sa bien-aimée Gillette contre les secrets d'un mystérieux artiste, maître Frenhoffer. Ce dernier dit avoir capturé la vie même dans le portrait d'une femme auquel il travaille depuis de longues années, qu'il regarde comme sa compagne et refuse de dévoiler aux regards du profane. Le peintre peine néanmoins à achever sa toile merveilleuse, et pense qu'il y parviendrait s'il pouvait contempler la perfection de la beauté féminine. Aussi Poussin persuade-t-il Gillette de poser pour le vieux maître, qui en retour promet de lui montrer l'objet de sa propre passion, son chef-d'œuvre. Mais lorsque la toile est enfin achevée et révélée, elle s'avère n'être qu'une illisible succession de retouches, sous lesquelles disparaît une œuvre semble-t-il sublime : dans un angle de la toile émerge un pied parfait. Dévasté par son échec, Frenhoffer incendie son atelier, et meurt avec ses toiles, littéralement victime des feux d'une passion dévorante qui, lorsqu'elle est pleinement vécue, fait se confondre **génie et folie**.

2. Le narrateur, figure du sage ?

Le narrateur de *La Cousine Bette* révèle donc la puissance funeste des passions, mais reproche à son unique personnage d'artiste d'en manquer, et de ne pas savoir accomplir pleinement sa vocation. Lui-même se trouve par conséquent dans une posture instable : doit-il être le scrutateur avisé et détaché du monde des passions, au risque de la froideur, ou un artiste brûlant du feu sacré des arts, au péril de sa raison ?

Le mépris dont il fait preuve à l'égard du personnage-repoussoir de Wenceslas Steinbock, ainsi que la grande méditation sur les facultés créatrices que lui inspire le sculpteur (chap. 55) suggèrent qu'il appartient à la lignée des artistes passionnés, tout entiers dévoués à leur art. Le narrateur se confond alors avec l'auteur : on connaît le travail acharné de Balzac, qui, à grand renfort de café, consacrait ses jours et surtout ses nuits à écrire, avec une rapidité et une fécondité prodigieuses : « J'ai repris la vie du forçat littéraire, je me lève à minuit et me couche à 6 heures du soir ; à peine ces dix-huit heures de travail peuvent-elles suffire à mes occupations », explique-t-il dans une lettre du 1er septembre 1836 [1]. La seule existence du roman suffit à le prouver, il est de ces « grands artistes » qui pratiquent la « chasse dans les hautes régions de l'intelligence » et possède « le courage, un courage dont le vulgaire ne se doute pas » (chap. 55, p. 308). Les termes qu'il emploie pour dépeindre la tâche harassante des « forçats » de l'art sont bel et bien ceux de la passion. La création artistique est comparable à l'amour (« la tête n'a pas plus les dispositions créatrices à commandement, que l'amour n'est continu », *ibid.*, p. 309), mais surtout à l'instinct maternel, cette passion que Bette ne peut assouvir et qu'elle s'efforce d'apaiser en « adoptant » Wenceslas puis Valérie :

> Celui qui peut dessiner son plan par la parole, passe déjà pour un homme extraordinaire. Cette faculté, tous les artistes et les écrivains la possèdent. Mais produire ! mais accoucher ! mais élever laborieusement l'enfant, le coucher gorgé de lait tous les soirs, l'embrasser tous les matins avec le cœur inépuisé de la mère, le lécher sale, le vêtir cent fois des plus belles jaquettes qu'il déchire incessamment ; mais ne pas se rebuter des convulsions de cette folle vie et en faire le chef-d'œuvre animé qui parle à tous les regards en sculpture, à toutes les intelligences en littérature, à tous les souvenirs en peinture, à tous les cœurs en musique, c'est l'Exécution et ses travaux (*ibid.*, p. 308-309).

Le sacerdoce de l'artiste ainsi résumé présente toutes les caractéristiques de la passion : il est un sentiment des plus vifs, une force irrésistible réclamant une énergie hors du commun, mais aussi une source inépuisable de souffrances : le mot « travail » retrouve ici son sens étymologique, qui remonte au nom d'un instrument de torture. Aussi cette passion peut-elle et doit-elle comme les autres mener à la folie :

1. Balzac, *Correspondance*, éd. R. Pierrot, Garnier Frères, 1964, vol. 3, p. 147.

> Si l'artiste ne se précipite pas dans son œuvre, comme Curtius dans le gouffre, comme le soldat dans la redoute, sans réfléchir ; et si, dans ce cratère, il ne travaille pas comme le mineur enfoui sous un éboulement ; s'il contemple enfin les difficultés au lieu de les vaincre une à une, à l'exemple de ces amoureux des féeries, qui, pour obtenir leurs princesses, combattaient des enchantements renaissants, l'œuvre reste inachevée, elle périt au fond de l'atelier, où la production devient impossible, et l'artiste assiste au suicide de son talent (*ibid.*, p. 309-310).

À lire ces lignes, le lecteur ne peut que supposer que le roman qu'il tient entre les mains est une œuvre de passion plus que de raison.

Comment le narrateur pourrait-il cependant se faire l'observateur objectif et fiable du monde des passions, si lui-même est en proie à ce qui est peut-être la plus dévorante de toutes ? Balzac soulève la question dans *Massimilia Doni*, histoire d'amour passionnée qui est aussi une ode à l'art lyrique : « Quand un artiste a le malheur d'être plein de la passion qu'il veut exprimer, il ne saurait la peindre, car il est la chose même au lieu d'en être l'image. L'art procède du cerveau et non du cœur. Quand votre sujet vous domine, vous en êtes l'esclave et non le maître [1]. » Pour dominer son sujet, le narrateur de *La Cousine Bette* a donc dû faire taire son cœur, à l'origine de la « Conception » (*ibid.*, p. 308), pour laisser son cerveau présider à l'« Exécution » (*ibid.*). De nombreux indices témoignent dans le roman de ce triomphe de l'intellect sur la passion d'écrire.

Les interventions auctoriales, qui rompent l'illusion romanesque, viennent en effet instaurer une distance entre le narrateur et le lecteur d'une part, et les trop passionnels événements du roman de l'autre. Ainsi, la remarque qui introduit la description de l'appartement de Crevel vient briser la tension romanesque, à un moment où pourtant elle atteint son comble, puisque Lisbeth, dévorée de jalousie, vient de s'assurer que Wenceslas est véritablement reçu chez les Hulot :

> Mais Célestin Crevel est le représentant si naïf et si vrai du parvenu parisien, qu'il est difficile d'entrer sans cérémonie chez cet heureux successeur de César Birotteau. Célestin Crevel est à lui seul tout un monde, aussi mérite-t-il, plus que Rivet, les honneurs de la palette, à cause de son importance dans ce drame domestique (chap. 28, p. 197).

En l'interrompant cavalièrement, le narrateur semble se rire du « drame domestique » qu'il est en train de composer. On ne s'étonne guère que Célestin Crevel, en tout point ridicule, s'attire les railleries du narrateur. Mais les personnages supposés être les plus sublimes eux-mêmes en sont la cible, et dans les moments potentiellement les plus pathétiques. Juxtaposé à un épisode des plus triviaux – le baron Hulot surpris en flagrant délit de colloque sentimental avec la grosse Agathe Piquetard –, le récit de la mort d'Adeline cèle une ironie discrète mais féroce : « Et l'on vit, ce qui doit être

1. Balzac, *Massimilia Doni* (1837), dans *La Comédie humaine*, t. X, *Études philosophiques*, éd. P.-G. Castex, Gallimard, « Bibliothèque de la Pléiade », 1979, p. 613.

rare, des larmes sortir des yeux d'une morte. La férocité du Vice avait vaincu la patience de l'Ange, à qui, sur le bord de l'Éternité, il échappa le seul mot de reproche qu'elle eût fait entendre de toute sa vie » (chap. 132, p. 578). L'éloquence presque excessive du commentaire, le détail incongru des larmes de la morte et l'incise qui en souligne l'invraisemblance, tout suggère que le narrateur ne peut se retenir de sourire *in extremis* de l'aveugle passion de l'« Ange » dont la naïveté et l'ignorance volontaire sont des marques de faiblesse autant que de grandeur d'âme. Le narrateur ne partage semble-t-il pas la tendance à la compassion qui caractérise la baronne, ce qui le préserve d'un attendrissement qui pourrait être mièvre, et surtout le menacerait de sombrer dans le même aveuglement que son personnage.

Pleins d'humour, d'inventivité et d'irrévérence, les titres des chapitres, en décalage presque systématique avec la noirceur des événements relatés, participent aussi de cette stratégie de mise à distance. Les jeux de mots (« Un revenant à revenu », « Les cinq pères de l'Église Marneffe »), les métaphores burlesques (« Aventure d'une araignée qui trouve dans sa toile une belle mouche trop grosse pour elle »), les allusions littéraires (« La nouvelle Atala tout aussi sauvage que l'autre et pas aussi catholique ») illuminent d'une touche de fantaisie l'univers souvent sordide du roman. L'un de ces titres, « De la vie et des opinions de M. Crevel », place d'ailleurs *La Cousine Bette* dans le sillage du très fantaisiste roman de Sterne, *Vie et opinions de Tristram Shandy, gentilhomme*, dans lequel ledit Tristram Shandy, qui s'est donné pour mission de raconter sa vie, peine à aller au-delà du récit de sa conception et de sa naissance, tant il se perd en digressions et associations d'idées.

Par cette faculté au sourire amusé, le narrateur se situe au-dessus de la mêlée des passions qu'il retrace et étudie. Artiste sans nul doute passionné par sa tâche, il n'en conserve pas moins une capacité au recul, au regard volontairement dépassionné, qui fait de lui une paradoxale figure de sagesse. L'écriture, l'art, la réflexion, l'humour ne suffisent vraisemblablement pas à le mettre tout à fait à l'abri des passions, dont il a montré qu'elles étaient la loi du monde. Mais elles lui permettent de rester « maître » de son sujet, de conserver sur lui l'autorité, l'*auctoritas* qui fait du narrateur un véritable *auctor* – un auteur.

Conclusion

« Où la passion va-t-elle se nicher ? » se demande-t-on dès le premier chapitre de *La Cousine Bette*. À cette question, le roman tout entier apporte une réponse très nette : partout. De la haine vengeresse de Lisbeth à l'amour inconditionnel d'Adeline en passant par les désirs irrépressibles de Hulot et de Crevel ou les caprices impérieux de Valérie, il n'est pas un personnage qui ne subisse les affres des passions – que les siennes le déchirent, ou qu'il soit victime des conséquences de celles des autres.

Dans l'« Avant-propos » de *La Comédie humaine*, où il se propose d'étudier son espèce avec le regard d'un zoologue, Balzac mesure l'ampleur de la tâche :

> L'État Social a des hasards que ne se permet pas la Nature, car il est la Nature plus la Société. […] entre les animaux, il y a peu de drames, la confusion ne s'y met guère ; ils courent sus les uns aux autres, voilà tout. Les hommes courent bien aussi les uns sur les autres ; mais leur plus ou moins d'intelligence rend le combat autrement compliqué [1].

C'est la complexité et la férocité de cet « État Social » que donne à voir *La Comédie humaine*. Par nature, l'homme y est un loup pour l'homme, mais la société lui impose de dissimuler ses instincts derrière le masque de la civilisation – un élégant et inquiétant loup de carnaval.

Monde des passions mais surtout monde de passions, le Paris de la monarchie de Juillet que peint Balzac se révèle alors être un immense terrain de jeux et de chasse, dont l'auteur explore pour nous les règles subtiles et les recoins sombres. Il l'étudie méthodiquement, impitoyablement, en révèle tous les aspects, et s'imprègne de l'énergie formidable qui se dépense dans ce creuset de désirs et d'ambitions. Et de cette lie des passions dans laquelle il plonge sa plume (le motif de la fange est omniprésent dans le roman), il tire un matériau précieux, fascinant. Les passions qu'il dompte et sculpte à sa guise sont en effet ce qui confère à son œuvre son souffle romanesque, sa puissance tragique, mais aussi sa dimension comique. Ce n'est pas sans ironie que Balzac observe les amants de Josépha, prêts à dilapider des fortunes pour lui bâtir un « bourbier d'or et de perles » (chap. 38, p. 240). Alchimiste des passions, il semble triompher de la société de ses personnages et de ses lecteurs en lui criant avant Baudelaire : « Tu m'as donné ta boue, et j'en ai fait de l'or [2] ».

ORIENTATION BIBLIOGRAPHIQUE

Édition de référence

La Cousine Bette, notes de Stéphanie Adjalian-Champeau, présentation et dossier de Sylvain Ledda, GF-Flammarion, 2015. [L'introduction et le dossier de cette édition font la part belle à la question des passions.]

1. « Avant-propos » de *La Comédie humaine*, *op. cit.*, p. 9.
2. Projet d'épilogue pour la seconde édition des *Fleurs du Mal*, dans *Les Fleurs du Mal*, éd. Cl. Pichois, Gallimard, « Folio classique », 1996, p. 240. Sur le motif du bourbier dans *La Cousine Bette*, voir la présentation de Sylvain Ledda dans son édition de *La Cousine Bette*, *op. cit.*

Autre édition

Éd. Anne-Marie Meininger, dans *La Comédie humaine*, t. VII, *Études de mœurs : scènes de la vie parisienne*, Gallimard, « Bibliothèque de la Pléiade », 1977.

Études sur Balzac

Pierre BARBÉRIS, *Le Monde de Balzac*, Kimé, 1999. [Un incontournable des études balzaciennes. Cette réédition de l'ouvrage de 1973 est augmentée de deux études, dont une sur les passions.]

Roland BARTHES, « Vouloir nous brûle… », dans *Essais critiques*, Le Seuil, 1964, p. 90-93. [À propos du *Faiseur* de Balzac, ce bref article propose une réflexion très stimulante sur la passion chez Balzac.]

Patrick BERTHIER et Gérard GENGEMBRE, *L'ABCdaire de Balzac*, Flammarion, 1998. [Une bonne entrée dans l'œuvre de Balzac.]

Étude sur *La Cousine Bette*

André LORANT, *« Les Parents pauvres » d'Honoré de Balzac. La Cousine Bette – Le Cousin Pons. Étude historique et critique*, Genève, Droz, 1967, 2 vol. [Une étude exhaustive de la genèse des deux romans, très riche d'informations sur *La Cousine Bette*.]

QUATRIÈME PARTIE

Le monde des passions dans les œuvres au programme

par Florian Pennanech

INTRODUCTION

En littérature comme en philosophie, les passions n'ont généralement pas bonne presse. Désignant l'effet qu'un objet extérieur peut produire sur nous, elles sont traditionnellement prises dans un réseau d'oppositions binaires au sein desquelles elles jouent rarement le beau rôle. On les oppose d'abord à la raison : les passions nous font perdre le sens commun, nous égarent, nous aveuglent et nous rabaissent au rang d'animal. On les oppose ensuite à l'action – étymologiquement, la passion est ce dont on pâtit : elles nous réduisent en esclavage, nous font perdre toute liberté et nous transforment en simples objets.

Le « monde des passions », ce serait donc d'abord le monde des humains, soumis à leurs appétits et à leurs désirs. La formule prend alors une connotation philosophique ou religieuse. En suivant Platon, on distinguera le monde sensible et le monde intelligible, le monde impur régi par les passions et le monde pur régi par la raison. Le christianisme, lui, distingue le monde des hommes, corrompus par le péché originel, attachés aux choses d'ici-bas, et en particulier à la chair, et le monde de Dieu, duquel les humains seraient définitivement séparés, mais qu'ils pourraient approcher à condition, sinon de supprimer, du moins de maîtriser leurs passions. À défaut de s'en libérer, l'homme ne saurait qu'en être victime, et cet attachement intense, durable et exclusif à un objet le conduirait à lui subordonner toute son existence, quitte à ignorer le reste de la réalité. Le monde des passions serait également en ce sens un monde d'illusions, de chimères, de fantasmes dans lequel vivrait l'homme qui n'a pas su s'en affranchir. Ce serait un monde imaginaire, peuplé d'êtres fantasmés, voire inventés par celui qui y habite et finit par s'y perdre, détruit par ses fictions aliénantes.

Les œuvres du programme ne semblent guère fournir de quoi prendre le contre-pied de cette lecture traditionnelle : amours destructrices conduisant au meurtre, au suicide et à la folie dans la tragédie *Andromaque* ; jalousie maladive et mortifère ou débauche de plaisirs conduisant à la ruine sociale, économique et morale dans le roman *La Cousine Bette*... Quant à l'essai de Hume, *Dissertation sur les passions*, s'il se propose de débarrasser l'approche des passions de toute perspective morale, force est de constater que ses exemples privilégient l'orgueil plutôt que l'humilité, la haine plutôt que l'amour, les passions violentes plutôt que les passions calmes, et dessine, quoi que le philosophe en dise, un portrait pour le moins pessimiste de la nature humaine.

Le parcours qui suit nous mènera de la dévalorisation morale des passions opposées à la raison à leur revalorisation comme moteur de l'action, avant d'envisager ce qui est au cœur du programme : le pouvoir qu'elles ont de créer un monde, perspective à partir de laquelle il paraîtra bien difficile de continuer à juger les passions, dont on mesurera ainsi toute l'ambivalence.

I. Le monde des passions : un « royaume inférieur » ?

> Il faut renoncer à cette idée que le pathétique forme un royaume inférieur. [...] Il faut renoncer à cette idée que la passion soit trouble (ou obscure) et que la raison soit claire, que la passion soit confuse et que la raison soit distincte [1].

On identifie facilement, dans cette citation de Péguy, une réaction à la tradition philosophique qui oppose raison et passions et fait de ces dernières « un royaume inférieur » – autrement dit, un monde ayant son autonomie et ses lois (« un royaume »), mais faisant l'objet d'une condamnation morale au même titre que tout ce qui relève du monde sensible, et en particulier du corps (« inférieur »). Ces différents éléments sont étroitement corrélés : si les passions sont condamnées dans la tradition platonicienne et stoïcienne, c'est précisément parce qu'elles forment un « monde » extérieur à celui de la raison, et auquel celle-ci ne peut s'opposer que de l'extérieur. Pour Platon, l'âme est divisée en trois parties : l'*épithumia*, la partie désirante, siège des appétits et des passions ; le *thumos*, la partie correspondant à la colère et à l'agressivité ; le *logistikon*, la partie rationnelle, seule à être immortelle. Les passions se situent au niveau inférieur de la hiérarchie, dans la partie de l'âme la plus dévalorisée, et représentent une menace pour la partie supérieure. Chez les stoïciens, les choses sont plus nettes encore : les passions sont des perturbations de l'âme et sont conçues selon la métaphore de la maladie ; c'est leur statut de corps étrangers qui les rend inquiétantes.

Il faut donc envisager d'un seul tenant les trois aspects de la question : les liens entre raison et passion, la logique des passions comprises comme capacité à former un monde autonome, et les liens entre passions et corps.

A. Passions et raison

1. Le conflit entre passion et raison

« On ne raisonne pas les passions », assure Victorin Hulot dans *La Cousine Bette*, avant d'ajouter : « Les gens passionnés sont sourds comme

1. Charles Péguy, *Notes sur M. Bergson et la philosophie bergsonienne* (1914), dans *Œuvres en prose (1909-1914)*, Gallimard, « Bibliothèque de la Pléiade », 1961, p. 1315.

ils sont aveugles » (chap. 110, p. 503). Les passions s'opposent à la raison, c'est-à-dire au *raisonnable* et au *rationnel*. Elles s'opposent au raisonnable, puisque l'idée même de passion suppose l'intensité, la violence et potentiellement la destruction, auxquelles la tradition philosophique ou, en l'occurrence, le conformisme bourgeois préfère les vertus de modération, de tempérance, d'équilibre. Elles s'opposent aussi au rationnel, puisqu'on les associe couramment à la perte du sens commun et à l'aveuglement, qui aboutissent à des conduites imprévisibles et injustifiables.

Les œuvres littéraires au programme donnent à voir cette opposition entre passions et raison, notamment en offrant un éventail de figures du bon sens, qui tentent de ramener les personnages passionnés à la raison. Tel semble être le rôle essentiel des confidents dans *Andromaque*. À la scène 1 de l'acte II, Hermione, dans sa fureur jalouse, imagine Andromaque comme une « coquette » – comme on dit au XVIIe siècle – qui aurait cherché à séduire Pyrrhus. Sa suivante Cléone tente de lui expliquer qu'il est peu probable qu'Andromaque, accablée de douleur et de chagrin, soit sensible aux charmes de celui-ci ou même qu'elle ait cherché à le séduire, mais Hermione continue, comme si elle ne l'entendait pas : elle évolue dans son monde, imperméable à la raison. À la scène 5 de l'acte II, Pyrrhus, comme Hermione, imagine une Andromaque sûre de ses charmes, qui en abuse sciemment auprès de lui : Phœnix a beau tenter de le raisonner, il reste sourd. À la scène 6 de l'acte IV, le même Phœnix s'efforce de l'avertir du danger, après qu'Hermione a proféré contre lui des menaces, mais Pyrrhus ne songe qu'à Andromaque. Quant à Oreste, il rétorque à son ami et confident Pylade : « je suis las d'écouter la raison » (III, 1, v. 712).

De même, le baron Hulot dans *La Cousine Bette* croise à plusieurs reprises des personnages qui s'efforcent de lui dessiller les yeux. Au chapitre 81, un commissaire intervient sur demande de Marneffe pour constater l'adultère de Valérie avec Hulot – ce qui n'est en réalité qu'un habile stratagème du couple. Ce commissaire, qui se compare à un médecin, révèle la supercherie à Hulot et conclut : « ces passions-là, c'est comme le choléra » (p. 391). De même, le ministre de la Guerre demande à Hulot : « Quel philtre vous font donc avaler ces femmes-là pour vous ôter l'esprit ? [...] Ces femmes-là vous ôtent donc le bon sens ? » (chap. 93, p. 440). Ironiquement, Hulot lui-même deviendra l'une de ces figures du bon sens, un chantre du raisonnable, lorsqu'il s'agira de convaincre sa fille Hortense de retourner à son mari Wenceslas après que celui-ci l'a trompée avec Valérie. Il lui reproche alors – ce qui ne manque pas de sel – de se laisser aller à la passion et l'invite à se reprendre, n'hésitant pas à s'écrier « Voyons ! un peu de raison » :

> La passion naïve et fraîche, comme celle que tu as pour Wenceslas, ne calcule malheureusement rien, elle est toute à ses premiers mouvements. Notre petit cœur part, la tête suit. On brûlerait Paris pour se venger, sans penser à la cour d'assises ! (chap. 75, p. 367)

La logique de Hulot est toutefois un peu plus complexe, puisqu'il explique à sa fille que la raison consiste à réduire au silence sa propre passion (son amour vertueux pour Wenceslas, son honneur et sa dignité de femme offensée) tout en comprenant que le monde tel qu'il va suppose qu'elle accepte les passions de son mari (en l'occurrence, le désir de celui-ci pour Valérie).

2. De la passion à la folie

Si les passions sont souvent opposées à la raison, elles sont aussi régulièrement associées à cette forme supérieure de déraison qu'est la folie. Dans certains cas, il s'agit d'une pure figure de style, d'un simple cliché : les personnages de Balzac parlent de façon récurrente de « passion folle » ou de « passion insensée ». Ainsi le narrateur décrit-il le désir d'Hulot pour Valérie comme une « passion insensée qui semblait raisonnable » (chap. 25, p. 178). La folie, sous sa forme la plus inoffensive, est ici synonyme de ridicule : elle se traduit par l'extravagance des sommes dépensées, par exemple dans les « colifichets qui valent des sommes folles, et que commande aux fabricants la passion dans son premier délire ou pour son dernier raccommodement » (chap. 60, p. 323).

Plus inquiétante est la folie qu'engendre la jalousie, quand elle s'associe aux idées de vengeance et de meurtre. En témoigne cette confidence d'Hortense à propos de Wenceslas :

> J'étais jalouse, une infidélité me ferait mourir ; j'étais ombrageuse, il devait respecter mes faiblesses, puisqu'elles venaient de mon amour pour lui, j'avais dans les veines autant du sang de mon père que du tien ; dans le premier moment d'une trahison, je serais folle à faire des folies, à me venger, à nous déshonorer tous, lui, son fils et moi ; qu'enfin je pourrais le tuer et me tuer après ! (chap. 66, p. 343)

Il ne s'agit plus du tout, dès lors, d'une simple figure de style, comme le montre bien la crise spectaculaire de Lisbeth quand elle découvre la relation d'Hortense et Wenceslas : « – De l'eau !... de l'eau ! demanda Lisbeth après avoir jeté les yeux sur la lithographie au bas de laquelle elle lut : *groupe appartenant à mademoiselle Hulot d'Ervy*. De l'eau ! ma tête brûle, je deviens folle !... » (chap. 26, p. 186). Il en va de même lorsque pour la première fois le baron Hulot éprouve de la jalousie, à cause du retour d'Henri Montès de Montéjanos : « Les philtres et les vertiges que verse à torrents ce sentiment fou venaient de couler dans son cœur en un instant » (chap. 46, p. 273). L'image du philtre, déjà rencontrée, assimile la passion à un corps extérieur qui envahit celui de sa victime jusqu'à ne plus faire qu'un avec lui : cette dépossession de soi que constitue la passion est l'un des motifs essentiels de sa condamnation morale.

La passion est en effet souvent synonyme d'aliénation, au sens étymologique du terme : elle nous fait devenir un autre. Dans *Andromaque*, Pylade, pressentant le basculement d'Oreste dans la folie, s'alarme : « Je ne vous connais plus : vous n'êtes plus vous-même » (III, 1, v. 710). À l'inverse, quand Pyrrhus semble parvenir à passer outre sa passion pour Andromaque, Phœnix le félicite d'être redevenu lui-même :

> Ah ! je vous reconnais ; et ce juste courroux,
> Ainsi qu'à tous les Grecs, Seigneur, vous rend à vous.
> Ce n'est plus le jouet d'une flamme servile :
> C'est Pyrrhus, c'est le fils et le rival d'Achille…
>
> (II, 5, v. 627-630)

L'aliénation peut toucher à la déshumanisation : la passion semble transformer les hommes en animaux, comme le suggère le jeu de mot récurrent qui fait de Lisbeth « la Bette », et le bestiaire que l'on retrouve tout au long de *La Cousine Bette* (la cousine devenant tour à tour chèvre, tigre, araignée…). Le baron Hulot, lui aussi, perd son humanité, comme le lui reproche le maréchal Cottin : « vous n'étiez plus un homme, mais un tempérament » (chap. 93, p. 440). Un *tempérament* désigne ici le caractère d'une personne, découlant de sa constitution physique : Hulot est à la fois ramené au rang d'animal régi par ses instincts, dépourvu de conscience de soi, et identifié à un type général, et non à un individu particulier.

Dans les œuvres littéraires au programme, une même métaphore est utilisée, celle de la nuit, pour caractériser la folie où sombrent les personnages. L'image survient, dans le cas d'Oreste, après la révélation de la mort d'Hermione :

> Mais quelle épaisse nuit tout à coup m'environne ?
> De quel côté sortir ? D'où vient que je frissonne ?
> Quelle horreur me saisit ? Grâce au ciel, j'entrevoi…
> Dieux ! quels ruisseaux de sang coulent autour de moi !
>
> (V, 5, v. 1625-1628)

Dans le cas d'Hortense, l'image de la nuit est employée au moment de la révélation de l'infidélité de Wenceslas :

> Hortense lut la lettre, elle la relut ; elle ne voyait que ce papier blanc bariolé de lignes noires, il n'y avait que ce papier dans la nature, tout était noir autour d'elle. La lueur de l'incendie qui dévorait l'édifice de son bonheur éclairait le papier, car la nuit la plus profonde régnait autour d'elle. Les cris de son petit Wenceslas, qui jouait, parvenaient à son oreille comme s'il eût été dans le fond d'un vallon, et qu'elle eût été sur un sommet (chap. 70, p. 354).

La nuit s'oppose évidemment à la lumière de la raison, mais elle marque plus profondément la disparition totale du monde au profit du seul objet de la passion : la lettre pour Hortense, le sang de Pyrrhus pour Oreste. Leurs hallucinations – les Érinyes, Hermione et Pyrrhus, pour Oreste ; le fantôme de sa mère pour Hortense – font alors entrer les personnages dans un monde de fantasmes qui se substitue au réel. Le « monde des passions » apparaît ici dans sa dimension la plus littérale, mais aussi la plus effrayante.

3. La raison, « esclave des passions »

Face à la tradition platonicienne et stoïcienne qui condamne les passions, la position de Hume, qui souhaite les comprendre et non les juger, est originale. Dans le livre II du *Traité de la nature* humaine, dont la *Dissertation* est la réécriture, il fait de la raison « l'esclave des passions », affirmant qu'elle « ne peut jamais prétendre remplir un autre office que celui de les servir et de leur obéir [1] », et ne voit là rien qui mérite une condamnation morale.

La définition de la raison offerte par la *Dissertation* permet de le comprendre : ce que l'on appelle habituellement « raison » est en fait une « passion générale et calme qui embrasse son objet d'un point de vue éloigné et qui met en œuvre la volonté, sans susciter pour autant une émotion sensible » (V, 2). Hume a beau jeu de montrer comment le rationnel et le raisonnable ne sont que l'effet d'une « passion calme », qui ne se manifeste pas de façon violente. De cette absence de violence découle l'illusion selon laquelle ce n'est pas la passion qui agit : « Quand on évite un mal qu'on voit venir de loin, on dit que c'est par raison ; quand il est à proximité, le mal produit l'aversion, l'horreur et la crainte et il est objet de passion » (V, 3). En réalité, même le mal qu'on voit venir de loin produit une passion, et, si on l'évite, c'est bien sous l'effet de cette passion ; mais comme on le voit venir de loin, on peut l'appréhender calmement. Parler de « raison » dans le premier cas est donc un abus de langage. Puisque l'opposition entre passion et raison n'est en réalité que l'opposition entre deux types de passion, les passions violentes et les passions calmes, c'est qu'il n'existe pas d'autre monde pour l'homme que celui des passions.

L'exemple du couple orgueil-humilité développé par Hume tout au long de la section II est particulièrement intéressant à cet égard : nul ne songerait à nier que l'orgueil est une passion ; en revanche, l'humilité est souvent perçue comme un effort de la raison pour limiter les débordements de l'orgueil et retrouver la norme du comportement prescrite par la tradition morale. L'originalité de Hume consiste ici à faire de l'humilité une passion parmi les autres. La passion n'est dès lors plus un état pathologique ou anormal, au contraire : l'état normal de l'homme est l'état passionné.

1. *TNH II*, III, III.

Il convient toutefois de ne pas faire de la *Dissertation* de Hume un éloge des passions déchaînées. Cet essai vise malgré tout, dans sa dernière partie, à trouver les moyens d'assurer la domination des passions calmes sur les passions violentes. Le projet n'est pas si éloigné de celui de Descartes, qui lui aussi entendait, en offrant un modèle de compréhension scientifique des passions, assurer le meilleur « usage des passions » possible. Le geste de substitution de l'opposition entre passions calmes et passions violentes à l'opposition entre raison et passion aboutit à poser le même problème dans des termes différents.

B. Logique des passions

1. *Logos* et *pathos*

À première vue, les passions sont synonymes de désordre, d'inversion de la logique, d'union des contraires. Le monde des passions est un monde renversé, comme le suggère la double antithèse de Pylade à propos de Pyrrhus :

> Il peut, Seigneur, il peut, dans ce désordre extrême,
> Épouser ce qu'il hait, et punir ce qu'il aime.
> (I, 1, v. 121-122)

Les passions sont-elles cependant dépourvues de toute logique propre ? Quand Lisbeth doit, au chapitre 28, se rendre chez Crevel, elle emprunte un chemin détourné afin de surprendre Wenceslas se rendant chez la baronne Hulot, ce qui inspire au narrateur ce commentaire : « Cette route illogique était tracée par la logique des passions, toujours excessivement ennemie des jambes » (p. 197). Il existe donc bien une logique des passions, mais cette logique n'est pas la logique ordinaire.

D'où le paradoxe suivant : les passions sont considérées comme irrationnelles et déréglées, mais le discours sur les passions ne cesse de les rationaliser, souvent dans le but de les réguler. La formule « logique des passions » peut même passer pour un oxymore : la logique renvoie en grec au *logos*, les passions au *pathos*. Or, l'opposition entre l'un et l'autre est structurante dans la pensée platonicienne, fondatrice de la réflexion sur les passions. Le *logos* est synonyme de raison, mais aussi d'ordre, d'organisation, d'harmonie, tandis que le *pathos* est synonyme d'irrationalité, de désordre, d'obscurité. Construire une logique des passions, c'est donc singer la victoire de la raison sur les passions : l'homme est victime de ses passions irrationnelles, mais il est capable de les rationaliser.

Cette volonté d'offrir une compréhension rationnelle des passions est manifeste dans la *Dissertation* de Hume, qui s'efforce d'en offrir un modèle explicatif de nature scientifique :

> dans leur production comme dans leur transmission, les passions suivent une sorte de mécanisme régulier susceptible d'une investigation aussi précise que celle des lois du mouvement, de l'optique, de l'hydrostatique ou de toute autre division de la philosophie naturelle (VI, 9).

On se gardera toutefois de prêter à Hume une confiance aveugle dans les pouvoirs de la science, dont il ne cesse de mettre en doute les fondements dans d'autres endroits de son œuvre philosophique. La diversité et la complexité des phénomènes passionnels empêchent de les réduire à un seul principe, par exemple métaphysique (ainsi l'opposition de l'âme et du corps chez Descartes), ou bien de les faire tous dériver d'un seul élément fondamental (comme le fait La Rochefoucauld chez qui toutes les passions découlent de l'amour-propre). Ce que Hume emprunte à la science, et plus particulièrement à la physique newtonienne, ce sont deux idées majeures : celle de système et celle de force. L'analogie avec la physique s'arrête là. En effet, le philosophe, étant lui-même toujours pris dans le monde des passions, et puisqu'il ne peut tenter de les comprendre qu'à partir de son expérience, ne pourra jamais avoir la position du scientifique qui observe objectivement le résultat de ses expériences, pas plus que le point de vue surplombant de Dieu.

La même ambition scientifique se retrouve chez Balzac. La logique des passions, faite d'excès et de répétition dans le cas d'Hulot, explique la longueur du roman. On suit chacune des étapes de sa passion : le début de sa chute avec Josépha ; son accélération avec Valérie ; son paroxysme enfin, qui le conduit à l'illégalité et à l'exil. Balzac, en observant le développement de la passion d'Hulot, ses phases, sa progression dans le temps, met en évidence son caractère mécanique, souligne combien elle se traduit par la répétition incessante de repentirs et de rechutes toujours plus dégradantes, jusqu'à la déchéance absolue du vieillard qui épouse, à la dernière page, une atroce fille de cuisine.

2. Système des passions

Selon Hume, si les passions sont insaisissables, c'est qu'elles n'existent qu'en se diversifiant, en se mêlant, en se « transfusant » les unes dans les autres. Il n'y a pas de passions, mais un « flux passionnel » (VI, 5). En se diversifiant, elles établissent entre elles des liens, elles peuvent par exemple s'enchaîner les unes aux autres : « Le chagrin et la déception suscitent la colère ; la colère, l'envie ; l'envie, la malveillance ; et la malveillance ressuscite le chagrin » (II, 3). C'est en créant de tels liens qu'elles forment un monde. Mais elles établissent également des liens entre leurs objets, de sorte que le monde des passions est aussi bien le monde constitué de passions que le monde constitué par les passions. Les passions ont une puissance d'organisation, de construction du monde, donc une manière de lui donner sens. Inversement, le philosophe peut tenter d'organiser, de donner sens au « flux passionnel », de construire dans cette diversité une certaine cohérence et une certaine systématicité.

a. La combinatoire des passions (ressemblance, contiguïté, causalité)

La combinatoire des passions que construit Hume ne concerne, semble-t-il, que les passions indirectes, c'est-à-dire non pas celles où le plaisir ou la douleur nous affectent directement, mais celles où le plaisir ou la douleur nous affectent parce que leurs sources sont liées à notre moi ou à autrui. Ainsi, la joie et la tristesse sont des passions directes car selon Hume, je tire de la joie d'un bien, c'est-à-dire de quelque chose qui m'occasionne du plaisir, et je tire de la tristesse d'un mal, c'est-à-dire de quelque chose qui m'occasionne de la douleur. En revanche, l'orgueil et l'humilité, ou l'amour et la haine, sont des passions indirectes : l'orgueil, défini comme une « satisfaction que nous ressentons en nous-mêmes pour quelque perfection ou quelque possession dont nous jouissons », et l'amour ou l'amitié, définis comme « complaisance envers autrui pour ses perfections ou ses services » (II, 1), ont en effet des objets qui ne procurent pas en eux-mêmes plaisir ou douleur. Si je suis par exemple fier d'avoir une belle maison, la passion naît certes du fait que ma maison, par sa beauté, provoque une sensation agréable, mais l'objet de ma passion, c'est moi-même ; de même, si j'ai de l'amitié pour une personne suite aux services qu'elle m'a rendus, ce sont les services en question, et non la personne, qui sont pour moi des biens. Avoir une passion pour soi-même ou pour autrui suppose donc que la passion suscitée par un bien ou un mal soit comme transférée à la personne à laquelle ce bien ou ce mal est associé. Cette passion n'a pas pour objet direct la cause du bien ou du mal : elle est en somme une passion indirecte.

Il s'agit dès lors de trouver selon quelles modalités certains objets, sources de plaisir ou de douleur, se retrouvent attachés à des personnes. Comment se fait-il que la beauté de ma maison m'emplisse d'orgueil ? Pour Hume, c'est en vertu du principe d'association d'idées, « par lequel nous passons par une transition facile d'une idée à une autre » (II, 3). Cette association d'idées se fait au moyen de trois types de relation : ressemblance, contiguïté, causalité.

Les œuvres littéraires au programme illustrent bien ces trois principes. L'amour d'Andromaque pour son fils est, par exemple, clairement fondé sur la ressemblance de celui-ci avec son père. Certes, Astyanax est le fils d'Hector, ce qui en termes humiens s'analyserait d'abord comme une relation de causalité. Mais c'est avant tout la ressemblance du fils au père qu'Andromaque met en avant, en faisant d'Astyanax « l'image d'Hector » (III, 8, v. 1016), et en retrouvant dans les traits de son fils ceux de son défunt mari, comme dans ce discours rapporté par Pyrrhus :

> C'est Hector, disait-elle en l'embrassant toujours ;
> Voilà ses yeux, sa bouche, et déjà son audace ;
> C'est lui-même, c'est toi, cher époux, que j'embrasse.
>
> (II, 5, v. 652-654)

La relation de contiguïté, reposant sur une proximité dans le temps ou dans l'espace, est quant à elle largement illustrée dans le roman de Balzac, qui insiste notamment sur la réaction des personnages face au luxe, au mauvais goût, ou encore à la misère des logements, qui rejaillit invariablement sur leurs sentiments vis-à-vis de l'habitant : Adeline, au chapitre 104, admirant les fastes du salon de Josépha, en tire des conclusions sur Josépha elle-même : « Adeline pensa que Josépha Mirah, dont le portrait, dû au pinceau de Joseph Bridau, brillait dans le boudoir voisin, était une cantatrice de génie » (p. 480).

Hortense prévoit que ses parents aimeront le jeune Wenceslas en raison d'une relation de contiguïté du même type : « Et ne sera-t-il pas accepté par vous et par maman pour mon mari, quand il vous sera démontré que c'est un homme de génie ! La sculpture est le premier des arts ! » (chap. 22, p. 164). La sculpture est le premier des arts, et cette prééminence doit se communiquer au sculpteur et inspirer aux parents d'Hortense une passion à l'avenant. Toujours au chapitre 22, une autre relation de contiguïté est mise en œuvre : « Est-ce un beau pays, la Livonie ?... » se demande Hortense, transfusant cette fois-ci sa passion pour Wenceslas dans la passion pour son pays, comme si la beauté était une propriété se transférant de l'individu à son milieu, et réciproquement.

La relation de causalité est, quant à elle, bien illustrée dans *La Cousine Bette* par l'amour d'Adeline pour le baron Hulot, décrit dans ces termes :

> Pour Adeline, le baron fut donc, dès l'origine, une espèce de Dieu qui ne pouvait faillir ; elle lui devait tout : la fortune, elle eut voiture, hôtel, et tout le luxe du temps ; le bonheur, elle était aimée uniquement ; un titre, elle était baronne ; enfin la célébrité, on l'appela la belle Mme Hulot, à Paris ; enfin, elle eut l'honneur de refuser les hommages de l'Empereur qui lui fit présent d'une rivière en diamants, et qui la distingua toujours, car il demandait de temps en temps : « Et la belle Mme Hulot, est-elle toujours sage ? » en homme capable de se venger de celui qui aurait triomphé là où il avait échoué (chap. 7, p. 85-86).

En termes humiens, Hulot est l'objet de l'amour, dont la cause est bien plutôt l'ensemble des privilèges, biens, titres, gloire, tirés du mariage avec lui.

On relèvera enfin comment la relation de contiguïté (entre époux et épouse) et la relation de causalité (entre père et fils) se mêlent dans la haine que se vouent Andromaque et Pyrrhus, telle que celui-ci l'analyse – cette haine dérivant de celle que se portaient Hector et Achille, les deux héros de la guerre de Troie :

> Elle est veuve d'Hector, et je suis fils d'Achille :
> Trop de haine sépare Andromaque et Pyrrhus.
> (II, 5, v. 662-663)

b. Le jeu des oppositions et des renforcements entre les passions

Hume consacre une grande partie de la *Dissertation* à réfléchir à la violence des passions, et en particulier à la façon dont elles s'opposent ou se renforcent entre elles. Des affections liées à des objets différents ont tendance à se succéder sans laisser l'esprit en repos, mais sans se mêler, « comme deux liqueurs distinctes contenues dans des bouteilles différentes » (I, 9). Ce principe trouve une illustration dans le cas d'Adeline, lorsqu'elle hésite entre Hulot et Hortense, « prise entre le sentiment maternel et le sentiment conjugal » (chap. 75, p. 369) ; ou encore dans celui d'Oreste, déchiré, au moment de tuer Pyrrhus, entre sa vertu héroïque et son amour pour Hermione. De même, selon Hume, des passions opposées naissant d'un même objet peuvent se neutraliser mutuellement, « comme un alcali et un acide qui, mêlés, se détruisent l'un l'autre » (I, 9). En témoigne, par exemple, le sentiment de joie mêlé de tristesse éprouvé par Wenceslas après le départ d'Hortense au chapitre 71 de *La Cousine Bette.*

En revanche, deux passions produites par deux causes séparées et cependant simultanées finissent par se mêler, et celle qui prédomine absorbe l'autre :

> deux passions, si indépendantes soient-elles, se transfusent naturellement l'une dans l'autre, pourvu qu'elles se présentent ensemble au même moment (VI, 2).

Il en va ainsi de l'amoureux qui aime jusqu'aux petits défauts de sa maîtresse, selon Hume (VI, 1). Dans *La Cousine Bette*, Balzac montre comment le désir de vengeance de Crevel vis-à-vis du baron Hulot qui lui a volé Josépha se mêle à son désir amoureux pour Adeline. Comme il l'explique lui-même : « Je suis *toqué* de vous, et vous êtes ma vengeance ! c'est comme si j'aimais deux fois » (chap. 4, p. 72).

3. Réguler les passions ?

Construire une logique des passions, c'est, traditionnellement, se donner les moyens de les combattre. Maîtriser les passions, tel est l'idéal de l'âge classique : c'est ce que tentent désespérément de faire les personnages d'*Andromaque*, à commencer par Oreste, qui a cru en s'éloignant d'Hermione parvenir à ne plus l'aimer (I, 1). Que ce soit Oreste, Pyrrhus ou Hermione, tous tentent de faire croire à autrui, et de se convaincre eux-mêmes, que leur passion peut disparaître. En réalité, celle-ci semble surtout devoir se convertir d'amour en haine : c'est exemplairement le cas de Pyrrhus quand il prétend cesser d'aimer Andromaque et désormais la haïr. Un aveuglement succède à un autre, attestant la force inconsciente de la passion, comme l'admet Oreste, qui lui aussi a cru pouvoir transformer en haine son amour pour Hermione : « Je me trompais moi-même » (I, 1, v. 37) :

> Tu sais de quel courroux mon cœur alors épris
> Voulut en l'oubliant punir tous ses mépris.
> Je fis croire et je crus ma victoire certaine ;
> Je pris tous mes transports pour des transports de haine ;
> Détestant ses rigueurs, rabaissant ses attraits,
> Je défiais ses yeux de me troubler jamais.
>
> (I, 1, v. 51-56)

On décèle encore dans cette réplique de Pyrrhus un fantasme de conversion d'une passion dans l'autre grâce à leur commune intensité :

> Songez-y bien : il faut désormais que mon cœur,
> S'il n'aime avec transport, haïsse avec fureur.
>
> (I, 4, v. 367-369)

La même configuration transparaît encore dans le cas d'Hermione, qui incite sa confidente à participer à son mensonge :

> De tout ce que tu vois tâche de ne rien croire ;
> Crois que je n'aime plus, vante-moi ma victoire ;
> Crois que dans son dépit mon cœur est endurci,
> Hélas ! et s'il se peut, fais-le-moi croire aussi.
>
> (I, 2, v. 429-432)

Le spectacle de cette impuissance à maîtriser les passions est censé tendre un miroir au spectateur et l'inviter à se réformer. Ce phénomène par lequel le spectateur se voir purgé de ses propres passions grâce à la médiation de leur représentation n'est autre que la *catharsis* théorisée par Aristote dans sa *Poétique*, reprise et modifiée par les classiques. Hume en a fourni dans son essai « De la tragédie » une interprétation personnelle, dans la lignée de la *Dissertation* : on peut trouver du plaisir au spectacle des passions violentes et destructrices, dans la mesure où la beauté du spectacle fait naître chez le spectateur une passion calme qui l'apaise, conformément au principe selon lequel « la passion prédominante absorbe la mineure et la convertit en elle-même » (VI, 1). On mesure ainsi ce qui sépare Racine et Hume : pour le premier, la *catharsis* permet de purger les passions par la représentation théâtrale ; pour le second, la représentation ne fait que transformer une passion en une autre.

C. Physiologie des passions

1. Un point de vue biologique sur les passions

Dans le discours qui les condamne d'un point de vue moral, les passions sont considérées comme de véritables maladies. *La Cousine Bette* s'inscrit dans cette tradition quand la jalousie de Lisbeth est associée à la peste : « [L]'envie resta cachée dans le fond du cœur, comme un germe de peste qui peut éclore et ravager une ville, si l'on ouvre le fatal ballot de laine où il est comprimé » (chap. 9, p. 95). La tradition platonicienne et stoïcienne, nous l'avons vu, faisait de la passion une maladie de l'âme. Une autre tradition de pensée, philosophique et médicale, attribue la passion à l'emprise du corps sur l'âme. Selon cette conception, que l'on peut faire remonter au médecin grec Galien, les passions sont liées à l'agitation des quatre humeurs fondamentales : le sang, qui produit les tempéraments vifs et courageux ; la bile jaune, qui est à l'origine de la colère ; la lymphe, qui engendre le calme, le sang-froid, un état presque apathique (au sens étymologique : dépourvu de passions) ; enfin la bile noire, qui produit le chagrin, la tristesse [1]. On remarque qu'à chacune de ces quatre humeurs correspond l'un des quatre personnages centraux d'*Andromaque* : Pyrrhus, héros impétueux, brave et sanguin ; Andromaque, veuve douce et pleine de sang-froid ; Hermione, princesse colérique, toute de fureur et d'emportements ; enfin Oreste, atteint, comme il est dit dès le début de la pièce, de « mélancolie » (qui, étymologiquement, signifie la bile noire).

Même si la médecine a nettement évolué entre-temps, il reste des traces de l'idée selon laquelle les passions sont liées à des phénomènes biologiques dans les allusions de Hume à l'action des « esprits » dans la *Dissertation*. Les esprits sont directement issus de la pensée médicale de Galien, qui attribue les phénomènes biologiques à l'action de forces agissant par l'intermédiaire de ces esprits : les « esprits naturels » se forment dans le foie et sont liés à la nutrition, les « esprits vitaux » se forment dans le cœur et sont liés aux pulsations cardiaques et aux passions, et les « esprits animaux » se forment dans le cerveau, et sont liés à l'intelligence et aux sensations. Ces entités, encore présentes chez Descartes, sont principalement évoquées quand Hume analyse, dans la section VI, les circonstances qui apaisent ou renforcent les passions : lorsque quelque chose empêche la passion d'être immédiatement satisfaite, « les efforts que l'esprit entreprend pour surmonter l'obstacle agitent les esprits et vivifient la passion » (VI, 4), de même que l'incertitude « accélère le mouvement des esprits et apporte un degré supplémentaire de force à la passion » (VI, 6). Cependant, c'est surtout dans l'idée que la passion découle fondamentalement de la sensation agréable ou désagréable, du plaisir ou de la douleur, que l'on retrouve la dimension la plus nettement biologique de la pensée de Hume.

1. Voir l'encadré « Passions et théorie des humeurs », *supra*, p. LV.

2. Le corps comme signe

Si le corps est l'origine des passions, c'est surtout en lui que s'en manifestent les symptômes. Ce sont en effet d'abord des manifestations irrépressibles du corps qui révèlent l'emprise de la passion sur un individu. Le baron Hulot, lorsqu'il aperçoit pour la première fois Valérie, est « cloué sur place par l'admiration, dévoré de désir et de curiosité » (chap. 14, p. 123). Malgré son talent de dissimulatrice, Lisbeth ne peut cacher son attachement à Valérie quand elle apprend que celle-ci se meurt :

> Les dents de la cousine Bette claquèrent, elle fut prise d'une sueur froide, elle eut une secousse terrible qui révéla la profondeur de son amitié passionnée pour Valérie (chap. 121, p. 549).

L'épisode où elle apprend l'amour d'Hortense et Wenceslas est plus spectaculaire encore :

> La physionomie de la Lorraine était devenue terrible. Ses yeux noirs et pénétrants avaient la fixité de ceux des tigres. Sa figure ressemblait à celles que nous supposons aux pythonisses, elle serrait ses dents pour les empêcher de claquer, et une affreuse convulsion faisait trembler ses membres. Elle avait glissé sa main crochue entre son bonnet et ses cheveux pour les empoigner et soutenir sa tête, devenue trop lourde ; elle brûlait ! La fumée de l'incendie qui la ravageait semblait passer par ses rides comme par autant de crevasses labourées par une éruption volcanique. Ce fut un spectacle sublime (chap. 26, p. 182-183).

L'illustration la plus marquante de ce phénomène est de fait le tressaillement nerveux d'Adeline, qui apparaît peu de temps après la découverte des frauduleuses opérations financières du baron, et qu'elle conservera jusqu'à la fin de sa vie. Ce signe physique trahit, malgré sa dévotion, un effondrement intérieur dont elle ne s'est jamais relevée.

Une même traduction corporelle des passions s'observe dans la pièce de Racine, bien loin de l'image d'un théâtre verbal peuplé d'êtres désincarnés. Il y a en effet toute une dramaturgie du « trouble », pour reprendre un mot typiquement racinien, dans *Andromaque*. En témoigne la leçon d'interprétation qu'Oreste donne à Hermione – il faut savoir comprendre le langage du corps, qui est souvent bien plus éloquent que la parole, et qui n'est guère capable de mentir :

> Et vous le haïssez ? Avouez-le, Madame,
> L'amour n'est pas un feu qu'on renferme en une âme ;
> Tout nous trahit, la voix, le silence, les yeux ;
> Et les feux mal couverts n'en éclatent que mieux.
>
> (II, 2, v. 573-576)

Oreste se verra précisément reprocher, à la fin d'*Andromaque*, de ne pas avoir été capable d'appliquer cette leçon : il a voulu tuer Pyrrhus comme Hermione le lui demandait, tandis que le corps de la jeune femme trahissait son souhait réel de le voir vivre. Mauvais interprète, il n'a su déceler le mensonge :

> Ah ! fallait-il en croire une amante insensée ?
> Ne devais-tu pas lire au fond de ma pensée ?
> Et ne voyais-tu pas, dans mes emportements,
> Que mon cœur démentait ma bouche à tous moments ?
> (V, 3, v. 1545-1548)

L'étude du corps troublé par la passion nous amène donc à l'analyse du corps comme signe, à la possibilité d'une véritable « sémiotique » (c'est-à-dire d'une science du décryptage des signes) des passions. Celle-ci s'inscrit, chez Balzac, dans une conception générale du monde fondée sur l'analogie entre le corps et le caractère, et plus généralement entre l'apparence extérieure et la personnalité. Le meilleur exemple que l'on puisse en donner est la déchéance physique du baron Hulot, conséquence et reflet de sa déchéance morale :

> Le ventre tomba, l'obésité se déclara. Le chêne devint une tour, et la pesanteur des mouvements fut d'autant plus effrayante, que le baron vieillissait prodigieusement en jouant le rôle de Louis XII. Les sourcils restèrent noirs et rappelèrent vaguement le bel Hulot, comme dans quelques pans de murs féodaux un léger détail de sculpture demeure pour faire apercevoir ce que fut le château dans son beau temps. [...] Hulot fut alors une de ces belles ruines humaines où la virilité ressort par des espèces de buissons aux oreilles, au nez, aux doigts, en produisant l'effet des mousses poussées sur les monuments presque éternels de l'Empire romain (chap. 39, p. 245-246).

Un phénomène rigoureusement inverse se produit chez Lisbeth lorsque sa haine commence à porter ses fruits : « Aussi la régénérescence de sa personne était-elle complète. Sa figure resplendissait » (chap. 41, p. 256). Les personnages peuvent de la sorte faire l'objet d'un déchiffrement qui découvre sous les signes corporels les passions fondamentales structurant leur identité profonde.

Le monde des passions n'est donc pas un monde séparé, indépendant, isolable : les passions circulent d'un monde à l'autre, du corps à l'âme, de la sensation à la raison, et y agissent. Il faut donc désormais envisager l'action des passions dans le monde.

II. Les passions dans le monde : un moteur de l'action ?

Dès lors que l'on refuse toute prééminence à l'âme sur le corps, ou à la rationalité sur les autres manières de se rapporter au monde, les passions cessent d'être dévalorisées. Elles apparaissent non plus comme des dérèglements passivement subis, mais comme le moteur des entreprises humaines, grandes ou petites, voire, chez Hume, comme le fondement unique de l'activité humaine. Les passions, désormais devenues la matière même dont l'homme et le monde sont faits, peuvent alors être peintes dans leur force agissante par les écrivains. Balzac écrit ainsi dans l'« Avant-propos » de *La Comédie humaine* : « La passion est toute l'humanité. »

A. Passion et action

1. Passion et liberté

Traditionnellement, les passions sont considérées comme ce qui prive l'homme de liberté, en le rendant passif, en l'asservissant. Dans *La Cousine Bette*, le truculent père Chardin évoque en ces termes la cause de son malheur : « Chacun a ses passions. Moi c'est le billard » (chap. 103, p. 475). Cette passion a beau être dérisoire, elle n'en est pas moins destructrice : le jeu mène à la boisson, la boisson à l'alcoolisme et l'alcoolisme à la pauvreté. Et le billard devient lui-même une image de cet enchaînement inexorable. Mais, à cette vision fataliste, on peut sans doute opposer des conceptions plus actives de la passion.

a. Fatalité et puissances occultes

Il est assez courant d'associer tragédie et fatalité. En réalité, la notion de tragique, c'est-à-dire l'idée que l'homme subit un destin inévitable et se retrouve écrasé sous le poids d'une fatalité prenant la forme d'une force transcendante, a été forgée par des philosophes du XIXe siècle, principalement Schopenhauer et Hegel, qui s'appuyaient sur des tragédies grecques antiques. Est-il dès lors pertinent de parler de fatalité chez Racine ?

Au début d'*Andromaque*, Oreste affirme : « Je me livre en aveugle au destin qui m'entraîne » (I, 1, v. 98). Que Racine ait corrigé le mot « transport » en « destin » lors du remaniement de sa pièce semble corroborer l'association entre passion et fatalité : la fatalité ne serait plus l'œuvre d'une transcendance divine, mais celle des passions humaines elles-mêmes. Oreste se présentera de nouveau comme victime de la fatalité à la scène 5 de l'acte V, en se disant né pour le malheur. Ce n'est toutefois pas parce que les personnages invoquent la fatalité que celle-ci existe : elle semble plutôt un alibi psychologique pour ces personnages qui, comme le dit Racine dans sa première préface, commettent une erreur de jugement et pour cela tombent dans le malheur (*Andromaque*, p. 16). Oreste, sans doute, se dupe lui-même lorsqu'il affirme que le destin l'a conduit à la cour du roi Pyrrhus, alors qu'il raconte par ailleurs par quelles manœuvres il a réussi à se faire nommer ambassadeur de l'expédition des Grecs (I, 1, v. 89). Il serait donc plus juste de dire qu'il n'y a pas à proprement parler de fatalité chez Racine, mais que la fatalité est accusée d'être responsable de ce que l'aveuglement de la passion seul a causé.

Que cette fatalité soit réelle ou qu'elle soit un alibi, sa nature n'est de toute façon plus la même que dans la tragédie grecque : toujours mystérieuse et inquiétante, elle n'est plus l'œuvre d'une puissance transcendante et lointaine – les dieux –, mais celle d'une puissance intérieure à l'homme, dévoré par ses passions. Sur ce point, Racine et Balzac se rejoignent. Chez l'un et l'autre, les passions sont du côté de la part obscure et secrète de l'homme. Au chapitre 38 de *La Cousine Bette*, Valérie devient une « puissance occulte » (p. 248), formule répétée au chapitre 41 à propos de Lisbeth, qui renvoie à l'idée typiquement balzacienne de l'existence de forces qui tirent dans l'ombre les ficelles. On retrouve cette idée dans l'évocation de Bibi-Lupin, personnage récurrent de *La Comédie humaine*, présenté comme celui qui a tenté de faire « de la police un instrument des passions et des intérêts privés », assurant qu'il eût été « une *Sous-fatalité* » (chap. 108, p. 498). Toujours au chapitre 41, Lisbeth est de même décrite comme effectuant une « sape souterraine à laquelle elle consumait sa vie et dévouait son intelligence » (p. 256). La cousine Bette incarne ainsi l'envers du décor, les coulisses du théâtre humain, le monde des passions qui effectue secrètement son travail de destruction : jusqu'à sa mort et même plus tard, Lisbeth est vue par les Hulot comme l'ange de la famille.

b. Passion et prison

Comment caractériser alors les liens entre passions et liberté ? Une même métaphore parcourt les œuvres de Balzac et de Racine et permet de penser cette question dans son ambivalence : certes, le passionné est prisonnier de sa passion, mais il souhaite aussi emprisonner l'objet de sa passion. Pyrrhus, par exemple, s'adresse à sa captive en se présentant lui-même comme le véritable prisonnier :

> Vaincu, chargé de fers, de regrets consumé,
> Brûlé de plus de feux que je n'en allumai,
> Tant de soins, tant de pleurs, tant d'ardeurs inquiètes…
> Hélas ! fus-je jamais si cruel que vous l'êtes !
>
> (I, 4, v. 319-322)

On se trouve ici au cœur de la rhétorique des passions, qui assimile couramment amour et conquête militaire. Les fers désignent, au sens propre, les chaînes de la captivité et, au sens figuré, les liens amoureux : par cette évocation, Pyrrhus renverse la situation ; il se présente comme celui qui est privé de liberté à cause de l'amour qu'il porte à Andromaque, tandis que celle-ci, toute captive qu'elle est, serait libre.

La passion, et singulièrement la passion amoureuse, semble donc toujours receler un désir d'enfermement. Rien ne l'illustre mieux chez Balzac que le couple formé par Lisbeth et Wenceslas : elle le loge, le nourrit, le traite comme un petit chien, l'oblige à travailler et surtout le maintient enfermé. Lui, de son côté, se soumet à elle comme à la « tyrannie d'une mère » (chap. 16, p. 133). Le couple formé par Hortense et Wenceslas fonctionnera peu ou prou de la même façon :

> Après trois ans de mariage, Hortense était avec son mari comme un chien avec son maître, elle répondait à tous ses mouvements par un regard qui ressemblait à une interrogation, elle tenait toujours les yeux sur lui, comme un avare sur son trésor, elle attendrissait par son abnégation admiratrice (chap. 43, p. 264).

Wenceslas se rebellera contre ce « nouvel emprisonnement à la Lisbeth » (chap. 71, p. 357) et y trouvera un alibi pour justifier sa relation adultère avec Valérie.

Ce type de rapport se caractérise essentiellement par le lien de dépendance qu'elle crée. Wenceslas affirme tout devoir à Lisbeth, il est littéralement sa chose : « vous m'avez créé ce que je suis » (chap. 16, p. 133). On retrouve ici l'un des clichés les plus fréquents de la rhétorique des passions, être tout l'un pour l'autre : « Vous serez tout pour moi, ma chère bienfaitrice, je serai votre esclave ! [...] Devenez ma providence... » (chap. 17, p. 137-138). Derrière de telles formules se dissimule un authentique fantasme de fusion, au demeurant voué à l'échec, comme on le voit tout au long du roman, où il ne semble réalisé que dans l'amitié fusionnelle de Valérie et Lisbeth : « ces deux femmes n'en faisaient qu'une » (chap. 41, p. 255). Notons que ce fantasme d'enfermement a cependant un contrepoint positif : la fuite en un lieu désert ou reculé pour protéger la personne aimée. Ainsi Adeline souhaite-t-elle partir avec Hulot quand celui-ci, acculé, doit fuir : « Laisse-moi disparaître avec toi, nous irons à l'étranger, dit-elle » (chap. 97, p. 452). De même Andromaque supplie-t-elle Pyrrhus d'épargner Astyanax : « Laissez-moi le cacher en quelque île déserte » (III, 4, v. 878).

c. Désir de possession

Ce désir de possession, ce besoin d'exclusivité se retrouvent dans toutes les formes de passion. C'est la manie du collectionneur ou du chercheur d'objets rares. Comme le dit le marchand de curiosités dans *La Cousine Bette*, « en numérotant chaque exemplaire et détruisant le modèle, on trouverait bien vingt amateurs, satisfaits d'être les seuls à posséder cette œuvre-là » (chap. 23, p. 167). Or, il est bien évident que le désir d'être le seul à posséder une femme se heurte, dans le roman, au statut de la courtisane Valérie pour laquelle tous les hommes sont interchangeables. La scène du dîner, avec l'arrivée du Brésilien, transforme Hulot et Crevel, atteints de la même passion pour le même objet, en des êtres parfaitement symétriques :

> Cette entrée en scène, cette pose, et l'air du Brésilien déterminèrent deux mouvements de curiosité mêlée d'angoisse, identiquement pareils chez Crevel et chez le baron. Ce fut chez tous deux la même expression, le même pressentiment. Aussi la manœuvre inspirée à ces deux passions réelles, devint-elle si comique par la simultanéité de cette gymnastique, qu'elle fit sourire les gens d'assez d'esprit pour y voir une révélation (chap. 45, p. 270).

Ce dispositif ne fait ensuite que s'amplifier : un troisième prétendant, Montès, se présente, et Valérie réussit à convaincre chacun de ses trois amants (Crevel, Hulot et Montès) qu'elle est uniquement à lui. La situation atteint son point culminant quand Wenceslas rejoint la cohorte des amoureux, ce qui donne lieu à la mémorable scène du dîner où sont réunis Crevel, Hulot, Montès et Wenceslas, chacun étant convaincu d'être le père de l'enfant. Dans ce passage culmine la satire des passions et de l'aveuglement qu'elles suscitent : ce sont pas moins de quatre mondes différents qui coexistent autour de cette table. La passion, ici, n'est plus seulement une perte de liberté : elle correspond aussi à une perte d'identité.

Chez Hume, l'importance de la notion de possession est également soulignée, particulièrement dans l'analyse de l'orgueil. Mais Hume ne l'analyse pas comme une forme d'amour excessive, voire pathologique : bien au contraire, la possession est le fonctionnement normal de la passion, le mécanisme qui lui donne naissance. En effet, si l'orgueil est une passion indirecte qui suppose d'établir une connexion entre la cause de la passion et son objet, par exemple entre une belle maison et le moi de son propriétaire, c'est la relation de propriété qui semble la plus importante :

> Tout ce qui nous enorgueillit doit, d'une façon ou d'une autre, nous appartenir. C'est toujours par *nos* connaissances, *notre* intelligence, *notre* beauté, *nos* possessions, *notre* famille que nous nous mettons en valeur (II, 4).

Pour créer la connexion entre ces objets et nous, il faut nous les approprier, pouvoir dire qu'ils sont nôtres, les mettre en notre possession. Plus cette appropriation est manifeste, plus le lien entre cet objet et nous est fort, plus la passion sera violente. Or le lien le plus fort qu'on puisse rencontrer est la propriété, au sens légal du terme : « la propriété, parce qu'elle confère la plénitude du pouvoir et de l'autorité sur son objet, est la relation qui a la plus grande influence sur ces passions » (II, 9). Hume a donc en commun avec Racine et Balzac d'insister sur le fait que le passionné veut faire en sorte que l'être qui cause sa passion lui soit exclusivement dédié. Chez Racine et Balzac, cela reste un fantasme où le passionné, en réalité, perd sa propre liberté ; pour Hume, c'est un processus imaginaire (car c'est l'imagination qui établit la connexion entre la cause et l'objet de la passion), mais *a priori* sans conséquence particulière pour la liberté du passionné.

2. Passion et volonté

La raison au sens rigoureux du terme (lié au rationnel), définie par Hume comme capacité de distinguer le vrai et le faux, ne possède selon lui aucun pouvoir de volonté ; en revanche, la raison au sens courant du mot (lié au raisonnable), qu'il définit en réalité comme une passion calme, est celle qui conduit à l'action.

> Il paraît évident que la raison, prise dans un sens exact, c'est-à-dire comme jugement du vrai et du faux, ne peut jamais être, par elle-même, un motif de la volonté et qu'elle ne peut exercer son influence sans toucher quelque passion ou affection. Les relations abstraites entre les idées sont objet de curiosité ; pas de volition. Quant aux questions de fait, dès lors qu'elles ne sont ni bonnes ni mauvaises, qu'elles ne suscitent ni désir ni aversion, elles sont entièrement indifférentes (V, 1).

En d'autres termes, rien ne me poussera à agir pour savoir si l'eau bout à 100 degrés ou si le ciel est bleu ; en revanche, je serai poussé à agir pour savoir si l'eau du thé que j'ai envie de boire est trop chaude ou si le temps qu'il fait me permet d'aller me promener comme je le désire. La volonté n'est pas prise ici dans la guerre entre passion et raison ; elle n'obéit qu'aux passions, car elles seules sont capables d'émettre un jugement de valeur, de décider si quelque chose est un bien ou un mal, et, par suite, s'il faut le vouloir ou non. La volonté peut éventuellement être prise entre une passion et une autre, ou entre une passion calme et une passion violente : souvent, les hommes « répriment une passion violente dans la poursuite de leurs intérêts et de leurs objectifs lointains » (V, 4). La pensée de Hume se situe ainsi à la charnière entre la condamnation morale des passions à l'époque classique et leur célébration comme moteur de l'action à l'époque romantique.

Cette célébration, on la trouve chez Balzac, quoique de façon ambivalente. Les passions, selon lui, doivent être mises en lien avec l'énergie, qui est l'autre nom de la volonté, et qui est une notion centrale dans l'ensemble de son œuvre [1]. En témoigne par exemple la *Physiologie du mariage* : « Presque tous les hommes consument en des travaux nécessaires ou dans les angoisses de passions funestes cette belle somme d'énergie et de volonté dont leur a fait présent la nature [2]. » Dans *La Cousine Bette*, les passions de Lisbeth ou d'Hulot peuvent s'analyser comme le fruit d'une énergie vitale qui n'a pas réussi à se fixer sur un objet, et donc à déployer ses forces dans l'action. Le seul moment où Lisbeth semble pouvoir concentrer son énergie sur un objet est celui, très bref, où elle entretient Wenceslas dans une relation de dépendance :

---

1. Voir le dossier de Sylvain Ledda dans son édition de *La Cousine Bette*, et plus particulièrement la partie intitulée « *La Comédie humaine* ou le monde des passions », *op. cit.*, p. 587 *sq.*
2. Honoré de Balzac, *Physiologie du mariage*, dans *La Comédie humaine*, t. X, Gallimard, « Bibliothèque de la Pléiade », 1950, p. 717.

> L'amour de la domination resté, dans ce cœur de vieille fille, à l'état de germe, se développa rapidement. Elle put satisfaire son orgueil et son besoin d'action : n'avait-elle pas une créature à elle, à gronder, à diriger, à flatter, à rendre heureuse, sans avoir à craindre aucune rivalité ? (chap. 18, p. 143.)

Le vol de son amoureux la plongera de nouveau dans la jalousie et la frustration ; et c'est Valérie, parce qu'elle a « reconnu le vrai caractère de cette ardente fille, passionnée à vide » (chap. 27, p. 192), qui fournira à Lisbeth l'instrument de sa vengeance et lui permettra de se trouver un nouvel objet qui comblera le vide laissé par Wenceslas. Le même diagnostic peut être effectué à propos du baron Hulot, dont les turpitudes sexuelles, puis financières, ne semblent se développer qu'en raison de son désœuvrement, qui coïncide avec la fin de l'épopée napoléonienne : « Inoccupé de 1818 à 1823, le baron Hulot s'était mis en service actif auprès des femmes. Mme Hulot faisait remonter les premières infidélités de son Hector au grand *finale* de l'Empire » (chap. 7, p. 87). L'énergie vitale est ainsi une force qui jaillit et agit dans le monde quoi qu'il arrive, et qui, pour cela, doit se trouver un objet, quel qu'il soit. Or, la société issue de la Révolution, dominée par la bourgeoisie, n'est pas capable, aux yeux de Balzac, de fournir des objets dignes de ce nom.

B. Passions et société

1. Les passions au cœur du jeu social et politique

Replacer les passions dans le monde signifie en étudier la dimension historique, politique mais surtout sociale. Avec la redéfinition par Hume de la raison comme une passion calme, l'analyse du jeu social va s'attacher à retrouver, derrière la raison, les intérêts qui poussent l'homme à agir, c'est-à-dire ce que la passion calme lui présente comme un bien à poursuivre : « Dire que c'est par raison qu'un homme s'acquitte scrupuleusement de ses fonctions signifie qu'il agit avec le désir tranquille de s'enrichir et de faire fortune » (V, 2). Les passions sont au cœur du jeu social car la société ne tient en vérité que par la force des intérêts qui font agir et interagir les hommes.

Dans *La Maison Nucingen*, Balzac résume ainsi les choses : « Tuer les passions, ce serait tuer la société [1] » ; et l'« Avant-propos » de *La Comédie humaine* complète cet aphorisme en affirmant que la passion est « l'élément social » tout autant que « l'élément destructeur ». Dans cette conception organiciste et biologisante de la société, la passion est à la fois le remède et le poison. Elle est nocive mais indispensable, elle tisse le monde autant qu'elle le défait. La société que décrit Balzac, et singuliè-

1. Honoré de Balzac, *La Maison Nucingen*, dans *La Comédie humaine*, t. VI, Gallimard, « Bibliothèque de la Pléiade », 1977, p. 378.

rement la société parisienne, porte au pinacle deux passions : le plaisir et l'argent. Ces deux passions cardinales se retrouvent aussi bien chez Crevel, emblème du bourgeois de la monarchie de Juillet, que chez le baron Hulot, comme le résume l'image héroï-comique qui fait de lui un Jupiter « descendant en pluie d'or » chez Valérie, nouvelle Danaé (chap. 25, p. 179). On comprend pourquoi, au fur et à mesure que le roman feuilleton s'est développé, le sujet essentiel n'a plus tant été la jalousie de Lisbeth que la déchéance du baron, autrement dit les effets sociaux de la passion, et non simplement une histoire de vengeance familiale. De sorte que la haine de la parente pauvre n'est plus que le catalyseur de la passion aveugle et destructrice du baron qui entraîne ses proches dans sa chute, symbolisant l'effondrement des institutions, de la famille et de ce qui restait de l'Empire. La fresque sociale s'est peu à peu substituée au roman de mœurs.

On retrouve donc, chez Balzac, le jeu des intérêts au cœur de la vie sociale, et les passions comme moteur du monde. Hortense, dans la fougue de sa jeunesse, est celle « à qui les honteux ménagements du monde sont inconnus, parce qu'elle en ignore les passions et les intérêts » (chap. 75, p. 367). Cette vision cynique et désabusée de la société est parfaitement synthétisée par Lisbeth quand elle s'écrie : « À Paris, la moitié des bienfaits sont des spéculations, comme la moitié des ingratitudes sont des vengeances !... » (chap. 27, p. 189). Même l'amour vertueux est désacralisé, débarrassé de toute idéalisation par certaines coïncidences savamment orchestrées par le romancier : l'amour spontané entre Wenceslas et Hortense correspond rigoureusement aux intérêts de la famille Hulot, et réalise d'ailleurs l'une des prophéties de Crevel. La jeune fille, sans dot, épouse un jeune homme amoureux et dont le talent rend possible un futur enrichissement. Cette coïncidence entre amour vertueux et intérêts vénaux est du reste symbolisée par la simultanéité du mariage des deux jeunes gens avec la pendaison de crémaillère du couple Marneffe, ce qui signifie que Valérie devient officiellement une femme entretenue par le baron Hulot. Balzac, dans sa *Physiologie du mariage*, dénoncera l'absurdité de mariages réduits à de triviales affaires économiques.

Affirmer l'impossibilité de mouvoir les hommes sans l'aiguillon de la passion, ce n'est donc pas nécessairement s'adonner à la célébration lyrique des hommes passionnés ; c'est aussi, plus simplement, désacraliser la nature humaine, en révéler les ressorts les plus prosaïques : derrière la passion amoureuse, comme derrière toute activité sociale, on retrouve l'intérêt vénal. Ce qui est vrai sur le plan social l'est tout autant sur le plan politique. Il y a une véritable politique des passions chez Balzac, qui prend la forme d'un réseau d'intrigues et de chantages permanents : en témoigne le personnage de Marneffe, qui utilise sa femme pour gravir les échelons de la société grâce à l'intercession du baron Hulot, et qui, de simple sous-chef au ministère de la Guerre, devient chef de bureau, puis se voit décerner la Légion d'honneur. Marneffe n'hésite pas, pour assouvir sa passion du pouvoir, à s'adonner à un véritable proxénétisme, de façon très assumée, comme le montre son recours à une expression consacrée du vocabulaire de la prostitution : « elle avait *fait* Hulot » (chap. 27, p. 191).

On retrouve ici un des aspects de la condamnation platonicienne des passions : elles menacent de détruire aussi la vie de la cité. L'homme qui est gouverné par ses passions ne peut en aucun cas être un bon gouvernant ; il sera nécessairement un tyran. C'est une telle crainte qui constitue l'arrière-plan politique dans *Andromaque* : la passion de Pyrrhus risque de le rendre tyrannique, et c'est d'ailleurs ce qu'Hermione met en avant, à la scène 3 de l'acte IV, pour convaincre Oreste qu'en le tuant, il ne commettra pas un coupable régicide, mais un salutaire tyrannicide.

Mais, dès lors que l'on considère les passions comme dangereuses pour l'ordre social et politique, le danger ne vient pas seulement des dirigeants. Le personnage de Lisbeth, la paysanne des Vosges, la « parente pauvre », semble lui aussi lourd de menaces. Autant que la courtisane qui use de ses charmes pour conquérir le pouvoir dans une société où les hommes ont perdu le leur avec la fin de l'Ancien Régime, la fille du peuple incarne ces « classes dangereuses » que redoute Balzac. Sa jalousie, son désir de revanche ressemblent à une passion dont *La Comédie humaine* ne fait qu'analyser les effets sociaux, politiques et historiques sur le long terme : la passion révolutionnaire, celle qui est capable de substituer de façon très concrète un monde à un autre.

2. La construction sociale des passions

Si les passions influencent, voire constituent la société, elles sont elles-mêmes influencées en retour par celle-ci. Hume, craignant que sa mécanique des passions soit trop systématique, admet qu'un certain nombre de « circonstances » (II, 10 et 11) entrent en jeu dans leur processus. C'est la quatrième de ces circonstances qui retiendra ici notre attention :

> Une quatrième circonstance qui influe sur ces passions tient aux règles générales par lesquelles nous concevons des rangs différents entre les hommes, selon les pouvoirs ou les richesses qu'ils détiennent.

Ces « règles générales » qui nous permettent de hiérarchiser la société ne sont nullement innées, et supposent donc des habitudes acquises au fil du temps :

> Il semble évident que si une personne d'âge adulte et de même nature que nous était brusquement plongée dans notre monde, elle se trouverait fort embarrassée par quelque objet que ce soit et ne déterminerait pas aussitôt quel devrait être le degré d'amour ou de haine, d'orgueil ou d'humilité, comme de toute autre passion, déclenchée par cet objet (II, 11).

Ces habitudes peuvent notamment être contractées sous l'influence de normes sociales. Il est donc question dans ce passage de la construction sociale de la valeur. Hume refuse l'idée d'une spontanéité du jugement et donc de la passion qui en découle. Voilà pourquoi « la société et la sympathie affectent considérablement nos opinions en tout genre et il nous est presque impossible de soutenir un principe ou un sentiment contre l'assentiment de tous ceux que nous fréquentons » (II, 10). La sympathie désigne ici la capacité qu'a une passion de se communiquer d'un homme à un autre, voire de se transmettre sans que celui qui en hérite l'ait lui-même éprouvée.

Autrement dit, la passion n'est pas exclusivement la relation d'un sujet à un objet – par exemple d'un amoureux à l'objet de son amour. Elle est traversée par des influences diverses. Le désir éprouvé pour un objet ou une personne peut être médiatisé : on parlera, à la manière du philosophe et anthropologue René Girard, de désir mimétique [1]. Toute passion est en somme triangulaire : je ne désire un objet que parce qu'un autre le désire, et lui accorde ainsi de la valeur. Telle est du moins la lecture que fait Oreste de la décision par Pyrrhus de se venger d'Andromaque et d'épouser Hermione :

> Non, non, je le connais, mon désespoir le flatte ;
> Sans moi, sans mon amour, il dédaignait l'ingrate ;
> Ses charmes jusque-là n'avaient pu le toucher :
> Le cruel ne la prend que pour me l'arracher.
>
> (III, 1, v. 737-740)

Telle est également, de façon plus assurée, la configuration du désir de Crevel, qui ne convoite Adeline ou Valérie que pour se venger d'Hulot. Valérie le lui reprochera vertement : « Vous n'étiez pas épris de moi, vous avez vu en moi la maîtresse de M. Hulot, et vous m'avez acquise comme on achète un pistolet pour tuer son adversaire » (chap. 49, p. 288). Cette rivalité mimétique est évidemment au cœur de la jalousie : on la voit à l'œuvre, entre autres exemples, chez Marneffe, qui devient jaloux de sa femme, ce qui donne « un prix extraordinaire aux faveurs de Valérie » (chap. 39, p. 246) – à moins qu'il ne s'agisse d'un nouveau stratagème du couple destiné, en effet, à donner plus de prix à Valérie en prétendant que son mari en est devenu jaloux. Un objet de désir est d'autant plus désirable qu'il est convoité par autrui. Valérie se laisse d'ailleurs à son tour prendre au jeu de la rivalité mimétique, quand Hortense retient Wenceslas auprès d'elle après sa première trahison et les premiers soupçons : « Les femmes tiennent autant aux amants qu'on leur dispute, que les hommes tiennent aux femmes qui sont désirées par plusieurs fats » (chap. 68, p. 350).

1. Voir notamment René Girard, *Mensonge romantique et vérité romanesque* (1961), Hachette, « Pluriel », 2011.

C. Grandeur et héroïsme de la passion

1. Passion, devoir et héroïsme

On reproche d'ordinaire aux passions d'éloigner l'homme de ses obligations morales. Ainsi Valérie a-t-elle inspiré au baron Hulot « assez de passion pour lui faire oublier tous ses devoirs » (chap. 36, p. 235). Chez Balzac, le plus évident parmi ceux-ci est le mariage, opposé à la passion amoureuse. Comme le résume Valérie : « Il faut être Polonais pour souhaiter faire sa femme d'une maîtresse dévouée ! [...] Échanger l'amour contre le devoir ! le plaisir contre l'ennui ! » (chap. 111, p. 506). Passion et devoir sont donc *a priori* inconciliables.

Hume analyse précisément la façon dont ces éléments antagonistes se combinent. Il pose ainsi qu'une passion qui rencontre une opposition en devient plus violente. C'est ce phénomène qui explique que nous désirions davantage ce qui est interdit, et trouvions du plaisir à faire certaines actions parce qu'elles sont illégales :

> La notion du devoir, quand elle s'oppose aux passions, ne permet pas toujours de les surmonter ; et quand elle échoue dans cette entreprise, elle parvient plutôt à les renforcer et à les irriter davantage, en produisant une opposition entre nos motifs et principes (VI, 3).

Voilà pourquoi, entre autres, Wenceslas est attiré non pas tant par Valérie que par l'idée d'avoir une maîtresse, ce qui possède le « piquant du Vice » : dans le mariage, explique Balzac, la loyauté de l'épouse devient « le pain quotidien de l'âme », tandis que « l'infidélité séduit comme une friandise » (chap. 61, p. 328).

La question du rapport entre passion et devoir se pose de façon plus complexe à propos de Racine, puisque les devoirs des personnages – par exemple, ceux d'un roi comme Pyrrhus – se confondent avec les devoirs du dramaturge, qui doit créer des personnages conformes à la vraisemblance [1]. Ainsi, selon les catégories de l'époque classique, il est vraisemblable qu'un roi soit généreux et magnanime, mais non qu'il se laisse aller à des accès de violence ou mette en péril son État pour une passion amoureuse. Les contemporains de Racine jugèrent donc peu vraisemblable le personnage de Pyrrhus, soit parce qu'il était trop violent, soit parce qu'il était trop « galant », pour reprendre le terme d'époque. C'est que les personnages de Racine ne sont pas des héros constamment parfaits, comme le sont ceux de Corneille : ainsi Rodrigue, dans *Le Cid*, après avoir hésité entre l'amour et l'honneur, choisit-il l'honneur et se tient-il fermement à cette résolution. L'originalité d'*Andromaque* est de

1. Sur cette question, voir le dossier d'Arnaud Welfringer dans son édition d'*Andromaque*, en particulier la section « Caractères et passions, de la dramaturgie classique à la critique moderne » (*op. cit.*, p. 136 *sq.*).

porter sur scène des personnages qui peuvent se comporter comme des monstres sans cesser d'être des héros. Leurs hésitations incessantes fondent un héroïsme intermittent : amour et jalousie, violence et fureur ne sont plus le propre de personnages entièrement négatifs mais les conséquences des égarements de la passion.

Il en résulte un combat permanent entre les devoirs des héros et leurs passions. Oreste, fils d'Agamemnon, roi d'Argos, ambassadeur des Grecs, ne devrait ni céder à la mélancolie ni compromettre son ambassade en ne pensant qu'à Hermione. Celle-ci, fille d'Hélène et de Ménélas, devrait se comporter comme une princesse, et ne pas céder à la fureur et à la jalousie. L'antagonisme du devoir et des passions se loge au cœur du caractère de chaque personnage. Voilà pourquoi l'on peut trouver Pyrrhus à la fois trop violent et trop galant : il est celui qui veut tout soumettre à sa passion (au point de menacer de tuer un enfant), mais aussi celui qui veut se soumettre à tout par amour (mettant en péril sa propre vie et son État, menacé par les Grecs s'il ne livre pas Astyanax), et peut passer brutalement de l'un à l'autre état d'esprit, comme on le voit à la scène 4 de l'acte I. C'est à résoudre cette contradiction que les personnages s'attachent en vain, comme le résume Pyrrhus :

> Et je saurai peut-être accorder quelque jour
> Les soins de ma grandeur et ceux de mon amour.
>
> (I, 3, v. 243-244)

À plusieurs reprises, les personnages sont rappelés à leur devoir, comme Pyrrhus lorsqu'il propose de protéger Astyanax et reçoit cette réponse ironique d'Andromaque :

> Voulez-vous qu'un dessein si beau, si généreux,
> Passe pour le transport d'un esprit amoureux ?
>
> (I, 4, v. 299-300)

Plus loin, Hermione rappelle de même à Oreste, qui menace d'en finir avec la vie, les devoirs qui incombent à son statut d'ambassadeur :

> Songez à tous ces rois que vous représentez.
> Faut-il que d'un transport leur vengeance dépende ?
>
> (II, 2, v. 509-510)

Elle allègue elle-même son statut de princesse, en toute mauvaise foi, du reste, pour justifier qu'elle accepte d'épouser Pyrrhus :

> L'amour ne règle pas le sort d'une princesse :
> La gloire d'obéir est tout ce qu'on nous laisse.
>
> (III, 2, v. 821-822)

Dans tous ces exemples, se laisser guider par la passion, c'est manquer à ses droits et déchoir de son rang ; c'est aussi perdre son statut de héros.

2. Passion, vertu et vice

À l'inverse, seule la vertu semble être synonyme de grandeur et d'héroïsme. Balzac comme Racine postulent à première vue l'existence d'un véritable combat entre passion et vertu. Ainsi, lorsque Oreste est sur le point de tuer Pyrrhus, il hésite, à la façon d'un héros cornélien, entre l'une et l'autre :

> Mais de mille remords son esprit combattu
> Croit tantôt son amour et tantôt sa vertu.
> Il respecte en Pyrrhus l'honneur du diadème ;
> Il respecte en Pyrrhus Achille, et Pyrrhus même ;
> Il craint la Grèce, il craint l'univers en courroux,
> Mais il se craint, dit-il, soi-même plus que tous.
> (V, 2, v. 1463-1468)

Pour ces deux auteurs, pourtant, nul n'est à l'abri d'une passion : ce n'est pas une question de caractère, et le dramaturge insiste dans la première préface d'*Andromaque* sur le fait qu'il représente des personnages ayant « une bonté médiocre, c'est-à-dire une vertu capable de faiblesse » (p. 15-16). La vertu n'est donc en réalité pas le contraire de la passion, plutôt son absence provisoire. Et comme le dit Crevel : « pour faire d'une Aspasie une Lucrèce, il suffit de lui inspirer une passion !... » (chap. 111, p. 508). Hume dit la même chose lorsqu'il écrit « on nous concédera toutefois qu'il n'est guère de personne assez constamment vertueuse pour ne jamais, à l'occasion, succomber à la sollicitation d'une affection ou d'un désir violents » (V, 4). Dans ce cas, c'est parce que la vertu n'est pas l'absence de passions, mais la prévalence des passions calmes : pour faire d'une Aspasie une Lucrèce, selon Hume, il suffit d'intensifier les passions qui sont déjà en elle.

Mais Hume s'oppose-t-il vraiment sur ce point aux autres auteurs du programme ? N'y a-t-il pas, chez Balzac et Racine, une forme de passion dans la vertu ? Dans *La Cousine Bette*, et tout particulièrement dans la seconde partie du roman, la figure de la vertu est Adeline, qui se tourne vers la religion et les bonnes œuvres. Toutefois, elle ne fait que substituer Dieu à Hulot, envers lequel elle manifestait précédemment une véritable dévotion, voire un « fanatisme » puisqu'elle le considérait comme son « créateur » (« Pour Adeline, le baron fut donc, dès l'origine, une espèce de Dieu qui ne pouvait faillir », chap. 7, p. 85). Adeline semble bien être animée par une passion, au moins au sens christique du terme, ce qui implique humilité, sacrifice et souffrance. Ce faisant, elle est tout entière tournée vers son objet, comme n'importe quelle passionnée, et semble appartenir à un autre monde – en l'espèce un monde divin. Son dialogue avec Crevel le montre suffisamment, qui souligne son éloignement du « monde » – c'est-à-dire de la société, du monde humain, corrompu, lieu du péché et de la damnation.

> Moi, je suis un mondain, je crains Dieu, mais je crains encore plus l'enfer de la misère. Être sans le sou, c'est le dernier degré du malheur dans notre ordre social actuel. Je suis de mon temps, j'honore l'argent !...
>
> – Vous avez raison, dit Adeline, au point de vue du monde (chap. 87, p. 409).

Cette dévotion pour Hulot ou pour Dieu peut être mise en parallèle avec celle que l'artiste porte à son art : la grande allégorie de la Conception et de l'Exécution, au chapitre 55, affirme que la passion artistique doit être souffrance, qu'elle consiste à habiter un monde à part. Elle peut être productrice, mais si elle est entravée par les passions de second ordre – l'amour, les plaisirs –, elle devient stérile. L'opposition entre fécondité biologique et stérilité esthétique souligne avec cruauté l'abîme qui sépare les grandes passions des passions triviales : « En deux ans et demi, Steinbock fit une statue et un enfant. L'enfant était sublime de beauté, la statue fut détestable » (chap. 56, p. 312). Ironiquement, c'est sa passion pour Valérie qui rendra de nouveau Wenceslas productif : « Ce monsieur ne pouvait pas travailler pour moi, pour son fils, et il a travaillé pour cette vaurienne avec une ardeur... », s'écriera Hortense (chap. 75, p. 369).

Il existe en outre des versions dégradées de la vertu, qui la singent pour dissimuler appétits sexuels ou intérêts vénaux. En témoigne notamment la posture du sauveur, que l'on retrouve à plusieurs reprises dans les œuvres de Balzac et de Racine. Dès le début de *La Cousine Bette*, Crevel affecte une posture chevaleresque, justifiant son chantage envers Adeline en le présentant comme une manière de la sauver de la ruine, en sauvant Hortense du célibat : « J'ai tenté de vous éclairer, je voulais vous sauver, vous et votre fille !... » (chap. 5, p. 76). On a ici affaire à un dispositif particulier, où un homme propose à une femme de la sauver d'un péril qu'il a lui-même créé : c'est en effet à cause de Crevel qu'Hortense n'a pas pu se marier comme sa famille le souhaitait, et se trouve désormais dépourvue de toute perspective de mariage. Toutes choses égales par ailleurs, on peut rapprocher cette figure de celle de Pyrrhus, qui lui aussi se présente en sauveur d'Andromaque alors qu'il est lui-même pour partie responsable de la situation de détresse dans laquelle elle se trouve :

> Madame, mes refus ont prévenu vos larmes,
> Tous les Grecs m'ont déjà menacé de leurs armes ;
> Mais dussent-ils encore, en repassant les eaux,
> Demander votre fils avec mille vaisseaux ;
> Coûtât-il tout le sang qu'Hélène a fait répandre ;
> Dussé-je après dix ans voir mon palais en cendre,
> Je ne balance point, je vole à son secours :
> Je défendrai sa vie aux dépens de mes jours.
>
> (I, 4, v. 281-288)

Pyrrhus s'imagine ainsi soudainement changé en héros épique d'une nouvelle guerre de Troie, au cours de laquelle il défend Astyanax, c'est-à-dire, par métonymie, Andromaque elle-même. Il redira encore au vers 384 : « songez à le sauver », et finira même par supplier Andromaque non plus seulement de sauver son fils, mais de le sauver lui :

> À le sauver enfin c'est moi qui vous convie.
> Faut-il que mes soupirs vous demandent sa vie ?
> Faut-il qu'en sa faveur j'embrasse vos genoux ?
> Pour la dernière fois, sauvez-le, sauvez-nous.
> (III, 7, v. 657-660)

Adeline serait-elle une nouvelle Andromaque ? Peut-être ne s'agit-il là que de coïncidences dues aux aléas du programme, mais il est intéressant de rapprocher ces deux figures. *A priori* ni l'une ni l'autre n'appartiennent au monde des passions. Balzac, on l'a vu, oppose passions et vertu, or on sait qu'Adeline est d'emblée décrite comme « une femme qui n'a jamais eu dans le cœur d'autre image que celle de son mari » (chap. 2, p. 63). On sait aussi que le prénom du baron Hulot est Hector – Valérie relève d'ailleurs à quel point ce prénom est lesté de souvenirs littéraires : « il me semble toujours parler de l'*Iliade* » (chap. 71, p. 358). Chez Racine, Andromaque a une place à part dans la « chaîne pastorale des passions », c'est-à-dire dans la chaîne d'amours non partagées qui unit les personnages : Oreste aime Hermione qui aime Pyrrhus qui aime Andromaque qui aime Hector qui est mort… Andromaque est ainsi le dernier maillon vivant de cette chaîne, mais elle n'appartient plus tout à fait à ce monde de passions, concentrant ses soins sur son jeune enfant, un être asexué, substitut d'un mort, et qui ne paraît jamais sur scène.

Adeline et Andromaque sont aussi toutes deux des figures de l'intransigeance : insensibles au monde réel, elles sont dévouées l'une à Dieu, l'autre à Hector. Racine comme Balzac laissent entendre une sorte de méfiance vis-à-vis de la vertu, soupçonnée d'être en réalité une passion déguisée pouvant elle aussi s'avérer destructrice. « Les sentiments nobles poussés à l'absolu produisent des résultats semblables à ceux des plus grands vices » (chap. 20, p. 154), affirme le narrateur de *La Cousine Bette*. De la même façon, dans *Andromaque*, c'est Céphise qui met en garde Andromaque : « Trop de vertu pourrait vous rendre criminelle » (III, 8, v. 982).

L'un des indices du caractère dangereux de la passion vertueuse est l'insensibilité manifestée face à la mort d'êtres innocents. « Hélas ! il mourra donc », répond Andromaque aux menaces de Pyrrhus sur Astyanax (I, 4, v. 373). Comme en écho, Adeline, lorsqu'elle est sur le point de céder à Crevel pour éviter la mort de l'oncle Fischer et du maréchal Hulot, se ressaisit : « Que la volonté de Dieu s'accomplisse ! S'il veut la mort de deux êtres dignes d'aller à lui, qu'ils meurent, je les pleurerai, je prierai pour eux ! » (chap. 89, p. 419). Par fidélité, les deux femmes n'hésitent pas à sacrifier des êtres qu'elles aiment. Ces sentences de mort, en écho l'une de l'autre, ne sont pas si éloignées de la sentence proférée par Hermione dans sa rage (« Qu'il périsse », V, 1, v. 1408). Est-ce donc véritablement une vertu pure de toute passion, ou bien une autre forme de passion qui anime ces deux personnages ? Comme le dit un invité du dîner de lorettes dans *La Cousine Bette* : « Un véritable amoureux ressemble à un eunuque, car il n'y a plus de femmes pour lui sur la terre ! Il est mystérieux, il est comme le vrai chrétien, solitaire dans sa thébaïde ! » (chap. 114, p. 522). Ainsi la passion portée à son comble ressemble-t-elle à s'y méprendre à la vertu – et réciproquement.

À cette ambivalence des figures de la vertu répond l'ambivalence des figures du vice. La réaction de Josépha à l'histoire du baron Hulot peut à ce titre figurer, au sein du roman, une réaction possible de lecteur : « – Eh bien ! j'aime cela ! s'écria Josépha, qui se leva pleine d'enthousiasme. C'est un *brûlage* général ! C'est sardanapale ! c'est grand ! c'est complet ! » (chap. 98, p. 454-455). Tout ridicule qu'il est, le baron Hulot possède une certaine grandeur, voire un certain héroïsme, dans sa capacité à tout sacrifier à sa passion. La comparaison avec le roi assyrien Sardanapale souligne sans doute le caractère dérisoire du baron Hulot, mais aussi la dimension esthétique et épique de la destruction totale qu'accomplit la passion. Sardanapale, roi réputé pour ses débauches, a inspiré le romantisme, à travers notamment le drame *Sardanapale* de Byron et le tableau *La Mort de Sardanapale* de Delacroix ; sa mort revêt une dimension tragique puisque, lorsqu'il comprit que sa défaite était inévitable, il se jeta dans un bûcher en compagnie de sa maîtresse Myrrha (on notera au début du roman un clin d'œil de la part de Balzac, qui donne à Josépha le nom de famille « Mirah »).

Dès lors qu'on les considère dans leurs rapports à l'action humaine, les passions apparaissent dans toute leur ambivalence : Racine ou Balzac les condamnent assurément mais, en les représentant, ils suggèrent leur caractère fascinant. L'œuvre de Hume, en affirmant d'emblée que seule la passion conduit à l'action, ne présente pas ce paradoxe. La littérature nuance ainsi la condamnation classique des passions, sans doute parce qu'elle reconnaît en elles une puissance de création.

III. Les mondes de la passion : une puissance de création ?

Une autre manière de tenter de délester les passions de la condamnation morale qui s'attache à elles consiste, au lieu de considérer le « monde des passions » comme un univers obscur qui redouble celui de la raison et menace de le détruire, à s'intéresser aux multiples mondes que les passions ont le pouvoir de construire.

A. Désir et imagination

1. Passion et jugement

Si l'on suit Hume, les passions nous fournissent des jugements de valeur, plutôt que des jugements de vérité : la passion dit le bien et le mal, la raison dit le vrai et le faux. Le début de la *Dissertation sur les passions* peut paraître anodin à la première lecture mais il est en réalité très original puisqu'il inverse le rapport traditionnel entre la passion et son objet : ce n'est pas parce qu'un objet est un bien qu'il déclenche le désir de le posséder, mais c'est le désir de posséder quelque chose qui en fait un bien. De même, si une chose est contraire à l'une de nos passions, cela en fait immédiatement un mal, si elle lui est conforme, cela en fait immédiatement un bien :

> Quelques objets, par la structure originale de nos organes, produisent immédiatement une sensation agréable et sont, pour cette raison, dénommés des « BIENS » ; tandis que d'autres, à cause de leur sensation immédiatement désagréable, reçoivent l'appellation de « MAUX ». Ainsi la chaleur modérée est-elle agréable et *bonne* ; la chaleur excessive, pénible et *mauvaise*.
>
> Il existe encore d'autres objets qui, par leur conformité ou leur contrariété naturelle à une passion, suscitent une sensation agréable ou pénible ; ils sont appelés pour cette raison des biens ou des maux. Le châtiment d'un adversaire, qui satisfait notre désir de revanche, est un bien ; la maladie d'un ami, parce qu'elle porte atteinte à notre amitié, est un mal (I, 1).

La passion précède donc le jugement, voire le crée de toutes pièces : « Josépha, c'est de la *gnognote* ! », s'exclame Crevel au chapitre 50, après que Valérie, dans une des hautes scènes de comédie dont elle a le secret, l'a convaincu qu'il était le seul homme qu'elle aimât (p. 292). En réalité, le jugement en question est uniquement fondé sur la vanité de celui qui le profère : Josépha le rejette, Valérie le flatte, il faut donc accorder de la valeur à la seconde et mépriser la première. Ce faisant, Crevel se flatte lui-même. On retrouve ce fondement narcissique de la passion quand Hulot traite Valérie de femme « ignoble », « infâme », « scélérate » (chap. 51, p. 298), ou quand Pyrrhus qualifie Andromaque d'« ingrate » (II, 5, v. 685).

La passion permet donc de produire des jugements de valeur qui ne peuvent qu'être relatifs à la personne qui les énonce. Mais il est un cas bien particulier chez Balzac, où la passion semble permettre de discerner le vrai et le faux, et d'atteindre à une forme de clairvoyance : c'est l'idée de « seconde vue », évoquée à plusieurs reprises par le romancier, selon qui « les passions vraies ont leur instinct » (chap. 23, p. 170). Cette « seconde vue » fournit aux amoureux sincères une véritable préscience de leur malheur, comme lorsque Hortense devine, au chapitre 66, que

Wenceslas est chez Valérie, ou quand Adeline pressent la chute d'Hulot, dès le chapitre 8.

2. Passion et désir

La passion a toutefois une manière bien à elle de se rapporter à son objet, qui n'est pas celle de la connaissance du vrai et du faux. Pour le comprendre, il faut revenir à la façon dont on conçoit ordinairement le désir dans la lignée de Platon. On peut parler d'un véritable paradoxe ontologique : Éros, dans le *Banquet*, est fils de Poros et Pénia, l'Abondance et la Pauvreté. Désirer quelque chose, c'est d'une certaine manière le posséder déjà, tout en ne le possédant pas. Le désir requiert d'avoir une idée, même confuse, de ce dont on manque. Il faut aussi considérer que cet objet nous est accessible, autrement dit qu'il fait partie de notre monde. L'amour, quoi qu'en dise l'amoureux, suppose toujours une possible réciprocité. C'est bien ce qui rend les personnages d'*Andromaque* si déchirants : ils ne cessent de croire que leur amour peut être heureux, et le moindre signe de cette possibilité les fait passer de la lucidité à l'aveuglement.

Hume ne partage pas tout à fait cette conception du désir [1] mais décrit certains fonctionnements des passions qui s'y apparentent. Ainsi, il affirme que l'envie naît de la supériorité d'autrui, à condition que celle-ci ne soit pas trop importante, car autrui doit rester suffisamment proche pour permettre la comparaison : « Cela paraît bien être la raison pour laquelle les voyageurs, ordinairement enclins à encenser les CHINOIS ou les PERSANS, s'attachent à discréditer les nations voisines de leur pays natal, qui peuvent entrer sur un pied de guerre avec lui » (IV, 5). Je ne peux envier ou désirer que quelqu'un qui a un rapport avec moi ou que je pourrais être. Le désir suppose en somme la possibilité de sa réalisation ; il implique que soit posée l'existence d'un monde dans lequel il pourrait se réaliser. Aussi bien suffit-il parfois de présenter comme possible la possession pour que le désir naisse : c'est ce que fait habilement Valérie auprès de Wenceslas : « Femme en vue, femme souhaitée ! » (chap. 62, p. 330).

3. Le désir comblé par l'imagination

Si le désir est manque, l'imagination apparaît parfois comme un palliatif. Le cas d'Oreste nous montre que l'imagination supplée parfois au réel et construit un monde où le désir se réalise et la passion se satisfait :

1. Voir la partie sur la *Dissertation sur les passions* de Hume, II, A, 2, « Les passions directes : plaisirs présents et plaisirs probables », *supra*, p. 72.

Ah Dieux ! c'en était fait : Hermione gagnée
Pour jamais de sa vue allait être éloignée.
Son cœur, entre l'amour et le dépit confus,
Pour se donner à moi n'attendait qu'un refus ;
Ses yeux s'ouvraient, Pylade ; elle écoutait Oreste,
Lui parlait, le plaignait. Un mot eût fait le reste.
(III, 1, v. 741-746)

Ce monde possible n'est pas nécessairement une variante du monde passé, il peut être aussi une version du monde à venir. Ainsi Lisbeth, dans *La Cousine Bette*, se construit-elle une sorte de vie par procuration en échafaudant les plans de sa vengeance :

> Elle jouissait par avance du bonheur de régner sur la famille qui l'avait si longtemps méprisée. Elle se promettait d'être la protectrice de ses protecteurs, l'ange sauveur qui ferait vivre la famille ruinée, elle s'appelait elle-même *madame la comtesse* ou *madame la maréchale !* en se saluant dans la glace. Adeline et Hortense achèveraient leurs jours dans la détresse, en combattant la misère, tandis que la cousine Bette, admise aux Tuileries, trônerait dans le monde (chap. 85, p. 399).

Le monde des passions, c'est donc aussi un monde imaginaire, et la condamnation des passions s'accompagne régulièrement de la condamnation de l'imagination. Le risque de la passion est en effet de conduire à un monde d'illusions et de leurres, sans lien aucun avec la réalité, comme quand Crevel surnomme Valérie la duchesse en lui attribuant une particule pour lui inventer une noblesse : « il donnait ce surnom à Mme *de* Marneffe pour compléter ses illusions » (chap. 60, p. 324). Toutefois l'imagination, comme les passions, est ambivalente : elle peut être la « maîtresse d'erreur et de fausseté [1] » dont parle Pascal, mais elle est aussi puissance d'invention et de création. Cette ambivalence est patente lorsque Balzac évoque l'œuvre de Wenceslas, qu'il compare implicitement à la sienne, aux chapitres 55 et 57 : d'un côté, Wenceslas rêve à ses œuvres au lieu de les faire, et de l'autre, Balzac produit des œuvres. D'un côté, l'imagination permet uniquement d'engendrer une œuvre imaginaire, de l'autre, elle permet de créer une œuvre effective, peuplée d'un monde imaginaire.

1. Pascal, *Pensées*, *Œuvres complètes*, Gallimard, « Bibliothèque de la Pléiade », 1954, p. 1116.

B. Passions et fictions

1. La passion comme production de fictions

a. Le cas de l'orgueil

L'imagination possède un sens très général chez Hume, et un rôle étendu : celui d'associer les idées entre elles. C'est l'imagination, par exemple, qui crée les connexions entre les choses, et c'est donc elle qui est responsable de la naissance des passions indirectes :

> Nous ne nous étonnerons pas qu'une transition facile de l'imagination ait autant d'influence sur l'ensemble de nos passions. Car c'est très exactement cette circonstance qui constitue l'ensemble des relations et des connexions entre les objets. Nous n'avons pas connaissance d'une connexion réelle entre une chose et une autre. Tout ce que nous savons, c'est que l'idée d'une chose est associée à celle d'une autre et que l'imagination effectue une transition facile entre elles (IV, 7).

Cette capacité d'association produit ainsi des fictions, notion essentielle dans la philosophie de Hume. La fiction par excellence, chez Hume, c'est le moi. Cette idée clé du philosophe écossais ne figure pas explicitement dans la *Dissertation* mais sous-tend l'analyse de l'orgueil. Car si le « moi » substantiel de la tradition philosophique, en particulier cartésienne – le moi défini comme chose pensante – est une fiction, c'est l'orgueil qui entretient l'idée qu'un tel moi existe en le connectant à des entités stables. Ce moi divers, labile, instable, se voit ainsi doté d'une unité, d'une cohérence, d'une permanence, qui ne sont en fait que l'effet de la persistance des passions et de leur jeu réglé. Hume donne dans la section II de la *Dissertation* de nombreux exemples de causes de l'orgueil. Il y a bien sûr les « qualités de notre esprit et de notre corps » (II, 8), mais ce sont les autres objets qui sont les plus intéressants. L'identité du sujet se structure par exemple à travers le chauvinisme :

> Les hommes sont fiers de la beauté de *leur* pays, de *leur* comté, voire de *leur* paroisse. […] Les hommes sont fiers aussi de la température clémente du climat sous lequel ils sont nés ; de la fertilité de leur sol natal ; de la qualité des vins, des fruits et des vivres qu'il produit ; de la douceur ou de la force de leur langue et d'autres détails de la même sorte (II, 8).

Le sujet peut également se constituer par rapport à une appartenance sociale ou familiale :

> Puisqu'il est possible de nous enorgueillir d'un pays, d'un climat ou de tout autre objet inanimé avec lequel nous sommes en relation, il n'est pas étonnant que nous puissions nous enorgueillir des qualités de ceux qui nous sont liés par le sang ou par l'amitié. […] Comme nous tenons nos aïeux pour nos

relations les plus intimes, nous affectons naturellement d'appartenir à une bonne famille et de descendre d'une longue lignée d'ancêtres riches et honorables (II, 8).

Par le jeu de la contiguïté, de la causalité et de la ressemblance, le moi se trouve ainsi une identité substantielle qui n'est en fait que le transfert de l'identité substantielle du pays, de la classe sociale ou de la famille. Si Hume accorde autant de place à l'orgueil, on peut faire l'hypothèse que c'est parce que cette passion est celle qui, de la manière la plus évidente, permet d'envisager la vraie nature du moi [1] : une fiction.

b. Le cas de l'amour

De la même façon, dans l'amour et la haine, on pourrait se dire qu'autrui, objet de la passion, est largement une fiction construite par la passion. Cette idée, qui désacralise en particulier le sentiment amoureux, a été largement explorée par la littérature romanesque. Évoquant la naissance de l'amour, dans le cœur d'Hortense, pour un garçon dont elle ignore tout, Balzac décrit un phénomène connu chez Stendhal sous le nom de « cristallisation » :

> Hortense riait comme lorsqu'on s'efforce de rire, car elle était envahie par un amour que toutes les jeunes filles ont subi, l'amour de l'inconnu, l'amour à l'état vague et dont les pensées se concrètent autour d'une figure qui leur est jetée par hasard, comme les floraisons de la gelée se prennent à des brins de paille suspendus par le vent à la marge d'une fenêtre. Depuis dix mois, elle avait fait un être réel du fantastique amoureux de sa cousine par la raison qu'elle croyait, comme sa mère, au célibat perpétuel de sa cousine ; et depuis huit jours, ce fantôme était devenu le comte Wenceslas Steinbock, le rêve avait un acte de naissance, la vapeur se solidifiait en un jeune homme de trente ans (chap. 11, p. 110-111).

Stendhal, dans *De l'amour*, appelle « cristallisation » le processus par lequel l'amoureux prête à l'être aimé mille qualités, en particulier quand il en est séparé et quand il doute de ses sentiments [2]. On retrouvera la même idée chez Proust, mais sous une forme plus radicale, consistant à affirmer que la personne que l'on aime est toujours une créature de fiction, forgée par nos soins, et largement à notre image [3]. L'amour et la haine, comme l'orgueil et l'humilité, reposent donc sur la fabrique de fictions, fiction d'autrui dans le premier cas, fiction du moi dans le second. Mais il existe cependant une différence essentielle entre les deux couples de passions, tels que les présente la *Dissertation* : « l'amour et la

1. Voir Jean-Pierre Cléro, *La Philosophie des passions chez David Hume*, Klincksieck, 1985.
2. Voir l'encadré « *De l'amour* : la passion amoureuse selon Stendhal », *supra*, p. XLVI.
3. « Sans doute peu de personnes comprennent le caractère purement subjectif du phénomène qu'est l'amour, et la sorte de création que c'est d'une personne supplémentaire, distincte de celle qui porte le même nom dans le monde, et dont la plupart des éléments sont tirés de nous-mêmes » (Marcel Proust, *À l'ombre des jeunes filles en fleurs*, dans *À la recherche du temps perdu*, t. I, Gallimard, « Bibliothèque de la Pléiade », 1987, p. 468).

haine ne se suffisent pas à eux-mêmes, ils ne s'en tiennent pas à l'émotion qu'ils produisent et portent l'esprit au-delà de lui-même » (III, 3). L'amour est ainsi selon Hume désir de bonheur et aversion pour la misère de la personne aimée, tandis que la haine est désir de misère et aversion pour le bonheur de la personne haïe.

On peut donc légitimement en conclure que l'amour et la haine non seulement produisent des personnages fictionnels (les personnes aimées ou haïes), mais aussi amènent le passionné à se projeter dans des scénarios fictifs, gratifiants ou mortifiants, peignant la misère ou le bonheur de la personne aimée ou haïe. De là procède l'extraordinaire quantité de mondes alternatifs, rêvés ou redoutés, qui hantent les œuvres littéraires au programme. Lorsque Hulot est quitté par Josépha, il se réfugie dans une fiction réconfortante : « Certes, ôtez la fortune au duc d'Hérouville, entre nous deux, *elle* n'hésiterait pas ! dit le baron » (chap. 20, p. 153). De même, Pyrrhus rêve à son bonheur, qui se traduirait par une idylle romanesque entre Oreste et Hermione :

> Ah ! qu'ils s'aiment, Phœnix : j'y consens. Qu'elle parte.
> Que charmés l'un de l'autre, ils retournent à Sparte :
> Tous nos ports sont ouverts et pour elle et pour lui.
> Qu'elle m'épargnerait de contrainte et d'ennui !
>
> (I, 3, v. 253-256)

Le simple fait de croiser Andromaque, à la scène 4 de l'acte I, fait naître toute une fiction dans son esprit : il se prend à espérer qu'Andromaque, qui va rendre visite à son fils, vienne pour lui, alors que leur rencontre est purement fortuite. L'espoir d'être aimé déclenche chez lui une intense activité fictionnelle qui se traduit par des récits épiques où il se donne le beau rôle, récits qui fournissent autant de variantes à l'histoire qui se déroule sous les yeux du spectateur :

> Madame, dites-moi seulement que j'espère,
> Je vous rends votre fils, et je lui sers de père ;
> Je l'instruirai moi-même à venger les Troyens ;
> J'irai punir les Grecs de vos maux et des miens.
> Animé d'un regard, je puis tout entreprendre :
> Votre Ilion encor peut sortir de sa cendre ;
> Je puis, en moins de temps que les Grecs ne l'ont pris,
> Dans ses murs relevés couronner votre fils.
>
> (I, 4, v. 325-332)

Dans un passage déjà cité (III, 1, v. 741-746), Oreste se projette de même dans une fiction où il se voit enfin aimé d'Hermione. Ce passage peut être rapproché de celui d'une autre pièce de Racine, *Phèdre* (II, 5), où l'héroïne imagine qu'Hippolyte a jadis pris la place de Thésée et qu'elle-même s'est substituée à sa sœur Ariane, qui fournit à Thésée le fameux fil permettant de sortir du labyrinthe du Minotaure. Tant qu'elle brode cette fiction, face à Hippolyte qui demeure silencieux, Phèdre continue à croire qu'il est possible qu'il l'aime. Mais cela lui permet aussi de vivre quelques instants, comme dans un rêve éveillé, l'assouvissement de sa passion. Hermione, de la même façon, après la mort de Pyrrhus, continue à vivre à travers la fiction d'un monde où Pyrrhus non seulement vit encore, mais l'aime ou tout au moins feint de l'aimer :

> C'est toi dont l'ambassade, à tous les deux fatale,
> L'a fait pour son malheur pencher vers ma rivale.
> Nous le verrions encor nous partager ses soins ;
> Il m'aimerait peut-être, il le feindrait du moins.
> (V, 3, v. 1557-1560)

Les personnages d'*Andromaque* semblent vivre souvent dans des rêves éveillés. Le suicide d'Hermione, la folie d'Oreste, le meurtre de Pyrrhus incarnent la revanche du réel sur la fiction, du monde réel sur celui, imaginaire, des passions.

2. La quête de certitudes

La fiction a donc pour fonction de conserver intacte la possibilité que le désir se réalise. Mais la réalisation du désir reste incertaine, et c'est cette incertitude qui fait souvent toute la douleur, parfois tout le plaisir, de la passion. C'est pourquoi Hume accorde une telle importance à la question des probabilités, en étudiant, parmi les passions directes, l'espoir et la crainte, qui naissent précisément dès lors que quelque chose est considéré comme possible (si une chose est certaine, elle engendre de la joie ou de la tristesse) : « La probabilité résulte d'une opposition de chances ou de causes contraires qui ne permet pas à l'esprit de se fixer, mais qui, le ballottant sans cesse d'un côté à l'autre, le détermine à considérer un objet tantôt comme existant, tantôt comme inexistant » (I, 3). Cette incertitude accentue la violence des passions : elle « a le même effet que l'opposition », c'est-à-dire qu'elle renforce la passion, tandis que « la sécurité » – c'est-à-dire la certitude d'obtenir ce que l'on souhaite –, tout autant que le désespoir – c'est-à-dire la certitude de ne pas l'obtenir –, « affaiblit les passions » (VI, 5). Il est donc possible de susciter, voire d'entretenir et de raviver la passion simplement en jouant sur l'incertitude :

> Il n'est pas de moyen plus puissant pour susciter une affection que de dissimuler une partie de son objet, en le plongeant dans une espèce de pénombre qui en découvre assez pour nous prévenir en faveur de cet objet tandis qu'elle nous laisse le soin d'imaginer le reste (VI, 6).

Telle est exactement la stratégie employée dans *La Cousine Bette* par Valérie envers ses quatre victimes, Hulot, Crevel, Montès et Wenceslas.

Mais les personnages d'*Andromaque* sont plus représentatifs encore de ce pouvoir et de cette violence de l'incertitude. Comme le dit Pyrrhus :

> Mon cœur, désespéré d'un an d'ingratitude,
> Ne peut plus de son sort souffrir l'incertitude.
> (III, 7, v. 969-970)

L'incertitude est également le principal problème d'Hermione, qui ne sait à quoi se résoudre à l'égard de Pyrrhus, et peut changer du tout au tout au sein d'une même réplique :

> Tu veux que je le fuie. Hé bien ! rien ne m'arrête :
> Allons. N'envions plus son indigne conquête ;
> Que sur lui sa captive étende son pouvoir.
> Fuyons... Mais si l'ingrat rentrait dans son devoir !
> Si la foi dans son cœur retrouvait quelque place !
> S'il venait à mes pieds me demander sa grâce !
> Si sous mes lois, Amour, tu pouvais l'engager !
> S'il voulait !... Mais l'ingrat ne veut que m'outrager.
> (II, 1, v. 433-440)

Leur esprit va en effet, comme le dit Hume, « ballottant sans cesse d'un côté à l'autre » (I, 3). Ce ballottement atteint son paroxysme au moment où Hermione n'est plus seulement incertaine de Pyrrhus, mais incertaine de ses propres sentiments :

> Où suis-je ? Qu'ai-je fait ? Que dois-je faire encore ?
> Quel transport me saisit ? Quel chagrin me dévore ?
> Errante, et sans dessein, je cours dans ce palais.
> Ah ! ne puis-je savoir si j'aime, ou si je hais ?
> (V, 1, v. 1393-1396)

Les personnages de Balzac, de leur côté, semblent eux aussi bien souvent en quête de certitude : en témoigne tout au long du roman la demande de « preuves », comme celles qu'Hulot réclame à Crevel au chapitre 50 pour attester la trahison de Valérie (p. 294). Si l'amoureux a tant besoin de preuves d'amour, c'est parce que l'amour est une forme de passion particulière : l'objet qu'il vise n'est jamais assuré. Il est impossible de savoir ce que pense autrui, qui nous reste toujours rigoureusement opaque. Contrairement à l'avare qui peut posséder son argent, l'amoureux ne peut posséder aucun objet – raison pour laquelle un objet de substitution devient parfois objet de fétichisme, à l'instar de la lettre de Valérie que Hulot porte sur son cœur, et qui est censée prouver qu'il est plus aimé (chap. 78).

Si l'amoureux a besoin de preuves, il est aussi, à l'inverse, impatient d'en donner. C'est parce qu'Hermione lui demande des preuves qu'Oreste accepte de tuer Pyrrhus, après avoir d'abord vivement réagi quand elle prétend vouloir savoir s'il l'aime :

Si je vous aime ? Ô Dieux ! mes serments, mes parjures,
Ma fuite, mon retour, mes respects, mes injures,
Mon désespoir, mes yeux de pleurs toujours noyés,
Quels témoins croirez-vous, si vous ne les croyez ?
(IV, 3, v. 1153-1156)

Dans *La Cousine Bette*, ce sont Hulot et Crevel, fous amoureux, qui réclament des preuves à Valérie – laquelle est totalement indifférente –, tandis qu'ici Hermione, qui ne l'aime pas, en réclame à Oreste, qui l'aime. Elle joue ainsi avec une situation convenue, connue de tous, notamment grâce à ses nombreuses représentations littéraires…

C. Passions et littérature : un monde de mots ?

Si le monde des passions est un monde de fictions, on peut se demander dans quelle mesure il ne s'agit pas avant tout d'un monde de mots. Comme le dit Pyrrhus à Hermione : « J'ai cru que mes serments me tiendraient lieu d'amour » (IV, 5, v. 1296). Le monde des passions n'est-il pas d'abord le monde des discours de la passion ? Toute passion n'est-elle pas médiatisée, modélisée, par les représentations littéraires qui en ont été faites ? Se dire passionné, en d'autres termes, n'est-ce pas vivre dans un livre ?

1. Les romans de la jalousie

La première source de discours sur les passions est sans doute le roman. Les contemporains de Racine ont ainsi reproché au personnage de Pyrrhus de trop ressembler au galant Céladon, personnage de *L'Astrée*, roman pastoral, car il se complaît dans le dialogue amoureux, qui ne sied pas à un roi ; et *La Cousine Bette* comporte plusieurs passages de pure parodie de scènes romanesques, par exemple la coïncidence de la première rencontre d'Hortense et Wenceslas, trop belle pour être vraie, et que le lecteur doit comprendre comme une raillerie des romans d'amour. Le modèle romanesque est d'ailleurs explicitement mentionné au chapitre 10 : « Hortense, qui connaissait l'histoire des cinq prétendus refusés, avait bâti son petit roman, elle croyait à la cousine Bette une passion au cœur, et il en résultait une guerre de plaisanteries » (p. 101), ou encore au chapitre 32 : « Hortense raconta naïvement le roman de son amour à sa cousine » (p. 216).

C'est surtout la jalousie qui conduit à produire des romans – en premier lieu ceux d'Hermione qui, comme on l'a vu, imagine une Andromaque séduisant Pyrrhus, ou encore un Pyrrhus qui ne songerait qu'à se moquer d'elle :

> Vous veniez de mon front observer la pâleur,
> Pour aller dans ses bras rire de ma douleur.
> (IV, 5, v. 1327-1328)

Elle se le représente ainsi dans les bras d'Andromaque : « Le perfide triomphe, et se rit de ma rage » (V, 1, v. 1409). Ce véritable roman que la jalouse élabore a au moins un intérêt : il lui permet d'imaginer que Pyrrhus pense à elle malgré tout, donc qu'elle existe encore à ses yeux, qu'elle est présente, voire importante – alors qu'en réalité il l'ignore tout à fait. L'hallucination d'Oreste, matérialisation de la scène tant redoutée, peut apparaître comme la forme ultime de cette capacité de la jalousie à produire des mondes : « Mais que vois-je ? À mes yeux Hermione l'embrasse ? » (V, 5, v. 1633). Oreste invente ici un dénouement différent à l'intrigue d'Andromaque.

2. La comédie de l'amour

Si le discours de la passion emprunte ses modèles au genre romanesque, il les emprunte tout autant au genre dramatique. La référence théâtrale est omniprésente, dans le roman balzacien en général et dans *La Cousine Bette* en particulier. Le titre même de *La Comédie humaine* dit assez l'importance du modèle théâtral, tout comme la façon dont le narrateur ne cesse de désigner l'histoire qu'il raconte par l'expression « ce drame » ou « cette scène ». De même que la pièce de Racine a parfois été critiquée, à l'époque, pour son côté trop romanesque, le roman de Balzac, lui, ne cesse d'évoquer le théâtre. Le narrateur n'hésite d'ailleurs pas à comparer le début de son récit à l'exposition d'une tragédie classique, à la fin du chapitre 36 (p. 236). Valérie apparaît comme une actrice qui ne cesse de jouer la « comédie du sentiment moderne » (chap. 24, p. 175), en de multiples occasions : en témoignent les titres des chapitres 47, 49, et 117, qui font explicitement allusion à la comédie (« Une première scène de haute comédie féminine », « Deuxième scène de haute comédie féminine », « Dernière scène de haute comédie féminine »). La scène où elle est surprise en compagnie d'Hulot est l'une de celles qui donne le plus à admirer ses talents de comédienne, bien qu'elle semble légèrement surjouée :

> Valérie ouvrit des yeux étonnés, jeta le cri perçant que les actrices ont inventé pour annoncer la folie au théâtre, elle se tordit en convulsions sur le lit, comme une démoniaque au Moyen Âge dans sa chemise de soufre, sur un lit de fagots (chap. 81, p. 387).

La passion amoureuse apparaît ici comme une comédie, et même une « farce » (chap. 82, p. 393). Si les allusions de Balzac à des personnages de tragédie de Shakespeare sont nombreuses – Lisbeth est comparée à Iago et Richard III, Henri Montès de Montéjanos à Othello, Mme de

Saint-Estève à une sorcière de *Macbeth*… –, les allusions aux comédies de Molière ne sont pas en reste. « Tu connais Molière ? Eh bien ! baron, il n'y a rien d'imaginaire dans ton intitulé », déclare Crevel à Hulot, au chapitre 51, en référence au titre de la pièce *Le Cocu imaginaire* (p. 297), ce qui signifie que le baron a été trompé par Valérie. L'exclamation trouve un écho au chapitre 93 quand le prince s'exclame : « Trêve de discours à la Sganarelle » (p. 439), le valet bouffon de nombreuses pièces de Molière fournissant une image toute trouvée pour désigner le ridicule du baron Hulot et de Marneffe.

3. Les passions au filtre de la littérature

La passion, loin d'être vue comme l'expression spontanée et directe de sentiments, est donc toujours filtrée, élaborée par des références littéraires. Crevel confond réalité et littérature, et se rêve en protagoniste des *Liaisons dangereuses* de Laclos :

> Nous sommes, c'est convenu, Régence, Justaucorps bleu, Pompadour, Dix-huitième siècle, tout ce qu'il y a de plus maréchal de Richelieu, Rocaille, et, j'ose le dire, *Liaisons dangereuses !*… (chap. 50, p. 298).

Le bourgeois se figure en Valmont : lui aussi invente ce faisant une fiction gratifiante où il se donne le beau rôle, celui du manipulateur cynique, intelligent et fascinant, quand il n'est que la dupe de Valérie, cette « Mme de Merteuil bourgeoise » (chap. 73, p. 364). Les intrigues aussi triviales que ridicules des amoureux de Valérie se voient ainsi érigées par leurs protagonistes en équivalents des grands romans du XVIIIe siècle. Pour le baron Hulot, le filtre romanesque n'est pas Laclos mais le Rousseau du roman épistolaire *La Nouvelle Héloïse* : « En lisant ta lettre, mille fois plus brûlante que celles de *La Nouvelle Héloïse*, elle a fait un miracle : je ne croyais pas que mon amour pour toi pût augmenter » (chap. 78, p. 379). Les références à la littérature permettent d'anoblir les passions les plus dérisoires, de les hisser au rang de l'épopée ou de la tragédie, comme lorsque Josépha cite *Phèdre* de Racine pour résumer la situation d'Hulot : « C'est Vénus tout entière à sa proie attachée » (chap. 98, p. 455). Seule Carabine souligne, à travers l'usage des références littéraires, le contraste entre littérature et réalité, pour tourner en dérision, à travers l'évocation du *Roland furieux*, poème épique de l'Arioste, les réactions emphatiques de Montès devenu violent après avoir découvert la trahison de Valérie : « Mon petit, reprit-elle en donnant une tape au Brésilien, Roland furieux fait très bien dans un poème ; mais, dans un appartement, c'est prosaïque et cher » (chap. 115, p. 533).

Le cas des personnages d'Andromaque est sensiblement différent, puisqu'ils appartiennent de fait à la mythologie, à l'épopée ou à la tragédie. Cela ne les empêche toutefois pas de se projeter dans des rôles héroïques, comme lorsque Oreste incite Hermione à le suivre :

> Prenons, en signalant mon bras et votre nom,
> Vous, la place d'Hélène, et moi, d'Agamemnon.
> (IV, 3, v. 1159-1160)

Bien sûr, les deux personnages ici évoqués appartiennent au même monde (Agamemnon est le père d'Oreste, Hélène la mère d'Hermione), mais ils en sont tout de même séparés par l'aura quasi divine qui les entoure, et qui est notamment liée aux récits épiques qui les célèbrent. De la même façon, Hermione, à deux reprises, s'efforce de deviner les sentiments de Pyrrhus en présupposant qu'il ne se laisse guider que par sa volonté et ne saurait obéir à ses passions ; dans la réplique qui suit, elle entend se convaincre que s'il l'épouse, c'est qu'il l'aime :

> Non, Cléone, il n'est point ennemi de lui-même ;
> Il veut tout ce qu'il fait ; et s'il m'épouse, il m'aime.
> (III, 3, v. 845-846)

Et dans cette autre réplique, elle suggère, un peu plus tard, que s'il épouse Andromaque, c'est qu'il aime Andromaque :

> Tout cela part d'un cœur toujours maître de soi,
> D'un héros qui n'est point esclave de sa foi
> (IV, 5, v. 1323-1324)

En somme, Hermione est victime de sa vision trop héroïque de Pyrrhus : elle le voit comme un héros parfait, un héros du genre de ceux qu'on trouve chez Corneille, et semble ignorer qu'elle est le personnage d'une pièce de Racine…

Chez Hume, on constate que la *Dissertation* est souvent de facture narrative : cette forme particulière est à relier au présupposé selon lequel la définition des passions est impossible, c'est pourquoi il ne reste qu'à en décrire les circonstances, d'où les multiplications des exemples et des récits, mais aussi des citations. On peut en particulier noter l'importance de La Rochefoucauld, qui est explicitement mentionné dans la section VI, 7, mais dont Hume semble reprendre parfois le style, comme dans la série d'aphorismes de la section II, 10 (« La louange ne nous réjouit si fort que si elle coïncide avec notre propre opinion et nous est adressée pour les qualités qui font principalement leur excellence »). Surtout, un certain nombre d'analyses, notamment sur l'orgueil, rappellent irrésistiblement les moralistes classiques, alors même que le propos de Hume est de se détacher de l'approche morale des passions. L'analyse de la section IV, 3, par exemple, sur la façon dont on passe d'une passion à l'autre, rappelle la maxime 490 de La Rochefoucauld (« On passe souvent de l'amour à l'ambition, mais on ne revient guère de l'ambition à l'amour ») ; et la section I, 6, sur la crainte des maux imaginaires, évoque le fragment des *Pensées* de Pascal portant sur le philosophe qui, quoique en sécurité, éprouve malgré tout de la peur face à un précipice[1]. On comprend pourquoi la *Dissertation*, en insistant notamment sur l'orgueil, fournit, en dépit de son objectif affiché, un portrait pessimiste de l'homme : tout se passe comme si l'influence de la culture littéraire venait concurrencer, chez Hume, le projet philosophique.

CONCLUSION

Les œuvres au programme semblent devoir chacune décliner un aspect de la passion : *Andromaque* nous montre des personnages qui alternent entre raison et passion, se laissent aveugler par le désir, sombrent dans la folie et l'hallucination, sont conduits au meurtre et au suicide ; *La Cousine Bette* pour sa part offre le spectacle de l'action des passions, des intérêts égoïstes, des appétits cupides, où se consume l'énergie des hommes dans une société régie par l'argent et les plaisirs ; la *Dissertation sur les passions*, située à la charnière entre la condamnation classique des passions comme forces contraires à la raison et l'exaltation romantique des passions comme puissances d'action, s'efforce de comprendre de façon logique et systématique ce phénomène. Mais, en réalité, ces trois œuvres concourent à mettre en évidence l'ambivalence des passions : elles peuvent tour à tour être calmes ou violentes chez Hume, sources d'aveuglement ou de clairvoyance chez Balzac, et, dans la tragédie de Racine, elles conduisent à la mort d'Oreste, de Pyrrhus et d'Hermione aussi bien qu'au triomphe d'Andromaque.

Objets complexes, divers, protéiformes, donnant lieu à des dilemmes éthiques irrésolus, irradiant dans la vie sociale autant que politique, les passions relèvent toujours d'une expérience singulière, mais qui met en jeu des représentations collectives, empruntées aux grands récits fondateurs, à la mythologie, à la littérature. Ainsi se constituent, à la faveur de la rencontre entre sentiments éprouvés et langages appris, situations vécues et scénarios reçus, les multiples mondes des passions.

1. Pascal, *Pensées*, dans *Œuvres complètes*, *op. cit.*, p. 1117.

CINQUIÈME PARTIE

Méthodologie de l'écrit aux concours d'entrée des grandes écoles scientifiques

par Corinne von Kymmel-Zimmermann

I. GÉNÉRALITÉS CONCERNANT LES ÉPREUVES

Les grandes écoles publient chaque année non seulement une « notice » qui récapitule le fonctionnement et le contenu de chaque épreuve, mais aussi les rapports des jurys portant sur les épreuves des années précédentes. Vous pouvez les consulter à partir des liens proposés sur le site http://www.scei-concours.fr.

Banque d'épreuves	Durée	Exercices	Coefficient de français le plus élevé	Coefficient de mathématiques le plus élevé
ENS (Paris)	4 heures	Dissertation	8	16
Polytechnique (X)	4 heures	Dissertation	6	10
Mines-Ponts	3 heures	Dissertation	5	5
Centrale-Supélec	4 heures	Résumé (1200 mots → 200 mots) + Dissertation (1200 mots maximum)	17	23
CCP	4 heures	Résumé (de 700 à 900 mots → 100 mots), + Dissertation	10	14
E3A	3 heures	Dissertation	7	12
A-BCPST	3 heures	Dissertation	5	4
G2E (BCPST)	3 heures 30	Dissertation	5	5
PT (Français A)	4 heures	Dissertation	10	9

II. LE RÉSUMÉ DANS LES CONCOURS CENTRALE-SUPÉLEC ET CCP

A. Quels textes pour quels résumés ?

Les textes proposés sont généralement issus d'essais ou de périodiques assez récents (publiés après 1945). Il s'agit presque toujours de textes argumentatifs organisés autour d'une thèse, mais des textes explicatifs ou descriptifs sont parfois également proposés. Votre premier travail consistera donc à qualifier l'enjeu du texte : la structure du résumé en dépend.

Les textes du concours Centrale-Supélec (MP/PC/PSI) contiennent environ 1200 mots : vous devez les résumer en 200, ±10 % ; ceux de la banque CCP en contiennent entre 700 et 900 : vous devez les résumer en 100 mots, ±10 %. Sachez que les jurys, très attentifs, sanctionnent sévèrement toute forme de non-respect du nombre de mots attendus dans ces concours.

B. Les enjeux de l'exercice

1. Un exercice technique

Grâce au résumé (appelé aussi « contraction de texte »), le jury mesure votre aptitude à rendre compte de la pensée d'autrui. Formuler celle-ci de manière personnelle, sans la modifier, sans la tronquer, sans ajouter quoi que ce soit, voilà l'enjeu principal de cette épreuve. Il s'agit en effet de proposer une réduction du propos de l'auteur du texte, sans aucune mention de ce que vous pensez de ce contenu. Votre reformulation doit se plier à ce que dit l'auteur : s'il utilise la première personne du singulier, vous devez l'utiliser ; si son texte est polémique, le vôtre doit l'être ; s'il sollicite des exemples concrets, votre texte doit les rappeler ; s'il emploie des images ou des métaphores, vous devez les retranscrire… Le jury examine en effet votre capacité à reproduire l'esprit du texte, mais aussi sa progression et son équilibre.

> **✓ Le mot du jury (CCP)**
>
> Le candidat doit avoir le souci « de restituer au mieux les nuances du texte en s'attachant à faire preuve de pertinence dans ses choix lexicaux ; d'articuler avec justesse les idées qu'il restituera en s'attachant à faire paraître clairement les rapports logiques ; de reformuler de manière neuve les énoncés du texte en s'attachant à en manifester précisément les significations ».

2. Un exercice de communication

L'épreuve est aussi une épreuve de français : pour restituer correctement et brièvement un texte écrit par un autre que soi, il faut savoir parfaitement manier la langue. Le jury note donc votre capacité à manipuler convenablement les lois de la syntaxe et la précision lexicale dont vous ferez preuve. Vous devez reformuler chaque étape du texte en employant vos propres mots, ce qui signifie qu'il n'est pas question d'extraire du texte ce qui vous convient ou de laisser de côté ce qui vous paraît accessoire : considérez que le jury doit pouvoir extrapoler le texte de départ en lisant votre résumé.

C. Méthode de travail

1. La première lecture

– La première lecture du texte doit se faire sans prendre de notes : il s'agit de vous concentrer sur le propos que tient l'auteur, sur le contenu comme sur l'enjeu global du texte.

– Une fois cette lecture achevée, vous devez pouvoir formuler en une ou deux phrases tout au plus un résumé synthétique du texte, au brouillon. Cette reformulation minimale vous permet de rendre compte de la thèse proposée par l'auteur ou du point principal qu'il développe, ainsi que de la structure générale du texte. Vous pourrez ensuite revenir régulièrement à ce premier compte rendu, afin de garder à l'esprit l'essentiel du texte et de vérifier au fur et à mesure la validité des étapes du résumé que vous construirez.

> ✓ **LE MOT DU JURY (Centrale-Supélec)**
>
> Il est nécessaire de procéder à « la lecture rigoureuse mais rapide d'un texte d'idées écrit dans une langue précise, savante parfois, mais toujours claire ; la sélection et la hiérarchisation des éléments d'une pensée complexe dans le respect de son mouvement argumentatif ; la réduction à l'essentiel et la reformulation en termes personnels de cette pensée ».

2. Étapes de travail

Avec les deux points de départ que constituent le texte et le résumé synthétique, vous allez petit à petit construire votre propre résumé.

– Lisez une deuxième fois le texte, pour dégager les étapes de la pensée développée par l'auteur. Vous devez repérer les connecteurs logiques et les techniques d'enchaînement (l'opposition, l'addition, la concession…). De plus, il faut, au cours de cette lecture, examiner la valeur relative de chaque passage du texte : s'agit-il de la thèse, d'un argument, d'un exemple, d'une digression ? L'enjeu est ici de cerner la progression du propos.

– Après cette deuxième lecture, examinez la place qu'occupe chaque étape dans le texte en veillant à respecter l'équilibre du cheminement proposé par l'auteur. Cette mise en évidence de la structure fine du propos deviendra le plan de votre résumé, et vous conduira notamment à décider de la longueur à accorder à chaque sous-ensemble dégagé. Autrement dit, la progression du texte de départ délimite le résumé à construire, par l'intermédiaire d'un schéma qui s'organise en fonction des idées du texte et non en fonction des paragraphes choisis par l'auteur. Une idée de votre résumé pourra ainsi reproduire plusieurs paragraphes ; et, à l'inverse, il est parfois nécessaire de scinder un long paragraphe de l'auteur en plusieurs étapes du résumé.

– Il ne vous reste alors plus qu'à élaborer vos propres phrases pour transformer ce parcours raisonné en résumé rédigé. Pour ce faire, vous devez vous appuyer sur votre schématisation, mais aussi sur votre premier résumé synthétique : l'exercice d'écriture des phrases du résumé résulte d'un va-et-vient constructif entre le texte de départ et votre compte rendu technique. La construction du résumé doit en outre proposer un texte dont la structure reproduit celle du texte initial sans la calquer, et un lexique qui témoigne de votre aptitude à reformuler élégamment la pensée de l'auteur sans la trahir.

3. Quelques problèmes à résoudre

– **La subjectivité** : l'auteur du texte apparaît parfois dans les choix énonciatifs. Comme vous devez vous substituer à lui, vous ferez les mêmes choix (première personne du singulier, utilisation des temps verbaux, lexique plus ou moins orienté par l'émotion ou l'idéologie...).

– **L'équilibre** : votre résumé doit exactement reproduire le mouvement du texte initial. Si l'auteur répète plusieurs fois une idée, vous devez la répéter. S'il fait une digression, vous devez la reproduire. S'il se contente d'une allusion, vous devez rendre compte de l'allusion. S'il accorde beaucoup d'importance à un exemple, vous devez lui accorder la même importance, etc.

– **Les exemples** : les exemples n'ont pas tous une importance similaire dans le texte. C'est la dimension relative de chaque ensemble qui doit vous guider : si l'exemple n'existe qu'au détour d'une phrase, vous pouvez ne pas en parler dans le résumé ; en revanche, si l'exemple structure le texte, ou s'il est une étape nécessaire de l'argumentation, vous devez le restituer. Enfin, si l'auteur propose une citation, vous devez examiner son intérêt dans le propos général. Quoi qu'il en soit, ne choisissez pas de reproduire arbitrairement un exemple plutôt qu'un autre : là encore c'est l'équilibre de votre propos qui sera mesuré par le jury.

> **✓ LE MOT DU JURY (CCP)**
>
> « Le résumé est un exercice de reformulation synthétique et non de compilation simplificatrice. »

– **La reformulation** : reformuler le texte peut sembler difficile. Tous les synonymes ne se valent pas, et il n'est pas question de remplacer artificiellement un mot par un autre. C'est le bon sens qui doit ici vous orienter : choisissez des hyperonymes pour remplacer des énumérations, utilisez des synonymes pour montrer que vous avez compris le texte en profondeur, mais conservez les mots irremplaçables ; si les *passions* structurent le propos, il sera difficile de trouver un synonyme systématiquement efficace... Comment par ailleurs – pour ne citer que l'intitulé des programmes des dernières années – remplacer de façon pertinente les termes *temps*, *justice* ou *mal* durant l'intégralité de la reprise d'un texte ?

D. Rédaction et vérification

Lorsque le travail au brouillon est achevé, il faut recopier le résumé. Dans un texte de 100 mots environ, il n'est pas toujours nécessaire de proposer plusieurs paragraphes différents : un bloc-résumé suffit souvent. En revanche, dans le cadre d'un résumé en 200 mots, la répartition des paragraphes sera observée attentivement par le jury : on ne passe pas à la ligne suivante par hasard, mais en fonction de la succession des étapes du texte. C'est pourquoi le nombre de paragraphes de ce type de résumé ne reproduit pas toujours le texte initial : un texte de 1200 mots contenant sept ou huit paragraphes sera résumé en un texte contenant deux ou trois paragraphes au maximum.

Enfin, n'oubliez pas d'indiquer sur votre copie le nombre de mots de votre résumé : pour cela, vous devez scrupuleusement suivre la consigne proposée (ajouter une barre oblique tous les vingt ou cinquante mots, indiquer le nombre de mots par ligne, ou encore le total...). Évitez surtout une erreur de comptage des mots : le jury reste perplexe face à des scientifiques qui ne savent pas calculer et se montre sévère à leur égard !

VERS LA RÉUSSITE : un exercice technique, mais pas mécanique

Un bon résumé reproduit l'équilibre des idées du texte initial. Il montre une bonne maîtrise de la langue et une bonne compréhension de la structure comme de l'enjeu du texte proposé. Il est aussi parfaitement lisible : une calligraphie et une orthographe soignées sont indispensables.

III. La dissertation

A. Enjeux de l'exercice

1. Une dissertation sur programme

Entièrement rédigée, la dissertation, ou « composition française », est un exercice codifié et spécifique. Elle s'appuie seulement sur le programme : vous devez montrer que vous avez compris les enjeux soulevés par le thème général qui a été étudié en classe (*le monde des passions* cette année), les liens entre ce thème et les œuvres, ainsi que les éléments de convergence entre ces

✓ LE MOT DU JURY (ENS)

« La dissertation sur programme revient [...] à analyser des textes à la lumière d'une citation. Cela implique, d'une part, une connaissance intime des œuvres, une pratique de leur confrontation et de leur mise en perspective pendant l'année ; cela suppose aussi que les auteurs du programme soient susceptibles de dialoguer entre eux. »

ouvrages du programme. Par conséquent, la dissertation doit être envisagée comme l'art d'organiser vos connaissances à partir d'un problème donné – elle est moins le lieu d'un étalage de culture générale que celui d'une réflexion méthodique ordonnée à partir de savoirs attendus.

2. Une dissertation de philosophie

La dissertation vous demande une réflexion d'ordre philosophique, puisqu'elle s'appuie sur un thème particulier et sur au moins une œuvre philosophique. Le thème convoque des concepts précis que vous devez maîtriser et reconnaître dans le sujet proposé. D'ailleurs, c'est la connaissance des concepts qui conduit à interroger correctement le sujet, à en trouver les nuances, les limites mais aussi les prolongements.

3. Une dissertation de français

Au-delà de sa dimension philosophique, la dissertation s'appuie sur une lecture extrêmement précise des œuvres qui figurent au programme de l'année. Ce corpus constitue la base de données servant à illustrer les arguments conceptuels. Autrement dit, les idées développées dans la dissertation sont accompagnées d'exemples extraits seulement des œuvres au programme – il faut éviter de faire référence à d'autres ouvrages, sauf dans l'introduction ou la conclusion, moments où il est possible d'élargir la réflexion, ou bien lorsqu'une référence extérieure au programme est indispensable pour comprendre le contexte dans lequel vous développez un argument lié à ce programme : considérez qu'aucune référence extérieure n'est automatiquement valorisée. Seules les références jugées très pertinentes et enrichissantes dans le cadre du traitement du sujet proposé seront appréciées.

VERS LA RÉUSSITE : le programme, rien que le programme

La dissertation est une réflexion personnelle produite à partir d'un sujet précis confronté à un thème connu et à des œuvres maîtrisées. Et le problème posé par le sujet doit pouvoir être formulé et résolu à l'aide du seul programme.

B. Le travail au brouillon : du sujet au problème

Le brouillon est essentiel, même si le temps de travail est bref. C'est au brouillon que vous vérifierez l'équilibre de votre propos et du recours aux œuvres, comme la logique progressive de la démonstration mise en place. Un tiers du temps de travail au moins doit donc être consacré à ce seul brouillon.

1. Le sujet

Le sujet se compose d'une citation suivie d'une consigne. Ce sont les concepts soulevés par la citation qu'il faut mettre au service de la réflexion menée à partir du programme ; et la consigne vous demande généralement d'examiner en quoi la citation éclaire votre lecture des œuvres, même s'il arrive qu'elle soit plus précise et qu'elle propose une piste de travail. Quoi qu'il en soit, il faut *a priori* considérer que le propos tenu dans la citation est toujours au moins partiellement validé dans les œuvres – avant de réfuter éventuellement un aspect du sujet, il faut l'explorer à l'aide du programme. Enfin, chaque sujet est unique : il ne s'agit pas de plaquer artificiellement sur une citation nouvelle un cours ou un corrigé de devoir fait en classe à partir d'une autre citation.

> ✓ **Le mot du jury (E3A)**
>
> « Les correcteurs préféreront toujours suivre la réflexion, si malhabile fût-elle, d'un candidat qui s'attaque courageusement à un sujet précis, que manifester de la bienveillance envers un autre, même très habile, qui n'y verrait qu'un prétexte à placer des fiches de cours préfabriquées. »

Pour mieux cerner le contenu et l'enjeu de ce sujet, procédez par étapes successives, avec rigueur. D'abord, vous devez repérer les mots clés qui vous paraissent importants en ce qu'ils structurent la citation et vous renvoient au thème de l'année – c'est une phase d'analyse, pendant laquelle vous allez définir et délimiter ces termes essentiels en utilisant le programme. Ensuite, il faut examiner les liens logiques et conceptuels qui font jouer ces termes clés les uns par rapport aux autres : y a-t-il opposition ? addition ? nuance ? complémentarité ? etc. Enfin – c'est la phase de synthèse indispensable –, vous devez reformuler le sujet en une ou deux phrases : cette reformulation permet de montrer l'enjeu principal du sujet et met en valeur les relations établies entre les termes clés.

2. La problématisation

À partir de la citation et de sa reformulation, il faut trouver ce qui pose problème dans le sujet, autrement dit ce que l'auteur de la citation considère comme évident, et qui ne correspond pas nécessairement à votre lecture précise des œuvres au programme.

> ✓ **Le mot du jury (A-BCPST)**
>
> « Un sujet de dissertation "pose problème", et c'est justement ce *problème* qu'il appartient au candidat de cerner et d'envisager. Une lecture "plate" de la citation, dont le jugement s'impose dès lors avec la force de l'évidence, est un signe qui doit faire réagir : c'est précisément dans ce qui ne tombe pas sous le sens que se situe la problématique à traiter. »

Dans cette phase essentielle, vous devez donc poser une question à partir de laquelle pourra se déployer la réflexion de la dissertation ; cette question unique rassemble des interrogations diverses auxquelles le sujet peut inviter à penser, et doit être formulée de manière à induire une réponse du type : « Oui… jusqu'à un certain point. » Enfin, cette question doit prendre en compte non seulement les termes clés, mais aussi les relations entre les termes que l'étude du sujet a mis en évidence durant la phase d'exploration et de reformulation de la citation. Par exemple, si la citation oppose deux termes liés au programme, c'est l'ensemble {termes clés + opposition entre ces termes} qu'il faut prendre en considération pour formuler une seule problématique.

C. Le plan

La phase de reformulation du sujet débouche sur un problème à résoudre. Pour construire le plan de résolution de ce problème, vous disposez d'une base de données unique mais riche : le programme, constitué par le thème développé dans les œuvres. Cet ensemble constitue un réservoir de preuves pour votre démonstration. Concrètement, vous allez résoudre le problème posé à l'aide d'arguments issus de votre connaissance du thème, arguments eux-mêmes illustrés par des exemples tirés des œuvres.

Quel plan choisir ? Les jurys de concours acceptent toute démonstration efficace en deux ou trois points – même si le développement en trois parties est souvent plus pertinent que celui qui oppose de façon brutale deux blocs apparemment contradictoires. Pour travailler, il est donc dans un premier temps utile de valider la citation par un recours organisé aux œuvres. Ce n'est qu'ensuite que vous pourrez montrer que la citation proposée n'est que partiellement confirmée dans les œuvres au programme : la deuxième, puis l'éventuelle troisième partie, vous conduiront à apporter des nuances ainsi que des compléments afin d'explorer la totalité du sujet face à toutes les possibilités du programme.

> **Vers la réussite : la dissertation est une démonstration**
>
> Le sujet pose un problème, que le développement de la dissertation résout. Le développement est donc une démonstration cohérente, qui, d'argument en argument et d'exemple en exemple, conduit d'un problème posé en introduction à sa résolution présentée en conclusion.

D. Rédaction de la dissertation

1. Un préalable indispensable : bien écrire

Une dissertation est entièrement rédigée, et ne comporte pas de titres ou de sous-titres destinés à mettre le plan en évidence : il faut donc maîtriser la langue française et les subtilités des termes liés au programme pour proposer un travail efficace.

Par ailleurs, la calligraphie et l'orthographe comptent dans l'appréciation – un devoir agréable à lire, qui manie correctement la langue, sera valorisé, alors qu'un devoir illisible, rempli d'erreurs d'orthographe, de syntaxe ou de lexique sera pénalisé.

2. L'introduction

L'introduction comporte des étapes quasi immuables qu'il convient de respecter : elle est une accroche qui doit mettre en valeur le développement à venir.

– L'amorce générale, très brève (deux à trois lignes) permet d'introduire le thème et la citation. Elle doit être précise et efficace : il est inutile de remonter à une préhistoire mythique (« De tout temps, tous les hommes… »), de même qu'il est souvent peu judicieux de passer une dizaine de lignes à commenter une citation-prétexte uniquement destinée à valoriser votre culture générale.

– Accompagnée de sa source, la citation doit ensuite être intégralement reproduite, en une ou plusieurs étapes : il faut citer le sujet et proposer sa reformulation afin de montrer au jury que vous avez compris de quoi il est question.

VERS LA RÉUSSITE : la page d'introduction

Une amorce, le sujet et sa reformulation, une problématique, le rappel des œuvres et l'annonce des grandes parties du développement.

– La reformulation est suivie de la problématique, présentée sous forme de phrase affirmative ou sous la forme d'une question. Attention ici : de nombreux candidats aux concours ne savent pas construire une phrase interrogative indirecte. Entraînez-vous pour éviter les erreurs syntaxiques… d'autant que la problématisation est une étape essentielle dans la dissertation.

– Il faut ensuite rappeler les œuvres au programme, dans l'ordre chronologique si vous vous contentez de les énumérer, ou dans un ordre logique si vous les accompagnez d'une brève proposition indiquant leur principale relation avec le sujet.

– L'introduction se termine par l'indispensable annonce du plan : de manière très claire, il faut indiquer les pistes que vous allez explorer, sans entrer toutefois dans le détail des sous-parties.

3. La conclusion

La conclusion répond clairement au problème posé en introduction. Pour ce faire, elle reprend les résultats intermédiaires de la démonstration, sans résumer longuement le développement ni se contenter de reproduire les titres des grandes parties. Cette reprise s'achève par une ou deux phrases générales qui constituent la réponse apportée par le programme à la question soulevée par le sujet.

Par conséquent, l'ouverture ou l'élargissement ne sont pas systématiquement nécessaires : ils ne doivent être proposés que s'ils sont la suite naturelle du bilan général. Il vaut mieux explicitement finir une dissertation que donner au jury l'impression de vouloir en commencer une autre : c'est un point d'arrivée sûr qu'il faut proposer, sans nuance indécidable.

> **VERS LA RÉUSSITE : la conclusion est un bilan**
>
> La conclusion est l'équivalent du C.Q.F.D. mathématique : elle représente l'aboutissement de votre démonstration.

Notez qu'il est souvent utile de rédiger au brouillon la conclusion juste après l'introduction : ainsi, on évite les répétitions et surtout, on prépare le projet de résolution du problème posé. Lorsque la conclusion est rédigée avant la mise au propre, on peut en effet éviter les digressions dangereuses, et il est possible de mieux travailler ensuite la progression du propos dans le développement. Enfin, une conclusion rédigée à l'avance peut toujours être modifiée à la dernière minute, ou être recopiée très rapidement si le temps de travail vient à manquer à la fin de l'épreuve.

4. Le développement

Le développement doit être bien rédigé et construit. Une grande partie se présente généralement de la façon suivante :

– § 1 : une annonce en deux ou trois lignes du thème développé (il n'est pas nécessaire d'annoncer les sous-parties) ;

– § 2 : sous-partie 1 : un argument, un ensemble d'exemples commentés, un bilan partiel ;

– § 3 : sous-partie 2 : transition avec la sous-partie précédente, puis construction identique au § 2 ;

– § 4 s'il y a trois sous-parties ;

– § final : un bilan intermédiaire et une transition vers la grande partie suivante. Ce bilan, indispensable, utilise les mots du sujet et les relie à l'étape du problème que la grande partie vient de développer.

Chaque étape du développement doit être travaillée selon trois niveaux : elle doit être complète, elle doit permettre de faire progresser la réflexion à l'intérieur d'une grande partie, et elle doit faire référence au sujet que traite l'ensemble de la dissertation.

> **✓ LE MOT DU JURY (Mines Ponts)**
>
> « La lecture des copies montre qu'un candidat qui s'astreint à revenir régulièrement aux termes du sujet, tout au long de son devoir, est un candidat qui, précisément, n'oublie pas le sujet. Il est, de ce fait, mieux à l'abri du hors sujet. »

Les arguments proposés doivent être très précisément induits par le sujet et par le thème au programme. Pour ce qui est des exemples, il faut penser à confronter systématiquement les œuvres les unes aux autres. Autrement dit, chaque argument est suivi de références aux textes, constituées de citations ou du rappel d'un épisode précis. D'ailleurs, les citations comme les allusions doivent toujours être commentées afin de montrer comment elles servent l'argument. S'il n'est pas nécessaire de convoquer toutes les œuvres du programme pour chaque argument, il est en revanche utile de faire dialoguer les ouvrages aussi régulièrement que possible – autant dire qu'il faut recourir à des exemples extraits de deux œuvres au moins pour chaque argument. Et, corrélativement, il s'agit de faire progresser le raisonnement d'un argument à l'autre, et non d'une œuvre à l'autre : chaque argument doit convoquer des œuvres différentes en montrant leur convergence relative, et il n'est pas question de consacrer un paragraphe à chaque œuvre.

De fait, le programme est à la fois riche et vaste : il faut au maximum choisir les exemples dans les œuvres recommandées, et non dans d'autres œuvres, qu'elles soient des mêmes auteurs ou qu'elles soient issues de votre culture générale – il n'est pas indispensable, à propos du monde des passions, de citer *Les Passions de l'âme* de Descartes, qui n'est pas au programme. Ainsi, à Centrale, l'« argumentation doit obligatoirement reposer sur les œuvres du programme, prises comme cadre de la réflexion ; elle ne doit pas faire appel à d'autres références qui seraient, par définition, hors sujet. D'autre part, aucune œuvre ne doit être laissée de côté, chacune doit être prise en compte dans l'argumentation ». Les allusions à l'actualité sont également à éviter, puisque l'exercice ne consiste pas en une rédaction de culture générale.

✓ Le mot du jury (A-BCPST)

Le « développement ne peut pas proposer des sous-parties envisageant les œuvres une par une [...]. Chaque sous-partie doit se fonder sur des arguments et montrer comment les œuvres y répondent ou non, en les confrontant ». D'ailleurs, l'« utilisation des références ne doit pas être uniquement illustrative et doit participer de la dynamique argumentative ».

Par ailleurs, veillez à accorder la même importance à chacune des œuvres du programme, en équilibrant avec attention le nombre et la qualité des références que vous proposez. Aucune œuvre ne doit être privilégiée, aucune œuvre ne doit être en retrait, et chaque œuvre doit apparaître au moins une ou deux fois dans chaque grande partie.

Enfin, les grandes parties doivent s'enchaîner logiquement : elles constituent des étapes successives de la résolution du problème, et doivent par conséquent approfondir progressivement la réflexion pour aboutir à une conclusion précise et définitive. Il faut donc soigner la rigueur des enchaînements logiques et valider chaque idée par un retour systématique au sujet. De même, le bilan d'une grande partie gagne à être formulé à l'aide de la citation proposée par le sujet – vous montrez ainsi que vous êtes *en train de* résoudre le problème posé.

Vers la réussite : un sujet, un programme, des œuvres

La parfaite connaissance du contenu des œuvres et votre aisance à circuler d'un ouvrage à l'autre en établissant des liens signifiants en fonction du thème au programme sont les préalables indispensables à la réflexion déployée dans la dissertation.

SIXIÈME PARTIE

Corrigés de dissertations et de résumés

par Florian Pennanech

I. Dissertation rédigée

[Les éléments entre crochets ainsi que les titres ne sont là que pour indiquer les différentes étapes de la rédaction du devoir ; ils ont une fonction indicative, et ne doivent pas apparaître dans une copie. Autant qu'à ces étapes, il importe de s'intéresser à leur liaison : c'est la logique de la réflexion qui permet d'en juger la valeur.]

Sujet 1

Dans *Le Désir d'éternité* (1943), Ferdinand Alquié écrit : « Orientée vers le passé, remplie par son image, la conscience du passionné devient incapable de percevoir le présent : elle ne peut le saisir qu'en le confondant avec le passé auquel elle retourne, elle n'en retient que ce qui lui permet de revenir à ce passé, ce qui le signifie, ce qui le symbolise : encore signes et symboles ne sont-ils pas ici perçus comme tels, mais confondus avec ce qu'ils désignent. » Dans quelle mesure votre lecture des trois œuvres au programme s'accorde-t-elle avec cette affirmation ?

Introduction

[Situation du sujet] La condamnation morale des passions, dans l'histoire de la pensée, est liée à la certitude que celles-ci nous égarent, nous aveuglent, nous font vivre dans un monde qui n'est pas le monde réel, mais un monde de chimères et d'illusions.

[Citation du sujet et explicitation de la thématique] Cette condamnation classique des passions est reconduite par Ferdinand Alquié, dans *Le Désir d'éternité*, à partir d'une analyse concernant leur rapport au temps : « Orientée vers le passé, remplie par son image, la conscience du passionné devient incapable de percevoir le présent : elle ne peut le saisir qu'en le confondant avec le passé auquel elle retourne, elle n'en retient que ce qui lui permet de revenir à ce passé, ce qui le signifie, ce qui le symbolise : encore signes et symboles ne sont-ils pas ici perçus comme tels, mais confondus avec ce qu'ils désignent. » Être passionné, c'est donc vouloir retrouver le passé dans le présent : c'est être enfermé dans un monde hors du temps, sans évolution, sans devenir. C'est pourquoi la passion est une des formes du « désir d'éternité », mais une forme inconsciente et illusoire, qui empêche la conscience de percevoir le présent et la garde prisonnière d'un passé dont ne subsiste que le « signe » ou le « symbole ». On retrouve donc ici la dévalorisation tradi-

tionnelle de l'image ou de la copie, considérées comme de simples simulacres qui font obstacle à une juste appréhension du monde, en lui substituant un autre monde, d'autant plus mensonger et pernicieux qu'il se présente comme le monde réel.

[Problématique] En nous appuyant sur la *Dissertation sur les passions* de Hume, *Andromaque* de Racine et *La Cousine Bette* de Balzac, nous nous demanderons si le rapport des passions au temps peut se réduire à ce ressassement éternel du passé, et si cette vision n'est pas tributaire d'une condamnation morale *a priori*, dont la remise en cause permettrait d'envisager un rapport au temps plus complexe.

[Annonce du plan, première partie] Nous verrons tout d'abord que les passions semblent devoir enfermer l'homme dans le passé, et donc dans une éternité illusoire. ***[Deuxième partie]*** Toutefois, nous verrons que les passions peuvent aussi bien être conçues comme un refus pur et simple du passé : le passionné est alors celui-ci qui vit dans une instantanéité tout aussi chimérique, dans l'illusion d'un éternel présent. ***[Troisième partie]*** Enfin, nous verrons que les passions peuvent à l'inverse être perçues, dès lors qu'elles ne font plus l'objet d'une condamnation *a priori*, comme ce qui permet à l'homme de se projeter dans le futur, et donc de donner sens au temps.

I. L'EMPRISE DU PASSÉ OU L'ÉTERNITÉ ILLUSOIRE

1. Le poids du passé

Par définition, la passion est un phénomène durable : en cela, elle s'oppose à la sensation, à l'émotion ou à la pulsion, qui ont un caractère beaucoup plus instantané. L'amour d'Oreste pour Hermione, dans *Andromaque*, peut être qualifié de passion, puisque celui-ci a tenté, pendant un an, d'oublier Hermione par tous les moyens, sans y parvenir ; de même, le désir de vengeance de Lisbeth, dans *La Cousine Bette*, n'attend pas moins de trois ans avant de voir « les progrès de la sape souterraine à laquelle elle consumait sa vie et dévouait son intelligence » (chap. 41, p. 256). Il y a donc une persistance de la passion par rapport aux autres phénomènes psychiques, que Hume souligne dans la *Dissertation* lorsqu'il évoque le fait que les passions sont le plus souvent mêlées : « L'imagination est extrêmement preste et agile ; les passions sont, en comparaison, lentes et rétives » (I, 3). Si, alors que je suis triste, un objet se présente à moi et me cause de la joie, ma tristesse antérieure ne sera pas immédiatement éliminée : j'éprouverai un mélange de deux passions. On peut ainsi comprendre que si le passé peut garder une emprise sur nous, c'est par la rémanence des passions, qu'exprime la comparaison avec l'instrument de musique : « Si nous considérons l'esprit humain, nous observerons que, pour ce qui est des passions, il ne ressemble pas à un instrument à vent, qui, tandis qu'on en parcourt les touches, laisse retomber le son dès que l'on cesse de souffler ; il ressemble plutôt à un instrument à cordes qui, à chaque attaque, en conserve les vibrations encore pendant quelque temps » (I, 3).

2. *Un monde de signes*

Comment, dès lors, se produit la confusion entre l'image du passé et le monde présent ? Hume analyse plusieurs passions en montrant qu'elles reposent sur une connexion établie par l'imagination entre la cause de la passion et l'objet de la passion. Ainsi, on peut éprouver de l'orgueil parce que l'on descend d'une noble famille : ce faisant, on établit une connexion entre une cause du passé et nous-mêmes, alors même que ce qui faisait la gloire de notre famille s'est éventuellement éteint depuis longtemps.

Cette connexion peut elle-même être fermement ancrée dans le passé. Hume constate que les honneurs et la fortune se sont toujours transmis par lignée masculine, même si la mère est « pourvue de qualités supérieures à celles du père » (I, 8). Les enfants continueront donc à tirer orgueil de leur père, en raison d'une habitude contractée au fil du temps, qui n'a éventuellement plus lieu d'être.

L'orgueil se manifeste par la multiplication des signes d'une gloire passée : on tente coûte que coûte de sauver les apparences, comme le fait le baron Hulot, à cinquante ans : « À cet âge, l'amour chez les vieux hommes se change en vice ; il s'y mêle des vanités insensées. Aussi, vers ce temps, Adeline vit-elle son mari devenu d'une exigence incroyable pour sa toilette, se teignant les cheveux et les favoris, portant des ceintures et des corsets. Il voulut rester beau à tout prix » (chap. 8, p. 89). Le désir éperdu de prolonger le passé, mu par l'orgueil et par l'amour, se traduit ainsi par des tentatives pathétiques de maintenir l'illusion par l'artifice le plus trivial.

3. *L'aveuglement face au présent*

Plus que la tentative de prolonger le passé dans le présent en créant des signes nécessairement mensongers, les passions peuvent surtout conduire à réduire des objets réellement présents au statut de simple signe du passé. C'est éminemment le cas d'Andromaque qui fait d'Astyanax l'« image » (III, 8, v. 1016) ou le « reste » (IV, 1, v. 1122) d'Hector : Astyanax n'existe pas pour lui-même, il n'est que le prolongement de son père mort. Cette façon de voir Astyanax conduit Andromaque à une indifférence, voire à un aveuglement, à l'égard du présent, au profit du passé : pour ne pas trahir Hector, elle envisagera de laisser mourir son enfant (I, 4, v. 373). La passion substitue ainsi au monde présent le monde du passé que l'on veut retrouver en une quête illusoire. En témoigne le lieutenant général Hulot dans *La Cousine Bette*, dont on apprend qu'il ne s'est jamais marié, « parce qu'il avait voulu rencontrer une seconde Adeline, inutilement cherchée à travers vingt pays et vingt campagnes » (chap. 8, p. 88). Le souvenir d'une femme aimée mais inaccessible l'a conduit sa vie durant à laisser s'échapper la possibilité d'un amour partagé. Même les passions les plus nobles, dans le roman de Balzac, semblent condamner ceux qui les éprouvent à évoluer dans un monde révolu. Le maréchal Hulot incarne par exemple, à l'exact opposé de son frère, les valeurs de l'Empire – héroïsme, bravoure et honnêteté. Mais, digne représentant d'un monde qui n'a plus cours, incapable de prendre acte des changements qui ont eu lieu dans la société, il reste parfaitement aveugle aux malheurs de sa famille : la surdité dont il est atteint symbolise son incapacité à appréhender le nouveau monde qui l'entoure.

[Transition. Récapitulation de la partie précédente] Ainsi les passions peuvent-elles être perçues comme une manière de substituer le passé au présent, au point de se montrer aveugle ou indifférent envers celui-ci. ***[Annonce de la partie suivante]*** Pourtant, n'est-ce pas d'abord l'indifférence au passé comme au futur qui fait des passions une manière illusoire d'échapper au temps ?

II. Le refus du passé ou l'éternel présent

1. Le monde de l'instantanéité

Pour le sens commun, les passions relèvent moins d'un attachement excessif au passé (« On guérit facilement d'une passion pour une femme de mon âge », dit Adeline à Crevel, au chapitre 6, p. 80) que de phénomènes psychiques intensément vécus au présent. Il semble que ce soient d'abord l'intensité et l'exclusivité qui définissent la passion, plus que la permanence. Dans le cas de la passion amoureuse, c'est son caractère immédiat qui est le plus souvent mis en avant dans les récits. Par exemple, lors de la scène de la première rencontre entre le baron Hulot et Valérie, Balzac précise : « le libertin ressentit cette vive impression, passagère chez tous les Parisiens, quand ils rencontrent une jolie femme qui réalise, comme disent les entomologistes, leurs *desiderata* » (chap. 14, p. 123). La passion se déclenche de façon aussi brusque qu'imprévue.

Elle se déploie ensuite dans le temps de façon beaucoup plus chaotique que ce que suggère Ferdinand Alquié : il y a une véritable urgence de la passion qui demande à être immédiatement assouvie et menace de se modifier du tout au tout en un instant. À la scène 3 de l'acte IV d'*Andromaque*, au moment où le tragique atteint son paroxysme et où l'action se précipite, ce désir d'immédiateté de la passion se manifeste avec la plus grande évidence quand Hermione exige d'Oreste qu'il assassine Pyrrhus : « Vous ne donnez qu'un jour, qu'une heure, qu'un moment », s'exclame le jeune héros (v. 1208) face à une Hermione implacable, consciente que sa haine est éphémère : « S'il ne meurt aujourd'hui, je puis l'aimer demain » (v. 1200).

2. Le changement permanent

Les passions semblent ainsi pouvoir se substituer les unes aux autres, de sorte que leur rémanence évoquée par Hume s'apparente davantage à une forme d'inertie : une passion persiste jusqu'à ce qu'une autre vienne la remplacer. Or, comme l'explique Hume, la transformation d'une passion en une autre est une des choses les plus aisées qui soient, car l'esprit est particulièrement prompt à opérer les associations d'idées : « Le chagrin et la déception suscitent la colère ; la colère, l'envie ; l'envie, la malveillance ; et la malveillance ressuscite le chagrin » (II, 3).

Mais ce sont aussi les objets de la passion qui peuvent se substituer l'un à l'autre et devenir interchangeables : « Cette petite femme-là me fera promptement oublier l'avide Josépha », pense Hulot lorsqu'il vient de rencontrer Valérie (chap. 20, p. 155). La passion peut ainsi relever d'un désir de *tabula rasa* permanente, particulièrement marqué chez le baron Hulot : « Le retour du baron excita des transports de joie qui le convertirent à la vie de famille. Il oublia la petite Atala Judici, car les excès de la passion l'avaient fait arriver à la mobilité de sensations qui distingue l'enfance » (chap. 130, p. 573). Cette « mobilité de sensations », cette incapacité à fixer ses sentiments dans la durée, ce refus d'assumer le poids du passé et donc ses responsabilités sont ainsi des traits distinctifs de la passion, comme le montre la capacité extraordinaire du baron à dépenser de l'argent sans se soucier du remboursement futur. Il n'y a plus ni fidélité au choix du passé ni souci des conséquences futures, puisque le passionné vit dans un éternel présent.

3. La répétition infinie

Le refus de porter le poids du passé, que traduit ce changement permanent, peut aussi se manifester, à l'inverse, par la répétition incessante des mêmes épisodes. La répétition n'est de fait que l'autre face du changement : une objet chasse l'autre, mais la passion reste la même. Le baron Hulot devient ainsi une sorte de machine qui reproduit toujours le même scénario, quel que soit l'objet de sa passion, de Josépha à Valérie, de la petite Bijou à la fille de cuisine de la dernière page du roman. Il passe ainsi son temps à prendre de grandes résolutions puis à les oublier. Ce comportement compulsif évoque d'autres formes de passion comme celles du jeu ou de l'argent, à ceci près que ces dernières, dont l'objet est matériel, peuvent parfois durer toute une vie, tandis que la passion amoureuse se heurte tôt ou tard, inéluctablement, à la vieillesse du passionné. Hulot semble ignorer cela. Adeline elle-même, sur ce point comme sur bien d'autres, se méprend sur l'étendue de la pathologie de son époux : « Votre père a soixante-dix ans bientôt, répondit la baronne, il pense encore à Mme Marneffe, je m'en suis aperçue ; mais bientôt il n'y pensera plus : la passion des femmes n'est pas comme le jeu, comme la spéculation, ou comme l'avarice, on y voit un terme » (chap. 80, p. 383). Crevel a une image frappante pour décrire cette répétition infinie : « Si mes enfants se ruinaient pour eux, je viendrais à leur secours ; mais garantir votre mari, madame ?… c'est vouloir remplir le tonneau des Danaïdes ! » (chap. 87, p. 408).

Dans la répétition d'un même comportement, l'objet de la passion importe finalement peu, et la référence au passé est comme abolie : ce qui compte, c'est la passion elle-même. Ainsi Andromaque, après le meurtre de Pyrrhus, continue de se comporter en veuve, mais non plus en veuve d'Hector : « Andromaque, elle-même, à Pyrrhus si rebelle,/ Lui rend tous les devoirs d'une veuve fidèle » (V, 5, v. 1589-1590). Loin d'être soulagée par la mort de celui qui la tourmentait de son vivant, Andromaque se charge du poids d'un nouveau deuil, comme si la véritable passion d'Andromaque n'était pas la passion pour Hector, mais la passion du devoir.

[Transition. Récapitulation de la partie précédente]. Le refus du passé semble donc au cœur des passions : ce n'est pas tant le désir d'éternité que le désir d'instantanéité qui paraît caractériser le rapport du passionné au temps. ***[Annonce de la partie suivante]*** N'est-il cependant pas possible d'envisager les passions autrement que comme synonymes d'enfermement dans un passé ou un présent illusoires, et d'y voir un des éléments moteurs de l'action de l'homme dans l'histoire ?

III. Les passions et la possibilité du devenir

1. Inventer un monde possible

Si les passions nous enferment dans une éternité illusoire ou dans une instantanéité stérile, d'où viendrait alors la possibilité même d'envisager le devenir ? Hume répondrait que ce sont les passions, elles aussi, qui nous permettent de nous projeter dans l'avenir et d'envisager le possible. Sans doute définit-il les passions de façon beaucoup plus large que ne le fait Ferdinand Alquié, dont la perspective reste tributaire de la condamnation classique des passions, et qui ne range dans cette catégorie que ce que Hume nommerait les « passions violentes ». Pour le philosophe écossais, en effet, la raison seule ne peut dire que le vrai et le faux, alors que les passions nous indiquent le bien et le mal (V, 1). Par là même, seules les passions nous permettent de distinguer le désirable et l'indésirable, qui se confondent avec le plaisant et le déplaisant ; elles seules offrent à l'homme un moyen de se rapporter au futur qui, en dépit de l'étymologie, ne soit pas passif. Les passions que sont par exemple l'espoir et la crainte sont entièrement tournées vers le futur, même si elles découlent d'expériences passées : j'ai expérimenté une situation que je considère comme un mal, je crains qu'elle se reproduise, et inversement. Hume insiste sur le rôle de la probabilité (I, 2-7) qui est un moyen non d'être prisonnier du passé, mais de lui donner sens par rapport au présent et au futur.

2. Agir dans le monde présent

Hume dénonce ainsi « l'erreur commune des métaphysiciens » (V, 4) qui consiste à opposer passion et raison, en considérant que la raison seule est capable de nous donner la volonté d'agir. Or, nous dit-il, seules les passions nous conduisent à l'action. En particulier, seules les passions peuvent nous conduire à agir dans le présent parce que notre action est orientée par le désir d'un autre futur : Lisbeth cherche à se venger, certes à cause du souvenir en elle toujours vif des humiliations du passé ; mais elle parvient aussi à s'inventer un autre avenir, et met tout en œuvre pour devenir, elle qui était une fille du peuple, Mme la maréchale Hulot. De la même façon, si Oreste et Hermione, ainsi qu'Andromaque jusqu'à la fin de l'acte V semblent tous prisonniers d'un passé qu'ils ne font que ressasser, Pyrrhus, lui, grâce à sa passion pour Andromaque, semble en mesure de se libérer du poids du passé. En effet, il est engagé envers Hermione, donc envers son père Ménélas et, à travers lui, envers l'ensemble des Grecs : « Je sais de quel serment je romps pour vous les chaînes », affirme-t-il (III, 7, v. 961). Son amour pour Andromaque prend la forme symbolique d'un affranchissement – tandis qu'Oreste, Hermione ou Andromaque restent fidèles à un engagement ancien. Il s'agit ici de se libérer du passé, non pas en s'enferrant dans un éternel présent comme le fait Hulot chez Balzac, mais bien en posant la possibilité d'un autre futur. La tirade où Pyrrhus décrit à Andromaque ce qu'il pourrait accomplir pour protéger son fils (I, 4, v. 281-288) constitue certes une fiction gratifiante où le héros se donne le beau rôle pour se faire valoir à ses yeux et à ceux de celle qu'il aime, mais il n'en demeure pas moins que Pyrrhus envisage la possibilité d'un avenir qui échappe à la répétition stérile du passé. La passion devient alors une puissance qui donne au héros le courage de forcer le destin.

Conclusion

Il convient donc de distinguer parmi les passions celles qui témoignent d'un enfermement dans le passé ou d'une incapacité à sortir du présent, et plus généralement d'un refus du réel et donc de l'écoulement du temps, de celles qui permettent d'agir dans le présent pour inventer le futur. Ces dernières, à l'inverse, semblent être au cœur de la construction subjective du temps. Nous pouvons nous rapporter au passé ou au présent sur un mode rationnel, en nous faisant les historiens de nous-mêmes, mais nous ne pouvons nous rapporter à notre futur que sur le mode passionnel.

Encore faut-il pour ce faire disposer d'un authentique « usage des passions » qui permette de distinguer les passions stérilisantes et les passions productives, les passions aliénantes et les passions libératrices, afin de modérer les unes et de cultiver les autres, dans la perspective d'augmenter, comme le dit Spinoza, notre « puissance d'agir », dans le monde présent et à venir.

II. Plans de dissertations

Sujet 2

Denis de Rougemont, dans *L'Amour et l'Occident* (1972), écrit : « Passion et expression ne sont guère séparables. La passion prend sa source dans cet élan de l'esprit qui par ailleurs fait naître le langage. Dès qu'elle dépasse l'instinct, dès qu'elle devient vraiment passion, elle tend du même mouvement à se raconter elle-même, que ce soit pour se justifier, pour s'exalter, ou simplement pour s'entretenir. » Dans quelle mesure votre lecture des trois œuvres éclaire-t-elle cette affirmation ?

Situation : Réfléchissant sur le mythe que constitue à ses yeux l'amour-passion, lequel provient selon lui de la littérature et non de la réalité, Denis de Rougemont réfléchit aux liens entre passion et langage, développant la Maxime 136 de La Rochefoucauld : « Il y a des gens qui n'auraient jamais été amoureux s'ils n'avaient jamais entendu parler de l'amour. »

Thématique : Le sujet interroge les rapports entre la passion et son expression, et pose une question classique concernant le langage : ne fait-il que décrire une réalité préexistante, ou bien contribue-t-il à la créer ?

Analyse des termes du sujet : La passion est ici associée à l'expression : le fait de parler de sa passion semble consubstantiel au fait même d'être passionné. Le passionné a besoin de produire des récits, qui ne visent pas simplement à décrire cette passion pour autrui, mais qui ont aussi vocation à agir sur la passion elle-même : la « justifier », l'« exalter », voire l'« entretenir ». Tout se passe donc comme si le langage pouvait être la cause de la passion, et comme si celle-ci n'existait pas sans lui.

Problématique : Le monde des passions n'a-t-il d'autre existence que langagière ?

I. La dimension verbale du monde des passions

1. Le désir de s'épancher

Il y a dans la passion un désir de s'épancher, une pulsion de parole, comme si la passion était un phénomène psychique trop intense, débordant, qui nécessitait d'être verbalisé pour être canalisé. Les personnages d'*Andromaque* ne cessent d'exprimer leurs sentiments à leurs confidents, ce qui obéit certes d'abord à une nécessité dramaturgique (il faut informer le spectateur) mais témoigne aussi de ce besoin d'épanchement. De la même façon, dans *La Cousine Bette*, Hortense raconte complaisamment à sa cousine comment elle lui a « volé [s]on amoureux » (chap. 32, p. 216), le désir de parler surpassant ici tout sentiment de décence.

2. Justifier, exalter, entretenir

Ce désir de partager avec autrui l'expérience subjective de la passion n'a pas pour but exclusif de la décrire. Il s'agit aussi de justifier, à ses propres yeux comme à ceux d'autrui, l'existence de cette passion. Hume, au chapitre de l'orgueil, insiste sur le fait que nous recherchons la confirmation, l'approbation d'autrui, et que nous accordons d'autant plus de valeur à un objet que nous sentons notre passion justifiée par l'assentiment de nos semblables (II, 10). De même Hermione, face à Cléone, dresse le portrait de Pyrrhus en héros accompli, pour se donner la jouissance d'énumérer tout ce qui justifie sa passion (III, 3, 841-854), et d'une certaine manière pour se flatter elle-même. Mais de tels épanchements langagiers n'ont pas seulement pour effet de justifier la passion : ils permettent de l'exalter – ce que fait Hermione au moment d'imaginer sa vengeance (IV, 4, 1261-1264) –, ou de l'entretenir – c'est Oreste se projetant dans un avenir fictif où Hermione, enfin, délaisse Pyrrhus pour lui (III, 1, v. 741-746). Parler de sa passion, c'est déjà en jouir.

TRANSITION : Assurément, la passion semble ne pouvoir se départir du langage qui non seulement l'exprime, mais possède en outre sur elle des effets sensibles. Pourtant, les manifestations de la passion semblent aussi devoir échapper au langage : le monde des passions n'est pas seulement verbal.

II. L'INDICIBLE DE LA PASSION

1. Affects et langage du corps

Le monde des passions est au moins autant corporel que verbal : les passions, selon Hume, sont d'abord des réactions aux sensations. Toute une partie du processus passionnel trouve à s'exprimer sans recourir au langage oral. Il y a en effet un langage du corps, omniprésent dans le roman de Balzac qui croyait à l'existence de stigmates corporels de la passion (ainsi au chapitre 39 pour le baron Hulot), mais aussi dans *Andromaque*, où le corps trahit régulièrement les mensonges de la parole, comme Oreste le signale à Hermione (II, 2, v. 573-576).

2. Silences et secrets

Si Denis de Rougemont n'évoque pas le langage du corps et s'en tient au langage oral, dans ce dernier même, tout ne passe pas par l'expression articulée. Comme en musique, le silence qui sépare deux notes compte tout autant que ces dernières. La passion peut ainsi demeurer dans le silence ou le secret, comme c'est le cas singulièrement chez Lisbeth qui parvient à taire peu ou prou l'existence de Wenceslas qu'elle tient enfermé. Silence et secret sont alors les marques du désir d'exclusivité, du souhait de soustraire au monde l'objet de la passion.

TRANSITION : Le monde des passions semble donc bien exister en dehors de leur expression par le langage. Mais le langage n'a-t-il pas une fonction plus fondamentale, qui est de donner sens au monde et par là de faire exister les passions ?

III. LE LANGAGE, SOURCE DU MONDE DES PASSIONS ?

1. De l'instinct à la passion

S'il est vrai que Hume place la sensation à la racine des passions, la sensation ne suffit pas à faire naître une passion. Il faut un certain nombre de processus complexes auxquels le langage prend part. On peut aller jusqu'à faire naître une passion par le seul langage : « Rien n'est plus capable d'infuser une passion dans l'esprit que l'éloquence qui représente les objets sous les couleurs les plus violentes et les plus vives » (VI, 9). Le rôle fondamental de l'imagination dans la naissance des passions explique cette puissance extraordinaire du langage : ainsi Hortense tombe-t-elle amoureuse de Wenceslas sans le connaître, en se laissant simplement aller à des rêveries romanesques.

2. Modèles livresques et mémoire des passions

Les passions, dès lors qu'elles ne reposent plus sur une cause simple qui serait la sensation, n'existent que par la force du discours que l'on tient sur elles. Notre mémoire est emplie de modèles livresques, de références mythologiques ou littéraires qui nous peignent la passion sous toutes ses couleurs. Ces modèles et références médiatisent notre rapport à l'objet de notre passion, fournissent des situations et des scénarios, parfois même des clichés. Ainsi, dans *La Cousine Bette*, les références à Shakespeare et à Molière, ou encore les citations des *Liaisons dangereuses*, montrent comment les personnages vivent à travers des fictions littéraires. Racine peint la passion en reprenant des personnages mythologiques qui, pour le spectateur de l'époque, s'adressent à la mémoire collective et renvoient à des modèles établis : Andromaque figure de l'amour vertueux, Pyrrhus figure de l'amour impétueux, Hermione figure de la jalousie… Le monde des passions, c'est ainsi notre mémoire littéraire où toutes ces figures se sont sédimentées comme autant de scénarios disponibles pour dire notre propre passion.

SUJET 3

Mme de Staël, dans son roman *Corinne ou l'Italie* (1807), écrit : « Rien n'est motivé dans l'amour ; il semble que ce soit une puissance divine qui pense et sent en nous, sans que nous puissions influer sur elle. » Sans vous limiter au cas particulier de l'amour, et en étendant votre réflexion à l'ensemble des passions, vous direz en quoi cette affirmation éclaire votre lecture des trois œuvres.

SITUATION : Cette affirmation se situe au cœur d'un roman particulièrement représentatif du courant romantique.

THÉMATIQUE : Le sujet interroge les causes de la passion, et affirme qu'elles nous échappent totalement.

ANALYSE DES TERMES DU SUJET : Dans l'histoire de la pensée, on peut schématiquement considérer qu'à la condamnation classique des passions comme contraires à la raison a succédé l'exaltation romantique de la passion comme moteur de l'action. Mais, dans ce sujet, on constate que les passions sont présentées d'une façon finalement assez traditionnelle : le monde de la passion est un autre monde, un monde à l'intérieur du monde, qui échappe à la raison et qu'on ne peut maîtriser. La célébration romantique de l'irrationnel reconduit donc finalement l'opposition entre raison et passion.

PROBLÉMATIQUE : Si la passion semble se soustraire à toute motivation rationnelle, est-ce effectivement parce que les passions forment un monde qui échappe à la raison ?

I. LA PART DE L'IRRATIONNEL

1. Un monde contradictoire

Les passions, telles qu'elles sont vécues par le sujet, apparaissent comme des phénomènes contradictoires, défiant les lois de la raison, rendant impossible l'établissement de toute relation de cause à effet. Hume énumère quelques-unes de ces contradictions au fil de sa *Dissertation* : nous frémissons « au bord d'un précipice quand bien même nous nous savons en parfaite sécurité » (I, 6) ; je m'inquiète quand je quitte un ami malade « encore que je fusse peut-être dans l'incapacité de lui porter assistance » (I, 8) ; « une vierge, la nuit de ses noces, se couche pleine de craintes et d'appréhensions, alors qu'elle n'espère rien d'autre que du plaisir » (I, 8).

2. Un monde sans motivation

Les passions semblent ainsi exister en dehors de toute motivation possible et s'imposer à nous de façon parfaitement arbitraire. Hermione, dans *Andromaque*, passe de l'amour à la haine, et finit par ne plus savoir laquelle des deux passions l'habite (V, 1, v. 1396). Et même si elles ont à l'origine des causes, celles-ci finissent par être éclipsées : les passions n'existent plus alors que pour elles-mêmes, de façon auto-entretenue, comme le souligne le narrateur de *La Cousine Bette* : « on hait de plus en plus, comme on aime tous les jours davantage, quand on aime » (chap. 41, p. 256).

Transition : La passion est vécue par les sujets comme un phénomène irrationnel dont les causes leur échappent. Pourtant, le monde des passions ne saurait échapper aux lois du déterminisme, qui affirment que tout au monde possède une cause.

II. Rationaliser les passions : un monde comme un autre ?

1. Une approche scientifique des passions

Hume comme Balzac récusent l'idée d'un monde des passions obscur et confus : si elles sèment l'obscurité et la confusion, les passions peuvent elles-mêmes faire l'objet d'analyses claires et distinctes. Les références de Hume à l'optique (I, 4) ou à la physique (VI, 9), la volonté de Balzac d'identifier la « logique des passions » (chap. 28, p. 197) et d'établir les lois de la physiologie des passions, notamment dans le mariage, participent d'une volonté de traiter les passions comme des objets du monde, et de faire du monde des passions un monde comme un autre, ayant des motifs et des causes susceptibles d'être établis rationnellement.

2. Le refus de l'idée d'un monde intérieur

Le monde des passions, même s'il a sa logique et ses lois propres, n'est donc pas un monde purement autonome et intérieur. Il est lié au monde extérieur, notamment, par le jeu de la sensation (*Dissertation sur les passions*, I, 1). De même, chez Balzac, on peut déceler dans la passion un lien avec le plaisir ou la douleur qui contribue à intégrer les passions dans un déterminisme généralisé : « L'amour, cette immense débauche de la raison, ce mâle et sévère plaisir des grandes âmes, et le plaisir, cette vulgarité vendue sur la place, sont deux faces différentes d'un même fait » (chap. 83, p. 394).

3. Connaître les passions pour les maîtriser

Il est donc impossible de dire que l'on ne peut influer sur les passions : Balzac suggère par exemple à l'artiste qui veut créer une œuvre géniale de se conformer à une discipline de fer au lieu de se laisser aller aux délices faciles de l'amour (chap. 55), Hume étudie dans la section VI de la *Dissertation* les moyens de privilégier les passions calmes plutôt que les passions violentes, et Racine se justifie de mettre en scène les passions en invoquant la *catharsis* qui permet de purger les passions des spectateurs.

Transition : Il faut donc dépasser le cliché romantique selon lequel les passions sont sans motif, mais néanmoins se demander par quels procédés, que l'on peut étudier rationnellement, ces motifs demeurent opaques aux passionnés.

III. L'OCCULTATION DES CAUSES COMME COMPOSANTE DE LA PASSION

1. Désirs inavouables et mensonges à soi-même

Si les motifs des passions semblent échapper à ceux qui y sont sujets, c'est peut-être d'abord parce que ceux-ci les refusent. Dans *La Cousine Bette*, par exemple, la scène de fureur de Lisbeth au chapitre 26 est associée à une forme spectaculaire de déni : à Valérie qui lui demande si elle aime Wenceslas, Lisbeth répond : « Comme s'il était mon enfant !... » (p. 183), ce qui est une manière d'euphémiser ce désir inavouable de la vieille fille.

2. Alibis psychologiques

Les passionnés peuvent également inventer des alibis pour occulter les vrais motifs de leur passion et se dédouaner de toute responsabilité. C'est le cas d'Oreste, qui invoque la fatalité comme cause de ses malheurs (« Je me livre en aveugle au destin qui m'entraîne », I, 1, v. 98), ce qui semble un moyen de dissimuler que ses erreurs sont liées aux égarements de la passion, à son incapacité à tenir les résolutions qu'il a prises.

3. Vers l'hypothèse de l'inconscient

Ce dernier point nous conduit à faire l'hypothèse d'une préscience du rôle de l'inconscient dans les œuvres au programme. L'inconscient est bien un monde intérieur qui semble agir de façon autonome, incompréhensible pour la conscience, et correspond donc à toutes les caractéristiques évoquées par Mme de Staël. Toutefois, il n'est qu'en apparence immotivé (Freud parle même de « déterminisme psychique ») : ses motifs sont plus profonds et nécessitent un déchiffrement. On peut ainsi déceler en Oreste une « pulsion de mort » lorsqu'il raconte comment, pendant un an, il s'est jeté dans mille périls afin d'oublier Hermione (I, 1). On peut de même risquer l'hypothèse selon laquelle Hume, en analysant la façon dont les passions fonctionnent par association de pensées, et par connexions imaginaires entre causes et objets de la passion (II, 3), préfigure les notions d'association et de transfert explorées par la psychanalyse.

SUJET 4

Albert Camus écrit, dans *L'Homme révolté* (1951), que la morale « condamne l'univers des passions et des cris au nom d'un monde harmonieux, tout entier imaginaire ». Dans quelle mesure votre lecture des trois œuvres éclaire-t-elle cette affirmation ?

SITUATION : Camus développe ici des considérations dans le droit fil de celles de Friedrich Nietzsche sur la morale.

THÉMATIQUE : La morale condamne le monde des passions au nom d'un autre monde, d'où le tumulte et le désordre des passions seraient absents, mais ce monde n'existe pas.

ÉLÉMENTS D'ANALYSE : Albert Camus reprend ici la dénonciation nietzschéenne de l'illusion des « arrière-mondes » (*Ainsi parlait Zarathoustra*, Première partie, « Des hallucinés de l'arrière-monde ») à l'œuvre dans la philosophie morale depuis Platon. Cette morale repose en effet sur l'idée qu'il existerait un monde harmonieux, celui de la raison, qui s'opposerait au monde corrompu et impur, celui de la passion, où l'homme est condamné à vivre. Or, affirme Camus après Nietzsche, il n'y a qu'un seul monde, celui dans lequel nous devons vivre. La perspective traditionnelle sur les passions est donc renversée : ce n'est pas le monde des passions qui est ici un monde d'illusion, c'est au contraire le monde de la raison qui est purement imaginaire.

PROBLÉMATIQUE : Dans quelle mesure l'idée d'un monde sans passions est-elle illusoire ?

I. L'ILLUSION DES « ARRIÈRE-MONDES »

1. Monde des passions et monde de la raison : une distinction caduque

L'illusion des arrière-mondes repose sur le présupposé d'une opposition entre passion et raison, et sur l'idée que la raison à elle seule peut agir dans le monde. La pensée de Hume permet de dépasser ces deux hypothèses en affirmant que l'opposition entre passion et raison n'est en fait que l'opposition entre passions calmes et passions violentes, et que seules les passions peuvent mouvoir la volonté qui nous fait agir (VI, 1-3). Il n'y a qu'un seul monde, celui des passions.

2. Les dangers de la croyance en un arrière-monde

L'idée d'un arrière-monde, la croyance dans un monde idéal où la passion n'existerait pas, s'avère tout aussi dangereuse que la conception que se font platoniciens et stoïciens du monde des passions. Tout au long de *La Cousine Bette*, la vertueuse Adeline continue à se faire des illusions, même lorsqu'elle embrasse la religion, car elle persiste à croire que Crevel ou Hulot sont victimes des tentations du « monde » et finiront par revenir dans le droit chemin (chap. 80 et 89). On peut aussi proposer un parallèle entre Adeline et Andromaque qui toutes deux semblent appartenir à un autre monde – monde de Dieu, monde des morts. L'une comme l'autre en sont conduites à considérer avec indifférence la mort de leurs proches (I, 4, v. 373, et chap. 89).

3. La vérité sur l'arrière-monde

Enfin et surtout, ce monde dépourvu de passion est un pur fantasme : comme le dit Hume, un homme qui semble agir avec raison ou avec vertu agit en réalité conformément à son intérêt (V, 2). Un exemple particulièrement éloquent est fourni par la façon dont Adeline tente de convaincre Atala de retrouver le chemin de la morale et de la vertu, qui s'apparente à un véritable marchandage : « – Quéqu'il y a dans le paradis ? Y a-t-il des spectacles ? dit Atala. – Oh ! le paradis, c'est, dit la baronne, toutes les jouissances que tu peux imaginer. Il est plein d'anges, dont les ailes sont blanches. On y voit Dieu dans sa gloire, on partage sa puissance, on est heureux à tout moment et dans l'éternité !... » (chap. 127, p. 568).

TRANSITION : C'est la morale traditionnelle qui considère qu'il existe un monde des passions, par opposition à un autre monde, celui de la raison. Mais, disant cela, elle tend à dévaloriser le monde humain, c'est-à-dire la vie elle-même.

II. LE MONDE DES PASSIONS, SEUL MONDE HUMAIN

1. La diversité de l'humanité

La passion est consubstantielle à la vie, c'est elle qui rend le monde humain. Dans une perspective nietzschéenne, la condamnation des passions correspond à une haine de la vie et de l'humanité. Le roman de Balzac montre ainsi la diversité de l'humanité, et semble d'ailleurs abolir la distinction entre les diverses catégories d'êtres vivants pour mettre au jour les multiples facettes de l'humain : il entre dans les passions une part d'animalité (la bestialité d'un Hulot, d'un Crevel, les instincts destructeurs de « la Bette ») aussi bien qu'une part de divinité (l'amour d'Hortense touche au sublime, chap. 64), et l'humanité oscille en permanence entre les deux. *Andromaque* montre ainsi des personnages déchirés entre des passions contraires, entre l'instinct et le devoir. Le monde des passions est ainsi un monde de la diversité et du mélange, qui ne sont pas synonymes d'impureté, mais de vie et d'humanité.

2. La part du corps

La condamnation morale des passions relève aussi bien de la haine du corps. Comprendre que le monde des passions est le seul monde humain suppose une revalorisation du corps de l'homme. Chez Hume, non seulement le corps n'est pas dévalorisé, mais la distinction entre esprit et corps est inexistante, les deux notions apparaissent comme interchangeables : « La VOLONTÉ intervient à chaque fois que l'on veut se procurer la présence d'un bien ou se débarrasser d'un mal par une action quelconque de l'esprit ou du corps » (I, 2).

On retrouve cette idée dans *La Cousine Bette*, où les modifications qui affectent l'esprit se traduisent immédiatement par des modifications corporelles : les êtres humains ne sont pas de purs esprits, mais des êtres de chair et de sang. Adeline, qui se réfugie dans le monde divin, ne peut empêcher son corps de traduire la persistance de ses passions humaines, qui s'expriment dans le tressaillement nerveux irrépressible dont elle est affectée à la fin du roman.

TRANSITION : Débarrassé de l'illusion des arrière-mondes, on peut ainsi explorer le monde des passions, c'est-à-dire le seul monde qui soit, pour en mesurer la variété et la diversité. N'y a-t-il pourtant rien à sauver de l'idée d'un monde « harmonieux », tout imaginaire qu'il soit ?

III. Le monde de la morale, un idéal régulateur

1. Les passions et les cris, une association problématique

Camus évoque l'univers « des passions et des cris », reconduisant l'association traditionnelle entre passion et désordre, souffrance, violence. Or cette association est discutable : Hume affirme ainsi l'existence de passions calmes, qui sont plus exactement les passions qui n'ont pas été excitées par les divers facteurs envisagés dans la section VI de la *Dissertation*. Renoncer à l'illusion des arrière-mondes ne signifie pas qu'il faille renoncer à habiter le mieux possible ce monde-ci, et pourquoi pas tenter de limiter la violence de certaines passions.

2. La force d'âme ou le vrai visage de la morale dans le monde des passions

On peut donc conserver la fiction d'un « monde harmonieux » non pas pour tenter de réprimer les passions qui font parfois la saveur ou le sens de l'existence, mais comme un idéal régulateur. On peut, avec Hume, vouloir favoriser les passions calmes et tempérer les passions violentes, quand il y a lieu. Hume appelle ainsi « force d'âme » (V, 4) une telle disposition, tout en notant qu'il « n'est guère de personne assez constamment vertueuse pour ne jamais, à l'occasion, succomber à la sollicitation d'une affection ou d'un désir violents » (*ibid.*). Une telle personne serait en effet proprement inhumaine.

La force d'âme est ainsi incarnée chez Balzac par le maréchal Hulot, qui reste fidèle aux valeurs de l'Empire et ne sombre pas dans les turpitudes propres à la société de son époque, tout en finissant par céder à la violence des passions en se suicidant pour un motif noble, ce qui le rend éminemment humain. Chez Racine, c'est Pylade, personnage qui retient en général assez peu l'attention, qui incarnerait cette force d'âme : les passions calmes sont chez lui dominantes, son amitié pour Oreste n'étant en rien diminuée par ses tentatives d'apaiser le tumulte des passions et de prévenir la folie naissante du roi d'Argos.

III. RÉSUMÉS CORRIGÉS

Résumé de type Centrale-Supélec

Le Régime des passions, de Clément Rosset

Une même aberration passionnelle me paraît présente chez la plupart des *collectionneurs*, dans la mesure où ceux-ci, du moins ceux qui ont la passion de la collection en tant que telle, c'est-à-dire les vrais collectionneurs, s'intéressent beaucoup moins aux objets qu'ils collectionnent qu'à la pensée du caractère *complet* de la série d'un certain type d'objets qu'ils s'efforcent de rassembler. Chacun de ces objets, considéré isolément, ne présente au fond pas d'intérêt réel pour le collectionneur, que passionne en revanche l'idée qu'il les possède tous, qu'ils sont tous là, et que tourmente inversement l'idée qu'ils pourraient ne pas être tous présents à l'appel, qu'« il pourrait m'en manquer un ». Collectionner est ainsi une fin en soi, indépendante de la nature ou de la valeur des objets collectionnés. Le goût de la collection est dès lors une passion abstraite comme toutes les passions, puisqu'il a en vue non des objets réels qu'il amène à rassembler, mais le rapport invisible, intangible et en somme irréel qui relierait ces objets entre eux si la collection était complète (elle ne l'est évidemment jamais, car, on l'a vu, un but dont la réalisation serait possible cesserait du même coup d'être passionnel). L'intervalle vide qui mettrait en rapport chaque objet avec les autres, dans le cas hypothétique d'une collection complète, est l'unique bien recherché. Comme tout passionné, le collectionneur a pris parti pour l'irréel : il s'est entiché de quelque chose qui n'existe pas. [...]

Pour en finir avec la passion du collectionneur, on peut signaler comme passion voisine le goût, inverse et complémentaire, de *l'objet unique*, qui n'a aucun équivalent ni concurrent en ce monde. La passion de l'un prend ici le pas sur la passion du tout, mais me semble obéir au même principe fondamental qui est de posséder quelque chose que personne d'autre ne peut posséder. Dans le premier cas, on possède une série d'objets dont aucun ne manque : la conséquence étant que personne ne peut me disputer l'exclusivité de ma série. Dans le second, on possède un objet absolument unique en son genre : en sorte que personne ne peut non plus me disputer l'exclusivité de cet objet. L'amateur d'objet unique ainsi que le collectionneur ont en tête l'idée d'un même triomphe imaginaire : le premier de posséder l'exemplaire unique d'un certain objet, tel par exemple un ouvrage inepte qu'il a parfois composé de ses propres mains et caché en quelque lieu introuvable (ce qui l'autorise à ses yeux de jouir du privilège de posséder plus qu'un trésor : un livre que personne au monde ne possède ni ne peut posséder, sinon lui-même) ; et le second de même, d'être le seul à posséder une certaine collection, et peu importe s'il ne s'agit que d'objets sans intérêt ni valeur. Ces passions jumelles de la série et de l'objet rare participent, il va sans dire, de l'ambition propre à toute passion : j'ai réalisé un exploit qui me met, du moins d'un certain point de vue, au-dessus de tous mes semblables.

Quelle qu'en soit la nature particulière, la passion est moins la recherche de quelque chose que la quête d'un objet dont la fondamentale et double condition est d'être d'une part obscur et indéfinissable, d'autre part hors de toute portée utile, dans le double sens de l'expression : hors d'atteinte et inutile. Elle traduit donc à la fois un dégoût (ou un inintérêt) à l'égard du réel et un intérêt à l'égard de l'irréel. Le paradoxe est que cette quête d'un objet dont on peut dire indifféremment qu'il est insaisissable ou inexistant prend, dans la passion, les caractères d'une *idée fixe*. Autant on comprend qu'un affamé soit obsédé par une nourriture qui se trouve à portée de sa bouche mais qu'il ne peut saisir en raison des fers qui le retiennent, comme dans le cas du supplice de Tantale, autant on peut trouver étrange de voir quelqu'un ainsi concentrer ses facultés d'attention sur un objet dénué de toute espèce de consistance, – mais peut-être n'y a-t-il rien qui fascine autant que le vide. « Idée fixe » est d'ailleurs une manière de dire un peu trompeuse, dans la mesure où toute « idée » est idée d'un objet dont cette idée est censée être la représentation. L'idée fixe n'est donc pas à proprement parler une idée, puisqu'aucun objet réel ne passe par sa ligne de mire ; tout au plus un nom ou un mot dont le contenu se limite à sa seule énonciation, un simple *flatus voci* dirait Spinoza. On peut la décrire plus justement comme comportement et fixation obsessionnels à propos d'une idée fictive, qui n'a pas réussi à prendre forme et à se constituer en tant qu'idée, – un peu analogue à l'attention obstinée avec laquelle on recherche un nom ou un mot qui vous échappent, à cette différence toutefois qu'en l'occurrence ledit nom ou ledit mot existent le plus souvent bel et bien. La monomanie, du moins sous sa forme la plus aiguë, ne consiste pas en un intérêt porté à un *seul* objet, mais, si je puis exprimer de façon paradoxale une réalité qui est elle-même paradoxale, en un intérêt porté à *aucun* objet. De même l'ennui est naturellement très éloigné de l'idée fixe, et même à son opposé ; mais, à y regarder de plus près, on constate que cette différence tient au seul fait, grammaticalement mince, qu'il est très différent de ne s'intéresser à rien (cas de l'ennui) et de s'intéresser à rien (cas de l'idée fixe). [...]

L'interprétation philosophique de la passion, l'explication de son fonctionnement et de sa raison d'être, le résultat auquel elle aboutit et le bénéfice qu'elle s'octroie par la même occasion, me semblent pour ma part assez faciles à saisir : la passion marque l'emprise ordinaire du fantasme du double sur la perception du réel, la fascination de l'absence provoquée par une présence indésirable d'un réel qui ne satisfait pas ou ne satisfait plus, soit le choix, en l'occurrence quasi forcé, de l'irréel au détriment du réel. Tout passionné est en délicatesse avec le réel – c'est pourquoi la formule célèbre du comte de Saint-Simon (« Il ne se fait rien de grand sans la passion ») gagnerait selon moi en justesse à être inversée : il ne se fait rien de médiocre sans la passion –, et beaucoup de personnes en telle situation psychologique choisissent la passion comme exutoire à leur souffrance. Elles peuvent en choisir d'autres : romantisme sous toutes ses formes, engagement politique, militantisme au service d'une cause quelconque. Les modes de reconversion dans l'irréel sont aussi variées que nombreuses, et la passion n'en est qu'une parmi une infinité d'autres. Le choix de l'échappatoire est indifférent, pourvu qu'il réponde à l'unique condition que nous avons pu observer dans les cas de la passion amoureuse, de l'avarice et de la manie collectionneuse : mettre « hors circuit », et par là-même s'imaginer qu'on met hors d'état de nuire, telle ou telle chose réelle.

Clément Rosset, *Le Régime des passions*
© Minuit, « Paradoxes », 2001, p. 17-24.

RÉSUMÉ SYNTHÉTIQUE :

Le passionné ne s'intéresse pas réellement aux objets de sa passion. En réalité, il crée un monde irréel où il se réfugie pour fuir le monde réel.

CONSTRUCTION DU TEXTE :

§ 1. Exemple du collectionneur : il ne s'attache pas aux objets qu'il collectionne, mais à l'idée même de collection.

§ 2. Exemple de la quête de l'objet unique : une telle quête n'a aucun rapport avec la valeur propre de cet objet, qui peut être très médiocre. Comparaison entre les deux exemples : ils relèvent du même désir de se distinguer d'autrui.

§ 3. À partir de ces exemples, raisonnement par induction sur l'objet de la passion en général : il est à la fois inatteignable et inutile. La passion est paradoxalement une obsession envers un objet irréel.

§ 4. Généralisation : la passion est un des symptômes de la fascination de l'homme envers l'irréel.

RÉSUMÉ EN 201 MOTS :

Le collectionneur ne s'attache pas aux objets qu'il collectionne, mais à l'idée même de collection. Indépendamment de la valeur des objets collectionnés, il vise l'exhaustivité de la série, et ne s'intéresse qu'à la relation entre ces objets. De façon similaire, la passion pour un/ objet unique n'a aucun rapport avec la valeur propre de cet objet, qui peut être très médiocre. Être le seul à posséder un objet ou être le seul à posséder une collection complète relève ainsi du même désir de se distinguer d'autrui.

Dans tous les cas, l'objet/ de la passion est à la fois inatteignable et inutile. Or la passion est bien souvent exclusive, et devient une obsession. C'est une idée fixe, mais une idée vide de réalité. Paradoxalement, le passionné est ainsi obsédé par un objet irréel, une fiction. La passion doit donc se définir/ comme un intérêt porté à un objet qui n'est rien.

De la sorte, la passion est un des symptômes de la fascination de l'homme envers l'irréel. Elle est l'un des multiples moyens par lesquels il échappe à la médiocrité et à la souffrance et se débarrasse du/ réel.

Résumé de type CCP

Logique des passions, de Roland Gori

Le passionné comme ceux qui l'approchent et l'entourent méconnaissent les ressorts intimes du drame dans lequel ils ont été plongés, et sont le plus souvent réduits à en subir les conséquences ou à tenter tant bien que mal d'en prévenir les ravages. C'est que le sujet saisi par la passion apparaît à ses propres yeux et à ceux des autres comme dépossédé de lui-même, n'ayant plus la maîtrise, ni de ses pensées ni de ses actes. Poussée à son paroxysme, la passion fait choir et déchoir le sujet, l'amenant à ne plus exister que pour les vestiges souvent dérisoires d'un objet – humain ou chose –, et comme attaché à sa propre déchéance, au profit exclusif de ce qui le hante et le possède sans pitié. Que vaut son honneur de soldat dans la balance de la passion amoureuse de don José pour Carmen [1] ? Cet honneur ne vaut plus rien : « Eh bien s'il le faut pour te plaire je resterai bandit ! ! Je ferai tout ce que tu voudras ! ! Tout, tu m'entends ? Tout !... » Dans ce « tout » misé par don José et offert à Carmen, il faut sans doute entendre non seulement la folle promesse d'un absolu offert imprudemment dans l'actualité de l'intrigue mais bien plus cette promesse illusoire de l'aube au nom de laquelle le sujet humain a été séduit, dupé, trompé par les paroles maternelles : « Tu es tout pour moi. » Dans cette rhétorique amoureuse le sujet amoureux reçoit ce message sous sa forme inversée. Et ce message, c'est celui du petit homme adressé à l'Autre maternel : « Je veux être tout pour toi. » De ne point parvenir à la réalisation de cette folle aspiration, le sujet humain demeure inconsolable. Dans cette hypothèse, Carmen ne représenterait plus *que* ce au nom de quoi don José est prêt à tout risquer.

Si au dire de Freud, le mélancolique sait qui il a perdu, la personne disparue, mais non ce qu'il a perdu, l'objet du fantasme, il en va de même du passionné amoureux : il sait *qui* il aime mais non *ce* qu'il aime en elle ou en lui. D'où la fameuse phrase de Proust décrivant dans une clinique incisive l'étonnement du passionné découvrant après coup qu'il avait manqué mourir pour une femme qui ne lui plaisait pas, qui n'était pas son genre. Et pourtant au moment de l'état passionnel, tous les passionnés se disent prêts à payer le prix de l'infamie sans la moindre hésitation ou question. D'ailleurs les passionnés sont-ils en mesure de se poser quelque question que ce soit ? À s'en tenir toutefois à la stricte logique de leur discours, il apparaît bien que l'objet de leur passion n'est bel et bien qu'une partie de ce « tout » qui figure leur désir. Le héros d'*Amok* ne dit pas autre chose quand il affirme : « Une heure après l'entrée de cette femme dans ma maison, j'avais jeté toute mon existence par-dessus bord et je me précipitais dans le vide [2]. » Dans cette affirmation, on voit bien que l'objet de la passion ne peut logiquement *que se déduire* du désir qui, dans sa vie même, « tient » celui qui en est saisi. [...]

1. *Carmen* (1875), opéra-comique de Georges Bizet, d'après la nouvelle éponyme de Prosper Mérimée.
2. Stefan Zweig, *Amok*, 1922.

Celui qui s'abandonne à la passion s'offre précisément à un risque : celui de l'abandon. Ce sont les conséquences de cet abandon qui en stigmatiseront la nature, en prenant tout autant l'apparence du deuil et les traits de sa mélancolie que la violence de passages à l'acte sacrificiels et meurtriers ; plus pacifiquement, il arrive aussi que l'objet de la passion cesse, grâce à l'oubli pur et simple, d'exister. C'est d'ailleurs l'oubli qui permet, non sans ironie, de révéler que l'objet de la passion échoue en permanence à devenir l'objet d'une philanthropie. C'est le sens de ce que Jean Anouilh écrit à ce sujet : « Et je me dépouille, et je me déchire et je me tue pour l'être aimé ? C'est vrai. Tant que l'être aimé est cette projection idéale de moi-même, tant qu'il est mon bien, ma chose, tant qu'il est moi. C'est si bon de sortir de l'immonde solitude. À soi-même, sincèrement on n'oserait pas. Mais tout donner à cet autre qui est vous, quelle bonne pluie d'été sur un cœur racorni. Jusqu'au moment où, caprice, hasard, l'autre redevient un autre, sans plus. Alors on arrête les frais, naturellement. Que voulez-vous donc qu'on donne à un autre sur cette terre ? Ce serait de la philanthropie, ce ne serait plus de l'amour [1]. »

Roland Gori, *Logique des passions*,
© Denoël, 2002 ; rééd. Flammarion,
« Champs Essais », 2005, p. 32-35.

RÉSUMÉ SYNTHÉTIQUE :

La passion semble être un total renoncement à soi au profit de l'objet de la passion. Mais en réalité, l'objet de la passion n'est que le support d'un désir inconscient purement égoïste et narcissique.

CONSTRUCTION DU TEXTE :

§ 1. Expérience courante de la passion : le passionné semble renoncer à son identité, il accepte de n'être plus rien.

§ 2. Point de vue du psychanalyste : en réalité, inconsciemment, le passionné n'aime pas une personne pour elle-même, mais pour ce qui, en elle, répond à un désir plus large.

§ 3. Conséquence : le risque est d'être abandonné par l'objet de sa passion, ce qui se traduira par le deuil, la violence, ou simplement l'oubli. La possibilité d'oublier révèle le narcissisme au cœur de la passion. Citation finale : vision désacralisante de l'amour, qui n'est que narcissisme. La « philanthropie » désigne ce que serait un véritable amour de l'autre, et non l'amour narcissique.

RÉSUMÉ EN 105 MOTS :

Le passionné semble dépossédé de lui-même : il accepte de n'être plus rien pourvu qu'il soit tout pour/ qui il aime. Or il ignore qu'inconsciem-

1. Jean Anouilh, *Ardèle ou la Marguerite*, 1948.

ment, il n'aime pas une personne pour elle-même, mais pour ce/ qui, en elle, répond à un désir plus large.

Le risque est donc d'être abandonné par l'objet de/ sa passion, ce qui se traduira par le deuil, la violence, ou l'oubli. Cette dernière possibilité montre que ce/ que l'on aime, ce n'est jamais vraiment l'autre, mais une projection narcissique de soi-même : la passion/ n'est pas la philanthropie.

INDEX DES NOTIONS

TABLE DES ENCADRÉS

INTRODUCTION AU THÈME
LE MONDE DES PASSIONS

PREMIÈRE PARTIE
RACINE

DEUXIÈME PARTIE
HUME

TROISIÈME PARTIE
BALZAC

TABLE DES ILLUSTRATIONS

Mise en page par Meta-systems
59100 Roubaix

Cet ouvrage a été achevé d'imprimer en avril 2015
dans les ateliers de Normandie Roto Impression s.a.s.
61250 Lonrai
N° d'édition : L.01EHPN000685.N001
N° d'impression : 1501893
Dépôt légal : mai 2015

Imprimé en France